Schweizer Architekten
und Landschaftsarchitekten

Architectes Suisses
et Architectes-Paysagistes

Architetti Svizzeri
ed Architetti Paesaggisti

Die Informationen wurden nach einem einheitlichen Befragungsraster zusammengestellt und ermöglichen dadurch eine optimale Vergleichbarkeit der Architekturbüros untereinander. Alle Daten basieren auf Angaben der Architekturbüros.

Les informations sont présentées de façon standardisée pour permettre une meilleure comparaison des différents bureaux d'architectes. Toutes les données ont été faites par les bureaux d'architectes eux-mêmes.

Le informazioni sono state elaborate sulla base di una serie di sondaggi standard eseguiti per garantire un confronto ottimale tra tutti gli studi di architettura. Tutti i dati si basano su indicazioni fornite dagli atelier di architettura stessi.

Editorial	4	
Kommentare	6	
Commentaires		
Commenti		
Architektinnen und Architekten	11	Aargau
Architectes	41	Basel
Architetti	53	Bern
	73	Fribourg
	79	Genève
	91	Graubünden
	101	Luzern
	115	Ob-/Nidwalden, Uri
	121	Schaffhausen
	127	Schwyz
	133	Solothurn
	143	St. Gallen
	163	Thurgau
	169	Ticino
	175	Vaud, Neuchâtel
	185	Wallis/Valais
	191	Zug
	205	Zürich
Landschaftsarchitektinnen und -architekten	287	
Architectes-Paysagistes		
Architetti Paesaggisti		
Index	313	

Editorial

Hans Demarmels und Andres Sigg

Bauen, ob Eigenheim oder Grossbauten, setzt eine frühzeitige Auseinandersetzung mit der Materie voraus. Informationen über Architekturbüros und zielgerichtete Kontakte zwischen Architekten und Bauherren nützen allen am Bauprozess Beteiligten.

Die Schweizer Architektur wie auch ihre Exponenten geniessen international einen guten Ruf. Im Zuge der Öffnung der gesamten Baubranche sind neben überdurchschnittlichen kreativen Leistungen, interdisziplinärem Denken und Handeln vermehrt auch Kommunikationsinstrumente notwendig. Der mittlerweile weltweit agierende Baumarkt schätzt angesichts der Informationsflut solche konzentrierten, übersichtlich und professionell gestalteten Überblicke. Den Architekten wird eine Plattform geboten, damit sie ihre kreativen Leistungen kommunizieren können, was ein zusätzliches Potential für Projektaufträge bilden kann.

Das Kommunikationsfundament von «Schweizer Architekten» besteht aus drei Elementen. In der vorliegenden Buchform, die alle zwei Jahre aktualisiert wird, werden Architekturbüros vorgestellt. Das zweite Element bilden die Separatdrucke von Buchauszügen. Sie können beispielsweise als Zusatz zum eigenen Portfolio nützlich sein. Die dritte und aktuellste Form unseres Projektes ist die Präsenz im Internet. Die Büroprofile sind in Text und Bild unter «www.schweizer-architekten.ch» und unter «www.swiss-architects.com» publiziert. Die Internetseiten können überall und jederzeit abgerufen, aber auch aktualisiert und ergänzt werden. Schon jetzt verzeichnen die Seiten eine hohe, ständig steigende Zugriffsrate und erfreuen sich internationaler Beliebtheit.

Wenn unser Beitrag die Kommunikation unter allen am Bauprozess Beteiligten fördert und den Zugang zu qualifizierten Architekten erleichtert, hilft dies vielleicht auch, vermehrt gute Bauten von Schweizer Architekten im In- und Ausland zu ermöglichen.

Wir freuen uns über die gute Akzeptanz dieses Projektes bei den Benutzern wie auch bei den Architekten, denen wir für ihr Vertrauen und ihre Mitarbeit ganz herzlich danken möchten.

Avant de construire sa propre maison ou un grand bâtiment, il faut prendre le temps de se pencher sur le sujet. Les informations sur les bureaux d'architectes et les prises de contact ciblées entre les architectes et les maîtres d'œuvre sont utiles à tous les acteurs d'un projet de construction.

L'architecture suisse et ses représentants jouissent d'une bonne réputation internationale. L'ouverture du secteur de la construction entraîne un besoin accru au niveau des performances créatives supérieures à la moyenne, de l'interdisciplinarité et également des instruments de communication. Le marché de la construction, toujours plus international, apprécie ces vues d'ensemble concentrées, claires et professionnelles. Et celles-ci offrent aux architectes la plate-forme idéale pour faire connaître leurs créations et espérer ainsi s'attirer de nouveaux projets.

Le principe de la communication d'«Architectes Suisses» comprend trois axes. Le premier est notre livre qui, réactualisé tous les 2 ans, présente les bureaux d'architectes. Le second, ce sont les tirés-à-part du livre qui permettent par exemple de compléter les dossiers individuels. Le troisième axe, le plus récent, c'est notre présence sur Internet, par le biais d'un site qui regroupe les profils, avec textes et photos, sous «www.architectes-suisses.ch» ou «www.swiss-architects.com». Ce site, accessible en permanence depuis le monde entier, peut également être actualisé et complété régulièrement. Les visiteurs suisses et étrangers sont de plus en plus nombreux.

Si notre publication permet de stimuler la communication entre les participants au projet de construction et si sa vue d'ensemble facilite la prise de contact avec des architectes qualifiés, nous espérons qu'elle contribuera à multiplier le nombre de beaux bâtiments construits par des architectes suisses en Suisse et à l'étranger.

Nous espérons que notre projet remportera un succès toujours plus vif auprès des utilisateurs et des architectes. Nous tenons à cet égard à remercier ces derniers très sincèrement de leur confiance et de leur collaboration.

Costruire sia casette unifamiliari che grandi agglomerati presuppone che ci siamo confrontati in tempo con la materia in questione. Esaurienti informazioni sugli studi di architettura e mirate prese di contatto fra architetti e committenti sono di aiuto per tutti i partecipanti al processo costruttivo.

L'architettura elvetica e i suoi rappresentanti godono di un'eccellente fama a livello internazionale. In vista dell'apertura dell'intero settore edilizio, oltre a prestazioni creative superiori alla media e ad un modo di pensare ed agire interdisciplinare, è necessario potenziare gli strumenti di comunicazione. Il mercato edilizio, con la sua dinamica ormai a livello internazionale, ha un bisogno estremo di informazioni, e sa apprezzare questo tipo di panoramica chiara, concentrata, professionale. Agli architetti viene così offerta una piattaforma di lancio delle loro prestazioni creative il che, tutto sommato, significa la creazione di un ulteriore potenziale di nuove commesse.

Il tipo di comunicazione dell'opera «Architetti Svizzeri» si basa su tre elementi distinti. Nel nostro libro, che viene aggiornato ogni due anni, vengono presentati studi di architettura. Il secondo elemento è costituito dalle ristampe individuali e separate di estratti del libro stesso. Esse possono essere utilizzate ad esempio per integrare il proprio portefeuille. La terza ed anche la più attuale forma del nostro progetto è la presenza su Internet. Testo e immagini dei profili aziendali sono reperibili digitando «www.architetti-svizzeri.ch» e «www.swiss-architects.com». Le pagine Internet possono sempre essere richiamate ovunque, in ogni momento e vengono aggiornate e completate. La richiesta d'accesso al sito, già oggi molto forte, è in continuo aumento e gode del favore internazionale.

Se il nostro contributo serve ad intensificare la comunicazione tra tutti i partecipanti nel settore della costruzione, fornendo una panoramica che semplifica l'accesso ad architetti qualificati, faciliterà in misura maggiore la realizzazione di buone opere edili di architetti svizzeri sia in patria che all'estero.

Siamo lieti se potremo contare su una buona accoglienza di questo progetto da parte di utenti e architetti e li ringraziamo di tutto cuore per la fiducia e la collaborazione.

Kurt Irniger

Mitglied der Geschäftsleitung
der Mobag AG mit Niederlassungen
in Zürich, Zumikon, Basel,
Landquart, Genf und Lausanne

Membre de la direction
de Mobag AG

Membro della direzione generale
della Mobag SA

Für ein Dienstleistungsunternehmen im Bauwesen ist die sorgfältige Auswahl aller an der Realisierung eines Projekts beteiligten Partner für den Erfolg des Vorhabens und somit für die Kundenzufriedenheit von essentieller Bedeutung. Die Architekturleistungen sind dabei sehr wichtig. Die Wahl eines Architekturpartners, mit welchen Selektionsmethoden dies auch immer geschieht, richtet sich nach einem Katalog zu erfüllender Kriterien. In unserem Falle sind dies primär die «harten» Faktoren. Das heisst die eigentlichen kreativen und innovativen Leistungen und deren Umsetzung, die in einem Konzept zum Ausdruck gelangen, welches hinsichtlich Ästhetik, Funktionalität, Qualität oder Wirtschaftlichkeit der spezifischen Aufgabenstellung gerecht wird und welches der jeweiligen Organisationsstruktur angepasst ist.

Neben den messbaren, harten Faktoren spielen bei der Auswahl des Architekturpartners auch zahlreiche «weiche» Faktoren eine wichtige Rolle. Sie sind vorwiegend auf emotionaler Ebene angesiedelt. Die «Chemie» muss stimmen. Konkret heisst dies, dass bei Architekturpartnern mit vergleichbarer fachlicher Kompetenz die zwischenmenschlichen Komponenten ausschlaggebend sind. Das Miteinander, nicht das Nebeneinander oder das Gegeneinander steht für uns im Vordergrund. Dialog- und Konsensfähigkeit wie das Vermögen, in einer gesunden, fruchtbaren Konflikt- und Streitkultur konstruktive Lösungen zu finden, wie auch die Fähigkeit, in Spannungsfeldern arbeiten zu können, sind dabei die wesentlichen Kriterien.

Als Architekturpartner wünschen wir uns profilierte, kreative Charaktere, die sich für ihre Ansprüche hinsichtlich Gestaltungsfreiheit und für die Umsetzung ihres Gedankenguts einsetzen. Wir erwarten, dass dabei zwischen Wünschbarem und Machbarem professionell abgewogen wird und Rahmenbedingungen mit Feingefühl interpretiert werden.

Unser Evaluationsprozess führt zur Auswahl von Persönlichkeiten, die den ganzen Prozess eines Projektes begleiten können und wollen. Kon-flikte und Kontroversen sollen dabei nicht ausgeklammert werden. Sie können das auslösende Moment für einen kreativen Prozess sein. Der «added value», der sich aus einem mit Kompetenz verfolgten Vorgehen ergibt, ist ein Mehrwert, der den Auftraggebern, also den Bauherren, zugute kommt.

In der Kommunikationsplattform «Schweizer Architekten» sehen wir ein informatives Arbeitswerkzeug und eine reiche Quelle an Informationen über mögliche Geschäftspartner. Weiteren Nutzen bringt die Übersicht über neueste Projekte und kürzlich realisierte Bauten.

Lorsqu'on est un prestataire de services du secteur de la construction, la sélection des partenaires est primordiale pour le succès d'un projet et donc la satisfaction du client. Les prestations des architectes sont essentielles. Le choix du bureau d'architectes répond à un catalogue de critères, quelle que soit la méthode de sélection. Ces critères sont pour nous en première ligne ce que nous appellerons les «hard facts», c'est à dire les performances créatives et innovantes et leur mise en œuvre dans le cadre d'un concept qui, au niveau de l'esthétique, de la fonctionnalité, de la qualité et de la rentabilité, s'adapte aux conditions du projet proprement dit et des structures d'organisation.

Dans le choix des bureaux d'architectes interviennent en outre toute une kyrielle de «soft facts» qui influent plutôt au niveau émotionnel: question d'atomes crochus. Concrètement, cela veut dire qu'à qualifications égales, ce sont les relations interpersonnelles qui feront la différence. Nous devons en effet travailler ensemble et non pas côte à côte, voire les uns contre les autres. Les critères principaux sont ici l'ouverture au dialogue et au consensus, la capacité de trouver des solutions constructives dans un climat de conflits fertile et l'aptitude à travailler dans des domaines où la tension règne.

Nous recherchons pour partenaires des architectes créatifs, ayant du caractère, sachant se profiler et s'engager pour leur liberté de création et celle de mettre en application leur foisonnement d'idées. Nous attendons qu'ils soient capables de peser le pour et le contre de façon professionnelle entre ce qui est souhaitable et ce qui est faisable et qu'ils sachent interpréter avec subtilité les conditions fixées par le projet.

Notre processus d'évaluation nous permet de sélectionner des personnalités capables de nous suivre et prêtes à nous accompagner tout au long du projet. Conflits et controverses ne sont pas à écarter systématiquement car ce sont des situations qui peuvent susciter la créativité. Par contre, un projet suivi de bout en bout de façon compétente est une garantie de plus-value pour nos mandants, les maîtres d'œuvre.

«Architectes Suisses» est pour nous une plateforme de communication, un outil de travail pratique et une source d'information efficace pour trouver ces nouveaux partenaires – notamment grâce à la vue d'ensemble qu'il offre sur les projets récents et les bâtiments nouvellement réalisés.

Per un'impresa di prestazioni di servizio nel settore edile come lo siamo noi, la scelta accurata di tutti i partner coinvolti nella realizzazione di un progetto è determinante ai fini del successo dell'impresa e, in definitiva, per la soddisfazione dei clienti. In questo contesto le prestazioni dell'architetto sono essenziali. A prescindere dalla metodica di selezione seguita, la scelta dello studio d'architettura avviene seguendo un elenco di criteri necessari. Nel nostro caso si tratta di fattori basilari. Questo «zoccolo duro» è rappresentato dalle prestazioni creative e innovative e dalla loro realizzazione in relazione ai concetti, estetica, funzionalità, qualità e economicità che devono essere accordati sia all'impostazione del problema che alle strutture organizzative.

Oltre ai fattori basilari quantificabili, anche i fattori «incalcolabili» giocano un ruolo importante nella scelta degli studi di architettura. Essi si situano principalmente a livello emozionale. E' un fatto di chimica. In concreto ciò significa che dovendo scegliere tra diversi studi di architettura di pari competenza professionale, la componente decisiva è il rapporto interpersonale. Lavorare tutti insieme e non ognuno per conto suo o l'uno contro l'altro è per noi di primaria importanza. La capacità di dialogo e di consenso, l'abilità di trovare soluzioni positive in un'atmosfera di sana e feconda opposizione, la capacità di saper lavorare in uno stato di tensione sono per noi essenziali.

Come partner desideriamo personalità di carattere deciso e creativo, che dimostrino di sapersi esprimere liberamente nell'esposizione e nella realizzazione dei loro ideali. Noi ci aspettiamo che sappiano soppesare professionalmente il desiderabile separandolo dal fattibile e che le condizioni di base vengano interpretate con sensibilità.

Il nostro processo di valutazione porta alla scelta di personalità che, oltre ad essere in grado di farlo, vogliono anche seguire l'intero processo di un progetto. Conflitti e controversie non devono essere soppressi, ma costituire il momento scatenante di un processo creativo. L «added value» che scaturisce da un procedimento seguito con competenza è un plusvalore a tutto vantaggio del commissionario e quindi anche del committente.

In quella piattaforma di comunicazione che è «Architetti Svizzeri», noi vediamo un attrezzo di lavoro informativo e una efficiente fonte di informazioni su potenziali partner commerciali. Un altro vantaggio ci viene offerto da una vasta panoramica sui progetti più attuali e sulle costruzioni realizzate recentemente.

Sonja und Matthias Freuler

Eigenheimbesitzer, Zürich
Propriétaires, Zurich
Proprietari di casa, Zurigo

Irgendwann war es für uns klar: Im elterlichen Mehrfamilienhaus wollten meine Frau und ich drei Wohnungen im Parterre zu einer grossen Familienwohnung umbauen. Wenig später fragten wir in unserem Bekanntenkreis undeziiert nach einem guten Architekten. Das Echo auf unsere vage Frage war enorm. Alle aus unserem Bekanntenkreis schienen ein für unser Anliegen passendes Architekturbüro zu kennen, bloss wir nicht. Damit hatten wir nicht gerechnet.

In der Folge riefen uns Bekannte von uns Unbekannten an und wollten den Umbau für uns realisieren. In kurzer Zeit machten wir mit rund zwei Dutzend Architekten und «Architekten» Bekanntschaft. Wir konnten uns aber ohne weiterreichende Informationen kein für uns akzeptables Bild machen, wer denn der oder die für uns Richtige war.

Wir waren uns einig: Diese Situation behagte uns nicht! Wir wollten nicht auserwählt werden, wir wollten selber wählen. Wir brauchten vernünftige Entscheidungskriterien und wollten nicht Zufall über Glück oder Unglück entscheiden lassen.

Trotzdem war es ein glücklicher Zufall, dass wir schliesslich das Buch «Schweizer Architekten» entdeckten. Das übersichtlich nach Projekten, Referenzen, Spezialgebieten, Philosophie und geographischen Gebieten gegliederte Buch half uns, uns ein erstes und informatives Bild zu machen. Dies passte uns.

Nach intensiven Gesprächen mit Architekturbüros unserer Wahl haben wir schliesslich unseren Wunschpartner gefunden. Unsere neue Wohnung ist mittlerweile fast fertig.

Wir sind uns einig: Obwohl wir in Betracht ziehen, vielleicht auch noch die Gartenanlage neu zu gestalten, werden wir am Einweihungsabend unsere Bekannten nicht mehr fragen, ob sie denn jemanden mit entsprechenden Fähigkeiten kennen würden.

La chose était devenue évidente pour nous aussi: ma femme et moi voulions transformer les trois appartements du rez-de-chaussée de l'immeuble de nos parents en un grand appartement familial. Peu après, sans idée bien arrêtée, nous avons commencé à demander à nos amis leur avis sur un architecte compétent. L'écho à notre question vague a été immense. Tous nos amis semblaient connaître le bureau d'architectes idéal pour notre projet – nous étions les seuls à n'avoir aucune idée sur le sujet. Nous ne nous attendions pas à cela.

Par la suite, des connaissances de personnes que nous ne connaissions pas nous ont appelés pour nous proposer de réaliser notre projet. En peu de temps, nous avons ainsi été en contact avec deux douzaines d'architectes ou de soi-disant «architectes». Sans autres informations, nous ne pouvions pas nous faire une idée satisfaisante de l'architecte qu'il nous fallait.

Nous étions bien d'accord: cette situation ne nous convenait pas! Nous ne voulions pas être choisis. Nous voulions choisir nous-mêmes. Nous avions besoin de critères de décision raisonnables et ne voulions pas laisser le hasard décider pour nous.

C'est pourtant par hasard que nous sommes tombés sur «Architectes Suisses». Ce livre répertoriant clairement projets, références, domaines spéciaux, philosophies et bureaux par région nous a aidé à nous faire une première idée du secteur. Cela nous convenait parfaitement.

Après avoir eu de longs entretiens avec les bureaux de notre choix, nous avons fini par trouver le partenaire idéal. Notre appartement est presque fini entre-temps.

Nous sommes bien d'accord: comme nous envisageons éventuellement de faire refaire notre jardin, nous éviterons de demander aux amis qui viendront chez nous pendre la crémaillère s'ils connaissent quelqu'un dans ce domaine.

Non sappiamo quando è successo, ma ad un certo momento sia io che mia moglie abbiamo deciso di ristrutturare la casa dei nostri genitori. I tre singoli appartamenti al pianterreno dovevano essere trasformati in un'unica abitazione familiare molto ampia. Dopo qualche tempo ci siamo rivolti ai nostri amici per chiedere se conoscevano un buon architetto. Questa nostra richiesta piuttosto vaga suscitò un interesse enorme. Con nostra sorpresa sembrava che ognuno dei nostri amici, tranne noi, conoscevano uno studio d'architettura fatto su misura per noi.

Risultato: amici e conoscenti di persone a noi sconosciute ci telefonarono per proporci di realizzare il nostro progetto. In breve tempo facemmo amicizia con circa due dozzine di architetti! Senza esaurienti informazioni non eravamo però in grado di farci un quadro preciso della situazione e di decidere quale architetto fosse il più adatto.

Su un punto eravamo d'accordo: la situazione non era facile! Non volevamo essere scelti, volevamo essere noi a scegliere. Avevamo bisogno di decidere basandoci su criteri di buonsenso e non affidarci al caso, lasciando decidere alla fortuna.

Fu un felice caso a farci scoprire il libro «Architetti Svizzeri». Questo libro, suddiviso in modo chiaro e preciso nei diversi settori concernenti progetti, referenze, campi particolari, filosofie, settori geografici, ci aiutò a farci un primo quadro informativo. Proprio quello che ci serviva.

Dopo aver contattato diversi studi di architettura di nostra scelta, abbiamo trovato il partner da noi desiderato. Nel frattempo il nostro nuovo appartamento è quasi terminato.

Una cosa è sicura: ora sappiamo dove rivolgerci se decideremo di rifare anche il giardino!

Aargau

Robert Alberati AG

Dipl. Architekt ETH/SIA
Kirchplatz 4
4800 Zofingen
Telefon 062-751 22 00
Telefax 062-751 22 02

Gründungsjahr 1980

Inhaber
Robert Alberati

Mitarbeiterzahl 7

Spezialgebiete
Wohnungsbau

Bauten für Industrie, Gewerbe und Handel

Öffentliche Bauten und Planungen

Umbauten und Sanierungen

Bauen im historischen Kontext

Publikationen
Hochparterre 4/94

Schweizer Architektur as 116 4/95

Philosophie
Unser Bestreben ist es, funktionale Ansprüche umfassend in architektonische Realitäten mit hohem Gebrauchs- und Erlebniswert umzusetzen. Über kreative, aber disziplinierte Formsuche wird die folgerichtige Gestalt angestrebt, welche Konstruktionen Identität und Harmonie zu verleihen vermag. Das Bauen hat als respektvoller, aber selbstbewusster Eingriff in unsere natürliche und künstliche Umwelt zu erfolgen. Neues soll Altem spannungsvoll gegenübergestellt werden. Die Interessen der Bauherrschaften werden treuhänderisch gewahrt und müssen mit Ansprüchen der Gesamtgesellschaft in Einklang gebracht werden. Kostenbewusster und qualitätvoller Einsatz zeitgemässer bautechnischer Mittel ist selbstverständlich. Soll Architektur eine Ausdrucksform kultureller Tätigkeit sein, hat sie den Zeitgeist gültig und frei von modischen Erscheinungen darzustellen. Dies verlangt von allen Beteiligten Einsatz und Offenheit.

Wichtige Projekte

1986/87 Mehrzweckgebäude mit Feuerwehr- und Bauamtswerkhof, Strengelbach

1987/88 Neubau Wohn- und Geschäftshaus Wildi, Altstadt Zofingen

1989/91 Neubau Wohn- und Geschäftshaus Wyler, Altstadt Zofingen

1990/91 Neubau Feuerwehrgebäude, Zofingen

1991/92 Überbauung Bärenhof, Schweiz. Bankverein, Altstadt Zofingen (ArGe)

1992 Um- und Anbau Haus Scholl, Zofingen

1992/93 Neubau Haus Frösch, Zofingen

1993 Umbau Geschäftshaus Lehmann AG, Zofingen

1994/95 Neubau Alterssiedlung Hardmatten, Strengelbach

1995 Um- und Anbau Haus Wagner, Zofingen

1997 Neubau Haus Wyss, Altstadt Zofingen

1997 Neubau Haus Gerber, Zofingen

Aktuelle Projekte

Wohnsiedlung Netzi, Oftringen

Umbau «Alte Kaserne», Migros Klubschule, Altstadt Zofingen

Renovation ref. Pfarrhaus, Altstadt Zofingen

Abbildungen

1. + 2. Haus Frösch, Zofingen, 1993

3. + 6. Haus Scholl, Zofingen, 1992

4. + 5. Wohnsiedlung Netzi, Oftringen

Baumann & Waser

**Dipl. Architekten
ETH/HTL SIA/STV**
Augustin-Keller-Strasse 22
5600 Lenzburg
Telefon 062-891 77 00
Telefax 062-891 77 70

Gründungsjahr 1962

Inhaber/Partner
Ernst Baumann

Ruedi Baumann

Leitende Angestellte
André Wey, Bauleiter

Kurt Baumann, Arch. HTL

Mitarbeiterzahl 8

Spezialgebiete
Industrie- und Gewerbebau

Öffentliche Bauten

Wohnungsbau

Sanierungen/Renovationen

Orts- und Regionalplanung

Projektmanagement

Marktposition
Wir erstellen ökonomisch und ökologisch wertvolle und möglichst flexibel nutzbare Gebäude und Hüllen. Unsere Bauten sollen sowohl bezüglich Wirtschaftlichkeit wie auch bezüglich Nutzbarkeit die Maxime der Nachhaltigkeit so gut wie möglich erfüllen.

Werkverzeichnis (Auszug)

Industrie- und Gewerbebau
Betriebszentrale Coop Aargau, Schafisheim

Mühlebach AG, Lupfig

Muhlebach SA, Genf

Strapex AG, Wohlen

Zofinger Tagblatt AG, Zofingen

Kosmetikfabrikation Mibelle AG, Buchs AG

Verwaltungsgebäude Alesa AG, Seengen

Bürogebäude Swisslog/OWL, Buchs

Zentrumsbauten
Zentrumsüberbauung, Fahrwangen

Coop-Einkaufszentren in Muri AG, Unterkulm, Oberentfelden, Schöftland

Banken
Aargauische Kantonalbank, Lenzburg

Aargauische Kantonalbank, Fahrwangen

Öffentliche Bauten
Gemeindehaus, Schafisheim

Werkhof Bauamt + Städtische Werke, Lenzburg

Komplexe Umbauarbeiten Kant. Strafanstalt, Lenzburg

Fürsorge, Kultus, Kultur
Alterspflegeheim, Lenzburg

Gesamtrenovation Stadtkirche Lenzburg

Gemeindesaal, Lenzburg

Schulbauten, Freizeit
Strandbadanlage Tennwil, Hallwilersee

Gesamtrenovation Schulhaus Othmarsingen

Kindergarten, Dintikon

Doppelkindergarten, Lenzburg

Wohnungsbau
Überbauung Langsamstig, Lenzburg

Überbauung Burghalde, Lenzburg

«Fischerhof», Meisterschwanden

Reihenhäuser «Lamm», Schafisheim

Umbauten im Schutzbereich
Villa Malaga, Lenzburg

Haus Gasser, Lenzburg

Drogerie Gryzlak, Lenzburg

Bijouterie Clémençon, Lenzburg

Orts- und Regionalplanung
Gestaltungsplan Isegass – Sandweg, Lenzburg

Gestaltungsplan Breitfeld, Lenzburg

Aktuelle Projekte
Wohnsiedlung Zelgmatte, Lenzburg

Wohnsiedlung Brüggliacker, Hendschiken

Erweiterung Oberstufenschulhaus, Othmarsingen

Freizeitpark-Projekte in der Schweiz, in Finnland und in Slowenien

EFH-Überbauung Eichi-Süd, Niederlenz

Abbildungen

1. + 2. Bürogebäude Swisslog/OWL, Buchs AG

3. + 4. Zentrumsüberbauung, Fahrwangen AG

Buser + Partner AG

Dipl. Architekt ETH/SIA
Jurastrasse 2
5000 Aarau
Telefon 062-822 72 82
Telefax 062-824 13 71

Gründungsjahr 1986

Inhaber/Partner
Fredy Buser
Franz Sinniger
Urs Meyer
Alfred Schär
(Zweigbüro Zurzach)

Mitarbeiterzahl 11

Spezialgebiete
Öffentliche Bauten:
Schulen, Altersbauten
Restauration Denkmalschutz-Bauten
Sanierung von Wohnbauten
Industriebau
Verkehrsbauten

Wichtige Projekte
1986 Sporthalle Bünten, Unterentfelden
1987/88 Neu- und Umbau Altersheim Wildegg
1988 Reformiertes Kirchgemeindehaus Zurzach (Denkmalschutz)
1988 Eigentumswohnungen E. Kieser AG, Lenzburg
1988 Erweiterung Grafische Fachschule Aarau
1989 Raiffeisenbank Leibstadt
1990 Erweiterung Aargauer Tagblatt AG, Aarau
1992 Renovation kath. Kirche Stüsslingen
1993 Sanierung Einfamilienhaus Ch. Fritschi, Aarau
1994 Doppeleinfamilienhäuser Oberdorfstrasse, Unterentfelden
1994 Umbau BD-Bahnhof Berikon-Widen
1995 Wohn- und Geschäftshaus, Kleindöttingen
1996 Alterssiedlung Menziken
1996 Renovation ref. Kirche Aarburg (Denkmalschutz)
1996 Renovation Stadtkirche Aarau (Denkmalschutz)
1997 Sanierung Mehrfamilienhäuser Bühlacker, Buchs

Aktuelle Projekte
Erweiterung Altersheim Wildegg
Wohn- und Geschäftshaus, Wildegg
Eigentumswohnungen Asylstrasse, Aarau
Fabrikationshalle Schinznach-Bad
Sanierung Feuerwehrgebäude Aarau
Umbau Bühlhalle Däniken
Renovation ref. Kirche Erlinsbach (Denkmalschutz)
Umbau Wohn- und Geschäftshaus Jera AG, Aarau

Abbildungen

1. Sanierung Einfamilienhaus Ch. Fritschi, Aarau

2. Eigentumswohnungen E. Kieser AG, Lenzburg

3. Wohn- und Geschäftshaus, Kleindöttingen

Dietiker + Klaus

**Architektengemeinschaft
«Architheke»**
Zurzacherstrasse 232
5203 Brugg
Telefon 056-442 21 46
Telefax 056-442 21 45

Gründungsjahr 1988

Inhaber/Partner
Ruedi Dietiker,
dipl. Arch. ETH/SIA

Beat Klaus, dipl. Arch. HTL

Leitende Angestellte
Arno Vogel, Architekt

Irene Sidler, dipl. Arch. HTL

Stephan Dietiker,
dipl. Arch. HTL

Gabriella Hunya,
dipl. Arch. ETH

Spezialgebiete
Wohnbauten

Öffentliche Bauten

Renovationen

Städtebauliche Planungen

Umnutzungen

Publikationen
Holz-Bulletin 36/94, 38/95

Raum+Wohnen 6/95, 2/96

Archithese 5/95

Werk, Bauen+Wohnen 11/95

Schweiz. Holzbau 9/95

Sperrholzarchitektur 1997

Starterhäuser, Karl Krämer Verlag, 1998

Wichtige Projekte
1993 Umbau Gipsmühle Lauffohr

1989 Wettbewerb Helvetia, St. Gallen

1991 Künstleratelier Otto Grimm, Möriken

1992 Wohnsiedlung, Mägenwil (1. Preis)

1992 Bibliothek Stehli, Wolfwil

1992 Projektauftrag Stadtraumgestaltung Brugg

1994 drei Holzhäuser Am Hang, Brugg

1995 Umbau und Erweiterung Schloss Habsburg

1995 Raiffeisenbank Merenschwand

Aktuelle Projekte
Erweiterung Kantonale Kinderstation Rüfenach

Umbau Wohnhaus Burghalde, Baden

Zweifamilienhaus in Windisch

Ausbildungsgebäude EMD, Böttstein (Holzbau)

Siedlung Rebmoos, Brugg (7 Holzhäuser)

Wettbewerb Mehrzweckhalle und Schulhauserweiterung in Lupfig, 1. Preis

Erweiterung Friedhof Turgi

Gestaltungsplan Lieli

Abbildungen

1. Umbau Gipsmühle Lauffohr

2. Drei Häuser Am Hang, Brugg

3. Umbau und Erweiterung Schloss Habsburg

Eppler – Maraini – Schoop

Dipl. Arch. ETH/BSA/SIA
Mühlbergweg 27
5400 Baden
Telefon 056-221 65 56/55
Telefax 056-221 65 57

Gründungsjahr 1970

Inhaber
Hermann Eppler,
dipl. Arch. ETH/BSA/SIA,
Prof. TWI Winterthur

Luca Maraini,
dipl. Arch. ETH/BSA/SIA,
Prof. HTL Brugg-Windisch

Emanuel Schoop,
dipl. Arch. ETH/SIA

Mitarbeiterzahl 10

Spezialgebiete
– Wohnungsbau
– Schulbauten
– Öffentliche Bauten
– Gewerbebauten
– Umbauten/Sanierungen
– Gestalterische Bearbeitung
  von Tiefbauten
– Einfamilienhäuser
– Innenausbau
– Wettbewerbsvorbereitungen
– Richt- und
  Gestaltungsplanungen

Publikationen
Werk, Bauen+Wohnen 7+8/88,
1+2/89, 6/92, 6/93

Architekturpreis Beton 1989

Hochparterre Jan./Feb. 89

Unsere Kunstdenkmäler 1990/1

db Deutsche Bauzeitung 4/90

Peter Disch: Architektur
in der deutschen Schweiz, 1991

Architekturführer der Stadt
Baden 1994, Verlag Lars Müller

Architekturführer der Schweiz,
Band 2, 1994

Philosophie
Wir fassen jede Bauaufgabe
vorerst als einmaligen, speziellen Fall auf und suchen dazu
konzeptionell unterschiedliche
Lösungsansätze. Die so erarbeiteten Varianten werden
analysiert, verglichen und in
Zusammenarbeit mit der Bauherrschaft evaluiert. Dieses
individuelle Erarbeiten jeder
Bauaufgabe widerspiegelt sich
in eigenständigen und oft
unkonventionellen Resultaten.
In der Ausführung und
der Materialisierung suchen
wir die ökonomische
und konstruktiv korrekte
und bewährte Lösung. Individualität und bautechnische
Ausgereiftheit sind somit
kein Widerspruch.

Wichtige Projekte
1979 Jugendherberge Beinwil

1980 Mehrzweckhalle,
Schulhaus, Doppelkindergarten
und Feuerwehrmagazin
Rekingen AG

1982–90 Schulhaus, Mehrzweckhalle und Feuerwehrmagazin
Baden-Rütihof

1984/87 Städtische Werke
Baden: Umgang mit wertvoller
Bausubstanz aus den 30er
Jahren, Heimatschutzpreis,
Betonpreis, **Abb. 1**

1984/87 Umbau und Renovation
Amtshaus Baden

1984/90 Gestalterische
Bearbeitung Hochbrücke,
Unterführungen und Bushaltestellen Baden

1988/91 Wohn- und Gewerbeüberbauung Ländliweg, Baden:
Stadtwohnungen, konzeptioneller Lärmschutz, verdichtetes
Bauen, **Abb. 4**

1991/97 Architekturschule
des Technikums Winterthur:
Um- und Einbau in eine
Fabrikhalle, Erweiterung als
wiederverwendbarer Montagebau, ArGe mit Mäder+Mächler,
Zürich, **Abb. 3**

1992/98 Wohnüberbauung
Rösslimatte, Buchs AG,
Wettbewerb 1. Preis, Richtplan,
Ausführung (75 Wohnungen,
Büros)

1994/2000 Neuplanung Bahnhofgebiet Baden, Teilprojekt
Metroshop, Umbau Einkaufspassage

1996 Friedhof am Hörnli,
Basel, Sanierung und Umgestaltung der Abteilung 12,
Wettbewerb 1. Preis 1996,
ArGe mit Vetsch, Nipkow und
Partner, Zürich

1996/97 Reformiertes Kirchgemeindehaus Baden, Umbau
und Renovation, Studienauftrag 1. Preis, Ausführung

1997 Art Design Factory,
Baden, Umbau eines Fabrikgebäudes in Büros und Lofts,
Projekt für ABB Immobilien AG,
ArGe mit Th. Hasler, Baden,
Abb. 2

1994/99 Wohnüberbauung
Buchs AG (80 Wohnungen,
8 Reihenhäuser): preisgünstiger
Wohnungsbau, Siedlungsqualität, **Abb. 6**

1997/2001 Fachhochschule
Aargau: Umbau des ehemaligen Gemeinschaftshauses
der Firma Brown Boveri
in die Höhere Wirtschafts- und
Verwaltungsschule Baden,
ArGe mit Messmer+Graf,
Abb. 5

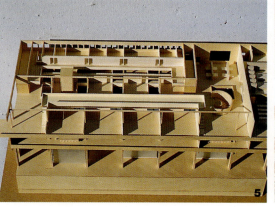

Frei + Moser AG

Architekten SIA/Planer BSP
Igelweid 22
5000 Aarau
Telefon 062-824 44 64
Telefax 062-824 75 62
Frei_Moser@Compuserve.com

Gründungsjahr 1956

Inhaber
Reto Colombo
Heinz Müri
Marc Moser

Tochtergesellschaft in China
Yarui Architecture Design Co. Ltd. für Architektur, Stadtplanung, Baumanagement

Mitarbeiterzahl 13

Spezialgebiete
Bauten für Industrie, Handel, Gewerbe

Öffentliche Bauten

Genossenschaftlicher Wohnungsbau

Sanierung und Unterhalt

Innenarchitektur für Private, Firmen und öffentliche Bauten

Publikationen
Verwaltungs- und Verteilzentrale Suhr, Arch 90

Kaderschule für die Krankenpflege SRK, SI+A

Philosophie
Das, was ist,
ist verursacht durch das,
was war,
und das, was sein wird,
hat das, was ist,
zur Ursache.

Wichtige Projekte
Verwaltungs- und Verteilzentrale Genossenschaft Migros AG, Suhr SO

Verschiedene Kinoumbauten Gebrüder Eberhardt AG, Aarau

Totalsanierung EFH «Laurenzi», Aarau

Gewerbehaus «Dreistein», Schöftland

Logistikzentrum Canon (Schweiz) AG, Mägenwil

Eingangsgebäude/Confiserieerweiterung Chocolat Frey AG, Buchs

Gewerbehaus Wolffgram, Klingnau

Alterswohnungen, Oberentfelden

Überbauung Nordallee, Aarau

Totalsanierung MFH Ziegelrain 18, Aarau

Wohn- und Geschäftshaus «im Zentrum», Buchs

Totalsanierung «Trompeterhaus», Waffenplatz, Aarau

Ausstellungsgebäude Dössegger Möbel AG, Seon

Reihenhaussiedlung Burghalde, Küttigen

Innenarchitektur für Private und Firmen

Aktuelle Projekte
Regionales Blutspendezentrum, Kantonsspital Aarau

Sanierung Paul-Scherrer-Institut, Würenlingen und Villigen

Setz Gütertransport AG, Neubau Dienstleistungszentrum Villmergen

Altersheim Buchs

Fassadensanierung AHV Gastrosuisse, Aarau

Abbildungen

1. Ausstellungsgebäude Dössegger Möbel AG, Seon

2. Reihenhaussiedlung Burghalde, Küttigen

3. Mehrfamilienhaus, Nordallee, Aarau

Fugazza Steinmann & Partner

Dipl. Arch. ETH/SIA AG
Schönaustrasse 59
5430 Wettingen
Telefon 056-437 87 87
Telefax 056-437 87 00

Filiale (siehe Teil Solothurn)
Gallusstrasse 23
4612 Wangen bei Olten
Telefon 062-212 56 42

Gründungsjahr 1977

Inhaber/Partner
Heinz Fugazza,
dipl. Arch. ETH/SIA

William Steinmann,
dipl. Arch. ETH/SIA

Marcel Spörri, dipl. Arch. HTL

Assoziierte Mitarbeiter
Gustav Fischer, Bauleiter

Bernhard Meyer,
dipl. Arch. ETH

Urs Siegrist, dipl. Arch. HTL

Mitarbeiterzahl 30

Wir analysieren, entwerfen, gestalten, planen, konzipieren, empfehlen, konstruieren, kalkulieren, optimieren, führen, erneuern, kontrollieren, garantieren, begleiten – und haben in 20 Jahren Arbeit 30 Architekturwettbewerbe gewonnen und über 100 Projekte ausführen können.

Werkverzeichnis

Zentrumsbauten
1988 Wettbewerb Dorfzentrum Gränichen mit Gemeindehaus, Läden, Büros und Wohnungen
1993 Bezug

1994 Coop-Super-Center, Läden, Büros und Behindertenwerkstatt, Industrierecycling, Lenzburg

1996 Coop-Center mit Wohnungen, Zurzach

Fürsorge und Gesundheit
1977 Wettbewerb Regionalspital Laufenburg
1985/89 Bezug

1979 Wettbewerb Behinderten-Wohnheim Wettingen
1981 Bezug

1981 Wettbewerb Altersheim Schinznach-Dorf
1985 Bezug

1981 Wettbewerb Altersheim Gränichen
1986 Bezug

1982 Wettbewerb Altersheim Zurzach
1989 Bezug

1984 Wettbewerb Paraplegikerzentrum Balgrist, Zürich
1990 Bezug

1988 Altersheim Zion, Dübendorf

1996 Erweiterung und Sanierung Rheuma- und Rehabilitationsklinik Zurzach

1996 Heim für Schwerstbehinderte, Wettingen

1997 Um-/Erweiterungsbau Klinik Sonnenblick, Wettingen

Gemeindebauten
1979 Wettbewerb Gemeindehaus und Feuerwehrmagazin Oberehrendingen
1982 Bezug

1980 Wettbewerb Mehrzweckgebäude Turgi
1985 Bezug

1981 Wettbewerb Gemeindehaus und Mehrzweckgebäude Bergdietikon
1985 Bezug

1986 Wettbewerb Gemeindehaus mit Bank und Post Unterehrendingen
1993 Bezug

1988 Feuerwehrgebäude mit Zivilschutzanlage Wettingen

1988 Wettbewerb Gemeindehaus Gränichen
1993 Bezug

Kultus und Kultur
1979 Renovation Kirche St. Anton, Wettingen

1986 Wettbewerb Gemeindebibliothek Wettingen
1989 Bezug

1992 Theater- und Mehrzweckgebäude, Kantonsschule Wettingen

1995 Erweiterung kath. Pfarreizentrum Unterkulm

Banken
1982 Schweizerische Kreditanstalt, Einbau Filiale Shopping-Center Spreitenbach

1987 Schweizerische Bankgesellschaft, Wettingen

1987 Wettbewerb Raiffeisenbank Schneisingen
1990 Bezug

1993 Raiffeisenbank Unterehrendingen

1993 Aarg. Kantonalbank, Gränichen

1997 Einbau Neue Aargauer Bank, Wettingen

Industrie/Gewerbe

1982 Telefongebäude PTT, Wettingen

1987 Fabrikneubau ORION AL-KO, Spreitenbach

1989 Einrichtungszentrum Möbel-Pfister, Contone

1995 Basler Lack- und Farbenfabrik, Buchs

1997 Einrichtungszentrum Möbel-Pfister, Pratteln

1997 Fabrikneubau Rotho Kunststoff AG, Würenlingen

1997 Umbau Migros Tivoli und Shopping-Center Spreitenbach

Schulhäuser

1979 Wettbewerb Erweiterung Schulhaus Zehntenhof, Wettingen
1981 Bezug

1987 Wettbewerb Primarschulhaus Berikon
1990 Bezug

1988 Erweiterung Schulhaus Unterehrendingen
1991 Bezug

1992 Wettbewerb Schulhaus Gränichen
1995 Bezug

Freizeit- und Sportbauten

Wettbewerb Mehrzweckhalle Mülligen
1985 Bezug

1982 Tennisanlage und Klubhaus, Wettingen

Wohnungsbau

1987 Wettbewerb Wohn- und Geschäftshaus Ziegleren, Schneisingen
1990 Bezug

1992 Mehrfamilienhaus Utostrasse 18, Wettingen

1992 Überbauung Dorfstrasse 32, Wettingen

1993 Überbauung Dorfstrasse 18, Wettingen

1996 Reihenhaussiedlung Mülleracker, Schafisheim

Aktuelle Projekte

Wohnsiedlung Schwirrenmatte, Suhr
in Ausführung

Fabrikneubau Rotho-Fixit Kunststoffwerk AG, Würenlingen
3. Bauetappe/in Ausführung

Fachmarkt Mels/Sargans
in Planung

Waffenplatz Dübendorf, Lehrgebäude 3, Wettbewerb 1995
in Ausführung

Sanierung und Erweiterung Schulanlage Margeläcker, Wettingen
in Ausführung

Schulhaus Safenwil
in Ausführung

Umbau und Erweiterung Spital Bülach
in Planung

Wohnsiedlung Tägerhard, Wettingen
in Planung

Gestalterische Bearbeitung A1-Überdeckung Neuenhof

Geschäftshaus, Gessnerallee, Zürich
in Planung

Verbrauchermarkt Coop, Dietikon
in Planung

Rathausapotheke, Wettingen
in Planung

Avanti-Möbel-Mitnahmemarkt, Etoy
in Planung

Abbildungen

1. Einrichtungszentrum Möbel-Pfister, Pratteln, Bezug 1997

2. Coop-Center mit Wohnungen, Zurzach, Bezug 1997

3. Reihenhaussiedlung Mülleracker, Schafisheim, Bezug 1996

4. Avanti-Möbel-Mitnahmemarkt, Suhr, Industrierecycling, Bezug 1997

5. Einbau Neue Aargauer Bank, Wettingen, Bezug 1997

6. Fabrikneubau Rotho Kunststoff AG, Würenlingen, Bezug 1997

7. Um- und Erweiterungsbau Klinik Sonnenblick, Wettingen, Bezug 1997

8. Schulhaus Safenwil, in Ausführung

9. Fachmarkt Mels/Sargans, in Planung

10. Umbau und Erweiterung Spital Bülach, Wettbewerb, 1. Rang, in Planung

Furter Eppler Stirnemann

**Dipl. Architekten
Rigacker 9
5610 Wohlen
Telefon 056-622 00 20**

Gründungsjahr 1982

Inhaber
Hans Furter,
dipl. Architekt BSA/SIA/SWB

Ruedi Eppler,
dipl. Architekt BSA/SIA/SWB

Hansruedi Stirnemann,
dipl. Architekt SWB

Die folgenden Texte bilden eine Ergänzung zu den Ausgaben 1995 und 1996.

Verkehrsleitzentrale mit Polizeidienstgebäude, Schafisheim, 1989/97

Wesentlicher Ausgangspunkt bei der Erarbeitung des Projekts waren die Besonderheiten des Grundstücks: einerseits der Waldrand, als Gegensatz der Werkhof der Strassenunterhaltsdienste und das Strassenverkehrsamt mit ihren grossen Verkehrs- und Lagerflächen, Gebäude in beträchtlichen Abständen, ein ständiger Lärmpegel der unmittelbar angrenzenden Autobahn A1. Hierauf mit einer Insel zu reagieren stellt den Versuch dar, eine attraktivere Arbeitsumgebung zu schaffen und gleichzeitig dem Sicherheitsbedürfnis der Polizei gerecht zu werden: Gebäude, Umfassungsmauer und schlanke Säulenhainbuchen bilden einen vollständigen Rand. Das Feld für eine zukünftige Erweiterung wird besetzt durch eine Doppelreihe Bäume. Der in die Mitte gestellte Baukörper für das eigentliche «Herz» der Anlage, die Verkehrsleitzentrale, zoniert diesen geschlossenen Hofraum in einen Eingangs-/Zufahrtshof mit Publikumsverkehr und einen Anlieferungshof mit angrenzenden Werkstätten und der Einstellhalle für Grossfahrzeuge.

Die Nutzungsverteilung ergibt sich nicht nur aus dieser Grunddisposition, sie spiegelt darüber hinaus die komplexe Überlagerung verschiedener Anforderungsraster: Einstellhallen für Personenfahrzeuge und Lastwagen mit ihren unterschiedlichen Spannweiten, Belastungen und Gebäudetiefen; Werkstätten und Büros in ihrem immissionsmässigen Konfliktpotential; einfache Betriebsabläufe trotz einer Hierarchie von vier internen Sicherheitszonen und diesen überlagert die verschiedenen Brandabschnitte; schliesslich die Berücksichtigung von drei Grundwasserschutzzonen und ungünstigen Baugrundverhältnissen.

Im insgesamt sechsgeschossigen hochinstallierten und teilklimatisierten Leitzentralentrakt sind die verschiedenen Installationszentralen, die Einstellzellen und der Dienst für Informatik untergebracht. Die Leitzentrale selber ist als Grossraum und durch einen gepflegten Innenausbau ausgezeichnet. Dieser ganze Trakt muss unabhängig funktionieren und aber von den Büros gut erreichbar sein. Das Personal der Leitzentrale bedient ausserhalb der normalen Bürozeiten auch den an der Nahtstelle zwischen Büro- und Leitzentralentrakt angeordneten Haupteingang. Das Andocken eines eigenen Traktes am Bürogebäude erlaubt, all diese Bedingungen (wie auch die erwähnte Zonierung des Aussenraums) zu erfüllen, stört aber örtlich den regelmässigen zweibündigen Aufbau. Hier sind die Räume mit speziellen Nutzungen (Foyer, Theoriesaal, Cafeteria) angeordnet, zentral und nahe beim Eingang. Gleichzeitig beheben sie einen Nachteil des Zweibünders, den fehlenden Aussenbezug aus dem Korridor: Aus der Mitte des Gebäudes ist auf allen drei Geschossen als räumlicher Abschluss der Wald mit seinen im Laufe der Jahreszeiten wechselnden Stimmungen sichtbar. Der Bezug zum Winkel des Waldes – dies gilt für alle nord- und ostseitigen Räume – ergänzt denjenigen zu den Baumreihen im Süden und im Westen: ein Gürtel begrünter Aussenräume «federt» die äusseren Einwirkungen ab.

Erweiterung Schulanlage Sarmenstorf, 1995/97

Eine deutliche Polarität zeichnete das vorgefundene Areal aus: einer «harten» Hälfte mit den bisherigen Bauten auf drei Seiten des Pausenplatzes schliesst sich ein Baumgarten an.

Wesentliches Anliegen des Entwurfs war es, diese Charakteristik zu verdeutlichen.

Das Haus steht wie ein Gartenpavillon in einem «weichen» Grund. Bäume filtern den Sichtkontakt zwischen Pausenplatz und Klassenzimmern. Die Korridore öffnen sich über grosszügige Verglasungen wie Lauben zum Garten. Holzfassaden verknüpfen den Baukörper materialmässig mit ihm und den benachbarten landwirtschaftlichen Bauten. Die Grenze zwischen Platz und Garten wird dank einer langen niedrigen Mauer klarer lesbar. Sie begleitet den bestehenden Fussweg mitten durch das Schulgelände.

So lassen sich in der vorgefundenen Situation schlummernde Eigenschaften und Kräfte ans Licht bringen, sie werden zu tragenden Elementen eines neuen Ensembles.

Das Konzept sieht vor, schmale lineare Baukörper in der begonnenen Art schrittweise weiter in den Garten wachsen zu lassen, entsprechend den Bedürfnissen von Schule und Kindergarten.

Bauamt und Feuerwehr Fahrwangen, 1995/96

Der Ansatz aus dem seinerzeitigen Ideenwettbewerb sieht vor, aus bestehenden und neuen öffentlichen Bauten eine zusammenfassende Kette zu bilden. Dieses Gebäude ist darin das äusserste – und erste neue – Glied.

Unter Ausnützung der Topographie vereinigt der Baukörper auf zwei Geschossen die verschiedenen befahrbaren Nutzungsbereiche. Ein weitausladendes Vordach schwebt darüber. Die unterschiedliche Längenausdehnung dieser beiden Hauptelemente betont ihre Unabhängigkeit zusätzlich.

Abbildungen

1.–6. Verkehrsleitzentrale mit Polizeidienstgebäude, Schafisheim, 1989/97

7./8./9./11. Erweiterung Schulanlage Sarmenstorf, 1995/97

10. Bauamt und Feuerwehr Fahrwangen, 1995/96

Peter Frei · Christian Frei

Dipl. Arch. ETH/SIA AG
Bleichemattstrasse 43
5000 Aarau
Telefon 062-834 90 50
Telefax 062-834 90 60
e-mail: buero@pfcfarch.ch

Gründungsjahr 1976

Inhaber/Partner
Peter Frei,
dipl. Arch. ETH/SIA

Christian Frei,
dipl. Arch. ETH/SIA

Mitarbeiterzahl 12

Publikationen
as Schweizer Architektur
April 94, Aug. 94, Sept. 96,
Dez. 96

Hochparterre 9/94, 5/97

Werk, Bauen+Wohnen 12/97

Auszeichnungen
Baupreis der Stadt Aarau 1995

Philosophie
«Man soll alles so einfach
machen wie möglich,
aber nicht einfacher.»
(A. Einstein)

Wichtige Projekte
Industrie und Gewerbe
1996 Schulungs-
und Informationszentrum
Franke AG, Aarburg

1996 Lager-, Produktions- und
Verwaltungsgebäude Hagmann
Hosenmode AG, Dulliken

1998 Schulungs-
und Informationszentrum
Siegfried Dienste AG, Zofingen

Wohn-/Geschäftshäuser
1991 Geschäftshaus
Bleichemattstrasse 43, Aarau

1991 Wohn- und Geschäftshaus,
Teufenthal

1991 Mehrfamilienhaus,
Bachstrasse, Aarau

1994 Wohn- und Geschäftshaus
Rain 26, Aarau

1995 Mehrfamilienhaus,
Niedergösgen

1997 Mehrfamilienhaus,
Metzgergasse, Suhr

Umbauten/Renovationen
1992 Umbau Geschäftshaus,
Bleichemattstrasse, Aarau

1994 Sanierung Turnhalle
Gysimatt, Buchs

1997 Umbau Gemeindehaus
Buchs, 1. Etappe

1997 Aussensanierung
Pflegeschule, Aarau

1997 Umbau/Sanierung
Geschäftshaus Zelglistrasse 15,
Aarau

Einfamilienhäuser
1992 EFH Albrecht,
Bergstrasse, Aarau

1994 DEFH Bärtschi/Bodmer,
Wallerstrasse, Aarau

1995 EFH Pauli, Dossenstrasse,
Aarau

1995 DEFH Hammer/Hamero,
Alpenblickweg, Rombach

1996 EFH Meyer, Zelglistrasse,
Aarau

1997 EFH Dr. Ausfeld,
Chesletenrain, Biberstein

1997 EFH Müller,
Rankacherstrasse, Buchs

**Wettbewerbserfolge,
1. Preis**
1992 Wohn- und Geschäfts-
haus, Aargauerplatz, Aarau

1992 Wohnüberbauung
in Mühlethal AG

1994 Schulungs- und Informationszentrum Franke AG,
Aarburg

1997 Schulungs- und
Informationszentrum Siegfried
Dienste AG, Zofingen

1997 Erweiterung
Alterszentrum/Neubau
Alterswohnungen, Gränichen

Aktuelle Projekte
Wohn- und Geschäftshaus
«Riviera», Aarau

Erweiterung
Alterszentrum/Neubau
Alterswohnungen, Gränichen

Mehrfamilienhaus,
Meierhofweg, Küttigen

Sanierung Grossratsgebäude,
Aarau

EFH Hammer, Alpenblickweg,
Aarau

Umbau Gemeindehaus Buchs,
2. Etappe

Büroneubau Franke Holding
AG, Aarburg

Erweiterung Weinkellereien,
Aarau

Abbildungen
1. Umbau/Sanierung
Geschäftshaus Zelgli-
strasse 15, Aarau, 1997

2. Schulungs- und Informationszentrum Franke AG,
Aarburg, 1996

3. Schulungs- und Infor-
mationszentrum Siegfried
Dienste AG, Zofingen

4. Einfamilienhaus Müller,
Rankacherstrasse 38,
Buchs, 1997

Hegi Koch Kolb

Architekturbüro SIA
Zentralstrasse 30A
5610 **Wohlen**
Telefon 056-622 04 88
Telefax 056-622 04 89

Zweigbüro in Zug

Gründungsjahr 1984

Inhaber
Stefan Hegi, dipl. Arch. ETH
Felix Koch, dipl. Arch. HTL
Kurt Kolb,
dipl. Innenarch. SfGZ

Mitarbeiterzahl 12

Spezialgebiete
Öffentliche Bauten
Kindergärten
Wohnbauten + Wohnsiedlungen
Industrie- und Gewerbebauten
Ökologische Bauten
Umbauten
Möbeldesign

Veröffentlichungen
Dokumentation über Bauen mit Lehm, SIA D 077

Hochparterre 5/95

Kindergartenzeitschrift, April/95

Philosophie
Das eigentliche Ziel unserer Arbeit sehen wir darin, mit unseren Bauten einen Kulturbeitrag zu leisten. Unsere Hauptaufgabe liegt in der Absicht, Raumqualität mit den Bedürfnissen der Benützerschaft in Einklang zu bringen. Hierbei bevorzugen wir die Prinzipien der einfachen und klaren Strukturen, welche sich in idealer Weise mit unserem Bestreben nach angemessenen Lösungen und umsichtigem Umgang mit Material und Energie ergänzen. In diesem Sinne wird aus unserer Sicht die traditionelle Ästhetik der Sparsamkeit und der Konstruktion mit gegenwartsbezogenem Ausdruck ihre Fortsetzung finden.

Wichtige Bauten und Arbeiten
1985 Mehrfamilienhaus Steingasse, Wohlen

1988 Terrassenhaussiedlung Rebberg, Wohlen

1990 EFH in Lehmbauweise, Fam. Marbach, Sarmenstorf

1990 Saalbau mit Hotel und Restaurant, Wohlen (Wettbewerb, 1. Preis)

1991 Gemeindebauten Hägglingen, Gemeindehaus, Bauamt, Feuerwehr und Post (Wettbewerb, 1. Preis), Realisierung der 1. Etappe 1995

1991 Gemeindezentrum Zufikon, Gemeindehaus, Kindergarten, Bauamt und Feuerwehr (Wettbewerb, 1. Preis), Realisierung der 1. Etappe 1995

1992 EFH mit Wintergarten, Fam. Egolf, Oberrohrdorf

1992 EFH-Siedlung in günstiger Bauweise, Eichirebe, Sarmenstorf (Wettbewerb, 1. Preis)

1993 Wohnhausanbau M. Baur, Sarmenstorf

1993 Fleischverkaufsladen Murimoos, Muri

1994 Kindergartenneubau und Umbau Gemeindehaus, Hornussen (Wettbewerb 1991)

1996 1. Etappe Reihenhaussiedlung in günstiger Bauweise, Dottikon

1997 Doppelkindergarten mit Mehrzweckraum, Schinznach-Dorf (Wettbewerb, 1. Preis)

1997 Gemeindehaus mit Post und Laden, Hermetschwil-Staffeln (Wettbewerb, 1. Preis)

1997 Wettbewerb Inselspital Bern, 1. Preis (in Zusammenarbeit mit Architekturbüro Kamm & Kündig)

1998 Umbau Fabrikareal in Wohnungen und Ateliers, Sarmenstorf

Abbildungen

1. + 2. Kindergartenneubau und Erweiterung Gemeindebauten, Zufikon, 1. Preis

3. Neubau Gemeindehaus mit Post und Bank, Hägglingen, 1. Preis

4. Wettbewerbsprojekt Inselspital Bern, 1. Preis (in Zusammenarbeit mit Kamm & Kündig)

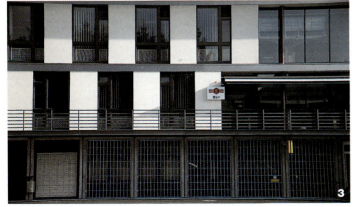

Hertig + Partner

**Atelier für Architektur
SIA/GSMBA/VSI**
Entfelderstrasse 1
5000 Aarau
Telefon 062-8 244 244
Telefax 062-8 244 247

Gründungsjahr 1969

Inhaber/Partner

Godi Hertig,
Architekt SIA/GSMBA

Sam Weidmann,
Architekt HTL

Ueli Wagner,
Architekt VSI/GSMBA

Andreas Noetzli,
Architekt ETH/SIA

Ueli Hertig,
Architekt HTL

Mitarbeiterzahl 12

Publikationen

AS – Schweizer Architektur: Kirchliches Zentrum, Suhr, Sept. 80; Hotel Viktoria, Hasliberg, Jan. 81; Alters- und Pflegeheim Brüggli, Dulliken, Juni 81; Umbau Wohn- und Geschäftshaus, Aarau, Dez./Jan. 85; Wettbewerb Färberplatz, Aarau, Dez./Jan. 85; Altersheim Unteres Seetal, Seon, Feb. 88; Erweiterung Storenstoff AG, Buchs, Mai 90; Zentrum Bärenmatte, Suhr, Okt. 90

Werk, Bauen + Wohnen 7+8/89: Zentrum Bärenmatte, Suhr

Auszeichnungen

Anerkennung 1981 für behindertengerechtes Bauen: Altersheim Brüggli, Dulliken, und Hotel Viktoria, Hasliberg

Anerkennung 1989 für behindertengerechtes Bauen: Altersheim Unteres Seetal, Seon

Wichtige Projekte

1980 Kirchliches Zentrum Länzihus, Suhr (W)

1980/89/95 Hotel Viktoria, Hasliberg Reuti

1986 Aargauische Arbeitskolonie Murimoos (W)

1986 Altersheim Seon (W)

1987 Fabrikneubau Stosa, Buchs

1987 Sanierung Badi, Aarau

1988 Schulanlage Oberkulm (W)

1988 Kulturzentrum Bärenmatte, Suhr (W)

1990 Altersheim Steinfeld, Suhr

1991 Ausbildungszentrum Veska, Aarau

1992 Schulhaus Kaisten (W)

1993 Haus für Bildung und Begegnung, Herzberg

1994 Verwaltungsgebäude NAB, Aarau (W)

(W) = Projektwettbewerbe, 1. Preis

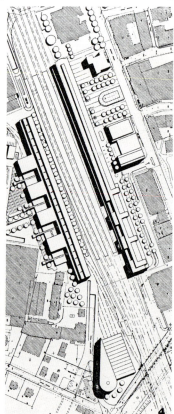

Wettbewerbe

1982 Überbauung Färberplatz, Aarau, 1. Rang

1985 Turnhalle Gewerbeschule, Aarau, 2. Preis

1987 Altersheim Erlinsbach, 3. Preis

1987 Mehrzweckhalle Rupperswil, 2. Preis

1989 Schulhaus Herznach, 2. Preis

1989 Saalbau Unterentfelden, 1. Rang

1989 Alterszentrum Widen, 2. Preis

1990 Gemeindeverwaltung Murgenthal, 1. Preis

1990 Altersheim Abendruh, Interlaken, 2. Preis

1991 HPS und Schulbauten, Frick, 1. Preis

1991 Bahnhof Aarau, 5. Preis

1991 Pfarrhaus Gipf-Oberfrick, 1. Preis

1991 Gemeindeverwaltung Schafisheim, 2. Preis

1992 Alterswohnungen, Zofingen, 1. Preis

1992 Alters- und Leichtpflegeheim Falkenstein, Menziken, 3. Rang

1992 Altersheim Windisch, 1. Preis

1994 Behindertenheim Oberentfelden, 4. Preis

1994 Schwimmbad Entfelden, 1. Preis

1997 Spital Bülach, 5 .Preis

1997 Altersheim Gränichen, 4. Preis

1997 Landenhof, Schweiz. Schule für Schwerhörige, Unterentfelden, 1. Preis

Aktuelle Projekte

Alters- und Pflegeheim Windisch

Hotel Viktoria, Hasliberg

Sanierung/Umbau Hallen- und Freibad Entfelden

Einfamilienhaussiedlung Schürmatten, Rohr

Neue Aargauer Bank, Aarau

Abbildungen

1. Gemeindehaus Murgenthal, 1996

2. Hotel Viktoria, Hasliberg, 1996

3. + 4. Wettbewerbssituationen

5. + 7. Neue Aargauer Bank, Aarau

6. + 8. Schulanlage, Frick

Messmer + Graf

Architekturbüro SIA/SWB
Schartenstrasse 41
5400 Baden
Telefon 056-221 61 01
Telefax 056 221 62 60

Inhaber
Rolf Graf

Leitende Angestellte
H. v. Dombrowski, E. Ulli,
A. Zehnder, L. Borner

Mitarbeiterzahl 25

Spezialgebiete
Wohnungsbau

Schulbauten

Öffentliche Bauten

Handel, Industrie, Gewerbe

Umbauten, Sanierungen, Renovationen

Ortsplanung, Gestaltungspläne

Expertisen, Bauherrenberatung

Publikationen
EFH Keller, Nussbaumen, Werk 1969

Umbau WB-Projekt, Baden (mit S. Schmid), Werk 7–8/88

Überbauung Zwischenbächen, Zürich-Altstetten, Werk Material 1–2/92

EFH Prof. Speiser und Terrassenhäuser Mühlbergweg, Architekturführer der Stadt Baden

Auszeichnungen
Auszeichnung für gute Bauten Zürich

Wichtige Projekte

Öffentliche Bauten
Erweiterung Gewerbeschule, Baden

Bezirksschule mit Dreifachturnhalle, Klingnau

Umbau des regionalen Krankenheims, Baden

Kehrichtverbrennungsanlagen im In- und Ausland

Werkhof mit Feuerwehr, Bauamt, Versorgungsbetriebe mit Wohnungen, Spreitenbach

Handel, Gewerbe, Industrie
Bankgebäude SKA, Baden

Geschäftshäuser, Landstrasse, Wettingen

Migrosmarkt, Nussbaumen

Raiffeisenbank, Würenlos

Geschäftshaus Haveg, Dättwil

Industriebau Schoop, Dättwil

Kaffeerösterei Graf, Dättwil

Hotel Arte, Spreitenbach

Kunstharzfabrik Mäder, Killwangen

Wohnbauten
Gartensiedlung «Kappi», Baden

Überbauung «Grabenmatt», Oberrohrdorf

Appartementhaus, Bellariastrasse, Zürich

Mehrfamilienhaus Wening, Zürich

Terrassenhäuser Mühlbergweg, Baden

Terrassenhäuser Pfaffenziel, Untersiggenthal

Terrassenhäuser Riedmatte, Oberrohrdorf

Überbauung Pinte, Dättwil

Überbauung Weiherhau, Dättwil

Überbauung «Scheueracker», Schinznach-Bad

Terrassenhäuser Schartenrain, Baden

Wohnüberbauung «Boldi», Rieden

Wohn- und Geschäftshaus, Schönaustrasse, Wettingen

Wohn- und Geschäftshaus «Schlosspark», Zurzach

Div. Villen und Einfamilienhäuser

Ortsplanung
Gestaltungsplan Ortszentrum Fislisbach

Gestaltungspläne für Altstadt Klingnau

Gestaltungspläne Zentrum und Brühl, Döttingen

Kommunaler Gestaltungsplan Helgenfeld, Suhr

Umbauten
WB-Projekt, Baden

Hotel Schweizerhof, Baden

Hotel Post, Ennetbaden

Hotel Jura, Ennetbaden

Umbau «Schlössli», Ennetbaden

Aktuelle Projekte
Terrassenhäuser «St. Anna», Baden

Wohnüberbauung «Zelgli», Killwangen

Terrassenhäuser «Bolibuck», Obersiggenthal

Gestaltungsplan «Rai», Bergdietikon

Abbildungen

1. Überbauung «Obergrüt», Brugg

2. Terrassenhäuser Hertenstein, Ennetbaden

3. Überbauung «Im Park», Schinznach-Bad

4. Personalwohnungen Schoop + Co., Dättwil

5. Umgestaltung Abdankungshalle Ennetbaden (Kunst: Beat Zoderer)

6. Überbauung «Schlössliwiese», Ennetbaden

Fotos: Susanna Bruell: 2, Pat Wettstein: 5

Metron

Architekturbüro AG
Stahlrain 2, am Perron
5200 Brugg
Telefon 056-460 91 11
Telefax 056-460 91 00
e-mail: info@metron.ch

Gründungsjahr 1965

Geschäftsleiter
Cornelius Bodmer,
dipl. Arch. ETH/SIA
Willi Rusterholz, Arch. HTL

Mitarbeiterzahl 35

Spezialgebiete

Bauen:
– Wohnungsbau
– Schulbauten
– Spitalanlagen
– Bahnhöfe
– Geschäfts- und Betriebsbauten
– Umnutzungen

Planen:
– Bebauungs-/Gestaltungspläne
– Vorbereitung Wettbewerbe
– Generalplanungen
– Generalunternehmung

Energie/Bauökologie:
– Energiekonzepte
– Energieplanungen
– Gebäudesanierungen

Auszeichnungen
Aargauischer Heimatschutzpreis 1994

Schweizerischer Solarpreis 1993

Europäischer Solarpreis 1994

Umweltpreis 1994 des Schweizerischen Umweltrates

Deutscher Bauherrenpreis 94

Philosophie
Metron berät, plant und baut für die öffentliche Hand und für Private.
Mit unserer Arbeit wollen wir dazu beitragen, Lebensraum menschen- und umweltgerecht zu gestalten. Die notwendigen ganzheitlichen Lösungsansätze bedingen eine intensive interdisziplinäre Zusammenarbeit, beispielsweise mit weiteren Fachleuten der anderen Metron-Betriebe im eigenen Bürogebäude in Brugg (Raum-, Landschafts- und Verkehrsplanung).

Wichtige Projekte
1991 Mustersiedlung, Röthenbach (D)

1992 3. Neubauetappe Kantonsspital Aarau

1993 Wohnsiedlung Niederholzboden, Riehen BL

1993 Wohn- und Geschäftshaus Stahlrain, Brugg

1994 Aufstockung/Sanierung Schweiz. Mobiliarversicherung, Aarau

1994 Sanierung Wohnsiedlung Brisgi, Baden

1994 Bahnhöfe Birrfeld, Dottikon, Frick

1994 Heilpädagogische Sonderschule Windisch

1994 Quartierschulhaus Telli, Aarau

1994 Mehrfamilienhaus Beck, Lenzburg

1977/85/96 Wohnsiedlung Haberacher, Baden-Rütihof

1996 Wohnsiedlung Waldegg, Nussbaumen

1997 Wohnsiedlung GeBaWo, Siedlungsstrasse, Thun

1997 Siedlung Rütihof, Zürich-Höngg

Mitarbeit Energie 2000 (Diane/Öko-Bau, Energiestadt)

Aktuelle Projekte
Sanierung Haus 1, Kantonsspital Aarau

Stadtspital Triemli, Zürich

Eidg. Amt für Messwesen, Wabern-Bern

Gemeindezentrum Schafisheim

Schulhaus Staufen

Wohnsiedlungen:
– Zelgliacker, Oetwil a/See
– Looren, Affoltern a/A
– Hagenwiesen, Dällikon
– Alterssiedlung Letten, ZH
– Reihenhäuser in Buchs AG

Abbildungen

1. Mehrfamilienhaus Beck, Lenzburg

2. Siedlung Rütihof, Zürich-Höngg

3. Überbauung Stahlrain, Brugg (Büros Metron)

4. Kantonsspital Aarau

Fotos: Peter Kopp: 1
Ferit Kuyas: 2, 3
Heinrich Helfenstein: 4

Max Mueller

Architekt BSA/SWB
Bruggerstrasse 176
5400 Baden
Telefon 056-221 71 85
Telefax 056-221 71 85

Inhaber
Max Mueller

Spezialgebiete
Öffentliche Bauten
Eishallenbau
Bürobauten
Wohnsiedlungen
Einfamilienhäuser
Schulbauten
Gestaltungspläne

Publikationen
Werk, Bauen+Wohnen, Oktober 1993

Betonpreis 1993

Philosophie
Das Unsichtbare entsteht aus der Arbeit am Sichtbaren.

Wichtige Projekte
1989 Doppelkindergarten, Oberrohrdorf (WBW)

1990 Erweiterung Schulanlage, Oberrohrdorf (WBW)

1992 Büroneubau Wetter AG, Busslingen

1993 Pavillon H. Wetter, Busslingen

1993 Einfamilienhaus Laube, Freienwil

1996 Eishalle Sagibach, Oberwichtrach (ArGe Brack, Lüthi, Müller)

1997 Wohnsiedlung Hertenstein, Obersiggenthal

Wettbewerbe
52 Teilnahmen

34 Auszeichnungen

Aktuelle Projekte
1998 2. Etappe Wohnsiedlung Hertenstein, Obersiggenthal

1998 Überdachung Bereitstellungsplatz, Flugplatz Dübendorf (WBW, Idee und gestalterische Leitung)

Abbildungen

1. Eishalle Sagibach, Oberwichtrach, 1996

2. + 3. 1. Etappe Wohnsiedlung Hertenstein, Obersiggenthal, 1997

4. Einfamilienhaus Laube, Freienwil, 1993

Fotos: René Rötheli: 2–4

Hans Oeschger

Architekt SWB
Hauptstrasse 2
5212 Hausen/Brugg
Telefon 056-460 90 90
Telefax 056-460 90 99

Gründungsjahr 1988

Inhaber
Hans Oeschger

Leitende Angestellte
Remy Schärer

Edwin Blunschi

Mitarbeiterzahl 6

Spezialgebiete
Umbauten

Umnutzungen

Sanierungen

Öffentliche Bauten

Kindergarten

Schulbauten

Fürsorge und Gesundheit

Gemeindebauten

Industrie und Gewerbe

Wohnungsbau

Werkverzeichnis

Schul- und Sportbauten
1988 Wettbewerb Schul-, Sport und Freizeitanlage Weissenstein, Würenlingen (1. Preis): Kindergarten, Schulhaus, Sport-Mehrzweckhalle 3fach, Aussensportanlagen (Bezug 1990/94)

1992 Wettbewerb Erweiterung Schulanlagen, Kleindöttingen (2. Preis)

1992 Erweiterung HTL, Brugg-Windisch: Umnutzung (Bezug 1997)

1995 Wettbewerb Erweiterung Schulanlagen, Veltheim (1. Preis; Bezug 1997/98)

1997 Wettbewerb Berufsbildungszentrum, Baden

1997 Wettbewerb Regionales Sportzentrum Burkertsmatt, Widen

1997 Studienauftrag Mehrzweckhalle, Oberstufenschulhaus, Lupfig

Fürsorge und Gesundheit
1990 Wettbewerb Altersheim Eigenamt, Birr-Lupfig (1. Preis; Bezug 1994)

1994 Wettbewerb Wohnheim für Behinderte «Domino», Hausen (1. Preis; in Ausführung)

1994 Alterswohnhaus Blume, Villnachern (Bezug 1997)

1996 Studienauftrag Alterswohnungen, Oberrohrdorf

1997 Wettbewerb Heilpädagogische Sonderschule, Schaffhausen

Gemeindebauten
1991 Wettbewerb Bauamt, Feuerwehr, Kindergarten, Gemeindehaus, Hornussen (3. Preis)

1998 Um- und Anbau Gemeindehaus, Oberhofen

Wohnungsbau
1989 EFH-Überbauung, Habsburg (Bezug 1990)

1992 Einfamilienhaus Oeschger, Kaisten (Bezug 1993)

1994 EFH-Siedlung Rebenacker, Villnachern (Bezug 1997)

1998 Wettbewerb Mühle Eiken (2. Preis)

Industrie und Gewerbe
1988 Werkstattneubau Delfosse, Brugg (Bezug 1989)

1992 Umnutzung Kantonsarchäologie, Brugg (Bezug 1996)

Abbildungen

1. Erweiterung Schulanlage Veltheim

2. + 3. HTL-Nord, Brugg-Windisch

4. + 5. Alterswohnhaus Blume, Villnachern

6. Wohnheim Domino, Hausen b. Brugg

Riner & Müller Architekten

Dipl. Architekten ETH/SIA
Weltistrasse 27
5000 Aarau
Telefon 062-824 80 25
Telefax 062-824 80 26

Gründungsjahr 1995

Inhaber/Partner
Simone Riner,
dipl. Architektin ETH/SIA

Peter A. Müller,
dipl. Architekt ETH/SIA

Mitarbeiterzahl 2–3

Spezialgebiete
Als Generalisten übernehmen wir alle Arten von Bauaufgaben.

Berufsverständnis
Die sich stellenden Bauaufgaben werden in ihrer kulturell bedingten Komplexität erfasst und finden in Verbindung mit unseren eigenen sowohl aufgaben- als auch zeitabhängigen Themen und Wertvorstellungen eine Antwort in einem konkreten Projekt.

Wichtige Projekte
1995/96 Amt Vormundschaft/Justiz, Einwohnergemeinde Ostermundigen (Bauleitung: Architekturbüro Müller und Partner AG, Bern)

1996 Projektwettbewerb Markthalle Färberplatz, Aarau, 2. Preis

1997 Projektwettbewerb (nach Präqualifikation) Berufsbildungszentrum Baden Nord, Baden, 5. Preis, Antrag zur Weiterbearbeitung

1997 Projektwettbewerb (auf Einladung) Erweiterung Alterszentrum Schiffländi, Gränichen

Aktuelle Projekte
Diverse Umbau- und Sanierungsprojekte (in Zusammenarbeit mit Architekturbüro Müller und Partner AG, Bern)

Innenraumkonzeption Eigentumswohnung Glatt/Menager, Männedorf

Abbildungen
1.+2. Projektwettbewerb Berufsbildungszentrum Baden Nord, Baden, 1997

3. Amt Vormundschaft/Justiz, Ostermundigen, 1995/96

Foto 3: Christine Blaser, Bern

Tschudin+Urech

Architekturbüro SIA
Unterdorfstrasse 4
5212 Hausen bei Brugg
Telefon 056-442 11 16
Telefax 056-441 23 74
w.tschudin@arch-t-u.ch
hr.urech@arch-t-u.ch
http://www.arch-t-u.ch

Gründungsjahr 1985

Inhaber/Partner
Walter Tschudin (40),
dipl. Arch. ETH/HTL/SIA

Hansruedi Urech (41),
dipl. Arch. HTL/VASI

Leitender Angestellter
Martin Bickel, dipl. Arch. HTL

Mitarbeiterzahl 6 bis 8

Spezialgebiete
Wohn- und Siedlungsbau
Industrie- und Gewerbebauten
Renovation/Umbauten
Öffentliche Bauten
Planungen/Expertisen
Gestaltungsmassnahmen in
der Verkehrsplanung

Arbeitsphilosophie
Die Raumgeometrie, spannungsvoll kombiniert mit der Lichtführung, ist die Grundlage unserer Entwurfsvorstellung. Klar definierte Volumen und eine präzise Materialisierung verstärken die Zäsur zur Landschaft. Dieses Zusammenspiel ermöglicht die intensive Auseinandersetzung mit dem gebauten Ort und dem natürlichen Umfeld.

Vorgehen
Nur die intensive Zusammenarbeit aller am Bauprojekt beteiligten Partner ermöglicht die optimale Umsetzung der Bedürfnisse einer Bauherrschaft. Interdisziplinäre Zusammenarbeit fördert die Kreativität und garantiert die Optimierung von Entwurf, Realisierung, finanzieller Tragbarkeit und einer vernünftigen Umweltverträglichkeit. Als Architekten tragen wir Mitverantwortung bei der Neugestaltung und der Erhaltung unseres Lebensraums.

Referenzobjekte
1989 Renovation altes Schulhaus, Windisch

1990 Atelieranbau Hoffmann, Windisch

1990 Altersheim Eigenamt, Wettbewerb, 2. Preis

1991 EFH Furrer, Windisch

1991 Gewerbehaus Adeco AG, Mellikon

1992 Altersheim Windisch, Wettbewerb, 3. Preis

1993 Gestaltungsplan Bahnhofareal, Laufen (ArGe Dietiker/Schmidlin/Tschudin)

1993 Um- und Ausbau altes Spital A3, Psychiatrische Klinik Königsfelden

1994 Werkhof Amgarten, Mellikon

1994 Wohnsiedlung Pfarrhügel, Windisch

1995 Wohn- und Gewerbehaus Gebr. Knecht AG, Hausen

1995 Sanierungsmassnahmen im Hauptgebäude der Psychiatrischen Klinik Königsfelden

1995 EFH Kadlcik, Oberrohrdorf

1995 EFH Rauber, Rüfenach

1995 Umbau/Renovation MFH Weichmann, Windisch

1996 Anbau Waldner, Umiken

1997 EFH Reusser-Gahlinger, Windisch

1997 Sanierung Sporthalle Windisch

1997 Studienauftrag Stiftung Altersheim Windisch: Erweiterung/Renovation Alterswohnungen

Aktuelle Projekte
Renovation und Erweiterung Oberstufenschulanlage Chapf, Windisch (ArGe TSU + TU)

Wohnüberbauung Stäblipark (30 Eigentumswohnungen), Brugg

Fassadensanierung am Hauptgebäude der Psychiatrischen Klinik Königsfelden, Windisch

Erweiterung EFH Petrone-Blum, Windisch

Wohnsiedlung Amgarten, Wislikofen

Flankierende Verkehrsmassnahmen zur Eröffnung der A5 Solothurn–Biel (Zusammenarbeit mit Verkehrsplaner Jürg Dietiker, Windisch)

Abbildungen

1. Büroanbau EFH Gasser, Windisch

2. Wohnüberbauung Stäblipark, Brugg

3. Fassadenrenovation Psychiatrische Klinik Königsfelden

4. Erweiterung des reformierten Pfarrhauses, Amtsräume, Windisch

Walker Architekten

Architekturbüro
Neumarkt 2
5200 Brugg
Telefon 056-460 72 60
Telefax 056-460 72 50
e-mail: info@walker.ch
Internet: http://www.walker.ch

Gründungsjahr 1985

Inhaber
Norbert Walker,
Architekt

Leitende Angestellte
Thomas Zwahlen,
dipl. Arch. ETH

Urs Brandenberg,
dipl. Arch. ETH

Christoph Rufle,
Hochbautechniker TS

Alex Krauz,
dipl. Arch. HTL

Adrian Steger,
dipl. Arch. HTL

Felix Lüthi,
dipl. Arch. HTL

Mitarbeiterzahl 9

Publikationen
Raum+Wohnen, Etzel-Verlag:
8/91, 4/94, 12/95,

Ideales Heim,
Verlag Nova-press AG:
2/87, 7–8/89, 6/90

Wichtige Projekte

Wohnbauten
1988 Neubau 6 Reihenhäuser, Habsburg

1989 Neubau Mehrfamilienhaus, Au-Veltheim

1989 Neubau Ferienhaus, Castaneda

1990 Neubau Reihenhaussiedlung, Schinznach Dorf

1990 Neubau Villa, Brugg

1992 Projekt Wohnüberbauung, Schinznach Bad

1994 Neubau Mehrfamilienhaus, Schinznach Bad

1997 Neubau 2 Einfamilienhäuser, Endingen

Umnutzungen
1987 Umbau alte Trotte in Wohnungen, Rielasingen (D)

1987 Umbau alte Steinfabrik in Gewerbehaus, Remigen

1991 Umnutzung Gewerbehalle in Wohnungen und Büros, Schinznach Dorf

1997 Umnutzung Industriehalle für Gewerbe und Dienstleistungen, Niederlenz

Gewerbebauten
1986 Neubau Bürogebäude, Auenstein

1986 Um- und Neubau Schreinerei, Unterbözberg

1991 Umbau Wohn- und Geschäftshaus, Brugg

1994 Neubau Wohn- und Gewerbehaus, Schinznach Dorf

1994 Umbau/Erweiterung Wohn- und Gewerbehaus, Veltheim

1995 Neubau Tankstelle, Remigen

Öffentliche Bauten
1990/96 Projektstudien öffentliche Bauten, Habsburg

1992 Neubau Feuerwehrmagazin, Habsburg

1996 Sanierung und Erweiterung Gemeindehaus, Veltheim

1998 Sanierung Turnhalle, Brugg

Ladenbau
1991 Umbau Postlokal, Habsburg

1992 Umbau Kleiderladen, Brugg

1994 Umbau Geschäftspassage, Brugg

1997 Umbau Bijouterie, Brugg

Diverses
1997 Wegleitsystem Einkaufszentrum, Brugg

1997 Zustandsanalyse öffentliche Bauten, Veltheim

1998 Sanierungsstudie Geschäftshäuser, Brugg

Aktuelle Projekte
Umbau Einkaufszentrum, Zürich

Gestaltungsplan, Habsburg

Neubau und Umbau diverser Wohnhäuser

Sanierung Mehrfamilienhäuser, Fislisbach

Abbildungen

1. Einfamilienhaus in Habsburg, Treppenhaus

2. Wohnhaus in Birmensdorf, Bibliothek

3. Bijouterie in Brugg, Vitrinen

4. Bürogebäude in Brugg, Büroräume

5. Umbau Einfamilienhaus in Brugg, Wohnbereich

6. Einfamilienhaus in Endingen, Wohnraum

7. Regionales Arbeitsvermittlungszentrum in Brugg

8. Aerobicschule in Niederlenz, Eingangshalle

Widmer + König

Widmer + König AG
Dipl. Architekten HTL/STV
Gönhardweg 31
5034 Suhr
Telefon 062-842 73 31
Telefax 062-842 69 74

Gründungsjahr 1989

Inhaber/Partner
Urs Widmer, dipl. Arch. HTL

Hansruedi König,
dipl. Arch. HTL

Mitarbeiterzahl 3

Spezialgebiete
Schulbauten
Turnhallen
Kindergärten
Feuerwehrgebäude
Wohnungsbau
Sanierungen
Bauleitungen

Wichtige Projekte
1990/94/97 4 Kindergärten, Oberentfelden

1992 Schulanlage Oberstufe, Herznach

1992 Doppelkindergarten, Hunzenschwil

1993–94 Schulraumerweiterung, Stüsslingen

1996 Sanierung und Aufstockung Feuerwehrgebäude, Buchs AG

1996 Reihenhaus am Gönhardweg, Suhr

Wettbewerbe
1990 Schulanlage, Brittnau, 3. Preis

1990 Schulraumerweiterung, Stüsslingen, Auftrag

1992 Schulraumerweiterung, Gränichen, 2. Preis

1992 Kindergärten, Muhen, 2. Preis

1994 Behindertenheim, Oberentfelden, 3. Preis

1994 Erweiterung Schulhaus Lenzhard, Lenzburg, 3. Preis

1996 Schulhauserweiterung, Niedererlinsbach, Auftrag

1997 Trainingshalle, Suhr, Auftrag (mit Hans Hohl, Arch. HTL, Suhr)

Aktuelle Projekte
Kindergarten Ausserfeld, Oberentfelden

Schulhaus Mühlematte, Niedererlinsbach

Trainingshalle, Suhr

Sanierung Altstadthaus, Aarau

Turnhalle mit Klassenzimmern, Hunzenschwil

Abbildungen

1. + 2. Reihenhaus, Suhr, 1996

3. Zwischenbau Schulhaus Herznach, 1992

4. Doppelkindergarten, Oberentfelden, 1990

5. Aufstockung Feuerwehrgebäude, Buchs AG, 1996

Fotos: Brigitte Lattmann, Aarau

Wiederkehr Architekten

Dipl. Architekten ETH/SIA
Industriestrasse 26
5600 Lenzburg
Telefon 062-892 08 38
Telefax 062-892 08 37
e-mail: wiederkehr@wiederkehr.ch
Internet: www.wiederkehr.ch

Gründungsjahr 1988
teilweise als Wiederkehr und Zampieri

Inhaber
Samuel Wiederkehr, dipl. Arch. ETH/SIA

Mitarbeiterzahl 3 oder 4

Spezialgebiete
Öffentliche Bauten
Gewerbebauten
Verwaltungsbauten
Wohnbauten
Umnutzungen/Sanierungen/Denkmalpflege
Gestaltungspläne
Beratungen

Publikationen
Lignarius 2/92, 5/95
Lignum Bulletin 31/92
Bau 3/93
Schweizer Holzbau 9/95
Sperrholzarchitektur

Philosophie
Den Lebensraum zum Nutzen des Menschen umweltgerecht gestalten.

Bauaufgaben innovativ, kostengünstig und mit höchster technischer und ästhetischer Qualität lösen.

Unsere Arbeiten werden durch folgende Themen bestimmt:

Ort:
– Umgebung
– Geschichte
– Entwicklungsmöglichkeiten

Kultur:
– Räumliches Empfinden
– Benutzeransprüche
– Zeitgeist

Funktion:
– Raumprogramm
– Kosten
– Bautechnisches Wissen

Wichtige Projekte
1988 Wettbewerb Schulanlage Halde, Wohlen (mit D. Zampieri und Furter Eppler Stirnemann; 1. Preis)

1989 Wettbewerb Kirchenfeld (Wohnungen, Praxen), Muri (mit D. Zampieri und Furter Eppler Stirnemann; 1. Preis)

1991 Wettbewerb Schulanlage/Kindergarten, Schafisheim (mit D. Zampieri; 1. Preis)

1992 Wettbewerb Werkhofgebäude, Birrwil (mit D. Zampieri; 1. Preis)

1992 Wettbewerb Schulanlage, Boswil (mit D. Zampieri; 1. Preis)

1992 Fabrikanbau Halter AG, Beinwil am See (mit D. Zampieri)

1992 Aufstockung Gewerbehaus Stutz, Lenzburg (mit D. Zampieri)

1994 Wettbewerb Schulanlage, Lenzburg (mit D. Zampieri; 1. Preis)

1995 Ersatzbau Zimmerei Gebrüder Wilk, Niederlenz (mit D. Zampieri)

1996 Gemeindewerkhof mit Feuerwehrmagazin, Eiken

1996 Gestaltungsplan Blauen

1996 Wettbewerb Gemeindehaus Unterkulm

1996 Wettbewerb Neustrukturierung Ottakring, Wien

1997 Erweiterung Bootswerft Merz, Beinwil am See

1997 Wohnhaus Zurkirchen, Schwarzenberg

1997 Wohnbauten, Lettenackerstrasse, Hedingen

Aktuelle Projekte
Umbau und Erweiterung Gewerbebau E3, Beinwil am See

Wohnhaus Ackermann, Ausführung, Lenzburg (mit A. Benguerel, dipl. Arch. ETH, London)

Wohnbauten, Lettenackerstrasse, Hedingen

Studie Neubau Aarebrücke, Vogelsang

Überbauungsstudien

Abbildungen

1. Wohnhaus Zurkirchen, Schwarzenberg

2. Aufstockung Gewerbehaus Stutz, Lenzburg

3. Ersatzbau Zimmerei Wilk, Niederlenz

4. Schulanlage, Schafisheim

5. + 6. Gemeindewerkhof mit Feuerwehrmagazin, Eiken

Wyder + Frey

Architekten ETH/HTL/SWB
Aarauerstrasse 3
5630 Muri AG
Telefon 056-664 18 92
Telefax 056-664 53 35
e-mail: wyderarch@compuserve.com

Gründungsjahr 1964
(Hans Wyder, sel.)

Inhaber
Andreas Wyder, Arch. ETH

Leitende Angestellte
Hardy Ketterer, dipl. Arch. FH
Hannes Küng, dipl. Arch. HTL

Mitarbeiterzahl 5

Spezialgebiete
Öffentliche Bauten
Sanierungen/Renovationen
Umnutzungen
Wohnbauten
Innenausbau/Möbeldesign

Publikationen
Gemeindehaus Jonen AG:
Lignum, Neuer Holzbau
in der Schweiz, Baufachverlag

Landhaus in Immensee:
Willi Müller, Bauen aus Holz,
Verlag Bauen und Handwerk;
H. Woodtli & Co., Aarburg

Philosophie
Seit vielen Jahren beschäftigen wir uns mit architektonischen Aufgaben wie Renovation, Umnutzung und Sanierung von öffentlichen Bauten, insbesondere im Zusammenhang mit denkmalpflegerischen Aspekten. Hierbei stehen für uns der Dialog zwischen alt und neu sowie die Auseinandersetzung mit den vorhandenen Elementen des Ortes im Vordergrund. Diese vielschichtigen Beziehungen – Einfügen, Weglassen, Erneuern, Gegenüberstellen – veranlassen uns zu stets sorgfältiger Bearbeitung der architektonischen Aufgabe. Materialisierung, Farbgebung runden den Kontext ab. Wir setzen uns seit jeher zum Ziel, durchdachte und dauerhafte Baukonstruktionen mit ästhetisch zeitgemässen Ansprüchen in die Praxis umzusetzen.

Wichtige Projekte
1985–87 Umbau und Renovation ehcm. Benediktinerkloster für Aarg. Pflegeheim, Muri, und Einwohnergemeinde Muri

1988–92 Renovation Dach, Fassade und Festsaal; neues Dachtheater

1994–97 Annexräume Festsaal und Gemeindeverwaltung Muri

1987–90 Aus- und Umbau Landwirtschaftliche Schule, Muri

1991–95 Sanierung Schulanlage Bünzmatt, Wohlen (Gestaltung Fassade mit Prof. D. Schnebli, Zürich)

1992–94 Erweiterung Elektrizitätswerk, Muri

1992 2. Etappe Kindergarten, Jonen

1992 Umbau Kaplanei, Merenschwand

1994 Innenrenovation ref. Kirche, Muri (Projektwettbewerb, 1. Preis)

1995–96 Umbau Bauernhaus in Mehrfamilienhaus, Merenschwand

1995–97 Neubau Raiffeisenbank Merenschwand-Benzenschwil, örtliche Bauleitung (Architekt: Architheke, Brugg)

1995–97 Mehrfamilienhaus für Baugenossenschaft Merenschwand

1996 Umbau Empfang Kreisspital für das Freiamt, Muri

Wettbewerbe
1990 Projektwettbewerb Saalbau, Restaurant, Hotel in Wohlen (3. Preis)

1991 Projektwettbewerb Gemeindebauten, Hägglingen (2. Preis)

1992 Projektwettbewerb Gemeindebauten, Dietwil (2. Preis)

1993 Projektwettbewerb Bankgebäude, Merenschwand (3. Preis)

1997 Studienauftrag Gemeindeverwaltung und Mehrzweckraum, Buttwil AG (1. Preis mit Weiterbearbeitung)

Aktuelle Projekte
1997–98 Doppeleinfamilienhäuser in Muri

1997–98 Umbau Personalhaus Aarg. Pflegeheim, Muri

1998–99 Neubau Gemeindehaus Buttwil AG

1998 Büroumbau Motor Presse (Schweiz) AG, Zürich

1998–99 Mehrfamilienhaus in Holzrahmenbauweise in Wohlen

1998 Projekt Sportanlagen für Stiftung Sportplatz Wohlen

Abbildungen

1. Umbau und Renovation ehemaliges Benediktinerkloster Muri

2. Sanierung Schulanlage Bünzmatt, Wohlen

3.+4. Mehrfamilienhaus der Baugenossenschaft Merenschwand

Zehnder & Leutenegger

Diplomierte Architekten ETH/SIA/HTL
5443 Niederrohrdorf
Telefon 056-496 19 79
Telefax 056-496 19 64
e-mail: deze@bluewin.ch

Gründungsjahr 1987

Inhaber/Partner
Daniel Zehnder

Bernhard Leutenegger

Grundsatz
Sorgfältige und professionelle Arbeit

Mitarbeiterzahl 6

Spezialgebiete
Moderner Wohnungsbau

Anspruchsvolle Sanierungen

Umbauten in historischem Kontext

Bautechnische Beratungen

Grundsatz
Wir bieten eine engagierte und sorgfältige Beratung in der Vorprojektphase, abgestützt auf eine breite Erfahrung.

In enger Zusammenarbeit mit der Bauherrschaft wird die kreative Planung und seriöse Erfassung der Bauaufgabe realisiert.

Durch unsere engagierte Bauleitung wird der planerische Entwurf präzisiert und exakt umgesetzt.

Die Termin und Kostenkontrolle gewährleisten wir auch für sehr komplexe Objekte.

Kurz: Professionelle Arbeit für anspruchsvolle Kunden.

Öffentliche Bauten
Schule und Kindergärten Leematten, Fislisbach

Kindergärten Mülirai, Niederrohrdorf

Kirchgemeindehaus, Oberrohrdorf

PTT-Telefonzentrale, Oberrohrdorf

Gemeindehaus, Niederrohrdorf

Kornhaus, Baden

Industrie, Gewerbe
Leuchtengeschäft Lichtblick, Möriken

Geschäftshaus M12 Irniger, Niederrohrdorf

Druckerei Bräm, Oberrohrdorf

Arbor V & F, Niederrohrdorf

Geschäftshaus O6, Niederrohrdorf

BBS Anlagebau, Mägenwil

Altstadthäuser
Waldmeier, Brugg

Riegger AG, Mellingen

Knecht, Mellingen

Renold, Dättwil

Van Heijningen, Mellingen

Wettstein, Baden

Sierotzki, Basel

Spierenburg, Remetschwil

Wohnbauten
Mehrfamilienhaus Hofacher, Niederrohrdorf

Mehrfamilienhaus Valdöös, Niederrohrdorf

Vorfabriziertes Wohnhaus Spirig, Lostorf

Siedlung Dreispitz, Fislisbach

Siedlung Hagebeck, Dättwil

Reihen-EFH Märki, Mandach

Siedlung Dorfmitte, Mülligen

Siedlung Jurastrasse, Rütihof

EFH Frey, Niederrohrdorf

Aktuelle Projekte
Gemeindehaus und Mehrzwecksaal, Niederrohrdorf

Wohnhäuser, Paradiesstrasse, Bellikon

Abbildungen

1. Lichtblick, Möriken, 1997

2. Mehrfamilienhaus Valdöös, Niederrohrdorf, 1994

3. Mehrfamilienhaus Hofacher, Niederrohrdorf, 1996

4. PTT-Zentrale Oberrohrdorf, 1990

Zimmerli + Partner

Architekten AG
Breitfeldstrasse 30
5600 Lenzburg
Telefon 062-891 17 04
Telefax 062-892 04 04

Gründungsjahr
Bürogründung 1961
Aktiengesellschaft seit 1974

Inhaber/Partner
Reinhard Zimmerli, leitender Architekt

Fred Zimmerli, dipl. Arch. HTL

Leitende Mitarbeiter
Thomas Gebhard, dipl. Arch. HTL

Daniel Melbourne, dipl. Arch. ARCUK (GB)

Mitarbeiterzahl 8

Tätigkeitsfeld
Schulbauten und Kindergärten

Industrie-, Gewerbe- und Bürobauten

Wohnungsbau

Landwirtschaftliche Bauten

An-, Umbauten, Sanierungen

Wettbewerbe, Studienaufträge

Überbauungsplanungen, Konzepte

Publikationen
Kreisgebäude AEW in Lenzburg, Schweizer Journal 10/87

Arova Mammut AG in Seon, Schweizer Industrie 2/92

Effingerhort, REHA-Haus in Holderbank AG, SIA 51/52 1996

Auszeichnungen
Diverse 1. Preise bei SIA-Wettbewerben mit Weiterbearbeitung und Ausführung

Wichtige Projekte

Öffentliche Bauten
Schulanlage Hertimatt II, Seon

Gewerbeschule und Lehrlingswerkstatt, Lenzburg

Gesamtbaukonzept, Erweiterungen und Sanierungen Schweiz. Pestalozziheim Neuhof, Birr

Industrie und Gewerbe
Neubau Fabrikation, Büro, Spedition und Hochregallager Arova Mammut AG, Seon

AEW-Kreisbetrieb, Lenzburg

Ladenstrasse «Mühlimärt» mit Bankgebäude UBS, Lenzburg

Wohnbauten
1985 Mehrfamilienhaus an der Altstadt in Lenzburg, Migros-Pensionskasse

1996/92 Wohnhaus Dr. A. Bühler, Egliswil

1995 Wohnhaus A. Schulthess, Seon

1997 Umbau ehemaliges Bauernhaus, Fam. Aeschbach, Seon

Kindergärten, Systembauten in Holz
Seit 1972 ca. 70 Kindergärten

1994 Doppelkindergarten, Othmarsingen AG

1995 Doppelkindergarten, Leuggern AG

1996 Neuaufbau und Erweiterung eines 1972 erstellten Pavillons, Schule Remetschwil

Aktuelle Projekte
Gesamtsanierung Effingerhort, REHA-Haus in Holderbank AG, Vorprojekt mit Neubauten Wohnhaus, Werkstatt und Landwirtschaft, Umbauten

Neubau Industrieanlage Amsler & Frei AG, Schinznach-Dorf

Zentrale Schnitzelheizung Schweiz. Pestalozziheim Neuhof, Birr

Wasserstoffproduktionsanlage Sauerstoffwerk Lenzburg, Lenzburg

Abbildungen

1. Büro- und Laborgebäude Sauerstoffwerk Lenzburg, Lenzburg, 1994

2. Gesamtsanierung Effingerhort, Holderbank (Wettbewerbsprojekt), 1996

3. Neubau Industrieanlage Arova Mammut AG, Seon, 1992

Fotos: Ch. Walker: 1, 3
Schalk Modellbau: 2

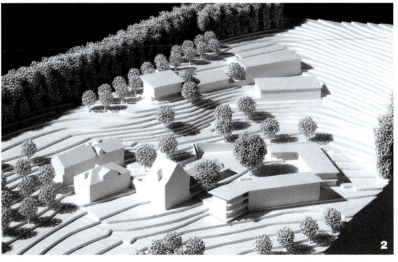

Zimmermann Architekten

**Dipl. Architekten
ETH/SIA AG
Laurenzenvorstadt 59
5000 Aarau
Telefon 062-834 30 60
Telefax 062-834 30 61**

Gründungsjahr 1990

Geschäftsleitung
Petri Zimmermann-de Jager
Christian Zimmermann

Mitarbeiterinnen/Mitarbeiter
Esther Bernhard, Bautechnikerin

Ursina Fausch, Architektin

Stephan Gisi-Tolle, Architekt

Magdalena Osepyan

Barbara Roth Rehmann, Hochbauzeichnerin

Niklaus Widmer, Architekt

Petri Zimmermann-de Jager, Architektin

Christian Zimmermann, Architekt

Motivation und Kompetenz
Wir verstehen uns als «Denkwerkstatt». Unsere Leidenschaft und unsere Kompetenz widmen wir der Strukturierung von Aufgabenstellungen im Bereich der Gestaltung und der Realisation von Arbeits- und Lebensraum im weitesten Sinn.

Unsere Arbeit hat die Angemessenheit der Vorgehensweise und der vorgeschlagenen Lösungen zum wichtigen Ziel. Der ganze Lebenszyklus der gebauten Umwelt gibt uns dabei den spannungsvollen Rahmen für unsere Arbeit.

Eine offene, teamorientierte Zusammenarbeit nach innen wie nach aussen fördert die Lust und das Vertrauen bei der Arbeit. Die Vielfalt und die Qualität unserer Arbeit wachsen mit der Aufgabe.

Auszeichnung
1997 Baupreis der Stadt Aarau für die Erweiterung des MFH Humm-Dietiker, Aarau

Wettbewerbserfolge
1992 Überbauung Aargauerplatz, Aarau, 1. Preis

1993 Neubau Aargauisches Versicherungsamt, Aarau, 1. Preis

1994 Alterswohnungen «Im Volksgarten», Glarus, 1. Preis

1997 Berufsbildungszentrum Baden, 2. Preis, Überarbeitung 1997/98

Planungsarbeiten
1993 Vorbereitung und Begleitung der Planungskonkurrenz «Isenlauf», Bremgarten (in Arbeitsgemeinschaft mit Prof. A. Henz, Auenstein/ETH Zürich)

1994 Gestaltungsplan AVA, Aarau

1996 Gestaltungsplan Wohnsiedlung Bachstrasse, Suhr

Projekte
1991 Studienauftrag Quartierschulhaus Telli, Aarau

1996 Studienauftrag Alterssiedlung Stein, Aarau

1995 Studie Tabakschuppen in Bahia, Brasilien (Burger Söhne AG)

Realisierte Projekte
Seit 1990 zahlreiche An- und Umbauten von Einfamilienhäusern

1995–97 Alterswohnungen «Im Volksgarten», Glarus

Aktuelle Projekte
1994–2000 Neubau Aargauisches Versicherungsamt mit Verwaltungsbau und ca. 40 Wohneinheiten, Aarau

1996–97 Einfamilienhaus Familie Dr. Kesselring, Reinach

1996–98 Sanierung und Erweiterung Mehrfamilienhäuser Bachstrasse (ca. 70 Wohnungen), Aarau

1996–98 Siedlung Bachstrasse (10 EFH), Suhr

Abbildungen

Alterswohnungen «Im Volksgarten», Glarus

Fotos: Hannes Henz, Zürich

Zubler + Schaffer Architekten

**Dipl. Architekten
ETH/SIA/HTL**
Laurenzenvorstadt 79
5000 Aarau
Telefon 062-822 10 32
Telefax 062-822 52 27

Gründungsjahr 1980

Inhaber/Partner
Werner Zubler,
dipl. Arch. ETH/SIA

Markus Schaffer,
dipl. Arch. HTL

Leitender Mitarbeiter
Kurt Hasler

Mitarbeiterzahl 4

Spezialgebiete
Wohnbauten, Einfamilienhäuser

Industrie- und Gewerbebauten

Umbauten, Sanierungen

Renovationen

Gestaltungspläne

Wichtige Projekte

Industrie und Gewerbe
1988 Neubau Abbundhalle Zubler AG, Hunzenschwil

1990 Neubau Lagerhalle Zubler AG, Hunzenschwil

1992 Neubau Werkhof Zubler AG, Hunzenschwil

1996 Neubau Bürogebäude Keiser AG, Buchs

Wohn- und Geschäftshäuser
1982 Neubau Wohn- und Geschäftshaus Hammer, Aarau (Bauleitung)

1983 Neubau MFH, Rombachstrasse, Rombach

1984 Neubau Geschäftshaus Visura, Aarau

1985 Anbau Eisenring, Aarau

1993 Neubau Personalhaus Zubler AG, Aarau

Umbauten/Renovationen
1982 Umbau EFH Baumann, Lenzburg

1984 Umbau EFH Wilhelm, Aarau

1986 Umbau U. Zubler, Aarau

1987 Umbau EFH Hächler, Lenzburg

1988 Umbau und Sanierung Alterssiedlung, Lenzburg

1989 Renovation Pfarramt Adelbändli, Aarau

1990 Umbau und Sanierung Bezirksgebäude, Lenzburg

1990 Umbau EFH Schaffer, Lenzburg

1990 Umbau MFH Frutiger, Lenzburg

1993 Umbau und Renovation «Haldentor», Aarau

1994 Umbau EFH Rahm, Rombach

1995 Umbau EFH Dr. Ludwig, Aarau

1995 Umbau EFH Binggeli, Lenzburg

1996 Um- und Anbau EFH Lier, Lenzburg

Einfamilien- und Reiheneinfamilienhäuser
1980 EFH Basler, Unterbözberg

1983 EFH Tobler, Niederlenz

1985 REFH, Ziegelacker, Hunzenschwil

1986 EFH Hasler, Biberstein

1987 EFH P. Zubler, Aarau

1989 EFH Herzog, Biberstein

1989 EFH Dr. Siegrist, Biberstein

1990 EFH Ackermann, Aarau

1991 EFH Dr. Pfrunder, Schafisheim

1993 DEFH Burz, Biberstein

1994 REFH-Überbauung Burz, Biberstein

1994 EFH Saunier, Biberstein

1995 EFH Ammon, Küttigen

1996 EFH Wüsten, Biberstein

Gestaltungspläne
1994 Erschliessungs- und Gestaltungsplan Unterfeld, Hunzenschwil

Aktuelle Projekte
Sanierung Schulanlage, Ammerswil

Gestaltungsplan Aarauerfeld, Suhr

Umbau EFH Strub, Kienberg

REFH, Neumatt, Küttigen

DEFH, Aarauerfeld, Suhr

REFH, Aarauerfeld, Suhr

Abbildungen

1. Werkhof in Hunzenschwil

2. EFH-Anbau und -Umbau in Lenzburg

3. Einfamilienhaus in Biberstein

4. REFH-Überbauung in Biberstein

5. Einfamilienhaus in Küttigen

6. Doppeleinfamilienhaus in Biberstein

Basel

Andres & Andres

Architekten ETH/SIA
Brühlmattweg 1
4107 Ettingen
Telefon 061-721 40 65
Telefax 061-721 41 49

Gründungsjahr 1974/1994

Inhaber/Partner
Felix Andres,
dipl. Arch. SIA

Dominique Andres,
dipl. Arch. ETH/SIA

Mitarbeiterzahl 6

Philosophie
Auf der Basis gut durchdachter Konzepte und entsprechend entwickelter Konstruktionen erarbeiten wir eine objektbezogene Architektur im gegebenen Kontext. Der Ausdruck der Bauten verändert sich mit der fortlaufenden Weiterentwicklung aller Bereiche unserer Arbeit. Das Bestreben, Neues zu entwickeln, einfache Lösungen zu finden, welche architektonisch sowie ökonomisch überzeugen, ist ein wichtiger Bestandteil unseres Schaffens.

Wettbewerbe
1988 Mehrzweckhalle, Witterswil, SO

1988 Schulhauserweiterung, Flüh, SO

1989 Wohnungen und Läden, Münchenstein, BL

1991 Schulhauserweiterung, Ettingen, BL

1995 Studienauftrag Gemeindeverwaltung, Einwohnergemeinde Bottmingen, BL

Wichtige Projekte
1979 Umbau eines historischen Gebäudes/Wohnhauses an der Utengasse, Basel

1986 Gewerbehaus H. Amann, Pfeffingerstrasse, Reinach, BL

1988 Einfamilienhaus Dr. E. Buser, Am Steinrain, Flüh, SO

1991 Fahrbahnüberdachung Zollamt Benken (Amt für Bundesbauten)

1992 Gewerbehäuser I–III Im Brühl, Ettingen, BL

1993 Betriebsgebäude Witeco AG, Ettingen, BL

1995 Betriebserweiterung (Lagergebäude und Anlieferung) H. Obrist & Co. AG, Reinach, BL

1995/96 Überbauung Leymenstrasse (Wohn- und Geschäftshaus), Migros-Laden und Wohnungen, Ettingen, BL

1995/96 Einfamilienhaus Familie Zirngibl, Bottmingen, BL

Aktuelle Projekte
1997/98 Wohnüberbauung Burgweg, Witterswil, SO

1997/98 Zweifamilienhaus Niklaus, Pfeffingen, BL

1998 Umbau Wohn- und Ökonomiegebäude, Aeschstrasse, Ettingen, BL

1998 Betriebsgebäude H. Obrist & Co AG, Reinach, BL

Abbildungen

1. Zweifamilienhaus Niklaus, Pfeffingen

2. Einfamilienhaus Dr. E. Buser, Flüh

3. Lagergebäude H. Obrist & Co. AG, Reinach

4. Wohn- und Geschäftshaus/ Migros-Laden, Ettingen

artevetro architekten ag

Grammetstrasse 14
4410 Liestal
Telefon 061-927 55 22
Telefax 061-927 55 23

Gründungsjahr 1990

Inhaber/Partner
Felix Knobel,
dipl. Arch. ETH/SIA

Rita Contini,
dipl. Arch. ETH/SIA

H. J. Luchsinger

H. P. Meier

Mitarbeiterzahl 6

Spezialgebiete
Die Umwelt einbeziehende Architektur

Fassadenplanung

Glasarchitektur

Publikationen
Photovoltaik und Architektur, Birkhäuser, 1993

Schweizer Energiefachbuch 1993, Künzler-Bachmann AG

«Architektur auf der Sonnenspur» in: Innovative Fassaden, ILB, Köln 1997

Architekturführer Basel, 2. Auflage, Wieseverlag

«TWD, Lichtlenkung und mehr» in: Hochparterre, Tenum Fachforum

Auszeichnungen
1991 Auszeichnung guter Bauten im Kanton Basel-Land

Philosophie
Bauen und erneuern heisst Eingriffe vornehmen in die Umgebung, heisst verändern, anpassen, auffallen, gefallen und vieles mehr. Dies wollen wir mit Baustoffen und Konzepten erreichen, die einen möglichst geringen Einfluss auf die Natur haben.

Wichtige Projekte
Zentrum für Bau-, Energie- und Umwelttechnik, Liestal BL

Doppeleinfamilienhaus Stadlin/Bertschi, Zug

Mehrfamilienhaus, Liestal

Mehrfamilienhaus, Nunningen SO

Einfamilienhaus Stutz, Liestal

Vorprojekt Überbauung, Erlenbach

Umbau eines Lagerhauses in ein Büro-/Ateliergebäude, Laufen

Umbau Einfamilienhaus in zwei Arztpraxen

Organisation und Durchführung der internationalen Tagung «TWD, Lichtumlenkung und mehr» mit Hochparterre

Energiesanierungsstudien für 5 Kindergärten, Arlesheim BL

Swissbau 97, Sonderschau «Transparente Bauelemente»

Entwicklung eines Elements mit transparenter Wärmedämmung

Aktuelle Projekte
Projektierung einer Überbauung in Erlenbach

Diverse Einfamilienhäuser

Umbau eines grossen Bauernhauses in Hemmiken

Swissbau 98, Sonderschau «Die Integrale Fassade – energieeffiziente Gebäudehülle»

Abbildungen

1. Bürohaus Tenum, Liestal

2. Innenansicht Bürohaus Tenum, Liestal

3. Doppeleinfamilienhaus mit transparenter Wärmedämmung, Zug

4. Einfamilienhaus, Liestal

5. Wohnhaus, Zug

6. Innenansicht Ateliergebäude, Laufen

Fotos: T. Schindler: 4
Hämmerli: 3, 5

Burckhardt + Partner AG

Architekten Generalplaner
Dornacherstrasse 210
4002 Basel
Telefon 061-338 34 34
Telefax 061-338 34 35

Niederlassungen
Galgenfeldweg 16
3000 Bern 32
Telefon   031-335 21 11
Telefax   031-335 21 55

Neumarkt 28
8025 Zürich
Telefon   01-262 36 46
Telefax   01-262 32 74

Tochtergesellschaften
Burckhardt Immobilien AG
Dornacherstrasse 210
4002 Basel
Telefon   061-338 35 35
Telefax   061-338 35 36

Burckhardt + Partner GmbH
Seidenweg 1
D-79639 Grenzach-Wyhlen
Telefon   0049-76 24 20 21
Telefax   0049-76 24 22 20

BEB, Burckhardt,
Emch + Berger GmbH
Obentrautstrasse 72
D-10963 Berlin
Telefon   0049-30 215 07 400
Telefax   0049-30 215 07 410

Gründungsjahr 1951

Geschäftsleitung
Peter Epting, Vorsitzender
Samuel Schultze, stellvertretender Vorsitzender
Tom Koechlin
Roger Nussbaumer
Maja Lepingle
Oliver Schmid
Paul Waldner

Mitarbeiterzahl 130

Geschäftsfelder
Dienstleistung
Gesundheit/Freizeit
Industrie
Pharma- und Chemiebau
Wohnen
Immobilien-Treuhand
Umbau und Renovation

Dienstleistungen
Architektur
Generalplanung
Gesamtplanung
Innenarchitektur
Projektentwicklung
Projektmanagement

Philosophie

Funktion
Jeder Bau hat seine Funktion zu erfüllen. Zur Funktionserfüllung führen geeignete Räume, optimale Nutzungsordnungen und ein angemessenes Niveau in der technischen Ausstattung.

Form
Jeder Bau überzeugt in seiner Form. Unter «Form» ist neben der ästhetischen auch eine technisch überzeugende, materialgerechte Gestaltung zu verstehen.

Kosten
Jeder Bau wird in den Kosten beherrscht. Zu beachten sind neben den Erstellungskosten auch die Kosten für den Unterhalt eines Gebäudes. Die selbstverständliche ökonomische Betrachtungsweise zwingt uns Planer zu Disziplin und Präzision.

Zeit
Jeder Bau wird in der festgesetzten Zeit verwirklicht. Der Zielbereich Zeit umfasst neben der kurzen Planungs- und Realisierungsdauer einen weiteren wichtigen Aspekt: die Bewährung eines Baus in der Zukunft.

Wettbewerbserfolge

1. Preis
1994 Hochbauamt Basel-Stadt: Schulhaus Kohlenberg/Holbein, neu Leonhardschulhaus, Basel

1995 Göhner Merkur AG: Fassadensanierung am Haus der Wirtschaft, Zürich

1997 Göhner Merkur AG: Wohnüberbauung, Uitikon-Waldegg

1997 Amt für Bundesbauten, Baukreis 4, Zürich: Gebäudesanierung Eidg. Forschungsanstalt Reckenholz

2. Preis
1991 Stadt Weil: Technopark, Schusterinsel

1992 Wallbach: Wallbach 2000

1997 Hochbau- und Planungsamt BS: Neues Schauspielhaus, Basel

3. Preis
1994 Schulhaus Storenboden, Möhlin

1997 Gemeindezentrum Reinach

4. Preis
1994 Hochbauamt Basel-Stadt: Centralbahnplatz

1996 Messe Basel, Halle 1

Wichtige Projekte

Basler Versicherungsgesellschaft: Verwaltungsgebäude NAPA, Basel

Basler Zeitung: Druck- und Verlagsgebäude, Basel

Bell AG: Gesamtplanung und Produktionserweiterung, Basel

Berintra AG: Wohnüberbauung Bohnstaudenzelg, Thun

Ernst und Hildy Beyeler: Beyeler Museum, Riehen (ARGE mit Renzo Piano)

Bioscientia Ingelheim: Labor- und Verwaltungsgebäude, Ingelheim (D)

BIZ, Bank für internationalen Zahlungsausgleich: Verwaltungsgebäude Hauptsitz, Basel

Ciba-Geigy AG: Informatikgebäude R-1008, Basel; Ausbildungszentrum, Muttenz

Ciby-Geigy AG, Pensionskasse: Umbau und Sanierung Hotel, Basel

Coop Zentralschweiz: Ausbau der Betriebszentrale in Kriens

Endress+Hauser GmbH+Co.: Bürogebäude, Weil am Rhein (D)

Gemeinde Scuol: Bade- und Kurzentrum Scuol

Hochbau- und Planungsamt BS: Sanierung Gerichtsgebäude «Bäumli», Basel; Leonhardschulhaus, Basel

Immosuisse GmbH: Sanierung «Haus der Schweiz», Berlin (D)

Lonza AG: Laborgebäude E 38, Visp

Maus Frères SA: Athleticum, Electro-plus, City-Disc Dreispitz, Basel

Messe Basel: Musical-Theater Messe Basel

Nestlé S. A.: Erweiterung des Hauptsitzes, Vevey

Novartis Pharma AG: Pharmazeutische Entwicklung, Bau K-405, Basel

Phonak AG: Industrie- und Verwaltungsgebäude, Stäfa

Regionalspital Biel: Behandlungstrakt Süd

Rieder Pastinella AG: Fabrikationsgebäude, Oberentfelden

Salem, Spital des Diakonissenhauses: Um- und Erweiterungsbauten, Bern

SBV: Generaldirektion, Basel

Spaltenstein Immobilien: Büro- und Gewerbehaus «Galleria», Opfikon-Glattbrugg

Spengler AG: Modezentrum, Münchenstein

UBS: Neubau Aeschenplatz 1, Basel (ARGE mit Mario Botta)

Aktuelle Projekte

Bundesverteidigungsministerium, Umbau und Sanierung des Bendler-Blocks, Berlin (D)

Goetheanum: Umbau grosser Saal, Dornach

Helvetia-Patria-Versicherung: Wohnüberbauung Hirschweid, Rubigen

Lonza AG: Fassadensanierung Hochhaus Basel

McClean: Safe and Clean Toilets, Basel, Genf, Lausanne, Luzern, Zürich, Thun, München, Köln

Migros-Genossenschaft: Wellness-Center, Basel

Pentol GmbH: Neubau Bürogebäude und Lagerhalle mit Abfüllstation, Grenzach-Wyhlen (D)

Psychiatrische Universitätsklinik Basel: Umbau Gebäude P + E, Basel

Redag AG: Kehrichtverbrennungsanlage KVA III, Basel

Regionalspital des Sensebezirks, Tafers

Schweizer Fernsehen DRS: Low-Cost-Studio, Zürich

STG, Coopers+Lybrand AG: Verwaltungsgebäude, Basel

Stiftung Alters- und Pflegeheim Hofmatt, Münchenstein, An- und Umbau

Abbildungen

1. Helvetia-Patria-Versicherung: Wohnüberbauung Hirschweid, Rubigen

2. Berintra AG: Wohnüberbauung Bohnstaudenzelg, Thun

3. Messe Basel: Musical-Theater Messe Basel

4. Schweizer Fernsehen DRS: Low-Cost-Studio, Zürich

5. Hochbau- und Planungsamt BS: Leonhardschulhaus, Basel

Berrel Architekten

Architekten SIA/SWB
Missionsstrasse 35 A
4055 Basel
Telefon 061-322 15 80
Telefax 061-322 15 33

Gründungsjahr 1968

Inhaber
Jürg Berrel,
Architekt SIA/SWB

Mitarbeiterzahl 7

Spezialgebiete
Wohnungsbau

Verwaltungsbau

Gewerbebau

Öffentliche Bauten

Umbauten/Sanierungen

Städtebauliche Planungen

Publikationen
BAZ Basler Magazin 7/85, 6/90, 8/91

«Bauen vor der Stadt», Wronsky/Blaser, 1991

Deutsche Bauzeitung 11/92, 7/94

Architektur+Technik 9/94

Arch 95 Eternit 1995

KS Kalksandstein 1/97

Auszeichnungen
1985 Die schöne Fassade für EFH-Umbau, Basel

1985 Die schöne Fassade für Lagerhalle Dreispitz, Basel

1992 Kalksandsteinpreis für Gewerbehaus Birrer, Allschwil

1992 Gute Bauten Kantone Basel-Stadt und Basel-Land für Gewerbehaus Birrer, Allschwil

1997 Gute Bauten Kantone Basel-Stadt und Basel-Land für Wohn- und Geschäftshaus, Basel

Philosophie
Es ist unser Bemühen,

…alles so gut wie möglich zu machen

…den Ort zu analysieren, im Kontext zu bauen

…den Bedürfnissen der Benutzer, der Funktion und der Zweckmässigkeit Rechnung zu tragen

…Einfachheit zu erreichen als Ergebnis eines beständigen Reduzierens

…Überflüssiges wegzulassen, dafür das Wesentliche stark zu formulieren

…Rationelles und Emotionales in Harmonie zu bringen

Wichtige Projekte
1989/90 Gewerbehaus Birrer, Allschwil

1991/92 Gewerbehaus am Birsig, Biel-Benken

1991/93 Lokdepot, Basel-Dreispitz

1991/95 Quartierplanung Au Mouret, Praroman FR

1991/96 Ideenstudien Kunsteisbahn St. Margarethen, Basel

1994 EFH Schulz-Birrer, Allschwil

1994 3 Einfamilienhäuser, Büren

1994 EFH Krog-Seidlitz, Steckborn

1995/97 Neugestaltung Bau 29, Hoffmann-La Roche, Basel

1995/97 Sanierung Wohn- und Geschäftshaus, Basel

1996 Fassadengestaltung Schuhhaus Fricker, Basel

Wettbewerbe
1985 Friedhof Biel-Benken, 1. Preis und Ausführung

1987 Holle-Brot-Haus, Arlesheim, 2. Preis

1989 Gemeindebauten, Gelterkinden, 3. Preis

1994 Niesbachtalbrücke Stuttgart, 3. Preis (mit WMM Ingenieure, Basel)

1995 Wohnüberbauung Bettingen, 2. Preis

1996 Wohnüberbauung Oberwil, 1. Preis (mit Hofmann und Breu, Biel-Benken)

Aktuelle Projekte
Erweiterung Basellandschaftliche Kantonalbank, Therwil

Wohnüberbauung Baumgarten, Kaiseraugst

Studienauftrag Multiplexkino Heuwaage, Basel

Abbildungen

1. Ausschnitt Fassade Wohn- und Geschäftshaus, Basel, 1995/97

2. Ausschnitt Fassade Gewerbehaus Birrer, Allschwil, 1989/90

3. Südfassaden von drei Einfamilienhäusern, Büren, 1994

4. Erschliessungszone für drei Einfamilienhäuser, Büren, 1994

5. Wohnraum drei Einfamilienhäuser, Büren, 1994

Glaser, Saxer + Partner

Ingenieure + Architekten
Birsigstrasse 10
4103 Bottmingen
Telefon 061-422 04 30
Telefax 061-422 04 60

Gründungsjahr 1978

Inhaber/Partner
Markus Glaser, dipl. Ing. ETH
Jürg Saxer, dipl. Ing. ETH
Thomas Keller, dipl. Arch. ETH

Mitarbeiterzahl 15

Spezialgebiete
Gewerbe- und Industriebauten
Sportbauten
Wohnungsbau
Renovationen

Auszeichnungen
1984 Berner Heimatschutz: Auszeichnung für gutes Bauen
1995 Arbeitsgemeinschaft Recht für Fussgänger: Auszeichnung für Schwanenplatz, Oberwil

Wichtige Projekte

Gewerbe- und Industriebauten
1988 Erweiterung Klingentalmühle AG, Kaiseraugst
1988–89 Gewerbehaus Luberzen, Urdorf
1989 Werkhof für Muldentransportunternehmen, Münchenstein
1992–96 Erneuerung und Erweiterung Autobahnraststätte «Windrose», Pratteln
1995 Umbau Naturkundetrakt Schulhaus Spiegelfeld, Binningen
1993–96 Einbau von drei Arztpraxen in Basel, Zürich, Birsfelden

Sportbauten
1983 Sportcenter «Tennis an der Birs», Aesch
1986 Sportcenter «Bustelbach», Stein
1991 Mehrzweckhalle mit Gemeindewerkhof und Zivilschutzanlage, Corgémont
1994 Erweiterung Sportcenter «Bustelbach», Stein
1996 Projekt für Leistungszentrum Kunstturnen, Rümlang

Wohnungsbau
1986 Zwei Mehrfamilienhäuser, Bottmingen
1994 Renovation Mehrfamilienhaus, Feldeggstrasse, Zürich
1993–95 Renovation Wohnüberbauung «le Poujet», Delémont
1995 Mehrfamilienhaus mit Maisonnette-Wohnungen an der Ergolz, Füllinsdorf
1996 Umbau und Erweiterung zweier Einfamilienhäuser, Binningen
1997 Renovation Überbauung Pelikanweg, Basel

Aktuelle Projekte
Renovation Überbauung Binningerstrasse, Reinach
Renovation Verwaltungsgebäude «Berner Versicherung», Basel
Sanierung Turn- und Schwimmhalle «Gwänd», Dornach
Umnutzung Lagerhalle in Werkstattgebäude, Therwil

Abbildungen
1. Erweiterung Raststätte «Windrose», Pratteln, 1996
2. Mehrfamilienhaus an der Ergolz, Füllinsdorf, 1995
3. Gewerbehaus Luberzen, Urdorf, 1989
4. Klingentalmühle AG, Kaiseraugst, 1988
5. Renovation Mehrfamilienhaus, Feldeggstrasse, Zürich, 1994
6. Renovation Überbauung «le Poujet», Delémont, 1995

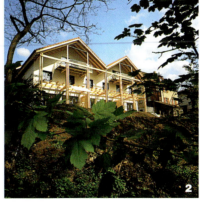

Schwob und Sutter Architekten

Architekten ETH SIA HTL
Murenbergstrasse 2
4416 Bubendorf
Telefon 061-931 30 60
Telefax 061-931 30 70

Büro Basel-Stadt:
Lehenmattstrasse 81
4052 Basel
Telefon 061-311 38 48

Gründungsjahr 1976

Inhaber
Markus Schwob,
dipl. Architekt ETH/SIA

Christoph Sutter,
dipl. Architekt HTL/SWB

Mitarbeiterzahl 12

Spezialgebiete
– Wohnungsbau
– Heim- und Schulbau
– Kindergärten
– Museumsbau
– Geschäfts- und Gewerbebau
– Umbauten, Sanierungen
– Denkmalpflegerische Instandstellungen
– Holz-/Holzelementbau
– Energieberatung, Bauökologie
– Aussenraum- und Gartengestaltungen
– Gestaltung von Ortskernen
– Innenausbau

Publikationen
Mitverfasser der Broschüre «Gestaltung von Kantonsstrassen in Ortskernen», IVT ETH Zürich/TBA Basel-Landschaft, 1987

Gestaltung des Strassenraumes in Ortskernen, Strasse +Verkehr 8/88, VSS Zürich

Arch 94 Dez. 1986 Bauen heute, Eternit AG, Niederurnen

Aktuelle Wettbewerbs Scene 3/4.87, Verlag für Architekturinformation, Zürich

Architekturführer Basel und Umgebung 1980–1995

Auszeichnungen
1985 Auszeichnung guter Bauten im Kanton Basel-Landschaft (EFH Dotta, Liestal)

1997 Auszeichnung guter Bauten im Kanton Basel-Landschaft (Turnhalle AEA Arxhof, Niederdorf)

Wichtige Projekte

Öffentliche Bauten
Kindergarten, Lupsingen

Werkhof, Bubendorf

Sanierung der Gebäudehülle und Umbau der Arbeitserziehungsanstalt Arxhof, Niederdorf

Feuerwehrmagazin Arboldswil

Erweiterung und Umbau der Sekundarschule, Oberdorf

Kindergarten Brühl, Bubendorf

Wohnheim mit Beschäftigungsstätte für geistig Behinderte, Gelterkinden

Instandstellung Schloss Wildenstein, Bubendorf

Turnhalle und Gärtnerei Arxhof, Niederdorf (Holzelementbau)

Ausbau Primar- und Sekundarschule, Reigoldswil

Industriebauten
Garage Degen AG, Bubendorf

Paul Holinger AG, Marmor+Granit, Bubendorf

Innenausbau
Café Mühleisen, Liestal

Gerichtssäle in Waldenburg und Arlesheim

Arztpraxis Dr. Itin, Liestal

Zahnarztpraxis Dr. U. Bichweiler, Liestal

Expertentätigkeit
Mitglied der Stadtbaukommission der Stadt Liestal

Analysen/Behebung von Bauschäden

Gebäudeschatzungen

Bauphysik, bauphysikalische Beratungen

Wettbewerbe
1991 Primarschule, Niederdorf, 1. Preis

1991 Mehrzweckhalle, Niederdorf, 3. Preis

1995 Primarschule, Seltisberg, 3. Preis

1995 Doppelkindergarten, Seltisberg, 2. Preis

1997 Mehrzweckhalle, Lausen, 1. Preis

Aktuelle Projekte
Erweiterung und Sanierung Musikautomatenmuseum, Seewen SO

Wohnüberbauung Bützenen, Sissach

2. Bauetappe Schloss Wildenstein, Bubendorf

Mehrzweckhalle Bützenen, Lausen

Abbildungen

1. Turnhalle Arxhof, Niederdorf

2. Schloss Wildenstein, Bubendorf

3. Wohnheim und Beschäftigungsstätte für geistig Behinderte, Gelterkinden

4. Musikautomatenmuseum, Seewen SO

Steinmann & Schmid

Dipl. Architekten HTL ETH SIA
Claragraben 115
4057 Basel
Telefon 061-681 70 71
Telefax 061-681 70 81
steinmann-schmid@bluewin.ch
www.steinmann-schmid.ch

Gründungsjahr 1992

Inhaber/Partner
Peter Steinmann

Herbert Schmid

Mitarbeiterzahl 3 bis 5

Spezialgebiete
– Wohnungsbau
– Öffentliche Bauten
– Bürogebäude
– Umbauten/Sanierungen
– Energieberatungen
– Einzel- und Serienmöbel

Publikationen
Aktuelle Wettbewerbs Szene
2/93, 3/94, 6/95, 4/97

Archithese 6/93, 1/98

HP 6–7/94, 8/94, 5/96, 12/97

R+W 5/95, 2/98

Domus 6/97, 7/97

Architecture Suisse 3/96, 10/96

Architecture in wood, Verlag
Calmann & King, London

Der neue Holzbau,
Callway Verlag, München

Ausstellungen
1996 Junge Basler Architekturbüros I, Architekturmuseum
Basel

1997 36 modèles pour une
maison arc en rêve, Bordeaux

Auszeichnungen
SMI-Förderpreis 1993

SMI-Förderpreis 1994

1997 Auszeichnung
guter Bauten des Kantons
Basel-Stadt

Philosophie
Die Projekte entstehen
aus einer genauen Analyse
des Ortes. Die räumlichen
Gegebenheiten bestimmen den
Entwurf ebenso wie die
Bedürfnisse der Benutzer und
die Zweckmässigkeit der
Funktionsabläufe. Räumliche
und visuelle Spannungen
werden durch den sparsamen
Einsatz von Materialien,
Formen und Farben erzeugt.

Wichtige Projekte
Serienproduktion Lattenbett
und Holzschalenstuhl,
Produktion Atelier Alinea,
Basel

Neubau Haus Enzler, Berg TG

Neubau Haus Hischier,
Naters VS

Neubau Parkhaus Saas-Fee,
900 Fahrzeuge auf 11
Geschossen mit Gästeterminal

Umbau Telecom Business-
center, Basel

Neubau Service Center Messe
Basel

Projektstudie Reorganisation
der Portierloge, F. Hofmann-
La Roche AG, Basel

Umbau Schulungszentrum
swisscom blue window, Basel

Umbau Bürogebäude
swisscom, Basel

Wettbewerbe
1992 Schule Raron, 6. Preis

1992 Werkhof N9, Sierre,
2. Preis

1993 Brunnengestaltung
Marktplatz, Naters, 1. Preis

1993 Wohnüberbauung Lonza,
Visp, 3. Preis

1994 Studienauftrag Parkhaus
Saas-Fee, Ausführung

1995 eingeladener Wettbewerb
Wohnüberbauung, Liestal,
6. Preis

1996 eingeladener Wettbewerb
Schulhaus Mühlhauserstrasse,
Basel

1997 Bergrestaurant
Längfluh, Saas-Fee, 1. Preis

1997 internationale Studie
«Wohnen im periurbanen
Raum»: Wohneinheiten
für 499 900 FF, 3 Zimmer,
Garage, erweiterbar

1998 eingeladener Wettbewerb
Neugestaltung Messeplatz
und Service Center Messe
Basel

Aktuelle Projekte
Kleinere Umbauten und
Sanierungsstudien

Abbildungen
1. Parkhaus Saas-Fee VS

2. Service Center Messe Basel

3. Bergrestaurant Längfluh, Saas-Fee VS

4. Haus Hischier, Naters VS

5. Internationale Studie «Wohnen im periurbanen Raum»

Fotos: Ruedi Walti: 1, 2, 5
Thomas Andenmatten: 4

Suter+Suter Planer AG

Ein Unternehmen der
Thyssen Immobilien-Gruppe
Lautengartenstrasse 23
4010 Basel
Telefon 061-275 75 75
Telefax 061-275 74 74
http://www.sspag.ch

Binzmühlestrasse 14
8050 Zürich
Telefon 01-305 81 11
Telefax 01-305 81 12

Suter+Suter
Planificateurs SA
49 avenue Blanc
1202 Genève
Téléphone 022-908 15 50
Téléfax   022-908 15 60

34 rue du Maupas
1000 Lausanne 9
Téléphone 021-647 50 71
Téléfax   021-647 50 76

Gründungsjahr 1995
vormals Suter+Suter AG

Mitarbeiterzahl 100

Zertifiziert nach ISO 9001

Unsere Spezialgebiete sind
Industrie- und Pharmabauten

Spitäler und Altersheime

Banken und Verwaltungsbauten

Sanierung, Umnutzung

**Architektur
und Generalplanung**
Unsere Architekten erbringen für unsere Kunden erstklassige Leistungen in der Entwicklung und Präsentation von gestalterischen Visionen.

Als Generalplaner setzen wir diese Visionen zu vereinbarten Kosten, unter Einhaltung der Termine in hochwertiger Qualität in bauliche Investitionsprojekte um.

Consulting und Engineering
Unsere qualifizierte Beratung schafft Impulse von der Konzept- bis zur Betriebsphase. Tendenzen und neue Ideen nehmen wir aktiv auf und führen Veränderungen optimalen Lösungen zu.

Haustechnik
Wir verbinden technologisch hochstehende und ökologische Aspekte zum Nutzen unserer Kunden und unserer Umwelt.

International Planner
Unsere Organisation ist dezentral und auf die Projekte unserer Kunden ausgerichtet. Wir sind national und international präsent. Als eigenständiges Tochterunternehmen der Thyssen Immobilien-Gruppe sind wir für unsere Kunden ein vielseitiger und zuverlässiger Partner.

Projektmanagement
Unsere Mitarbeiterinnen und Mitarbeiter zeichnen sich durch rasches, kompetentes und flexibles Handeln aus. Sie sind sich ihrer Verantwortung gegenüber dem Kunden bewusst und handeln mit Sorgfalt und Professionalität. Dank langjähriger Erfahrung im Bereich des Projektmanagements garantieren wir für Effizienz in der Projektabwicklung.

Abbildungen

1. Verwaltungsgebäude des Touring Clubs der Schweiz in Blandonnet GE

2. Produktionsanlage für Blutersatzstoffe, Baxter Hemoglobin Therapeutics in Neuchâtel NE

3. Neubau Bürohaus der Lischac AG in Pratteln BL

4. Logistikgebäude der Swisscom in Gossau SG (ArGe mit Urs Hürner & Partner)

Zwimpfer Partner Architekten

Architekten BSA/SIA
St.-Alban-Anlage 66
4002 Basel
Telefon 061-312 13 14
Telefax 061-312 76 32

Gründungsjahr 1957
AG seit 1987

Geschäftsleitung
Hans Zwimpfer, Arch. BSA/SIA

Hans Jörg Fuhr,
Bau-Ing. SIA, lic. oec.

Rudolf Zimmer, Arch. SIA

Dieter Blanckarts, Arch. SIA

Erweiterte Geschäftsleitung
Bruno Buser, Architekt

Heinz Jeker, Arch. HTL

Tobias Nissen, Arch. SIA

Rudolf Ottiger, Architekt

Dominik Soiron, Arch. SIA

Ernst Zimmer, Architekt

Mitarbeiterzahl 50

Spezialgebiete
– Geschäfts- und Verwaltungsbau
– Wohnungs- und Siedlungsbau
– Schulen, Ausbildungs- und Sportstätten
– Umnutzung und Sanierung
– Verkehrs- und Bahnhofbauten
– Industrie-, Gewerbe- und Messebauten
– Generalplanungen

Wettbewerbe
1992 Büro-, Dienstleistungs- und Wohnüberbauung Coop Schweiz, Basel, 1. Preis

1994 Wohnüberbauung Madretsch-Ried, Biel, 1. Preis

1995 Schulhaus Büöl, Ingenbohl-Brunnen, 1. Preis

1996 Neue Messehalle, Basel, 2. Preis

1997 Areal Deutsche Bahn AG, 4. Preis mit Weiterbearbeitung

1997 Erweiterung Gottfried-Keller-Schulhaus, Basel, 2. Preis und 1. Ankauf mit Weiterbearbeitung

1997 Gemeindezentrum Reinach, 2. Preis

Auszeichnungen
1985 Auszeichnung guter Bauten im Kanton Basel-Land für Zollschule Liestal und Wohnsiedlung Am Deich, Therwil

1986 Energiepreis SIA für Energiehaussiedlung, Itigen

1992 Auszeichnung guter Bauten im Kanton Basel-Land für Siedlung Brühlweg, Muttenz

1994 Architekturförderung Kanton Luzern für Schlossberg, Luzern

1997 Auszeichnung guter Bauten in den Kanton Basel-Land und Basel-Stadt für Wohnsiedlung im Link, Münchenstein

Wichtige Projekte der 90er Jahre
1990 Wohn- und Geschäftshaus Schlossberg, Luzern

1991 Umnutzung Shedhalle in Bürogebäude, Hardstrasse, Basel

1992 Schulanlage Donnerbaum, Muttenz BL

1993 Neu- und Umbauten Cargo SBB, Basel

1994 Um- und Anbau Brunnmattschulhaus, Basel

1995 Hangsiedlung im Link, Münchenstein

1996 Wohnsiedlung Neumättli, Brislach BL

1996 Wohnsiedlung Sonnenrain, Zwingen BL

1997 Erweiterung LöwenCenter, Luzern

1997 Schulhaus Büöl, Ingenbohl-Brunnen

1997 Eislaufhalle, Freizeit- und Trainingsanlagen Nationales Sportzentrum, Huttwil BE

Aktuelle Projekte
Wohneigentum Wettstein (Bebauung mit 55 Wohneinheiten), Basel

Wohnsiedlung Ringermatten (31 Reihenhäuser), Zwingen

Büro-, Wohn- und Geschäftshaus, Werft-Quai, Luzern

Bezirkswache Grossbasel West

Postbahnhof, Büro- und Dienstleistungszentrum BusinessCenter Bahnhof Ost, Basel

Abbildungen
1. Wohnsiedlung Ringermatten, Zwingen, 1997/98

2. Hangsiedlung im Link, Münchenstein, 1995

3. Siedlung Am Deich, Therwil, 1982

4. Wohn- und Geschäftshaus Schlossberg, Luzern, 1990

5. Eishalle Nationales Sportzentrum, Huttwil, 1997

Fotos: Sidney Bannier, Basel: 1
Reto Bernhardt, Basel: 2
Christian Vogt, Basel: 3
Disch, Basel: 4
Serge Hasenböhler, Basel: 5

Bern

Jürg Althaus

Dipl. Arch. ETH/SIA/BSP
Mottastrasse 1
3005 Bern
Telefon 031-351 14 66
Telefax 031-351 10 64
althausarch@access.ch

Gründungsjahr 1975

Inhaber
Jürg Althaus

Leitende Mitarbeiter
U. Fischer, M. Hefti,
S. Kellenberger

Mitarbeiterzahl 12

Auszeichnung
ATU-Prix 1993: Anerkennung

Publikationen
AS Schweizer Architektur,
Sept. 76, April 80, Juli 90,
Dez. 95

SI+A Schweizer Ingenieur
und Architekt, 14.9.89, 3.1.97

Werk, Bauen+Wohnen 11/89,
4/90, 9/91

«100 Bauten im Kanton Bern
1960–90», Architekturführer

Restaurant Casino, Bern, 1992

«Flächensparende Wohngebiete», Bayerisches Staatsministerium des Innern, 1994

Holzbulletin 44/97

Neuer Holzbau, Lignum 1997

Ausgewählte Arbeiten

Neubauten
1974–76 Wohnsiedlung Burgacker, Bremgarten

1975–76 Einfamilienhaus Amstutz, Aarberg

1976–78 Wohnsiedlung Mattackerweg, Gümligen

1983–86 Mehrfamilienhäuser am Kräyigenweg, Muri

1984–90 Wohnsiedlung Baumgarten, Bern

1986–89 Polizeikaserne Waisenhausplatz, Bern

1987–93 Erweiterung Krankenpflegeschule, Engeried-Bern

1990–96 Wohnbebauung Stockerenweg, Bern

seit 1992 Dienstleistungsgebäude Baumgarten-Ost, Bern

seit 1992 Überbauung Steinhof, Burgdorf

1993–96 Wohnüberbauung Jolag-Gut, Thun (Arch.-ArGe)

1994–95 Dreifamilienhaus Multengutweg 40, Muri

1995 Aufstockung Ferienhaus Porto Ronco

Denkmalpflegeobjekte
1972–74 Umbau Zunfthaus Webern, Bern

1980–83 Renovation Herrengasse 1, Bern

1987–93 Um- und Anbau Alpines Museum, Bern

1990–95 Umbau und Renovation Bauernhaus Bolligenstrasse 12, Bern

1990–91 Umbau Restaurant Casino, Bern

1995–96 Sanierung/Umbau Herrengasse 3/5/7, Bern

Wettbewerbe
1978 Burgerliches Waisenhaus, Bern, 1. Rang, Ausführung

1980 Zunfthaus zu Schmieden, Bern, 1. Rang, Ausführung

1990 Überbauung Steinhof, Burgdorf, 1. Rang, Ausführung

1991 Krankenheim, Täuffelen, 1. Rang (Arch.-ArGe)

1991 Wohnüberbauung Jolag-Gut, Thun, 1. Rang, Ausführung (Arch.-ArGe)

1992 Wohnüberbauung Obere Au, Heimberg, 1. Rang (Arch.-ArGe)

1994 Bierhalle, Bahnhof Zürich, 1. Rang, Ausführung (Arch.-ArGe)

1995 Kirchenzelg Gerzensee, 1. Rang, Ausführung

Quartier- und Ortsplanungen
1976–80 Altstadtplanungen Laupen und Büren a. A.

1986 Quartierplanung Mattenhof, Bern

1987–93 Ortsplanung Gemeinde Muri bei Bern

1990–93/97 Überbauungsordnung Steinhof, Burgdorf

1992–94 Überbauungsordnung Obere Au, Heimberg

Abbildungen
1. Wohnhaus Multengutweg, Muri, 1995
2. Wohnsiedlung Baumgarten, Bern, 1990
3. Restaurant Casino, Bern, 1991
4. Bauernhaus Bolligenstrasse 12, Bern, 1995

Arn + Partner AG

Architekten ETH/HTL/SIA
Oberdorfstrasse 33
3053 Münchenbuchsee
Telefon 031-869 33 43
Telefax 031-869 33 48

Mitarbeiterinnen und Mitarbeiter 11

Spezialgebiete
Vom Konzept
bis zur Ausführung.

Vom Grossprojekt
bis zum Vordach.

Vom Neubau über
Umnutzungen zu Sanierungen.

Wir bauen für öffentliche
Bauträgerschaften
und Private.

Publikationen
Werk, Bauen+Wohnen 4/97

Hochparterre 5/97

Abitare 367, 11/97

Auszeichnung
ATU-Prix, Stiftung Bernischer
Kulturpreis für Architektur,
Technik und Umwelt

Philosophie
Architektur ist für die
vorgesehene Nutzung, in der
nötigen Dauerhaftigkeit,
in der angemessenen Einfachheit, im gegebenen Kostenrahmen, bautechnisch perfekt
und ehrlich zu konstruieren.
Das ist selbstverständlich.

Architektur ist Kunst, Zauber,
Poesie. Das ist selten.

Dem Seltenen gilt unser
Augenmerk.

Wichtige Projekte
1993 Neubau Pfarrhäuser,
Münchenbuchsee

1993 Neubau Kalksandsteinfabrik FBB, Münchenbuchsee

1994 Umbau Bürogebäude
Arn+Partner, Münchenbuchsee

1996 Neubau Black Box,
Münchenbuchsee

1996 Sanierung Brüggerhaus,
Effingerstrasse, Bern

1997 Neubau Kirchgemeindehaus, Grossaffoltern

Aktuelle Projekte
Umbau Wohn- und Geschäftshaus Dardel, Aarberg

Sanierung Kaserne Worblaufen

Sanierung Scheibenhochhaus
Normannenstrasse, Bern

Wohnüberbauung Höheweg Ost,
Münchenbuchsee

Wohnüberbauung Molkereiareal, Zollikofen

Abbildungen

1. Black Box, Münchenbuchsee, 1996

2. Schwerer Raumtaster,
Ausstellung «Denk-Raum
Architektur», Museum
für Gestaltung, Zürich, 1993

Foto 1: M. Fahrni, Münchenbuchsee

Blum + Grossenbacher

Architekten
Aarwangenstrasse 26
4900 Langenthal
Telefon 062-923 29 23
Telefax 062-923 02 40

Gründungsjahr 1990

Inhaber/Partner
Marcel Blum, Architekt HTL

Stefan Grossenbacher,
Bauleiter SBA

Leitender Mitarbeiter
Markus Meier,
Innenarchitekt HFG

Mitarbeiterzahl 6

Spezialgebiete
Wohnungsbau

Öffentliche Bauten

Innenarchitektur

Publikationen
Detail 3/95

Raum + Wohnen 10/95

Holzbulletin 45/97

Philosophie
Erkenntnisse werden zu vorübergehenden Theorien. Fliessend, als Konzepte – am Modell erprobt – materialisiert und detailliert, umgesetzt. Die Arbeit ist Übergang, bildet die Schwelle zu neu Vergangenem, Alterndem, und sie gibt uns wiederum neue Erkenntnisse ...

Wichtige Projekte
1994 Schutzbau Burgruine Grünenberg, Melchnau

1995 Einfamilienhaus Geiser, Wädenswil

1995 Wohnsiedlung Bergstrasse, Aarwangen (Gestaltungsplan, 1. Etappe)

1996 Wohnsiedlung Melchnaustrasse, Langenthal

1996 Wohnhaus mit Pferdeoffenstall, Busswil

1996 Dreigeschossiger Wohnturm, Langenthal

1997 Konzept und Sanierung Farbgasse 47/49, Langenthal

Aktuelle Projekte
Restaurant im Kunsthaus, Langenthal

Dreigeschossiges Wohnhaus in Holz, Willisau

Bauen mit Holz und Lehm, Langenthal

Abbildungen

1. Schutzbau, Melchnau, 1994

2. Einfamilienhaus Geiser, Wädenswil, 1995

3. Wohnturm, Langenthal, 1996

Fotos: M. Meier, Langenthal: 1
Th. Geiser, Wädenswil: 2
Ch. Schütz, Langenthal: 3

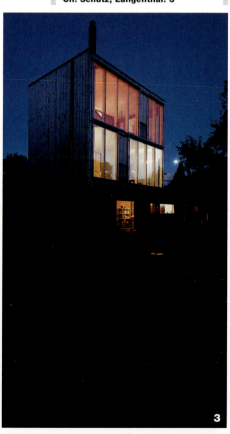

Bürgi & Raaflaub

Dipl. Architekten ETH/SIA
Optingenstrasse 54
3013 Bern
Telefon 031-333 30 33
Telefax 031-333 30 43
buergiraaflaub@access.ch

Gründungsjahr 1992

Inhaber/Partner
Hanspeter Bürgi,
dipl. Arch. ETH/HTL/SIA,
NADEL ETH

Peter Raaflaub,
dipl. Arch. ETH/HTL/SIA,
Bauberater Heimatschutz

Mitarbeiterzahl 2–3
und objektbezogene Arbeitsgemeinschaften

Spezialgebiete
Wir beraten, planen und realisieren:

• Raumplanung
Siedlung, Ökologie, Energie

• Architektur
Um- und Neubauten für Wohnen, Arbeiten, institutionelle und öffentliche Nutzungen

• Bauökologie
Gesundes Wohnumfeld, Minergie-Standard (Komfort und Energieeffizienz)

Publikationen
«Gebäudesanierung nach Minergie-Standard, Übersicht – Beispiele – Grundsätze: ein Leitfaden», Autoren: Bürgi & Raaflaub, Hrsg.: Kte. Bern/Zürich/Thurgau, 1998

Philosophie
• Architektur und Ort
Den Ort und seine Geschichte(n) ergründen und neu erlebbar gestalten.

• Kultur und Natur
Ökologisch (um)bauen und Ressourcen nachhaltig nutzen.

• Raum und Mensch
Die Bedürfnisse von Mensch und Mitwelt räumlich artikulieren.

• Planung und Vernetzung
Problemlösungs- und prozessorientiert zusammenarbeiten.

Wichtige Projekte
• Raumplanung
1994–97 Ökologie in der Quartier- und Siedlungsplanung, AGR Kt. Bern (mit Kurt Rohner, Biel)

1995–98 Energie in der Raumplanung, WEA Kt. Bern (mit Kurt Rohner, Biel)

• Siedlungsplanung
1992–94 Projekt/Überbauungsordnung Areal Wyss, Worb (mit Büro B, Bern)

1997–98 Verdichtungsstudie Oberes Murifeld, Bern

• Neubau
1996 Kostengünstiger/ökologischer Bürobau W. Bernhard AG, Worb

1997–98 Reihenhäuser, Sandstrasse, Moosseedorf

• Umbau/Sanierung
1989–90 Wohnhaus mit Ateliers, Moosgasse, Boll

1997–98 Minergie-Gebäudesanierung RFH Gurnigelweg, Bern

• Innenraum/Möbel
1993–94 Innenausbau Wohn-/Geschäftsräume Aarbergergasse, Bern

1994–95 Dachausbau Jugendstilhaus, Eigerstrasse, Bern

Wettbewerbe
(1. Preise, Weiterbearbeitung)

1995–96 Sozialer Wohnungsbau Alter Schulgarten, Uettligen

1996–97 Alters- und Pflegeheim Schönegg, Bern

Aktuelle Projekte
1998–99 Minergie-Gebäudesanierung MFH Bürglenweg, Konolfingen

1998–2001 Umbau/Sanierung Alters- und Pflegeheim Schönegg, Bern (mit Kurz Vetter Schärer, Bern)

1998 Wohnungs-Bewertungs-System (Revision), Bundesamt für Wohnungswesen

Abbildungen

1. Eingangsbereich Süd, Neubau Büro/Umbau Lager W. Bernhard AG, Worb, 1996

2. Dusche über Treppe, Innenausbau Wohn-/Geschäftsräume, Aarbergergasse, Bern, 1993–94

3. Eingang/Treppe Büro, Neubau Büro/Umbau Lager W. Bernhard AG, Worb, 1996

Fotos 1+2: Iris Krebs

Hebeisen + Vatter

Architektur + Planung
Weststrasse 4
3005 Bern
Telefon 031-357 26 26
Telefax 031-357 26 27

Gründungsjahr 1968

Inhaber
Res Hebeisen,
dipl. Arch. ETH/SIA

Bernhard Vatter,
dipl. Arch. ETH/SIA, Planer BSP

Zusätzlich in
Geschäftsleitung
Gregor Bärtschi,
dipl. Arch. HTL

Heinrich Huber,
dipl. Bauführer

Mitarbeiterzahl 12–15

Spezialgebiete
Wohnungsbau, Siedlungsplanung

Quartier-, Orts- und Regionalplanung

Städtebauliche Studien, Zentrums- und Spezialplanungen

Büro- und Dienstleistungsbauten, gemischte Zentrumsüberbauungen

Öffentliche Bauten (insbes. Alters- und Pflegebauten, Schulbauten)

Umnutzungen, Sanierungen, denkmalpflegerische Arbeiten
Wettbewerbsbegleitungen
Liegenschaftsbewertungen

Philosophie
Dank langjähriger Erfahrungen über das gesamte Leistungsspektrum der SIA LHO 102 (architekton. Arbeiten) und der SIA LHO 110 (Quartier-, Orts- und Regionalplanung) sind wir in der Lage, auf jeder Stufe Qualitätsleistungen zu erbringen. Die kontinuierliche Teilnahme an Wettbewerben (oft in interdisziplinären Teams) bildet einen wichtigen Bestandteil unserer fachlichen Weiterbildung.

Wettbewerbe (Auswahl)
1981 Wohnanlage Schlösslipark Villette, Bern (1. Preis)

1983 KIO-Wohnheim für Behinderte, Bern-Bethlehem (1. Preis)

1985 Altersheim, Aarberg (2. Preis)

1989 Bärenareal, Dorfkern Worb (2. Preis)

1989 Schulhauserweiterung, Urtenen (2. Preis)

1992 Wohnüberbauung Schlossmatte, Münsingen (2. Preis)

1993 Zentrum Bahnhof Gümligen (1. Preis)

1994 Wohnüberbauung Häberlimatte, Zollikofen (2. Preis, 2stufig)

1994 Wohnüberbauung Sonnenfeld, Spreitenbach AG (1. Rang, Studienauftrag)

Wichtige Projekte

Architektur
1984–86 Studienzentrum der Schweiz. Nationalbank, Neues Schloss Gerzensee

1986–88 KIO-Wohnheim für Behinderte, Bern-Bethlehem

1990–92 Wohnanlage Schlösslipark des Burgerspitals Bern

1982–90 Umbau und Sanierung Städt. Gymnasium Kirchenfeld, Bern

1992–93 Gewerbe- und Bürobau, Stauffacherstrasse, Bern

1995–98 Wohnüberbauung Seedorfweg-Süd (Bauprojekt 110 Wohnungen), Münchenbuchsee

Aktuelle Projekte
Überbauungsordnung Zentrum Bahnhof Gümligen

Wohnüberbauung Sägost (130 Wohnungen in 3 Etappen), Belp

Wohnüberbauung Dennigkofenweg (80 Wohnungen in 2 Etappen), Ostermundigen

Umbau Bank EEK (in 2 Etappen), Bern

Wohnüberbauung Belvédère (35 Wohnungen), Spiez

Wohnüberbauung Kirchweg (25 Wohnungen), Kirchlindach

Abbildungen

1. KIO-Wohnheim, Bern-Bethlehem

2. Studienzentrum SNB, Gerzensee

3. Wohnüberbauung Villette, Bern

4. Gewerbe- und Bürobau, Stauffacherstrasse, Bern

Herren + Damschen

Architekten + Planer AG
Thunstrasse 95
3006 Bern
Telefon 031-352 50 51
Telefax 031-352 11 58

Gründungsjahr 1985

Geschäftsleiter
Daniel Herren,
dipl. Architekt ETH/AIA/SIA

Mitarbeiterzahl 5

Spezialgebiete
– Stadtraumplanung
– Schul- und Hochschulbauten
– Wohnungsbau
– Bibliotheken
– Spital- und Gesundheitsbauten
– Forschungs- und Laborbauten
– Kultusbauten, Museen
– Tourismusbauten
– Industriebauten, Brücken

Publikationen
Unitobler: Business Week v.
3.11.97, Architectural Record
10/97, db deutsche bauzeitung
5/94, Hochparterre 11/93,
SI + A 36/94 und 26/95

Städtebaulicher Wettbewerb
Pérolles, Freiburg: SI + A 24/87

Städtebaulicher Wettbewerb
Löwenplatz, Luzern:
SI + A 5/86

Auszeichnungen
1975 Citation New York Urban
Development Corporation
für Projekt New York Island
Housing (mit F. W. Kastner)

1980 Progressive Architecture
Citation für Edgewater
Marina Mall, New Jersey,
Umnutzungsprojekt
(für Helfer Architekten)

1995 ATU Prix, Anerkennungspreis für Unitobler

SIA-Preis 1996 für Unitobler,
Auszeichnung
für nachhaltiges Bauen

1997 Business Week/
Architectural Record Awards
für Unitobler

Philosophie
Für uns ist Architektur das
präzise Verstehenlernen des
jeweils zu lösenden Problems.
Wir sind nicht dogmatischen
oder formalen Vorurteilen
verpflichtet, sondern wir
versuchen, für jede Aufgabe
die ihr angemessene Lösung
und Gestalt zu entwickeln;
dies im gemeinsamen Dialog
mit der Bauherrschaft und im
Kontext des Projektstandortes.
Wesentlich sind stets die
Einmaligkeit einer Aufgabe
und das ihr entsprechende
Raumkonzept.

Wichtige Projekte
1997 ISF Ingenieurschule
Freiburg

1997 Studienauftrag Wander
Areal, Bern: Wohnungsbau

1997 Studienauftrag INO:
Notfall- und Chirurgiezentrum
Insel Bern, mit G. Hofmann

1997 Internationaler Wettbewerb MC Museo Costantini,
Buenos Aires

1997 Studienauftrag
Zentralplatz, Biel

1997 Wettbewerb Université
de Pérolles, Freiburg

1996 Wettbewerb Ort
der Besinnung, Autobahnraststätte Altdorf UR

1996 Internationaler Wettbewerb Kansai Kan National
Diet Library, Japan

1996 Wettbewerb Thermalklinik Lavey-les-Bains VD

1995 Wettbewerb Autobahnraststätte Bavois VD

1995 Wettbewerb Gebetskapelle Pérolles-Brücke,
Freiburg

1995 Wettbewerb Ingenieurschule Oensingen SO

1994 Blockheizkraftwerk
Guillaume-Ritter, PérollesEbene, Freiburg

1993 Unitobler, Bern (mit
P. Clémençon und A. Roost)

1989 CECL Musik- und Ausstellungszentrum, Freiburg

1986 Autobahnbrücke U 46
über die T6 bei Lyss (mit Moor
Hauser & Partner AG)

Aktuelle Projekte
1998 Spa of Spa, Gesundheitszentrum in Spa, Belgien

1998 Studienauftrag MétéoSuisse-Forschungszentrum,
Payerne VD

1998 Umnutzung
Industriehalle Pavafibres
für die neue ISF, Freiburg

Dorfkernplanung Thörishaus

Abbildungen

**1. Unitobler, Bern
(mit Pierre Clémençon und
Andrea Roost), 1993**

2. Blockheizkraftwerk Guillaume-Ritter, Freiburg, 1994

**3. ISF Ingenieurschule
Freiburg, 1997**

4. Musik- und Ausstellungszentrum, Freiburg, 1989

**5. Autobahnbrücke
bei Lyss (mit Moor Hauser
& Partner AG), 1986**

Fotos: H. Helfenstein: 1;
Y. Eigenmann: 2; E. Herren: 3–5

Beat A. H. Jordi

Architekturbüro SIA/GAB
Mülinenstrasse 23
3006 Bern
Telefon 031-352 13 55
Telefax 031-352 13 77

Gründungsjahr 1969

Inhaber
Beat A. H. Jordi,
dipl. Arch. ETH/SIA

Leitende Angestellte
Markus Grundmann,
dipl. Arch. ETH/SIA

Stefan Reinhard, Arch. HTL

Urs Trittibach, Arch. HTL

Mitarbeiterzahl 20

Spezialgebiete
Alters-, Pflegeheime und Kurhäuser

Büro- und Verwaltungsbauten

Sanierung und Umnutzung von Altstadtgebäuden

Museen

Publikationen
Paris Match, Beilage zum Kanton Bern

Schweizer Lexikon, Kirchen und Klöster

Bauen heute, Fachjournal für zeitgenössisches Bauen, Ausgabe 5/93

Auszeichnungen
«Dr. Jost Hartmann Preis» für Sanierung der Postgasse 22 in Bern

1993 Wettbewerb Dorfplatzgestaltung Amden SG, 1. Rang

Philosophie
Harmonische Integration des Projektes in Umgebung, Landschaft, Natur

Qualitätsvolle, natürliche Materialien und sorgfältige Detailerarbeitung

Verbindung von Innen- und Aussenraum, differenzierte Raumabfolgen und Lichtführung, spannungsvolle Gegenüberstellung von bestehender und neuer Bausubstanz

Wichtige Projekte
1969–72 Mutterhaus Sonnhalde, Baldegg LU, in Zusammenarbeit mit Marcel Breuer, N.Y.

1974–75 EFH Haldenweg 57, Muri BE

1975–77 Caritas Baby Hospital, Bethlehem, Israel

1975–77 Erweiterung Schweizerischer Nationalfonds, Bern

1976–79 Pflegeheim Sonnhalde, Baldegg

1981–82 Verwaltungsgebäude Silent Gliss International, Gümligen BE

1982–83 Ladenzentrum Coop, Schwarzenburg BE

1981–83 Neu- und Umbauten Kurhaus Oberwaid, St. Gallen

1983–84 Umbau Postgasse 22, Bern

1983–86 Material- und Transportdienstgebäude der Fernmeldekreisdirektion Bern (Arch.-Gemeinschaft mit Reinhard+Partner)

1986–87 Invalidenheim St. Antonius, Hurden SZ

1985–87 Umbau/Renovation Villa Kocher, Bern (Haus der Universität)

1987–88 Neubau Hotel Bellavista, Davos

1987–89 Hess Collection-Winery, Napa USA

1988–90 Sanierung Kurhaus Bergruh, Amden SG

1991–93 Schweizerische Botschaft in Islamabad, Pakistan

1993–96 Umbau und Sanierung Institut Stella Matutita, Hertenstein LU

1994–97 Gesamtsanierung MZA-Fernsehturm, Ulmizberg BE

Aktuelle Projekte
Neubau und Sanierung Naturhistorisches Museum in Bern

Head Office REHAU Ltd. in Ross-on-Wye, Verwaltungszentrum England

CH-Generalkonsulat und UNO-Mission, 633 Third Avenue, New York

Umbau und Erweiterung Caritas Baby Hospital, Bethlehem, Israel

Abbildungen
1. Neubau und Sanierung Naturhistorisches Museum in Bern, 1997

2. + 3. Head Office REHAU Ltd. in Ross-on-Wye, Verwaltungszentrum England, 1996

Lanzrein + Partner

Architekten SIA
Aarestrasse 40
3600 Thun
Telefon 033-222 52 72
Telefax 033-222 85 73

Gründungsjahr 1979
als Nachfolgefirma
von Peter Lanzrein,
dipl. Architekt ETH/BSA

Inhaber/Partner
Sigfried P. Schertenleib,
dipl. Architekt ETH/SIA

Ariane Lanzrein,
dipl. Architektin ETH

Mitarbeiterzahl 10

Spezialgebiete
Öffentliche Bauten, insbesondere für das Gesundheitswesen

Industriebauten, insbesondere Depots und Werkstätten der Eisenbahn

Konzepterarbeitungen, insbesondere im Bereich der Betreuung von Betagten

Vorbereitung und Begleitung von Architekturwettbewerben

Philosophie
Über die Lösung einer konkreten Aufgabe hinaus bedeutet Bauen immer auch, Verantwortung zu übernehmen gegenüber der Umwelt und dem kulturellen Umfeld. Präzises Erkennen und Analysieren der Bedürfnisse der Bauherrschaft und gleichzeitig eine sorgfältige Auseinandersetzung mit dem Ort des Bauens sind wichtige Ansprüche, die wir an unsere Arbeit stellen. Ökonomisch und ökologisch massvoller Einsatz der Mittel, Einfachheit und Schlichtheit der Formen sowie hohe Qualität in der Ausführungsplanung sollen die Merkmale unserer Projekte und Entwürfe sein.

Wichtige Projekte
1983 Neubau des staatlichen Seminars in Köniz bei Bern

1980–85 Neubau des Regionalspitals Thun mit Behandlungstrakt und Bettenhaus (zusammen mit Peter Schenk, Architekt, Steffisburg)

1988 Neubau des Hauptsitzes des Internationalen Skiverbandes FIS in Oberhofen (zusammen mit Peter Schenk)

1993 Erweiterungsbau für die Wirtschaftsschule Thun

1993 Neubau des Depots mit Werkstätten in Holligen BE der Bern-Neuenburg-Bahn (BLS)

1995 Umbau der Mensa der Berufsschulen Thun

1997 Umbau und Sanierung des Geschäftshauses SMUV in Thun (denkmalpflegerisch relevantes Objekt)

1996 Hauptwerkstätte Zürich der SBB: Gesamtarealstudie für die bauliche Entwicklung

Aktuelle Projekte
Neubau von Depots und Werkstätten der Furka-Oberalp-Bahn in Brig

Umbau der ehemaligen Werkanlagen der Firma von Roll in ein Betriebsgebäude der Baudirektion der Stadt Thun

Abbildungen

1. Innenraum Wirtschafts-Schule in Thun, 1993

2. Aussenansicht WirtschaftsSchule in Thun

3.+4. Depots und Werkstätten FO in Brig (im Bau), 1997

Urs Luedi

Dipl. Arch. ETH/SIA
SIA-Reg.gruppe Biel-Seeland
Ring 12
2502 Biel
Telefon 032-323 26 22
Telefax 032-323 69 33
Natel 079-251 27 42

Gründungsjahr 1991

Inhaber
Urs Luedi, dipl. Architekt
ETH/SIA/HTL

Mitarbeiterzahl 2–4

Spezialgebiete
Bauten der Öffentlichkeit

Gestaltung von Kunstbauten (Ing.)

Individueller Wohnungsbau

Sozialer Wohnungsbau

Restaurierung von Schutzobjekten

Areal- und Quartierplanung

Umnutzungen, Umbauten

Publikationen
Holzbulletin Hallen 35/94,
Lignum, Falkenstrasse 26,
8008 Zürich

Baublatt «Brückenbau», 1994

Bieler Tagblatt,
10.6.94, 24.2.97, 24.3.97,
Verlag Gassmann

SonntagsZeitung, 23.2.97

Neue Zürcher Zeitung, 23.2.97

Fassade 1/98, Schweiz. Fachzeitschrift für Fenster- und Fassadentechnik

Auszeichnungen
1995 Präqualifiziert (4)
ESSM-Wassersportzentrum,
Ipsach/Biel

1991 Kunstbau-Brücke in Arch, 1. Preis

1991–97 Div. Wettbewerbe (18)

Philosophie
«Zeitgemässe Architektur in Konstruktion und Form» – einfache, kostenbewusste und nachhaltige Bauten situations- und konsensbezogen realisieren.

Wichtige Projekte
1987–97 Diverse Umbauten von Schutzobjekten

1988 Gesamtsanierung Haus An der Ländte, Büren a. A.

1989 Baustudie Neubau SISH, Biel

1991 Brücke in Arch (1. Preis, realisiert 1997)

1992 Wohnüberbauung, Planung Moosmatt, Orpund BE

1993 Neubau Werkhof und Wehrdienstmagazin, Orpund

1994 Wohnhaus in Chamoson VS

1995 Studie Erweiterung Oberstufenzentrum der Verbandsgemeinden

1995 Wettbewerb ESSM-Wassersportzentrum, Ipsach/Biel (präqualifiziert)

1996 Neubau Holzbauunternehmung, Orpund

1996 12 Reiheneinfamilienhäuser, Orpund

1997 Modul-Hotel Expo 2001 (Wettbewerb)

1997 Erweiterung und Erneuerung Schulanlage «Räbli», Safnern

Aktuelle Projekte
Architektonische Begleitplanung für Brücke in Arch, N5-Zubringer

Erneuerung 2 EFH in Safnern

Projekt 4 EFH in Merzligen

Erneuerung REFH im «Blüemliquartier» in Zürich

Neubau Holzbauunternehmung in Orpund

Abbildungen

1. Werkhof und Wehrdienstmagazin, Orpund, 1994

2. Schulanlage «Räbli», Safnern, 1997

3. Wohnbau Moosmatt, Orpund, 1997

4. Brücke in Arch, 1991–97

Fotos: Messerli: 1–3
Luedi: 4 (Modellfoto)

m + b mäder + brüggemann

**Mäder + Brüggemann AG
Architekten BSA/SIA
Lorrainestrasse 32
3013 Bern
Telefon 031- 332 35 44
Telefax 031- 331 41 71**

Gründungsjahr 1957

Inhaber/Geschäftsleitung
Marcel Mäder,
dipl. Arch. BSA/SIA

Niklaus Wahli,
dipl. Bauleiter

Hugo Doenz,
dipl. Arch. ETH/HTL/SIA

Mitarbeiterzahl 7–9

Spezialgebiete
Öffentliche Bauten
Sozialbauten
Alters- und Pflegeheime
Schulbauten
Gewerbebauten
Umbauten/Sanierungen
Umnutzungsstudien
Analysen
Wettbewerbsjurierungen

Arbeitsphilosophie
Für jede neue Bauaufgabe erarbeiten wir vorerst unterschiedliche Lösungsansätze. Die Konzepte werden miteinander verglichen und im Kollektiv unter Einbezug der Bauherrschaft ausdiskutiert. Diese offene Betrachtungs- und Vorgehensweise ist nötig, um zum Teil eigenständige Projekte entwickeln zu können. Die Einhaltung von ökologischen und wirtschaftlichen Rahmenbedingungen sowie das Evaluieren von innovativen und korrekten Baukonstruktionen sind für uns eine weitere Herausforderung. Die vielen Wettbewerbserfolge und die daraus hervorgegangenen Projekte deuten darauf hin, dass wir mit unserer Arbeitsphilosophie auf dem richtigen Weg sind.

Wichtige Projekte
1958–90 12 Primar- und Sekundarschulanlagen mit Turnhallen in Bern, Zollikofen, Bolligen, Niederwangen, Meikirch, Münchenbuchsee, Oberönz, Oberwichtrach, Niederwichtrach, Frauenkappelen und anderen Orten – alles Wettbewerbe, 1. Preis

1970–79 Aufnahmeklinik, Wirtschafts- und Saalgebäude, Umbau und Sanierung Hauptgebäude Psychiatrische Universitätsklinik Waldau, Bern

1976–79 Regionalgymnasium Laufen (mit Dreifach-Sporthalle), Wettbewerb 1975, 1. Preis

1983–86 Chronischkrankenheim, Steffisburg, Wettbewerb 1980, 1. Preis

1984–91 Rechenzentrum PTT, Engehalde, Bern

1986–89 Alters- und Pflegeheim Worb BE, Wettbewerb 1984, 1. Preis

1989–93 Schulungszentrum PTT, Zollikofen BE

1994–97 Alters- und Pflegeheim «Artos», Interlaken, Wettbewerb 1991, 1. Preis

1995–96 Um- und Neubau Primarschule Rapperswil BE, Wettbewerb 1993, 1. Preis

Aktuelle Projekte
1997–98 Sanierung und Umnutzung Primarschule Herrenschwanden BE

1997–99 Altersheim und Alterswohnungen, Zweisimmen, Wettbewerb 1994, 1. Preis

1997–99 Sanierung und Umnutzung Schulanlage Wankdorf, Bern

Wettbewerbe 1990–97
Universität Freiburg-Perolles, noch kein Entscheid

Altersheim und Alterswohnsiedlung, Belp, 2. Preis

Arbeiterheim Tannenhof, Witzwil/Gampelen, 2. Preis

Wohnüberbauung Solothurnstrasse, Urtenen, 2. Preis

Erweiterung Sekundarschule, Büren an der Aare, 2. Preis

Erweiterung Primarschule, Bremgarten BE, 3. Preis

Orientierungsschule, Düdingen FR, 3. Preis

Altersheim, Zollbrück, 4. Preis

Krankenheim und Försterschule Lyss, 4. Preis

Abbildungen

Alters- und Pflegeheim «Artos» in Interlaken

Christoph Müller und Karl Messerli

Schwalmernstrasse 16
3600 Thun
Telefon 033-222 56 66
Telefax 033-223 27 35

Gründungsjahr 1896

Inhaber/Partner
Christoph Müller,
dipl. Arch. ETH/SIA

Karl Messerli,
Architekt HTL

Leitender Mitarbeiter
Martin Schneider, Bauleiter

Mitarbeiterzahl 11

Spezialgebiete
Renovationen

Wohnungsbau

Industriebau

Bauten im sozialen Bereich

Philosophie
Natürlich ist es schön, sich als Architekt auf der grünen Wiese frei zu entfalten. Aber unsere Bauaufgaben werden je länger, je mehr solche sein, bei denen man an Bestehendes anzuknüpfen hat – seien es Ergänzungsbauten, Anbauten, Umbauten oder Renovationen. Das frustriert uns nicht: Die Auseinandersetzung mit der gebauten Umwelt, die Chancen, diese zu erhalten und vielleicht zu verbessern, ist faszinierend. Sie erfordert analytisches Gespür, Sorgfalt und – im Gegensatz zur Arena der grünen Wiese – Bescheidenheit.

Wichtige Projekte
1971–93 Eingliederungsstätte Gwatt (3 Etappen)

1985–90 Renovation Wohnbaugenossenschaft Freistatt, Thun

1985–93 Zentrumsüberbauung in Thun-Allmendingen

1987–95 Anlage Boden der M+F Thun, Zwieselberg

1994–95 Wohnhaus, Sonnmattweg, Thun

1995–96 Renovation Altes Waisenhaus, Thun

Aktuelle Projekte
Überbauung Schlüsselacker, Hilterfingen

Überbauung Sonnenweg, Thun

Renovation Krematorium, Thun

Abbildungen

1. + 2. Wohnhaus, Sonnmattweg, Thun, 1995

3. + 4. Altes Waisenhaus, Thun, 1996

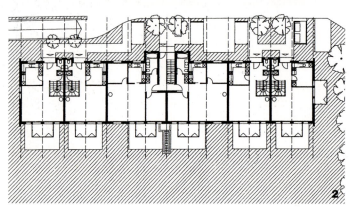
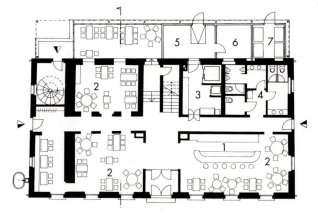

Reinhard + Partner

Planer + Architekten AG
Elfenauweg 73
3006 Bern
Telefon 031-359 31 11
Telefax 031-359 31 31

Gründungsjahr
1942 H. + G. Reinhard
1976 Reinhard + Partner AG

Inhaber/Partner
alle Mitarbeiter/-innen und die Gründerfamilie, paritätisch im Verwaltungsrat vertreten

Geschäftsleitung
Martin Eichenberger, Architekt SWB

Tobias Reinhard, dipl. Architekt ETH/SIA

Mitarbeiterzahl 22

Spezialgebiete
Planen: Überbauungs-/Gestaltungspläne, Überbauungsordnungen

Bauen: Wohnungsbau, Alters- und Pflegebauten, Umbauten, Sanierungen, Gewerbe- und Industriebau, Geschäfts- und Verwaltungsbau

Weitere Dienstleistungen: Beratung genossenschaftlicher Wohnungsbau, Beratung Wohnbaufinanzierung mit eigenem Verbilligungsmodell, Vorbereitung Wettbewerbe

Wettbewerbe
1987 Eidg. Verwaltungsgebäude EDA, Bern (Ankauf)

1989 Eidg. Verwaltungsgebäude BUWAL, Ittigen (4. Rang)

1989 Bahnhof Brig (Ankauf)

1993 Wohnüberbauung Etzmatt, Urtenen (1. Preis)

1993 Wohnüberbauung Schlossmatte, Wohlen (1. Preis)

1995 Ideenwettbewerb Dorfkern Thörishaus (4. Preis)

1995 Geschäfts- und Wohnüberbauung Multengut, Muri BE (1. Preis)

Philosophie
Wir sind bestrebt, jede Planungs- und Bauaufgabe in der Gesamtheit ihrer Aspekte und Beziehungen zu beurteilen und daraus umfassende Lösungen zu erarbeiten.

Die sich heute rasch verändernden Bedingungen erfordern Voraussicht und Flexibilität – längerfristige Ziele verlangen Visionsfähigkeit. Verantwortungsbewusste Architekten zeichnen sich sowohl durch Einfühlungsvermögen als auch durch eigenes Profil aus.

Unsere Mitarbeiterinnen und Mitarbeiter sind alle an der Firma beteiligt. Das daraus resultierende Engagement ist die Basis für bestmögliche Arbeitsresultate.

Wichtige Projekte
1990 Umbau und Sanierung Lagerhaus Mattenhof (Büros und Wohnungen), Bern

1991 Umbau, Erweiterung und Sanierung Bankgebäude BEKB, Schwanengasse, Bern

1991 Neubau Pflegeheim der Sikna-Stiftung, Zürich

1993 Umbau Bibliothek Institut für exakte Wissenschaften, Bern

1993 Neubau Technologiepark, Bern

1994 Umbau Eidg. Oberzolldirektion, Bern

1995 Umbau und Sanierung Betriebs- und Verwaltungsgebäude Kraftwerk Amsteg

1995 Neubau Eidg. Verwaltungsbau und Wohngebäude Sulgenhof, Bern

1995 Neubau Wohnüberbauung (Mietwohnungen), Lyss

1997 Neu- und Umbauten SMUV, Lenk

1997 Umbau Hotel Kreuz, Lenk

Aktuelle Projekte
Neubau Wohnüberbauung Schlossmatte, Wohlen (im Bau)

Neubau Wohnüberbauung Etzmatt, Urtenen (im Bau)

Sanierungen Institut für exakte Wissenschaften, Bern

Umbau Jugendstilvilla Sarepta, Bern

Neubau Unterkünfte für Asylbewerber, Muri

Abbildungen

1. Projekt Wohnüberbauung Schlossmatte, Wohlen, 1995

2. Schulungszentrum Feusi, Bern, 1995

3. Hauptfassade Technopark, Bern, 1993

4. Pflegeheim der Sikna-Stiftung, Zürich, 1991

5. Verwaltungs- und Wohngebäude Sulgenhof, Bern, 1995

6. Wohnüberbauung, Lyss, 1995

Fotos:
P. Tschäppeler, Bern: 1+2, 4–6
Ch. Grünig, Biel: 3

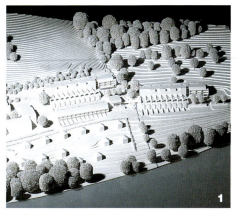

R. Rast Architekten AG

**Dipl. Architekten
ETH/MSCA/HTL/SIA
Raumplaner BSP
Beatusstrasse 19
3006 Bern
Telefon 031-351 66 77
Telefax 031-352 88 10**

Gründungsjahr
Bürogründung 1979
AG-Gründung 1996

Mitarbeiterzahl 22

Publikationen
«Verdichtung – Chance oder Zerstörung?» (im Auftrag des eidg. Raumplanungsamtes), 1992

«Lust auf Frust – Planungsergebnis Brünnen» (im Auftrag des Kantons Bern), 1993

«Hochhausproblematik» (im Auftrag der Stadt Biel), 1995

Verschiedene Vorträge

Eintragungen
Eintrag in die Architektenkammer des Landes Hessen

Eintrag in die Architektenkammer Berlin

Leitbild
Unsere interdisziplinäre Arbeitsweise lässt sich treffend mit den Worten von Italo Calvino aus seinem Buch «Le Città invisibili» umschreiben: Marco Polo wird gefragt, welcher Stein es denn sei, der die Brücke trage: «Die Brücke wird nicht von diesem oder jenem Stein getragen, sondern von der Linie des Bogens, den diese bilden», antwortet Marco Polo und fügt an: «Ohne Steine gibt es jedoch keinen Bogen.»

Die Konzentration auf das Wesentliche führt uns zum Gestaltungsprinzip der Einfachheit und der Prägnanz.

Werkverzeichnis

Architektur
1979–85 und 1995 Schweiz. Institut für Berufspädagogik, Zollikofen; 1. + 2. Etappe

1982–83 EFH Dr. Gut, Bolligen; Projektierung, Ausführung

1984 Ascom-Direktionsgebäude, Bern; Bauprojekt

1984 Jugendstilhaus, Beatusstrasse, Bern; Sanierung

1986–89 Rüedismatt, Krauchthal; Mehrzweckanlage

1986–88 Iloma, Bern; Gesamtsanierung

1987–96 Pfarreizentrum Dreifaltigkeit, Bern; Realisierung Saal und Mehrzweckräume

1989–98 Schlössli, Burgdorf; Alterssiedlung mit 50 Wohnungen

1990–92 IBA, Bolligen; Sanierung, Neubau Bürogebäude

1990–97 Eidg. Verwaltungsgebäude Titanic II, Bern; Büro- und EDV-Zentrum mit 600 Arbeitsplätzen

1992–94 Wohnüberbauung, Laupen; Hofstruktur mit 34 Wohnungen, Gestaltungsplan

1990–1996 Sporthalle Wankdorf, Bern; multifunktionale Sporthalle mit 3000 Sitzplätzen

1988–95 Landwirtschaftliche Schule Rütti, Zollikofen; Sanierung Zentralgebäude und «Alte Mühle»

1992–95 Wohnüberbauung, Rubigen; Hofstruktur mit 15 Wohneinheiten

1995 Wohn- und Gewerbepark, Siebnen; (Teilrealisierung eines Gestaltungsplans)

1996 Fabrikareal Alpina, Burgdorf; Industriebrachenmanagement, Umnutzung, Neubau

1996 Hotel Metropol, Bern; Nutzungsstudien, bau- und planungsrechtliche Analyse

1997 Haus in Carona TI; Sanierungsstudie eines Hauses aus dem 15. Jahrhundert

1997 «Hot-Box»; Prototyp Modulhotel für EXPO 2001, Wettbewerbsausstellung «Box Trend» in Thun

1997 «Löwengasse 24», Solothurn; Umbau Altstadthaus

1997–98 «Löwengasse 22», Solothurn; Umbau Altstadthaus

Raumplanung

1973–96 Ortsplanung, Gruyères; Bearbeitung Baureglement, Zonenplan-Beratung

1984–87 Stadtplaner, Langenthal

1990–97 Zonenplanrevision, Biel; Supervision

1992–94 Masterplan Bahnhof Bern; Richtplan Städtebau

1993 Fabrikareal Alpina, Burgdorf; städtebauliche Verhaltensmöglichkeiten, Überbauungsordnung

1993–94 Richtplan, Kanton Solothurn; «Vernetztes Städtesystem Schweiz»

1993–94 Kernzonenplanung, Lengnau; Überbauungsordnung, Gewerbe- und Wohnraum

1995 Masterplan Bahnhof Biel; Städtebau

1996 Promotion «Swatchmobil MCC»; Standortevaluation Schweiz

1996–92 Masterplan Biel, Städtebau

1997–98 Wohnüberbauung, Schernelz; Planung für Stiftung PasquArt, Biel; Management mit 12 Architekten

Wettbewerbe

1993 Bärenplatz-Waisenhausplatz, Bern, 1. Preis

1978 Schweiz. Institut für Berufspädagogik SIBP (Grundstein der Büroeröffnung), Zollikofen, 1. Preis

1979 Notbehausung Schweiz. Katastrophenhilfekorps, 3. Preis

1983 Stadterweiterung Brünnen Süd (4000 Einwohner, 1500 Arbeitsplätze), Bern, 1. Preis

1985 Landwirtschaftliche Schule Rütti, Zollikofen; Umbau-/Neubauproblematik, 1. Preis

1986 Städtebaulicher Wettbewerb Plateau Pérolles, Fribourg, 3. Preis

1986 Pfarreizentrum Dreifaltigkeit, Bern, 1. Preis

1988 Le Châble, Val de Bagnes, Talstation Bergbahn, Salle Polyvalente, 2. Preis

1988 Eidg. Verwaltungsgebäude EDA, Bern, 1. Preis

1988 Wohnüberbauung, Roggwil, 1. Preis

1989 Wohnüberbauung Inselheimstiftung, Köniz, 1. Preis

1989 Sportstadion Wankdorf, Bern, 1. Preis

1992 Stadterweiterung Brünnen Nord, Bern, 1. Ankauf

1993 Wohnüberbauung Urtenen, Schönbühl, 2. Preis

1994 Spreeinsel, Berlin, 3. Preis (1105 Teilnehmer aus aller Welt)

1995 Schweizer Botschaft, Berlin (12 Teilnehmer aus der Schweiz und Deutschland)

1995 Oberes Multengut, Dorfzentrum mit Seniorenresidenz, Muri b. Bern, 3. Preis für Dorfzentrum, 3. Preis für Seniorenresidenz

1996 «Hot-Box», Modulhotel Expo 2001, Gruppe der ersten 10, Weiterbearbeitung

1997 Vélodrome, Lausanne

Abbildungen

1. Sporthalle Wankdorf, Bern, 1. Rang Projektwettbewerb 1989, Bezug 1996

2. «Titanic II», eidg. Verwaltungsgebäude, 1. Rang Projektwettbewerb 1988, Einweihung 1998

3. IBA-Bürogebäude, Bolligen, Neubau 1989

4. Wohnüberbauung (Hofstruktur mit 20 Wohneinheiten), Rubigen, 1992–95

5. Masterplan Biel, Städtebau, 1990–96

6. Pfarreizentrum Dreifaltigkeit, Bern, 1. Rang Projektwettbewerb 1986, Bezug 1996

7. Mehrfamilienhaus, Siebnen, Bezug 1997

8. Spreeinsel, Berlin, 3. Rang städtebaulicher Wettbewerb mit 1105 Teilnehmern aus der ganzen Welt, 1994

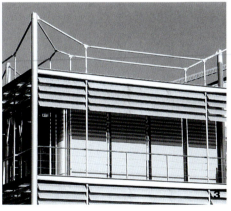

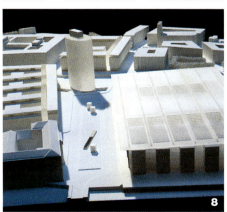

Rykart

**Rykart Architekten
und Planer**
Giacomettistrasse 33a
3000 Bern 31
Telefon 031-352 12 52
Telefax 031-352 25 71

Gründungsjahr 1949

Inhaber
Claude Rykart, Arch. HTL,
Raumplaner NDS HTL

Leitender Angestellter
Oliver Sidler

Mitarbeiterzahl 8

Tätigkeitsfeld
Architektur:
– Öffentliche
  und private Gebäude
– Wohn- und Siedlungsbau
– Büro- und Verwaltungsbau
– Gewerbe- und Industriebau
– Neu- und Umbau
Energie/Bauökologie:
– Gebäudesanierungen
Raumplanung:
– Nutzungs- und Überbauungsstudien
– Überbauungsordnungen
  und Gestaltungspläne
Beratung:
– Grobdiagnose bestehender
  Bauten nach IP-Bau
– Wirtschaftlichkeitsrechnung
  von Gebäudesanierungen
– Verkehrswertschätzungen
– Wettbewerbsjurierungen

Publikationen
Büro- und Gewerbehaus Meriedweg 11, Niederwangen BE, Bauen Heute 6/90, D+M Verlag, Zürich

Ausstellung «Neue Bären», ArchitekturForum Zürich, ArchitekturForum Bern, 1994/95

Umbau und Sanierung 18 Reihen-EFH Brünnackerstrasse, Bümpliz BE, Sonnenenergie Solaire 5/97

Wettbewerbe
1987 Büro- und Gewerbehaus Meriedweg 11, Niederwangen (1. Preis)

1990 Wohnsiedlung Dreispitz, Kirchberg BE (1. Preis)

1992 Kindergarten/Krippe Holenacker, Bern (Ankauf)

1992 Wehrdienste, Zivilschutz, Turnhalle, Kernenried BE (2. Preis)

1994 Sanierung und Erweiterung Sekundarschule, Wabern BE (3. Preis)

1996 Ideenwettbewerb Schürmattstrasse, Gümligen BE (1. Preis)

Wichtige Projekte
1988/91 Neubau Büro- und Gewerbehaus Meriedweg 11, Niederwangen BE

1992/93 Neubau Reihenhaussiedlung Eichholz, Wabern BE

1993/94 Neubau Wohnsiedlung Dägerli, Windisch AG

1993/94 Neubau MFH Köniztalstrasse 2+4, Köniz

1994/95 Sanierung Gebäudehülle 12 MFH Einschlag, Bolligen BE

1994/95 Neubau MFH Könizstrasse 194d, Liebefeld BE

1995 Umgestaltung Verlag Hans Huber AG, Länggassstrasse 76, Bern

1996/97 Umbau und Sanierung 18 Reihen-EFH Brünnackerstrasse, Bümpliz BE

1997 Fassadenverkleidung Bernstrasse 94, Zollikofen BE

1997/98 Umbau und Sanierung MFH Morgartenstrasse 11, Bern

Aktuelle Projekte
Neubau Wohnhaus Küng, Untere Zelg, Oberscherli BE

Neubau Wohnhaus Zurbriggen, Längackerweg, Worblaufen BE

Neubau Wohnhaus Lindenmeyer, Wenkenhaldenweg, Riehen BS

Umbau und Sanierung MFH Spiegelstrasse 72+74, Spiegel BE

Neubau Wohnsiedlung Dreispitz, Kirchberg BE

Neubau Coop-Super-Center mit Wohnungen, Belp BE

Überbauungsordnung Schürmattstrasse, Gümligen BE

Überbauungsordnung Gartenstadt/Liebefeld BE

Abbildungen

1. Umbau und Sanierung Mehrfamilienhaus, Morgartenstrasse 11, Bern

2. Fassadenverkleidung, Bernstrasse 94, UBS, Zollikofen BE

Scheffel Hadorn Schönthal

Architekten SIA
Tivolifabrik
Kasernenstrasse 5
3601 Thun
Telefon 033-222 24 00
Telefax 033-222 26 41
shs.architekten.thun@bluewin.ch

Scheffel
Hadorn
Schönthal

Gründungsjahr 1989

Inhaber/Partner
Hans Scheffel,
Architekt/Bauleiter

Daniel Hadorn,
dipl. Arch. ETH/SIA

Hansjürg Schönthal,
dipl. Arch. ETH/SIA

Mitarbeiterzahl 10

Spezialgebiete
– Industrie- und
  Gewerbebauten
– Öffentliche Bauten
– Verwaltung und Banken
– Wohnbauten
– Sanierungen, Renovationen
– Plandigitalisierungen
  und Gebäudebewirtschaftung
– Koordination
  von Planungsteams
– Wettbewerbe, Studien,
  Expertisen

Philosophie
Eigenständige, auf den Ort
Bezug nehmende Architektur
unter Berücksichtigung
folgender Qualitätskriterien:

– hoher Benutzer-Nutzen
– hoher kultureller Nutzen
– niedrige Gesamtkosten
– geringe Umweltbelastung

Wichtige Projekte
1989 Erweiterung
Parkhaus Aarestrasse, Thun
(Parkhaus Thun AG)

1989 Labors für Spreng-
und Werkstoff-Forschung,
Gruppe für Rüstungsdienste

1990 Fabrikationsgebäude
für Nebelsatzherstellung,
Munitionsfabrik Thun

1996 Umbau und Erweiterung
Fabrikationsanlage Wyler-
ringstrasse, Leinenweberei
Bern AG

1991 Umbau, Sanierung und
Anbau Eigerturnhalle, Thun

1993 Umbau und Renovation
Obere Hauptgasse 80, Thun
(Amtsersparniskasse Thun)

1993 Gewerbehaus Tivoli-
fabrik, Kasernenstrasse, Thun
(ArGe mit H. U. Meyer)

1994 Umbau und Sanierung
Kundenbereich Bankgebäude,
Thun (Berner Kantonalbank)

1994 Gebäudeinfrastruktur-
anpassungen Bälliz 40+46,
Thun (UBS)

1994 Studienauftrag Bern,
City West, «Zweites Leben»
(Amt für Bundesbauten)

1994 Projektwettbewerb
Altersresidenz Bellevue, Thun
(2. Preis)

1995 Umbau Bahnhofbuffet
Thun (SBB/Back&Brau; ArGe
mit H. Bissegger, Frauenfeld)

1995 Doppelkindergarten
mit Schulräumen, Goldiwil
(Einwohnergemeinde Thun)

1997 Wohn- und
Geschäftshaus Elvia, Thun
(Elvia, Zürich)

1997 Einbau TCS-Geschäftsstelle im Parkhaus Aarestrasse,
Thun

1997 Machbarkeitsstudie
für ein Parkhaus Schloss-
berg/Lauitor, Thun

Aktuelle Projekte
1997–98 Sanierung und
Balkonanbau WBG Sunnmatt,
Thun

1997–99 Wohnüberbauung
«Obem Räbberg», Oberhofen

1998 Fabrikationsanlage
für Nitrozellulose-
Treibladungspulver, Wimmis
(Nitrochemie Wimmis AG)

1998 Umbau, Sanierungen
Genossenschaft
Hotel Freienhof, Thun

Abbildungen

**1. Doppelkindergarten
mit Schulräumen, Goldiwil,
1995**

**2. Fabrikationsanlage
für Treibladungspulver,
Wimmis, 1998**

**3. TCS-Geschäftsstelle
Thun, 1997**

Vincenzo Somazzi + Partner Architekten AG

Wasserwerkgasse 6
3011 Bern
Telefon 031-312 25 01
Telefax 031-311 63 23

Gründungsjahr 1979

Inhaber/Partner
Vincenzo Somazzi

Monika Bangerter

Peter Feissli

Mitarbeiterzahl 5

Spezialgebiete
Wohnungsbau

Schulbauten

Gewerbe- und Industriebau

Renovation, Restauration, Umbau

Innenarchitektur

Wettbewerbe

Philosophie
Wir orientieren uns an der Tradition der modernen Architektur und versuchen die komplexen Aufgaben zu klären und mit einer einfachen und selbstverständlichen Lösung zu antworten.

Wichtige Projekte
Renovation Kramgasse 25/Münstergasse 26, Bern

Umbau ehemalige Giesserei in Büros und Ateliers, Matte, Bern

Um- und Neubau Bürogebäude, Bern

Renovation Campagne im Friedberg, Gerzensee

Wettbewerbe
Projektwettbewerb «Bläuacker», Köniz

Projektwettbewerb Schulanlage und Mehrzweckgebäude Niederscherli, Köniz

Ideenwettbewerb Jurastrasse, Ittigen BE

Aktuelle Projekte
Überbauungsordnung und Gestaltungsplanung Friedberg, Gerzensee

Gewerbe- und Wohnhaus, Matte, Bern

Um- und Neubau Wohnhaus Berger, Düdingen FR

Abbildungen

1. Kramgasse 25/Münstergasse 26, Bern

2. Umbau ehemalige Giesserei Wasserwerkgasse 3.1, Bern

3. Ideenwettbewerb Jurastrasse, Ittigen

4. Campagne im Friedberg, Gerzensee

5. Bürogebäude in der Matte, Bern

6. Projektwettbewerb Schulanlage Niederscherli, Köniz

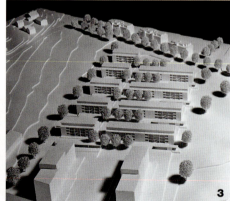

Spreng + Partner Architekten AG

Hallerstrasse 58
3012 Bern
Telefax 031-302 12 21
Telefax 031-302 14 04
spreng@bluewin.ch

Gründungsjahr 1977

Inhaber
Daniel Spreng,
Architekt HTL/SIA/SWB

Leitende Angestellte
Uli Delang,
dipl. Arch. ETH/SIA

Pierre Collet, dipl. Arch. ETH

Hanspeter Matti,
Architekt/Bauleiter

Andreas Flück,
Architekt/Bauleiter

Mitarbeiterzahl 7

Spezialgebiete
Neubauten

Umbauten

Wettbewerbe

Publikationen
Ideales Heim 5/88, 2/89, 9/89

Ville Giardini 10/90

Atrium 1/91

Architectural Houses
(England) 1/92

Deutsche Bauzeitschrift 93

Hochparterre 9/93

Bau Doc Bulletin 11/93

Raum+Wohnen 1/94

Ideales Heim 2/98

Wichtige Projekte
1980 3 EFH Widmer, Bremgarten bei Bern

1982 Sanierung MFH Neuenschwander, Bern

1985 DEFH, Wohnpark, Muri BE

1986 EFH mit Atelier, Widmer, Bern

1987 Umbau MFH Mettler AG, Arth

1988 Umbau Zweifamilienhaus Neuenschwander, Morcote

1990 Neubauprojekt MFH Fridli/Wolf, Lugano

1992 Umbau Hotel Neuenschwander, Martel (F)

1992 Fabrikumbau und Siedlungsstudie Oerlikon Bührle Holding, Villmergen AG (ArGe mit Metron, Architekten AG)

1993 Bally-Lab, Designer-Zentrum, Schönenwerd

1993 Versicherungs-Zentrum AG, Zürich

1994 EFH Loderer, Bolligen BE

1995 EFH- und MFH-Umbauten Steffen, Ryser, Lys, La Pergola, Bern

1997 Boutique Jutta v. D., Kramgasse, Bern

1997 Projekt int. Kurs- und Gemeinschaftszentrum Waldegg (nach Feng Shui geplant), Wengen

Aktuelle Projekte
1997 Umbau Aegertenstrasse 1, Bern

1997 Neubauten La Pergola, Altenberg, Bern

1997 Umbau EFH Wirth/Schnöller, Köniz

Boutique Jutta v. D., Theaterplatz, Bern

Abbildungen
1.–3. Bally-Lab, Schönenwerd, 1993

4.+5. Neubauten La Pergola, Altenberg, Bern, 1995–98

Fotos 1–3: Hans Rausser

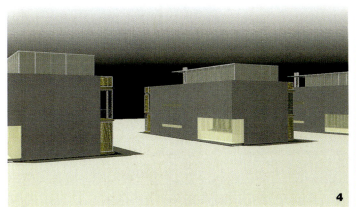
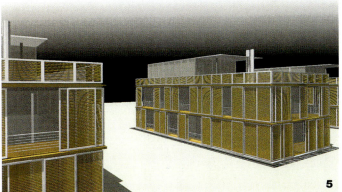

Fribourg

ASM Architekten AG

Dorfstrasse 480
1714 Heitenried
Telefon 026-495 13 22
Telefax 026-495 10 22

Gründungsjahr 1967

Inhaber/Partner
Patrick Ackermann,
dipl. Architekt ETH/SIA

Georges Ackermann

Mitarbeiterzahl 10

Spezialgebiete
Wohn- und Siedlungsbauten

Geschäftshäuser

Öffentliche Bauten

Renovationen

Innenausbau

Wichtige Projekte
1991/95 Quartierplan «Maggenbergmatte», Tafers

1992/95 Um- und Anbau Stöckli, Heitenried

1993/95 Alterswohnungen, Heitenried

1994/95 Mehrfamilienhaus Les Daillettes, Marly

1994/95 Wohn- und Geschäftshaus «Bernstrasse», Flamatt

1995/96 Einfamilienhaus Perler, Windhalta, Tafers

1992/97 Wohnheim für Behinderte, Tafers

1994/97 Quartierplan «Mühleweg 2», Düdingen

Wettbewerbe
1991 Schulhauserweiterung, OS Plaffeien; 2. Preis

1991 Schulhauserweiterung, OS Düdingen; 4. Preis

1997 Schulhauserweiterung und -Sanierung, PS Ueberstorf; Weiterbearbeitung

Aktuelle Projekte
Reihenhaus, Flamatt

Mehrfamilienhaus, Marly

Schulhauserweiterung und -Sanierung, Ueberstorf

Abbildungen

1. Westfassade MFH Les Daillettes, Marly

2. Um- und Anbau Stöckli, Heitenried

3. Laubengang Alterswohnungen, Heitenried

4. Laubengang Wohn- und Geschäftshaus «Bernstrasse», Flamatt

5. Eingang Wohnungen Wohn- und Geschäftshaus «Bernstrasse», Flamatt

Christoph & Stephan Binz

Dipl. Arch. ETHZ/SIA/HTL
Lampertshalten
1713 St. Antoni
Telefon 026-495 16 02
Telefax 026-495 21 97

Gründungsjahr 1992

Inhaber
Christoph Binz,
dipl. Arch. ETHZ/SIA

Stephan Binz, dipl. Arch. HTL

Mitarbeiterzahl 4

Spezialgebiete
Wohnbauten
Öffentliche Bauten
Renovationen

Wichtige Projekte
1992 Umbau EFH Obermonten, St. Antoni
1992 Quartierplanung «am Bach», Niedermuhren-Heitenried
1992 Wohnhaus mit Werkstatt, Dorf-St. Antoni
1992 EFH Lampertshalten, St. Antoni
1992 Wettbewerb Sekundarschulhaus Tafers (3. Rang)
1993 REFH Lampertshalten, St. Antoni
1993 EFH «am Bach», St. Antoni
1993 EFH Eichmatt, Tafers
1993 Umbau Käserei Plasselb
1994 EFH, Kirchstrasse, Düdingen
1995 EFH, Niedermuhren-St. Antoni
1995 Umbau Wohnhaus mit Werkstatt, Niedermuhren-St. Antoni
1995 Umbau Bauernhaus, Tafers
1996 Aufstockung und Umbau Primarschulhaus St. Antoni
1996 DEFH Lampertshalten, St. Antoni
1996 Wohnhaus, Dorf-St. Antoni
1996 Wohnsiedlung Säget, Tafers
1996 Umbau Bar «Golden Gate», Freiburg
1997 EFH Säget, Tafers
1997 EFH Telmvos, Plaffeien
1997 Umbau Restaurant «Planet Edelweiss», Mariahilf, Düdingen
1997 Umbau Büro Boschung Holding AG, Granges-Paccot

Aktuelle Projekte
Umbau Bauernhaus, St. Antoni
Minergie-EFH, Tafers
Doppeleinfamilienhaus, St. Antoni

Abbildungen
1. + 2. EFH Lampertshalten, St. Antoni, 1992
3. Wohnbau, St. Antoni, 1997
4. Aufstockung Schulhaus St. Antoni, 1997
Fotos 1 + 2: Roggo Michel

Jean-Marc Bovet

Rue des Epouses 3
1700 Fribourg
Téléphone 026-322 27 70
Téléfax 026-322 28 80
jean-marc.bovet@com.mcnet.ch

Année de fondation 1989

Propriétaire
Jean-Marc Bovet,
Architecte dipl. EPFL-SIA

Collaboratrice
Geneviève Page,
Architecte dipl. EPFL

Publications
Aktuelle Wettbewerbs Scene 2/92

Bulletin du Bois 39/95

Distinctions/Prix
1991 Concours d'idées pour l'aménagement du centre des Paccots, 6ème prix

1991 Concours de projets «Jardins de Pérolles», Fribourg, 7ème prix (avec Nicole Bongard Kanj, Architecte dipl. EPFL)

1992 Concours de projet pour une banque et un bureau de poste, Givisiez, 4ème prix (avec Nicole Bongard Kanj, Architecte dipl. EPFL)

Constructions importantes
1991 Atelier de menuiserie, Les Friques

1995–96 Maison familiale Bucher-Bovet, Payerne

1996–97 Maison familiale Schönenweid, Fribourg

Projet en cours
Home médicalisé de la Providence, Fribourg (extension des espaces communs)

Illustrations

1.+2. Atelier de menuiserie, Les Friques, 1991

3.+4. Maison familiale Schönenweid, Fribourg, 1997

Guido Ponzo

Architecte EPFL-SIA
Passage du Cardinal 2d
1709 Fribourg
Téléphone 026-424 76 05
Téléfax   026-424 76 10
e-mail: g.ponzo@bluewin.ch

Année de fondation 1984

Propriétaire
Guido Ponzo,
architecte dipl. EPFL-SIA

Nombre de collaborateurs 4

Philosophie
Une équipe polyvalente, apte à gérer chaque étape du processus de planification, de la conception du projet à sa réalisation, œuvrant en collaboration étroite avec des partenaires spécialisés constituant un réseau de compétences élargi. Une méthode de travail souple et rationnelle, intégrant l'utilisation étendue des moyens informatiques et visant l'optimalisation constante des prestations fournis. Un esprit d'économie adapté et ouvert sur les préoccupations écologiques.

Publications
Aktuelle Wettbewerbs Scene 1/87, 6/90, 4–5/96; Habitation 11/90; Hochparterre 12/90

Co-auteur du catalogue de l'exposition «Il était une fois l'industrie», API, Genève 1984

Concours primés
1986 Habitat industriel, quartier de La Faye, Givisiez (4ème prix)

1988 Agrandissement du CO de Domdidier (2ème prix)

1990 Nouvelle gare CFF de Morges (8ème prix)

1990 Agrandissement de l'école primaire de Givisiez (4ème rang, achat)

1990 Agrandissement de l'école primaire de Villars-Vert (2ème prix)

1991 Hôtel-restaurant et aménagement du port de Portalban (3ème prix)

1992 Agrandissement du CO de Tavel (2ème prix)

1992 Plan de quartier et centre communal de Chantemerle, Granges-Paccot (commande d'avant-projet, projet lauréat)

1996 Agrandissement de l'ECDD à Fribourg (6ème prix)

Principales réalisations
1984–85 Maison Gendre, Avry-devant-Pont; agrandissement en 1995

1987–88 Transformation d'une maison d'habitation en vieille-ville, Fribourg

1988–89 Transformation du Garage Touring, La Tour-de-Trême (en collab. J. Pasquier & F. Glasson, architectes)

1989 Agrandissement de la maison Riedo, Avry-devant-Pont

1989–90 Transformation de la ferme Guinnard, Farvagny-le-Petit

1992–95 Direction des travaux de la Cité du Grand-Torry, ensemble de 125 logements sociaux (en collab. M. Schafer, architecte)

1994 Transformation de la maison Rappo, Fribourg

1994–95 Maison jumelée Cotting-Schaller, Villars-sur-Glâne

1995–96 Rénovation de deux immeubles d'habitation, Courtaman et Belfaux

Urbanisme
1993–94 Plan de quartier Chantemerle, Granges-Paccot

Design
1987 Table «Brooklyn» (en collab. P. Clerc, ébéniste)

Etudes diverses
1984 Etude historique sur le développement industriel du plateau de Pérolles à Fribourg

1996 Etude de réhabilitation de l'ancienne usine Guigoz/Nestlé à Vuadens, travail collectif ODEF-CPI/Fribourg (en collab. P. Fuhrer et P. Gamboni, architectes)

Projets en cours
Centre communal de Chantemerle, Granges-Paccot

Maisons jumelées UHE-Concept, Villars-sur-Glâne

Illustrations

1.– 3. Maison jumelée Cotting-Schaller, Villars-sur-Glâne, 1995

4. Centre communal de Granges-Paccot, en cours

5. Plan de quartier de Chantemerle, Granges-Paccot, 1994

Photographies: Y. Eigenmann

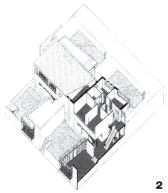

Genève

AERA Architectes

Rue Ernest-Bloch 56
1207 Genève
Téléphone 022-735 34 80
Téléfax 022-735 58 10

Année de la fondation 1985

Propriétaire/partenaire
Philippe Vasey,
architecte EPF-SIA

Dominique Zanghi,
architecte EPF-SIA

Nombre actuel d'employés 4

Spécialisations
– Travaux de transformation – extension – réhabilitation
– Aménagements paysagés
– Equipements publics
– Industrie et artisanat
– Urbanisme et aménagement

Publications
– Face n° 1, hiver 1985–86
– Face n° 21, automne 1991

Distinctions/Prix
1984 Parc Floraire et Mairie, Chêne-Bourg GE (1er prix)

1988 Plan d'aménagement du quartier nord de la gare, Nyon (en association; 3ème prix)

1988 Hôtel de Ville, Montreux (classé 12ème)

1991 Salle de gymnastique et locaux communaux, Choulex GE (1er prix)

1993 Logements économiques en zone villa, Chêne-Bougeries GE (classé 1er)

1996 Nouvelle clinique de Lavey-les-Bains (retenus pour le 2ème tour, concours abandonné après un moratoire d'un an)

Philosophie
L'acte de bâtir est complexe et dépasse la seule notion de construire.

Une réflexion au sens large doit procéder toute décision d'intervention et l'architecte peut apporter cette vision globale et synthétique dans l'approche d'une problématique.

Ecoute et compréhension des désirs du mandant, connaissance et respect d'un lieu ou d'une construction existante, collaboration avec les acteurs pluridisciplinaires liés à toute réalisation contemporaine sont quelques-uns des facteurs aidant à la définition du «meilleur optimum» de chaque projet.

La réponse aux contraintes normatives et techniques est le standard minimum auquel l'architecte se doit d'ajouter une réponse spatiale, formelle et matérielle.

Constructions importantes
1988–89 Réaménagement du Parc Floraire et de la Mairie, Chêne-Bourg GE

1992 Transformation d'une ferme, Laconnex GE

1992–93 Construction d'une salle de gymnastique et de salles de société, Choulex GE

1993 Transformation d'une maison mitoyenne dans un ancien prieuré, Chêne-Bourg GE

1994–95 Transformation de l'école primaire, Choulex GE

1995–96 Rénovation d'un immeuble HBM de 76 logements, Genève GE

1995–96 Transformation et agrandissement de deux immeubles, Chêne-Bougeries GE

1997–98 Construction d'un hangar agricole, Laconnex GE

Urbanisme et aménagement du territoire
1985 Contre-projet pour la sauvegarde et la «densification» de la Cité-Jardin d'Aïre, Genève

1988 Plan directeur 3ème zone Chevillarde/Grange-Canal, Chêne-Bougeries

1989 Etude des potentialités de développement du quartier de St-Jean/Charmille suite à la couverture des voies CFF

1989 Règlement de quartier du périmètre «faziste situé» entre le Square du Mt-Blanc et la Gare Cornavin, Genève

1993 Restructuration du centre du village de Vandœuvres GE

Projects en cours
Centre intercommunal de compostage, Vandœuvres GE

Aménagement d'un laboratoire d'analyses médicales à Moscou

40 logements économiques, Onex GE

Maisons contiguës, Troinex GE

Révision du plan d'aménagement d'Hermance GE

Illustrations

1a./b. Immeuble HBM, 11 route des Acacias, Genève, 1996, après/avant transformation

2. Immeuble «faubourg», Chêne-Bougeries, 1996

3. Parc Floraire et de la Mairie, 46 avenue du Petit-Senn, Chêne-Bourg, 1989

4. Salle de gymnastique de Choulex, 4 chemin des Briffods, Choulex, 1992–93

Photos: AERA: 1a+1b, 2, 4
Marc Vanappelghem: 3

ass architectes sa

40, Avenue du Lignon
1219 Le Lignon Genève
Téléphone 022-796 27 22
Téléfax   022-797 13 70
dss_geneva@compuserve.com

Année de fondation 1964

Propriétaires/partenaires
Christine Delarue,
arch. SIA FUS EPFZ

Gaëtan Galimont,
arch. SIA EPFL

Walter Stämpfli,
arch. SIA EPFZ

Sully-Paul Vuille, arch. SIA

Nombre de collaborateurs 22

Partenaires spécialisés
css conseils et services sa,
Miguel Simeon, arch. ETS,
management de projets

dss systèmes et services sa,
Wolfgang Schwab, ing. civil
ETS, documents d'exécution
par informatique

gss études immobilières sa,
Walter Gubser, arch. SIA EPFZ,
représentation maître de
l'ouvrage

ic infraconsult genève sa,
Claude Hilfiker, arch. SIA,
Alain Pasche, ARPA ASEP,
études et conseils dans
le domaine de l'environnement

Spécialisations
– Aménagement du territoire urbanisme
– Prestations d'architecte
– Expertises immobilières
– Management de projets de la conception à la réalisation
– Surveillance et entretien d'immeubles
– Représentation du maître de l'ouvrage
– Etudes environnementales

Publications
– Werk, Bauen+Wohnen 5/64, 12/69, 12/70, 6/72, 1/76, 12/85
– Maison Française 3/69, 5/69, 1/73, 5/73
– Element 10/73
– as architecture suisse 10/75, 11/84, 9/95
– Arch 88 12/80
– ASPAN/IREC 1984
– Le béton 12/84
– Construction industrialisée 12/84
– Habiter, docu FAS 12/85
– Archithèse 3/95
– «L'architecture en initiales», R. Quincerot, Edit. Archigraphie 1989
– «Industriearchitektur in Europa», H.-C. Schulitz, Ernst & Sohn 1994

Distinctions/Prix
Prix Béton 1985 pour l'immeuble rue Dancet/rue de Carouge à Genève

Prix Constructec 1994, prix européen pour l'architecture industrielle pour l'usine d'incinération des Cheneviers, Genève

Philosophie
Apporter des solutions durables, que nos interventions soient globales ou ponctuelles.

Privilégier le travail en groupe de compétences complémentaires.

Viser l'équilibre entre la technique, l'économie, le social et l'architecture.

Constructions importantes
1969 Villa Graf, Céligny GE

1973 Siège de la Genevoise, compagnie d'assurances, Genève (avec H.+G. Reinhard)

1975–80 Ensemble résidentiel Les Arbres, Bellevue GE

1984–86 Ensemble Les Glycines, Nyon VD

1987 Extension du Collège Calvin, Genève (avec E. Martin & assoc.)

1989 Siège principal de la Banque Cantonale de Genève, Genève (avec M. Frey & assoc.)

1995 Réhabilitation du bâtiment du Pont-de-la-Machine, Genève

Projets en cours
Intégration urbanistique d'une nouvelle ligne de tram, Genève

Logements en PPE, Genève

Centre social et culturel du Lignon, Vernier GE

Illustrations

1. Immeuble rue de Carouge/ rue Dancet, Genève, 1985; MO: Banque Cantonale de Genève

2. Usine d'incinération des Cheneviers, Aire-la-Ville, 1994; MO: Etat de Genève

3. Ensemble résidentiel Vidollets-Genêts, Genève, 1992–96; MO: Anlagestiftung Asea Brown Boveri, Baden

4. Services administratifs bancaires (transformation d'une ancienne imprimerie), rue du Vieux-Billard, Genève, 1995; MO: Banque Pictet & Cie

Photos: P.-Y. Dhinaut

François Baud & Thomas Früh

**Atelier d'architecture
EPFL/SIA
15, rue des Voisins
1205 Genève
Téléphone 022-320 58 49
Téléfax   022-320 58 95**

Année de fondation 1990

Propriétaire/partenaire
François Baud

Thomas Früh

Spécialisations
Habitations individuelles et collectives

Transformations et rénovations

Aménagements intérieurs

CAD, Infographie

Constructions importantes
1990 Aménagement intérieur d'un hôtel, Genève

1991 Rénovation d'une maison individuelle, Conches GE

1992 Maison individuelle, piscine, Conches

1994 8 habitations contiguës, Onex GE

1994 Salle de gymnastique provisoire, Genève

1995 Rénovation d'un immeuble, Carouge GE (avec Beric SA)

1996 Maison individuelle avec ateliers, Veyrier GE

1997 2 habitations jumelées, Aire-la-Ville GE

1997 Transformation et agrandissement d'une habitation, Satigny GE

Projets en cours
8 habitations contiguës, Vésenaz GE

3 immeubles d'habitation, Grand-Saconnex GE (avec D. Velebit)

2 habitations jumelées, Vésenaz GE

Rénovation d'immeubles et aménagement des combles, Genève

3 habitations contiguës Chêne-Bourg GE

Illustrations

1. + 2. Huit habitations contiguës, Onex GE, 1994

3. Huit habitations contiguës, Vésenaz GE (infographie R. Bochet)

4. Deux habitations jumelées, Aire-la-Ville GE

BMV

H. Buri, O. Morand,
N. Vaucher
architectes EPFL associés
43 av. de Châtelaine
1203 Genève
Téléphone 022-344 22 33
Téléfax 022-344 22 33

Année de fondation 1992

Propriétaires/partenaires
H. Buri, arch. EPFL
O. Morand, arch. EPFL
N. Vaucher, arch. EPFL

Structure du bureau
5 personnes

Informatique:
DAO/CAO, traitement d'image et modeleur 3D, gestion

5 postes, Macintosh et PC

Spécialisations
– Bâtiments publics
– Bâtiments industriels
– Transformation/Reconversion
– Extensions et annexes
– Logements
– Aménagement urbain
– Urbanisme

Philosophie
Notre stratégie est de mener des réflexions complètes, à l'échelle de la ville ou du territoire, pour que nos interventions soient des réponses adéquates, pour l'habitat, le lieu de travail, ou l'espace public.

Pour chaque projet nous cherchons des valeurs d'usage et d'expression qui répondent à des critères de simplicité et de durabilité, constituant pour nous une valeur culturelle ajoutée.

En cherchant des solutions nouvelles avec un souci d'économie, nos projets visent chaque fois une expression synthétique et unitaire, qui évite la surexpression architecturale et technique.

Distinctions
1993 Concours des «balises urbaines», Paris, 1er prix ex-aequo

1993 Concours pour un plan localisé sur le site des SIG, Genève, 1er achat

1994 Concours sur invitation pour une salle de gymnastique, Genève, 2ème prix

1996 Concours pour le parc de l'Ancien-Palais, Genève, 2ème prix

1996 Concours sur invitation pour l'aménagement de la place Neuve, Genève, 2ème prix

Publications et expositions
AA Architecture d'Aujourd'hui, août 1994

D'Architecture, mars 1994

Faces, journal d'architecture, printemps 1994, été 1994, été 1997

1995 «Exposition sur l'urbanisme», Esp. Exp. Art., exposition. coll., Genève

1995 «Jedes Haus ein Kunsthaus», Museum für Gestaltung, exposition coll., Zürich

Projets et réalisations
1994 Aménagement du Parc des Cropettes pour un festival de l'AMR, Genève

1995 Etude de reconversion industrielle pour l'usine SIP, Genève

1995 Projet d'un pavillon d'accueil et muséographie d'une centrale électrique de la BKW, Berne

1996 Transformation d'une maison de vacances, Pernes-les-Fontaines, France

1997 Plan localisé de quartier, logements, quartier de la Florence, Genève, Ville et Etat de Genève

1997–98 Place publique «plate-forme des théâtres», Genève, Ville de Genève

1997–98 Traversée piétonne sous le pont du Mont-Blanc («le fil du Rhône»), Genève, Ville de Genève

1997–98 Halle de stockage et bureaux pour l'usine de boisson Auran SA, Salon-de-Provence, France

1997–98 Ascenseur extérieur et aires de récréation pour le Collège de Candolle, Genève, Etat de Genève

Illustrations
Ascenseur extérieur et aires de récréation pour le Collège de Candolle, Genève, 1998

Photographies:
Ursula Mumenthaler: 1, 2
BMV: 3, 4

Jacques Bugna

**Atelier d'architecture
EPF/SIA/AGA**
Route de Malagnou 28
1211 Genève 17
Téléphone 022-787 07 27
Téléfax   022-787 07 37

Année de la fondation
1951 par feu Arthur Bugna

Propriétaire
J. Bugna, arch. EPFL/SIA/AGA

Collaborateurs dirigeants
A. Ecabert, architecte
P. Ambrosetti, arch. EAUG/SIA
F. Campiche, architecte
Ph. Després, arch. EPFL
E. Dijkhuizen, arch. EPFL/SIA
U. Manera, arch. ETS

Nombre d'employés actuel 16

Spécialisations
Bâtiments de prestige
ou hautement technologiques
Bâtiments publics
Equipements sportifs
Bâtiments industriels
Immeubles d'habitation
Constructions en bois
Rénovation et réhabilitation
Expertises

Publications
Direction Télécom PTT, Architecture Romande, janvier 90

Union Européenne de Radiotélévision (UER), Réalisations Immobilières, mars 94

Hôtel de Police, Réalisations Immobilières, avril 94

Immeuble d'habitation, Réalisations Immobilières, novembre 97

Concours primés
1986 Concours à deux degrés pour l'Hôtel de Police de Genève, 3ème prix et exécution

1986 Concours de projets pour un pavillon de psychogériatrie à Malévoz/VS, 5ème prix

1987 Concours d'idées «Lancy-Sud»/GE, achat

1989 Concours de projets pour immeubles locatifs à Lausanne/VD, 1er prix et exécution

1992 Concours de projets pour un immeuble HLM, rue de Lyon/GE, 2ème prix

1993 Concours sur invitation pour l'école des Genêts/GE, 3ème prix

1994 Appel d'offres international pour la rénovation de la Salle des Assemblées de l'ONU/GE, 5ème rang (2ème Suisse)

1997 Concours de projets pour l'aire autoroutière de Bardonnex/GE

Philosophie
Fort d'une longue expérience dans des domaines très diversifiés, allant de l'étude d'une villa à celle de la planification de tout un quartier, l'objectif visé est de tout mettre en œuvre, afin d'apporter face à la problématique énoncée, la réponse la plus appropriée.

Chaque projet est un nouveau défi, où l'inspiration trouve ses sources dans l'analyse et l'interprétation du lieu et du contexte. Dans ce sens, le bureau ne propose pas un style unique comme réponse universelle, même si son langage architectural se veut résolument contemporain.

Constructions importantes
1971/78/87 Centre, tour et studio Ernest-Ansermet de la Radio-Télévision Suisse Romande (RTSR)/GE

1977/94 Siège de l'Union Européenne de Radiotélévision (UER) au Grand-Saconnex/GE

1977 Ecole supérieure de Commerce de Malagnou/GE

1982 Centrale des Laiteries Réunies de Genève (LRG)/GE

1983/86/98 Centre Sportif Sous-Moulin, communes des «3 Chêne»/GE

1985 Ecole et salle polyvalente de Verbier/VS

1985/91/97 Restaurant (450 places), transformations et aménagements du bâtiment principal de l'OMS/GE

1986 Ecole de Genthod/GE

1989 Direction Télécom PTT au Bouchet/GE

1991 Résidence Rouelbeau à Meinier/GE

1993 Ensemble d'immeubles locatifs à Lausanne/VD

1994 Beckman Eurocenter à Nyon/VD

1994 Hôtel de Police de Genève

1995 Siège principal de la CAP Assurance/GE

1996 Agence SBS du BIT/GE

1997 Immeuble d'habitation à Chêne-Bougeries/GE

1998 Bâtiment industriel, Collonge-Bellerive et Meinier/GE

1998 Siège du World Economic Forum (WEF) à Cologny/GE

Illustrations

1. Résidence Rouelbeau

2. Agence SBS de l'OMS

3. Union Européenne de Radiotélévision (UER)

4. Immeubles locatifs Boveresses 25, Lausanne

5. Concours «rue de Lyon»

6. Hôtel de Police

Hervé Dessimoz

Architecte EPFL-SIA et ses collaborateurs
Ch. du Grand-Puits 42
1217 Meyrin
Téléphone 022-782 05 40
Téléfax   022-782 07 07

Année de la fondation 1977

Propriétaire
Hervé Dessimoz

Nombre d'employés actuel 11

Spécialisations
Aménagement du territoire et urbanisme

Architecture (constructions nouvelles et rénovation)

Certifié ISO 9001

Distinctions
Architecte diplômé de l'Ecole Polytechnique Fédérale de Lausanne

2ème prix au concours du Centre Socio Culturel et Commercial à Vernier GE

5ème prix et participation au 2ème tour du Concours du Centre Culturel de la Commune de Meyrin

1er prix ex-aequo pour l'étude du périmètre Alhambra-Rôtisserie à Genève

1er prix du concours pour l'aménagement du centre de la cité de Meyrin (1997)

Philosophie
… l'imagination est une puissance majeure de la nature humaine. L'imagination dans ses vives actions nous détache à la fois du passé et de la réalité. Elle ouvre sur l'avenir… Cette ouverture sur l'avenir est à la base de tous les actes d'Architecture du bureau Hervé Dessimoz… renouant avec les préceptes humanistes, résolument pluridisciplinaires, nous sommes des interlocuteurs incontestés et appréciés du Maître de l'Ouvrage et de l'entrepreneur.

Constructions importantes
Rénovation transformation de l'école Ferdinand Hodler, Ville de Genève

Construction du groupe scolaire Bella Vista II, Ville de Meyrin

Construction des logements pour travailleurs saisonniers, Fonds Cantonal du Logement à Genève

Agrandissement et transformation Centre Commercial de Meyrin, SA Financière CCM, UBS, Migros, Coop, EPA, H & M, La Poste

Construction d'un ensemble résidentiel à Montbrillant GE, Confédération Suisse Adm. Féd. Finances

Centre Multi-Activités du Grand-Puits à Meyrin

Projets en cours
Quartier résidentiel de Monthoux GE, Confédération Suisse

Extension et transformation de la Maison de la Radio à Lausanne, SSR

Rénovation de la Tour Winterthur à Paris la Défense, Wintherthur Ass.

Construction du point Atlas de l'expérience LHC, Cern GE

Construction de la 5ème étape des bâtiments de la Télévision Suisse Romande à Genève

Ecole des Vercheres à Thônex GE

Illustrations

1. Logements pour travailleurs saisonniers, Vernier, 1988

2. Ecole Bella Vista II, Meyrin, 1990

3. Centre Commercial, Meyrin, 1990

4. Centre Multi-Activités du Grand-Puits, Meyrin, 1993/94

5. Ensemble résidentiel, Montbrillant, 1992/93

de Planta et Portier Architectes

2, av. Gare des Eaux-Vives
1207 Genève
Téléphone 022-718 07 77
Téléfax   022-736 43 44
de.planta.portier.arch.@bluewin.ch

Année de la fondation 1986
(succ. de Addor & Julliard 1952
et Julliard & Bolliger 1967)

Propriétaire/partenaire
François de Planta,
arch. EPFL/SIA/AGA

Pierre-Alain Portier

Collaborateur dirigeant
Nicolas Favre

Nombre d'employés actuel 12

Spécialisations
Bâtiments publics
(écoles, P.T.T., universités)

Bâtiments administratifs

Laboratoires de recherche

Usines et garages

Maisons d'habitation

Maisons individuelles

Expertises immobilières

Publications
Construire en Acier 24/85

Schweizer Journal 1–10/91

Werk, Bauen & Wohnen 10/91

Architecture et Construction
Volume 6/94, 7/95, 8/96

Journal de la Construction 4/93

Architecture Suisse 11/94

Habitation: tiré à part 4/96,
tiré à part 5/97

Philosophie
Le bureau a toujours souhaité placer le Maître d'Ouvrage au centre de ses préoccupations, en privilégiant l'intervention fonctionnelle plutôt que formelle.

L'accent est mis sur le soin apporté aux détails et sur leur mise en œuvre en exigeant une grande rigueur d'exécution.

Les fondateurs du bureau se sont donné les moyens techniques et technologiques de transmettre un savoir faire aux plus jeunes, permettant l'éclosion de la 3ème génération d'architectes depuis 1952.

Constructions importantes

De 1952 à 1986

1955–56 Siège de la Société
C. Zschokke SA, Genève

1955–57 Malagnou Cité,
4 immeubles résidentiels
de grand luxe, Genève

1956–57 Siège de Tavaro SA,
Genève

1957–62 Parc de Budé,
immeubles résidentiels

1960–62 Immeuble administratif et commercial au
8, rue du 31 décembre, Genève

1962 Immeuble industriel
aux Avanchets

1961–63 Ecole de Budé

1961–63 Ecole de Commerce
à St-Jean

1960–64 Cité Satellite
de Meyrin, 13 immeubles
d'habitation avec centre
commercial

1961–64 Lac Centre,
immeuble administratif
et commercial, Genève

1961–64 Hôtel Intercontinental,
Genève

1962–64 Ecole des Boudines
à Meyrin

1962–65 Cité du Lignon,
84 immeubles d'habitation
avec centre commercial

1954–67 Cayla,
9 immeubles d'habitation
de type économique, Genève

1952–72 Institut Batelle,
centre de recherche scientifique,
Carouge

1967–71 Parc Plein-Soleil,
ensemble résidentiel de haut
standing au Grand-Saconnex

1969–71 Bâtiment social
avec auditoire pour Zyma SA
à Nyon

1972–73 Bâtiment artisanal
C.I.P.E., La Praille

1970–75 6 immeubles à but
social au Quai du Seujet, Genève

1974–76 Ecole et parking
souterrain au Quai du Seujet,
Genève

1976–77 Groupe Résidentiel
à Bernex

1977–79 Bâtiment
administratif de l'U.S. Mission
à Pregny Chambésy

1979–83 Immeuble
de Bureaux C.A.P.I., Genève

1980–85 Les Rives du Rhône,
2 immeubles d'habitation
de haut standing au Quai
du Seujet, Genève

Dès 1986

1962–86 Centre Médical Universitaire à Genève

1982–86 Ensemble résidentiel Beau-Soleil, Genève

1983–86 Usine de Biogen SA, Meyrin

1983–86 Immeuble mixte habitation-commerce pour l'Hospice Général, Genève

1962–95 Montres Rolex SA, siège mondial étapes 1 à 7, Genève

1972–88 Centre de distribution et siège administratif de Blanc & Paiche SA à Meyrin

1986–96 Agrandissement de l'usine Genex SA, Chêne-Bourg

1987–89 Transformation des combles au 11, route de Chêne, Genève

1988–89 Aménagement du siège de la Caisse Nationale du Crédit Agricole, Genève

1985–90 Immeubles de 60 logements HLM à Thônex

1986–90 Transformation des combles au 14, quai Gustave-Ador, Genève

1986–90 Transformation de l'usine Beyeler & Cie SA, Genève

1983–91 Groupe scolaire de Plan-Les-Ouates

1989–92 Immeuble de 30 logements, Nyon

1991–92 Hall d'exposition Mazda, Genève

1991–92 Transformation de l'usine Virex SA, Vernier

1991–92 Villa à Anières

1983–93 Siège social de Providentia Assurances sur la Vie à Nyon

1991–93 Transformation de la Poste de Champel

1972–94 Transformation de l'Hôtel des Postes du Mont-Blanc, Genève

1992–94 Villa à Chêne-Bougeries

1992–96 Centre de Voirie et du Feu à Cologny

1993–94 Transformation de la Poste du Lignon

1994–95 Eglise Roumaine, Thônex

1995–96 Immeuble de 30 logements économiques au Grand-Saconnex

1996–97 Agrandissement de la Manufacture Jaeger-Le Coultre, Le Sentier

1997 Villa à Dardagny

Concours primés

1958 Centre Médical Universitaire, Genève, 1er prix

1961 Ecole de Commerce de St-Jean, Genève, 1er prix

1968 Centre Electronique Horloger, Neuchâtel, 1er prix

1970 Prison de Choulex, 1er prix

1983 Siège social de Providentia Assurances sur la Vie, Nyon, 1er prix

1983 Groupe scolaire de Plan-Les-Ouates, 1er prix

1987 Ensemble socio-culturel et commercial, Lancy-Sud, 1er prix

1994 Immeubles de logements économiques pour la C.I.A., Grand-Saconnex, 1er prix

1995 Manufacture Jaeger-Le Coultre, 1er prix

Projets en cours

Immeuble administratif et commercial au 9–11, rue du Marché, Genève

Bâtiment socio-culturel «L'Escargot» avec salle de spectacles, discothèque et cinémas à Lancy-Sud

Agrandissement de l'école primaire d'Anières (en ass. avec A. Hofmann)

Immeuble de l'IUHEI à la Place des Nations à Genève (en ass. avec le Dr. S. Jumsai)

Transformation de l'immeuble UBS au quai du Seujet à Genève

Villa individuelle à Anières

Illustrations

1. Centre Médical Universitaire, vue aérienne, Genève, 1962–86

2. Centre Médical Universitaire, Auditorium, Genève, 1962–86

3. Siège mondial des Montres Rolex SA, façade principale, 1962–96

4. Manufacture Jaeger-Le Coultre, Le Sentier, 1996–97

5. Immeuble administratif et commercial au 9–11, rue du Marché, façade rue du Marché, Genève, 1987–98

6. Immeuble de 30 logements économiques au Grand-Saconnex, 1995–96

7. Groupe scolaire de Plan-les-Ouates, piscine couverte, 1983–91

8. Centre de Voirie et du Feu à Cologny, 1992–96

Photos: Trepper: 1; Alain Julliard: 2, 3; de Planta: 4, 5, 7; Luc Buscarlet: 6, 8

Roulin & Vianu SA

Atelier d'Architecture
Ch. de Vuillonnex, 20
1232 Confignon
Téléphone 022-757 33 50
Téléfax   022-757 54 07

Année de la fondation 1980

Propriétaire
D. Vianu Family Trust

Collaborateurs dirigeants
Jean-François Roulin,
arch., ing.

Micaela Vianu-Patru,
arch. EPF/SIA

Nombre d'employés actuel 4

Spécialisations
Bâtiments administratifs
et industriels

Transformations, agrandissements

Habitats individuels et collectifs

Etudes d'urbanisme

Lieux de loisirs et restaurants

Publications
«10 ans déjà», recueil
d'architecture et d'urbanisme

Divers articles dans la revue
«Habitation»

«La Suisse» (juin 1987)

SIA (1989)

Architecture Romande
(juin 1991)

«Anthos» (1991)

Philosophie
Priorité:
construire des lieux de vie
(et pas seulement des œuvres
d'architecture)

Rôle professionnel:
intermédiaire entre un lieu et
un client, un programme et les
corps de métier (et pas nécessairement auteur d'une
œuvre)

Simplicité:
réaliser ce qui est demandé
avec des moyens minimums,
faciles à contrôler (la poésie
naît d'elle-même)

Bataille sur les prix:
apporter un meilleur confort
pour un moindre coût

Fiabilité:
respecter les devis, les délais,
les standards

L'aventure partagée:
édifier avec (nos clients, nos
partenaires, nos collaborateurs)

Passion:
des lieux habités

Constructions importantes
1981/82 Transformation de
l'ancienne ferme de l'Evêché,
5 logements et 1 cabinet
médical, Lausanne

1983 Bâtiment Schenker
pour 2 commerces de fleurs et
1 publiciste, Grand Lancy GE

1984/85 LEM II, extension
d'un bâtiment industriel,
Plan-les-Ouates GE

1985/86 Transformation d'un
rural à Chancy GE

1985/91 Centre de technologies
nouvelles pour LEM SA pour
800 personnes, production,
recherche, administration et
2 bâtiments de loisirs et de
formation, Plan-les-Ouates

1985/91 20 logements et
1 bureau en milieu villageois
à Confignon GE

1986/89 Centre artisanal
et industriel Moret SA aux
Acacias GE

1987/89 Centre industriel et
administratif pour l'électronique LeCROY SA à Meyrin GE

1987/90 Immeuble de
9 logements à Bernex GE

1988/91 Surélévation d'un
immeuble S. I. Frontenex-Vert,
création de 2 logements en
duplex et d'un ascenseur sur
cour, rue du 31 décembre,
Genève

1988/90 2 villas jumelles
à Cartigny GE

1989/90 Transformation
d'un rural à Dardagny

1989/90 Bâtiment industriel
et administratif Hammerli SA
à Nyon VD

1990/92 Tennis et club-house
à Confignon GE

1991/94 Etudes d'urbanisme,
plans directeurs

Projets en cours
Plan directeur et plan localisé
de quartier

Bureaux et ateliers pour une
société de communication en
structure bois

habitat groupé

bâtiment artisanal dans friche
industrielle

2 maisons familiales dans
village

Illustrations
**1. Centre de technologies
nouvelles, Plan-les-Ouates,
1985–91**

**2. LeCROY SA, Meyrin,
1987–89**

**3. Immeuble d'habitation,
Bernex, 1987–90**

S+M Architectes SA

Avenue du Lignon 38
1219 Le Lignon-Genève
Téléphone 022-979 32 32
Téléfax   022-796 34 36
e-mail: sm-arch-ge@bluewin.ch

Markusstrasse 12
8042 Zürich
Telefon 01-360 82 82
Telefax 01-360 82 28
e-mail: sm-arch-zh@into.ch

Année de la fondation 1961

Direction Genève
Giacinto Baggi
Rudolf Bhend
Hermann Zimmer

Collaborateurs dirigeants
Edouard Schläfli
Catherine Pelichet
Nicolas Gerdil

Nombre d'employés actuel 10

Spécialisations
Bâtiments industriels
et artisanaux

Plans directeurs

Centres commerciaux

Rénovations et transformations

Présentation
Installé à Genève depuis 1961, S+M Architectes s'occupe de tous les mandats d'architectes avec engagement et compétence.

Avec les maisons sœurs, S+M Architekten AG à Zurich et S+M Bauplanung+Projektmanagement GmbH à Hambourg, des mandats dans toute la Suisse et en Allemagne voisine sont traités.

Publications
Réalisations immobilières,10.96

Archi News, 12.96

L'Empreinte, 3.97

Prestations
Mandat d'architecte classique

Mandat de planification génerale

Mandat partiel

Management de projet

Philosophie
Notre objectif consiste à synthétiser, en vue d'un résultat exigeant par rapport à l'aspect esthétique, les attentes de nos clients au niveau de la fonction d'un bâtiment, du coût de la construction et des délais à respecter.

Constructions importantes
Manufacture d'horlogerie Patek Philippe SA, Genève (ass. avec GA Groupement d'architectes SA)

Centre commercial Balexert

Centre commercial Crissier

Reconstruction après incendie:
– Grand-Passage, Genève
– Centre Commercial La Tourelle, Genève

Centre de loisir, Fondation «Pré Vert du Signal de Bougy»

Centrale de distribution, Migros, Genève

Produits laitiers CESA, Estavayer-le-Lac

Agrandissement et transformation bâtiment administratif et laboratoire CESA, Estavayer-le-Lac

Conditionnement de fromages, Mifroma SA, Ursy

Immeuble artisanal et industriel, Acacias-Centre, Genève

Marché en gros, Poznan (Pologne)

Diverses stations-services, Esso (Suisse) SA, Agip (Suisse) SA

Projets en cours
Centre commercial «La Renfile», Genève

Assainissement logistique CESA, Estavayer-le-Lac

Smart-Center Carouge/Genève

Media Markt Meyrin/Genève

Illustrations

1. Patek Philippe SA, bâtiment horlogers, 1996

2. Conserves Estavayer SA, Plan directeur, 2005

3. Accès administration, Mifroma SA, Ursy, 1996

Graubünden

Robert Albertin und Alexander Zoanni

Dipl. Architekten
Engadinstrasse 49
7000 Chur
T & F 081-253 92 15
Natel 079-414 44 18

Neugasse 116
8005 Zürich
Telefon 01-440 16 26
Telefax 01-440 16 27

Gründungsjahr 1997

Inhaber
Robert Albertin,
dipl. Architekt HTL/STV

Alexander Zoanni,
dipl. Architekt HTL/SWB/STV

Lehrtätigkeit
Robert Albertin: 1996–98
Entwurfsassistent an der ETH
Zürich (bei Axel Fickert,
Architekt ETH/BSA)

Mitarbeiterzahl 2

Spezialgebiete
Öffentliche und institutionelle
Bauten

Wohn- und Gewerbebau

Holzbau

Industriebau

Umbau und Sanierungen

Publikationen
Werk, Bauen + Wohnen 4/94

Architekturseminar in Wien

Schweizer Holzbau 4/98:
Neubau von zwei Gemeinde-
wohnungen mit öffentlicher
Zivilschutzanlage, Mon

Wichtige Projekte
1995 Umbau Einfamilienhaus,
Mon

1996 Projekt Neubau
Einfamilienhaus, Küblis

1996 Projekt Einfamilienhaus
Alfreider, Corvara (Italien)

1997 Neubau von zwei
Gemeindewohnungen mit
öffentlicher Zivilschutzanlage,
Mon

Wettbewerbe
1988 Planung Dorfzone Bilten

1989 Rathaus/Alterswohnungen
in Trimmis

1990 Saalbau und Mehrzweckhalle in Sils

1991 Schulhaus und Turnhalle
in Gams

1997 Schulhaus in Jenaz

Aktuelle Projekte
Neubau von zwei Gemeinde-
wohnungen mit öffentlicher
Zivilschutzanlage, Mon

Umbau Bauernhaus, Rifferswil

Neubau Unterhaltsgebäude,
Wettswil

Abbildungen

Gemeindewohnungen, Mon,
1997–98

Fotos: Schenk und Campell, Lüen

Bearth + Deplazes

**Dipl. Architekten
BSA/SIA/ETH**
Wiesentalstrasse 7
7000 Chur
Telefon 081-354 93 00
Telefax 081-354 93 01

Gründungsjahr 1988

Inhaber
Valentin Bearth
Andrea Deplazes

Partner
Daniel Ladner, dipl. Arch. HTL

Mitarbeiterzahl 16

Spezialgebiete
Öffentliche und institutionelle Bauten
Wohn- und Gewerbebau
Industriebau
Holzbau
Umbau und Sanierungen
Gestaltung und Beratung im Tiefbau
Planungen und Siedlungsbau

Publikationen
Faças 38/96
Deutsche Bauzeitschrift 5/96
NZZ 1.11.96, 6.1.95, 13.3.97, 3.4.98
Werk, Bauen + Wohnen 12/96, 9/97, 1–2/98
architekt 25–26/96, Prag
a + t ediciones 4/97, España
Baudoc-Bulletin 11/97
sequences bois 17/97, Paris
archithese 1/98
Hochparterre 3/98

Auszeichnungen
1992 Eidg. Kunststipendium für Architektur, «Arbeiten in Holz»
1992 Internat. Architekturpreis für Neues Bauen in den Alpen (Schule in Alvaschein)
1994 Auszeichnung guter Bauten im Kanton Graubünden (Schulen in Alvaschein und Tschlin)
1996 Internat. Architekturpreis für Neues Bauen in den Alpen (Schule in Tschlin)
1996 Mitgliedschaft im Bund Schweizer Architekten BSA

Wichtige Projekte
1988–89 Wohnhaus Wegelin, Malans
1989–91 Schule mit Halle (Holzbau), Alvaschein
1991–93 Schule mit Halle, Tschlin
1992–94 Schule, Malix
1993–94 Architektonische Gestaltung und Beratung für Au-Brücke, Landquart
1990–94 Wohnsiedlung, Chur-Masans
1992–94 Wohnhaus Werner, Trin
1994 Wohnhaus Hirsbrunner (Holzbau), Scharans
1994–97 Schule mit Halle, Oberstufen-Schulverband Vella
1996–97 Mehrfamilienhaus «In den Lachen», Chur
1995–98 Architektonische Gestaltung und Beratung für Sunniberg-Viadukt, Klosters
1996–98 Haus Frommelt, Triesen FL

Wettbewerbe
1991 Schweizerische Holzfachschule, Biel
1993 Gewerbeschule, Bulle
1995 Bürohaus für AHV/GVA, Chur
1995 Wohnüberbauung Brisgi, Baden
1996 Eishalle «Signal», St.Moritz
1996 Altersheim mit Alterswohnungen, Uznach
1997 Entwicklungsschwerpunkt Köniz-Liebefeld
1997 Hallenneubau mit Messezentrum Olma Messen, St. Gallen
1997 Erweiterung Kunsthaus Aarau
1997 Kunstmuseum Vaduz FL

Aktuelle Projekte
1997–99 Schule mit Halle, Oberstufen-Schulverband Zillis
1997–99 Trakt für Naturwissenschaften, Lehrerseminar Chur
1997–99 Haus Ladner, Rapperswil/Jona
1997–99 Kunstgalerie der Stadt Marktoberdorf (D)

Abbildungen
1. Zentralschule Vella, 1997
2. Wohnhaus Hirsbrunner, Scharans, 1994
3. Wohnhaus «In den Lachen», Chur, 1997
4. Siedlung in Chur-Masans, 1994

Richard Brosi und Partner

Architekten
BSA/GSMBA/SIA/STV
Rabengasse 10
7002 Chur
Telefon 081-257 02 21
Telefax 081-257 02 23

Gründungsjahr 1960
Seit 1994 Richard Brosi und Partner

Inhaber/Partner
Richard Brosi,
dipl. Arch. BSA/GSMBA/SIA

Kurt Gahler,
dipl. Arch. HTL/STV

Hermann Masson, Architekt

Mitarbeiterzahl 9

Spezialgebiete
Schul- und Mehrzweckanlagen

Post-, Swisscom- und Bauten des öffentlichen Verkehrs

Wohn- und Geschäftsbauten, Wohnsiedlungen

Umbauten, Umnutzungen, Restaurierungen und energietechnische Sanierungen

Gutachten, architektonische Beratung bei Ortsplanungen und Wettbewerben

Integration von Kunst am Bau

Publikationen
«Architekturführer Schweiz», Artemis Verlag, 69

«Schweizer Architekturführer», Werk Verlag, 92

«Landschaft und Architektur», Bryan Cyril Thurston, Desertina Verlag, 92

«Architekturszene Schweiz», Mediart Verlag, 91

Werk, Bauen + Wohnen, Nov. 93

The Architectural Review, 5/94

«Architektenlexikon Schweiz, 19./20. Jh.», Birkhäuser 98

Auszeichnungen
Für Postautostation Chur:

Innovationspreis Stahl, 92

Europäischer Stahlbaupreis, 93

Auszeichnung guter Bauten im Kanton Graubünden, 94

Brunel Award, Washington, 94

Dupont Benedictus Award, 95

Philosophie
Aktuelle Tendenzen in Kultur und Gesellschaft fliessen in die Architektur ein.

Eingriffe in die Umgebung sind als solche ablesbar und «zeitgemäss».

Raumdurchdringungen ergeben ein grosszügiges Raumgefühl: Bewohner/Benützer sollen sich wohl fühlen.

Farbe und Einbezug künstlerischer Gestaltung auch im Sinne von «modernem Ornament» schaffen Atmosphäre und dienen auch zur Orientierung innerhalb eines Baus oder einer Baugruppe.

Wirtschaftliche und ökologische Überlegungen sind wesentlich im Hinblick auf die angestrebte Nachhaltigkeit.

Wichtige Projekte
18 Schul- und Mehrzweckanlagen, darunter:

1963 Montalin-Schulhaus
1996 Gesamtsanierung

1968 Compatsch-Samnaun
1994 erweitert und saniert

1978 Landwirtschaftliche Schule Plantahof, Landquart
1992 erweitert

1974/82 Telefon-Betriebs- und -Verwaltungsgebäude Chur 2

1979/91 Bank in Darzo (I)

1981 Kulturzentrum und Restaurant Pestalozza, Chur

1988 Wohnsiedlung in Chur

1988/93 1. Etappe Gesamtüberbauungsprojekt Bahnhof Chur Postbetriebsgebäude und Postautostation (mit R. Obrist)

1991 Umbau Direktionsgebäude der Rhätischen Bahn, Chur

1992 Erweiterung Bahnhofgebäude St. Moritz

45 Wettbewerbspreise
1.–3. Rang und Ankäufe

Aktuelle Projekte
Umbau Altbau Post Chur 1

Schulanlage Filisur

Sanierung Plantahof, Landquart

Wohnsiedlung in Chur

Mehrfamilienhaus in Schaan FL

Um- und Erweiterungsbau Villa in Malans

Abbildungen

1. Schweizerisches Institut für Schnee- und Lawinenforschung, Davos-Dorf, 96

2. Postbetriebsgebäude und Postautostation, Chur, 93

3. Erlebnisbad Alpenquell, Compatsch-Samnaun, 95

4. Umbau Graubündner Kantonalbank, Davos, 95

Giubbini + Partner

Architekten ETH/SIA/REG A
Bahnhofstrasse 12
7402 Bonaduz
Telefon 081-650 25 25
Telefax 081-650 25 26
giubbini-partner@bluewin.ch

Brandisstrasse 9
7000 Chur
Telefon 081-250 43 00

Spinnelenweg 4
7260 Davos-Dorf
Telefon 081-416 15 51

Gründungsjahr 1965
1996 Überführung
in Kommanditgesellschaft

Inhaber
bis 1995 Bert Giubbini,
Architekt

seit 1995 Andrea Giubbini,
dipl. Arch. ETH/SIA

Partner
Franco Perazzelli,
dipl. Arch. HTL

Mitarbeiterzahl 11

Spezialgebiete
– Kostenoptimierter Wohnbau
– Bauten für Dienstleistung/Gewerbe
– Umbauten/Sanierungen
– CAD-3D-Dienstleistungen
– Konzepte, Studien, Beratungen
– Schatzungen, Expertisen

Philosophie
Wir arbeiten vorwiegend in objektbezogenen Projektgruppen, die ein vom Entwurfsteam erarbeitetes Konzept von der Planung bis zur Fertigstellung begleiten.

Der Bauherr hat im Projektleiter stets einen kompetenten und umfassend orientierten Ansprechpartner, der mit seinen fundierten Detailkenntnissen Effizienz in der gesamten Geschäftsabwicklung garantiert. Zur Optimierung von Nutzen, Qualität und Kosten sind wir bestrebt, die verschiedenen Ingenieure, Medienplaner und Spezialisten bereits in der frühestmöglichen Phase in die Planung miteinzubeziehen.

Die Komplexität künftiger Bauaufgaben wird durch verschiedenste gesellschaftliche, wirtschaftliche, aber auch ökologische Entwicklungen zunehmen.

Fachkompetenz, Aus- und Weiterbildung, innovative Haltung, hohe Leistungsbereitschaft und ein gesundes Umweltbewusstsein sind hierbei Attribute, die unsere Unternehmenskultur mitprägen.

Wichtige Projekte

Wohnbauten
1993/94 Wohnsiedlung GVA Graubünden, Bonaduz (Ausführung: Schlegel, GU)

1994/95 Mietwohnungen Kunz, Chur

1995/96 Eigentumswohnungen Hohenbühl, Chur

1996/97 Mietwohnungen Marz, Bonaduz

1996/97 1. Etappe Reihenhaussiedlung Gassa Curta, Bonaduz (Ausführung: Zschokke GU AG)

1997 Wohnhaus Villinger, Trin-Dorf

Bauten für Dienstleistung/Gewerbe
1988/90 Gewerbecenter Stiefenhofer, Bonaduz (Abwicklung: Baustudio 32 AG)

1990/91 Coop-Center mit Hotel Schöntal, Filisur

1993/94 Coop-Center mit Wohnungen, Churwalden

1994/95 Escher-Bürocenter, Chur

1995/96 Wohn- und Geschäftshaus Landwasser, Churwalden

1996 Bürogebäude Giubbini + Partner, Bonaduz

1996 Gewerbehaus Zingg AG, Felsberg

Umbauten/Sanierungen
1989 Auskernung und Umbau Primarschulhaus Bonaduz

1994/95 Auskernung und Umbau Gemeindehaus Bonaduz

1995 Sanierung ADG Kant. Pensionskasse, Bonaduz

1996 Sanierung MFH Kunz, Masanserstrasse, Chur

Diverse Umbauten für Coop Graubünden

Aktuelle Projekte
Wohnüberbauung Promenade 123, Davos-Dorf

Stadtwohnungen Rosenweg 1, Chur

Clubhaus Golfclub Domat/Ems, II. Etappe

Verschiedene Wohnhäuser in Chur, Felsberg, Domat/Ems, Bonaduz

Abbildungen

1. Clubhaus des Golfclubs Domat/Ems, Domat/Ems, 1997/98

2. Bürogebäude Giubbini + Partner, Bonaduz, 1996

3. Escher-Bürocenter, Chur, 1994/95

4. Reihenhaussiedlung Gassa Curta, Bonaduz, 1996/97

Fotos: Reto Reinhard

Pablo Horváth

Architekt ETH/SIA/SWB
Herrengasse 7
7000 Chur
Telefon 081-253 38 31
Telefax 081-253 00 46

Gründungsjahr 1990

Inhaber
Pablo Horváth

Mitarbeiterzahl 2

Spezialgebiete
– Neu-, Umbauten, Renovationen
– Wohnungsbauten
– Schulbauten
– Hotelbauten
– Planungen

Publikationen
SIA 48/94

Heimatschutz 1/95

Architektur+Technik 2/95

Faces 38/96

Werk, Bauen+Wohnen 9/96

Bauten in Graubünden 96, Verlag Hochparterre

Holz Kultur Graubünden, Lignum Graubünden

Auszeichnungen
1994 Auszeichnung guter Bauten im Kanton Graubünden

Wichtige Projekte
1991/92 Umbau/Renovation Mehrfamilienhaus U. und A. Jecklin, Chur

1992/93 Neubauprojekt Hotel Chasté Nolda, St. Moritz

1993 Neubau/Umbau Einfamilienhaus Ch. und P. Hartmann, Trimmis (Auszeichnung guter Bauten 1994)

1993/94 Neubau/Umbau Pfarranlage Erlöser, Kath. Kirchgemeinde Chur (mit J. Ragettli)

1994 Neubau WC-Anlage Julier-Hospiz, Kant. Hochbauamt, Chur (mit J. Ragettli)

1995 Renovation Mehrfamilienhaus T. Russi/F. Iseppi, Chur

1995 Umbau/Renovation Wohnhaus Ingrid Jecklin-Buol, Chur

1995 Umbau/Renovation alte Jugendherberge, S. und Chr. Sauter, Chur

1995 Umbau/Renovation Tagesschule Lernstudio Chur AG, Chur

1996/97 Umbau/Renovation MFH Loestrasse 53, Chur

1997 Umbau/Renovation EFH Fromm, Grüsch

Wettbewerbe
1990 Wohnüberbauung Pensionskasse Kanton Graubünden, Schiers (Ankauf)

1991 Schulhauserweiterung und Gemeindesaal, Grüsch (2. Rang)

1991 Studienauftrag Verkehrs- und Parkierungsanlage, Guarda (1. Rang)

1991 Ideenwettbewerb Wohnüberbauung Cuncas, Sils i. E. (4. Rang)

1992 Saalgebäude und Ferienlager, Sils i. E. (5. Rang)

1992 Neubau Schulhaus und Mehrzweckhalle in Molinis (Ankauf)

1992 Schulhauserweiterung und Turnhalle in La Punt (2. Rang)

1994 Schulhausneubau und Turnhalle, Gemeinderäumlichkeiten in St. Peter (mit J. Ragettli; 2. Rang)

1994 Studienauftrag Kur- und Badanlage, Alvaneu (mit J. Ragettli; 3. Rang)

1996 Eishalle in St. Moritz (2. Rang)

1996 Oberstufenschulhaus, Paspels (2. Rang)

1997 Studienauftrag Primarschule, Mehrzweckhalle, Gemeinderäumlichkeiten in Bivio (mit W. Cajochen; 1. Rang)

1997 Projektwettbewerb Gemeindehaus und Posträumlichkeiten in Tinizong (mit W. Cajochen; 1. Rang)

1997 Projektwettbewerb Primarschulhaus in Fläsch (1. Rang)

Aktuelle Projekte
Primarschulhaus in Fläsch

Gemeindehaus in Tinizong

Testplanung Riom-Parsonz

Studienauftrag Sarganserstrasse, Bad Ragaz

Abbildung

Neubau Veranda an EFH Ch. und P. Hartmann, Trimmis, 1993

Foto: Christian Keretz, Zürich

Urs Hüsler

Architekturbüro
HTL/SWB/STV
Via Nuova 1
7503 Samedan
Telefon 081-852 57 31
Telefax 081-852 57 46

Gründungsjahr 1967
1967–72 Hüsler & Lanz Architekten, Zürich

1977–88 Ruch & Hüsler Architekten, St. Moritz

seit 1989 Urs Hüsler Architekten, Samedan

Mitarbeiterzahl
Variabel aufgrund der Bauaufgabe. Interdisziplinäre Zusammenarbeit mit verschiedenen Architekturbüros und Spezialisten.

Spezialgebiete

Energie/Bauökologie
Energiekonzepte

Gebäudesanierungen

Orts-, Regional-, Quartierplanungen

Philosophie
Ganzheitliche Lösungen bedingen eine interdisziplinäre Zusammenarbeit.

Die langjährige Mitarbeit in einer Erfahrungsaustauschgruppe von Energie 2000 Diane/Öko-Bau ist für uns eine wichtige Grundlage zur Realisierung einer intelligenten Architektur.

Wichtige Projekte
1970 Terrassensiedlung Burg, Eglisau

1974 Orts- und Regionalplanungen Davos, Sils, St. Moritz

1977 Wohnsiedlung Wiler, Eglisau

1977 Landwirtschaftliche Siedlung Coretti, Sils

1981 Umbau und Energiesanierung Hotel Schweizerhof, St. Moritz

1983 Bergrestaurant Diavolezza

1985 Umbauten Hotel Palace, St. Moritz

1985 Neubau Bergstation Corviglia-Bahn, St. Moritz

1986 Umbau des alten Spitals Samedan in ein Wohn- und Geschäftshaus mit Behindertenwerkstatt

1987 Umbau Bündner Kunstmuseum, Chur (Calonder/Zumthor/Ruch & Hüsler)

1991 Neubau Altersheim, Scuol

1991 Wohn- und Geschäftshaus mit Galerie in Pontresina

1992–97 Niedrigenergiehäuser mit Musterbauten für Diane/Öko-Bau Energie 2000

Aktuelle Projekte
Energiesanierung und Attikaaufbau auf Postgebäude, Pontresina

Haus im Haus, im Luftraum eines alten Heustalls, Tschlin

Umbau Wohnhaus Schurter, Eglisau

Abbildungen
1. + 2. Diane/Öko-Bau, Musterobjekt, Madulain
3. Niedrigenergiehäuser Beuer

Andrea Gustav Rüedi-Marugg

Dipl. Arch. HTL, Energie-Ing. NDS, Baubiologe SIB
Wiesentalstrasse 7
7000 Chur
Telefon 081-353 33 93
Telefax 081-353 33 93

Gründungsjahr 1989

Leitender Angestellter
Hanspeter Buchli, Architekt HTL

Mitarbeiterzahl 2

Spezialgebiete
Ökobau auf hohem architektonischem Niveau: Wohnungsbau, Verwaltungsbau, Schulbau

Forschung auf dem Gebiet der passiven Sonnenenergienutzung

Niedrigstenergie-Konzept-Beratungen

Publikationen
«Solar Energy in Architecture and Urban Planning», Prestel, München

«30 Bauten in Graubünden. Ein Führer zur Gegenwartsarchitektur», Verlag Hochparterre

«Neue Energiehäuser im Detail», WEKA Baufachverlage, Augsburg

Messprojekt Direktgewinn-Haus Trin, Forschungsstelle für Solararchitektur, ETH Zürich

Fernsehreportagen in Sat 1 und SF DRS

Veröffentlichungen in diversen Fachzeitschriften und Tageszeitungen (Hochparterre, Sonnenenergie, Baubiologie, Das Einfamilienhaus 2/98, Weltwoche, Tages-Anzeiger etc.)

Wichtige Projekte
1990–94 Solarpassive Null-Heizenergie-Häuser, Trin

1990–96 Solarpassives Null-Heizenergie-Vierfamilienhaus Rüedi, Chur

1996–97 1 Ster-Sonnenhaus Hofmänner, Grabs

1995–98 Verschiedene Energiekonzept-Beratungen, z.B.:

MFH Dr. U. Wachter, Vaduz (Arch. W. Ritsch)

Schulhaus in Vella (Arch. Bearth+Deplazes, Chur)

Kirche Cazis (Arch. Werner Schmidt, Trun)

Sanierung Schulhaus Vrin (Arch. Gion Caminada, Vrin)

Schulhaus Lavin (Arch. Scherrer-Wohlgemuth-Valentin, Zürich)

Aktuelle Projekte
Null-Heizenergie-Verwaltungsbau Josias Gasser, Chur

Sonnenhaus «Denauer», Trin

Dachaufbau Hotel Dux, Schaan

Abbildungen

1. Südfassade Solarpassives Null-Heizenergie-Vierfamilienhaus Rüedi, Chur, 1996

2. Nordfassade Solarpassives Null-Heizenergie-Vierfamilienhaus Rüedi, Chur, 1996

3. Solarpassive Null-Heizenergie-Häuser in Trin, 1994

Fotos: R. Feiner, Chur: 1+2
U. Forster, Felsberg: 3

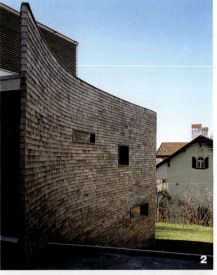

Atelier Werner Schmidt

Mag. arch./Architekt HTL/SIA/ GSMBA/REG A
areal fabrica
7166 Trun
Telefon 081- 943 25 28
Telefax 081- 943 26 39

Gründungsjahr 1989

Mitarbeiterzahl 6

Philosophie
Alles ist Architektur.

Ausstellungen
1985 Architekturbiennale, Venedig

1986 «Wohnlust» im Künstlerhaus, Wien

1986–93 Einzelausstellungen in Galerien in CH, D, A

1987 «Schau wie schön» im Museum für Angewandte Kunst, Wien

1991 «Austrian Architecture and Design Beyond Tradition in the 1990's» am Art Institute of Chicago

1994 «Formen, Falten, Kurven» Galerie «und», Freiburg (D)

1995 «Holzzeit» in Graz, «Starke Falten» im Museum Bellerive, Zürich, «Von der Idee zum Produkt» an der Ing.-Schule, Chur

Publikationen
Kataloge zu den Ausstellungen 1986/87/91/95

Raum und Wohnen 2/94

Schweizer Baublatt 11/96

Architektur und Technik 4/98

div. weitere Publikationen

Auszeichnungen
1989 Würdigungspreis des Österreichischen Bundesministeriums für Wissenschaft und Forschung, Dr. E. Busek

1992 Förderpreis des Kantons Graubünden

Wettbewerbe
1986 Sesselwettbewerb, Fa. Vitra; 1. Preis

1987 Lampendesign in Metall, Fa. WOKA, Wien; 2. Preis

1990 Erweiterung Sportzentrum Disentis; 2. Preis

1994 Projektwettbewerb Erweiterung Lehrerseminar Chur

1994 Pflegeheim Sursassiala, Disentis; 2. Preis

1995 Projektwettbewerb Sportzentrum Sedrun; 1. Ankauf

1995 Wettbewerb Neubau evangelische Kirche, Cazis; 1. Preis

Wichtige Projekte
1988–92 Atelier Simon Jacomet, Surrein GR

ab 1989 Umbauten im Kloster Disentis (Fraterbau, Studiensaal, romanische Bibliothek usw.)

1991 Anbau Treppenturm Haus Caplazi, Rabius GR

1992 Entwurf Prototyp «Bündner Holzschale» für Lignum Graubünden

1992 Umbau Haus Fam. Monn-Desax, Disentis

1992/93 Ausstattung Forstinspektorat des Kantons Graubünden; Cafeteria Erziehungsdepartement des Kantons Graubünden

1994 Umbau Haus Muthspiel-Payer, Kogl bei Wien (A)

1994 Erweiterungsbau Bergstation Caischavedra, Disentis

1994 Umbau Gemeindekanzlei Somvix GR

1995 EFH Zimmerli-Paganini, Brusio GR

1996 EFH Rusterholz-Hofmann, Boll BE

1997 Umbau von historischem Appenzeller Bauernhaus in 3-Fam.-Sonnenenergiehaus Neff, Steinegg AI

1997 Schalenanbau an historischen Strickbau, Haus Maissen-Petschen, Trun GR

1997 Raiffeisenbank Disentis, Schalterhalle als Nur-Glas-Konstruktion

1997 Salomon-Station, Engelberg

Aktuelle Projekte
Neubau evangelische Kirche, Cazis

Null-Energie-Haus Schmid-Cavegn, Sedrun

Umbau Theatersaal Kloster Disentis

Umbau Studententrakt Kloster Disentis

Mehrzweckhalle Bivio GR

Umbau Bürogebäude Atelier Schmidt, Trun

Abbildungen

1. a/b Rolladensessel

2. Salomon-Station, Engelberg (in Zusammenarbeit mit Simon Jacomet)

3. Atelier Simon Jacomet, Surrein (in Zusammenarbeit mit Simon Jacomet)

4. Neubau evangelische Kirche, Cazis (Baufertigstellung Ende 1999)

Fotos: Lucia Degonda, Zürich

1a

1b

2

3

4

Luzern

Lukas Ammann

Architekt ETH/SIA/REG A
Kapellplatz 10
6004 Luzern
Telefon 041- 410 01 40
Telefax 041- 410 02 40

Gründungsjahr 1980

Mitarbeiterzahl 4

Spezialgebiete
Banken und Büros

Gebäudesanierungen
und Denkmalpflege

Gewerbe- und Industriebauten

Ladenbau und Innenausbau

Einfamilien-
und Mehrfamilienhäuser

Publikationen
Programme Notes,
UBC-Canada 1977

Neue Architektur Schweiz
1994, S+W Verlag, Henndorf

Wichtige Projekte

**Gebäudesanierungen
mit Nutzungsverdichtungen**
1980 Schwanenplatz 6, Luzern

1981 Haldenstr. 5, Luzern

1983/84 Kramgasse 5, Luzern

1991/92 Grendel 2, Luzern

1993/94 Bundesstr. 25, Luzern

1994/95 Sonnenbergstr. 20, Luzern

**Ladenausbau
und Innenausbau**
1980 Boutique Ammann,
Shopping-Center Emmen

1983/84 Kofler Damenmode,
Weggisgasse 17, Luzern

1988 Peter Stutz Goldschmied,
Gerbergasse, Luzern

1994 Kofler Herrenmode,
Grendel 21, Luzern

**Gewerbe-, Industrie-
und Bürobauten**
1986/87 Kerzenfabrik
Balthasar, Hochdorf

1987/88 Caprice Cosmetic SA,
Hochdorf

1991/92 Logistikzentrum SKA,
Rösslimatt, Luzern

1992/93 Gebäudesanierung
SKA, Schwanenplatz, Luzern

1993/94 Ausbildungszentrum
Schindler Aufzüge AG, Ebikon

Wohnhäuser
1980 Einfamilienhaus
in Bissone TI

1988/89 Villa im Bellerive,
Luzern

1991/92 Vierfamilienhaus
Wesemlin-Terrasse 18, Luzern

1994/95 Villa am Bachtel,
Kastanienbaum

1994/95 Villa im Bellerive,
Luzern

Aktuelle Arbeiten
Einfamilienhaus in Sempach

8-Familienhaus in Hergiswil

2 Mehrfamilienhäuser in
Hergiswil

Abbildungen

**1. Ausbildungszentrum
Schindler Aufzüge AG,
Ebikon**

2. Villa im Bellerive, Luzern

**3. Villa am Bachtel,
Kastanienbaum**

Hans Bründler

Dipl. Architekt ETH/SIA
Grabenweg 3
6037 Root
Telefon 041-450 24 40
Telefax 041-450 21 73

Gründungsjahr 1980

Inhaber
Hans Bründler

Mitarbeiterzahl 2

Spezialgebiete
Öffentliche Bauten
Ein-, Reihenein- und Mehrfamilienhäuser
Umbauten/Renovationen
Gewerbebauten
Bebauungs- und Gestaltungspläne
Expertisen und Schatzungen

Philosophie
«Bevor man mit dem Bauen beginnt, soll man sorgfältig jeden Teil des Grundrisses und des Aufrisses des Gebäudes studieren, das errichtet werden soll. Bei jedem Bau sollen, wie Vitruv lehrt, drei Dinge beobachtet werden, ohne die ein Gebäude kein Lob verdient. Diese drei Dinge sind: der Nutzen, die Dauerhaftigkeit und die Schönheit.»
(Kapitel I, «Die vier Bücher zur Architektur», Andrea Palladio, 1570)

Wichtige Projekte
1979 Erweiterung Pfarreiheim, Root
1981 14 Reiheneinfamilienhäuser Hirzenmatt, Root
1982 9-Familien-Haus Pro Familia, Root
1983 Einfamilienhaus Rüesch, Ebertswil
1983 Doppeleinfamilienhaus Schmid und Sprenger, Horw
1984 2-Familien-Haus Knüsel, Ottenhusen
Augenarztpraxis Dr. Naef und Dr. Amberg, Luzern
1985 Werkhalle Schreinerei J. Kretz, Root
1985 Einfamilienhaus Dr. Hunziker, Kastanienbaum
1985 Atelierhaus B. Müller, Hämikon
1987 Holzlagergebäude Personalkorporation Root
1988 Altersheim Unterfeld (ArGe), Root
1988 Wohnüberbauung Arnet, Michaelskreuzstrasse 3, Root
1989 7-Familien-Haus, Baugenossenschaft Root
1989 Wintergarten J. Sattler, Root
1989 Zweifamilienhaus Buholzer, Meierskappel
1990 Gemeindehaus Eschenbach (Projekt)
1990 Umbau H. Moos-Gehrig, Ballwil
1990 Röseligarten, Zentrum für Schule, Kindergarten und Vereine, Root
1991 Pfadihuus Root (Projekt)
1992 8-Familien-Haus, Baugenossenschaft Root
1993 Erweiterung Einfamilienhaus H. Stehlin, Rotkreuz
1994 Gasthaus Rössli, V. Petermann (Projekt)
1996 Erweiterung Schulanlage Arena, Root (Projekt)
1997 Restauration Gasthaus Rössli (mit neuem Anbau), Root
1995 Büroanbau und Einfamilienhaus Sattler und Birrer, Root
1996 Einfamilienhaus Bolt, Buchrain
1996 Umbau und Renovation Wohnhaus Bischof, Hochdorf
1996 3-Familien-Haus Koch, Root
1997 Dachausbau Haus G. Knüsel, Ottenhusen
1998 Dachausbau und Renovation Gemeindehaus Root
1998 Überbauung Bünten, Gestaltungsplan, Root

Abbildungen

1. Altersheim Unterfeld, Root, 1988

2. Röseligarten, Zentrum für Schule, Kindergarten und Vereine, Root, 1991

3. Forsthaus Personalkorporation, Root, 1987

4. Röseligarten, Musiklokal, 1991

Markus Boyer

Dipl. Architekt ETH/SIA
Steinhofstrasse 44
6005 Luzern
Telefon 041-318 30 60
Telefax 041-318 30 50

Zweigbüro Nidwalden
Im Breitli 14
6374 Buochs
Telefon 041-320 76 76
Telefax 041-320 76 76

Gründungsjahr 1938

Inhaber
Markus Boyer (seit 1978)

Mitarbeiterzahl 12

Spezialgebiete
u. a.
Industrie- und Verwaltungsbauten

Spital- und Heimbauten

Bau und Kunst

Publikationen
«Werk, Bauen + Wohnen»:
7+8/1992

«SI+A» Schweizer Ingenieur und Architekt: 20/1991

«as Schweizer Architektur»:
Nr. 92/Mai 1990
Nr. 93/Juli+August 1990
Nr. 97/Mai 1991
Nr. 116/April 1995
Nr. 118/September 1995

«Bauen in Stahl»:
19/1980
24/1981
3/1986
6/1992

«Raum und Wohnen»: 7/91

«Exemplum»: 3/1990

«Bauen heute»: 1/1993

«Schweizer Journal»:
2+3/1992, 1/1993

Auszeichnungen
Diverse Wettbewerbserfolge

Philosophie
«Kultur heisst, das Notwendige schön machen» (Goethe)

Wichtige Bauten
1974 Wohnquartier für 161 Wohnungen, area 94 I, Harlow Development Corp., Harlow, England

1974 Wohnquartier für 202 Wohnungen, area 98, Harlow Development Corp., Harlow, England

1975 Flat blocks Church End, Harlow Development Corp., Harlow, England

1978 Praxis für Kieferorthopädie, Dr. Haag, Luzern

1979 Schwestern-Pflegeheim, Klinik St. Anna, Luzern

1980 SGV-Werft mit Werkstätten, Büros, Wohnung, Schiffahrtsgesellschaft Vierwaldstättersee, Luzern

1980 Hochregallager und Verwaltungsgebäude, Herzog-Elmiger AG, Kriens

1980 Umbau und Restaurierung städt. Einwohnerkontrolle, Luzern

1982 Lagergebäude, Heizgebäude, Siloanlage, Lachappelle AG, Kriens

1983 Verteilzentrale (Hochregallager, Verwaltungsgebäude, Werkstatt), Pistor, Bäcker-Konditor-Gastro Service, Rothenburg

1984 Neubau für die Raumfahrt «Ariane» (Integrationshalle, Montagehallen, Büros), Eidg. Flugzeugwerk, Emmen

1984 Lagerhalle Coca-Cola-Erfrischungsgetränke, Lufrisca AG, Ibach, Luzern

1984 Augenarztpraxis Dr. Hahn, Luzern

1986 Wohnüberbauung Hochbühl, Luzern

1986 Wohnhausgruppe Altschwändi, Engelberg

1987 Personalwohnhäuser Lützelmatt, Klinik St. Anna, Luzern

1987 Dachausbau und Renovation Villa Viktoria, Oberhochbühl, Luzern

1987 Druckerei- und Lagergebäude, P. Vogler AG, Neudorf

1988 Mitteltrakt Schwestern- und Exerzitienhaus Bruchmatt, Luzern

1990 Wohnhaus Boyer Oberhochbühl, Luzern

1991 Depotneubau der Vitznau-Rigi-Bahn, Rigibahn Gesellschaft AG, Vitznau

1991 Neubau für zentrale Materialwirtschaft (2 Hochregallager, Werkstätten, Labors, Büros), Eidg. Flugzeugwerk, Emmen

1992 Klinik für Onkologie, Kantonsspital, Luzern

1992 Hochregallager, Packerei und Verwaltungsgebäude, Ferronorm AG, Emmenweid, Littau

1994 Mehrzweckhalle, Schwarzenberg

1994 Schulhauserweiterung, Schwarzenberg

1994 Arealzufahrt und Portierloge, Eidg. Flugzeugwerk, Emmen

1995 Wohnüberbauung Ennenmatt, Wohnbaugenossenschaft, Schwarzenberg

1995 Wohn- und Geschäftsüberbauung Obergrund, Städtische Pensionskasse, Luzern

1996 Einbau Verwaltungsgericht des Kantons Luzern, Obergrund, Luzern

1996 Einfamilienhaus Stalder, Meggen

1996 Kühl- und Tiefkühllager, Pistor, Bäcker-Konditor-Gastro-Service, Rothenburg

Wichtige Projekte (nicht ausgeführt)

1976 Ideenwettbewerb Bahnhof Luzern (3. Preis)

1976 Wettbewerb kath. Kirche Schöftland (1. Preis)

1978 Projekt Hotel Rachmaninof am See, Hertenstein

1980 Dreifachturnhalle und Primarschule Mariahilf, Einwohnergemeinde, Luzern

1981 Gestaltungskonzept für 120 Verkaufsfilialen, Hofpfisterei, München

1981 Betriebszentrale Eichhof AG/Lufrisca AG, Grosshof, Luzern

1984 Garagen-, Ausstellungs- und Servicegebäude, Koch-Panorama AG, Ebikon

1987 Wohnhausgruppe Hünenbergring, Luzern

1990 Wettbewerb Wohnüberbauung Eintracht, Wolfenschiessen NW (1. Preis)

1991 Wohnüberbauung Zentrum über dem Depot der Vitznau-Rigi-Bahn, Vitznau

1991 Gestaltungsplan Werkhof, Büros, Wohnungen, Kopp AG/Altras AG, Bahnhofplatz, Horw

Aktuelle Bauten und Projekte

1998 Gesamtsanierung Alterssiedlung Eichhof, Bürgergemeinde Luzern

1998 Denkmalpflegerische Sanierung Wohn- und Geschäftshaus, Luzern

1998 Diverse Umbauten und Renovationen

1999 Ausbau Verteilzentrale Pistor, Rothenburg

Abbildungen

1. Neubau für zentrale Materialwirtschaft, Eidg. Flugzeugwerk, Emmen

2. Halbzeuglager im Neubau für zentrale Materialwirtschaft, Eidg. Flugzeugwerk, Emmen

3. Wohn- und Geschäftsüberbauung Obergrund, Luzern

4. Klinik für Onkologie am Kantonsspital Luzern

GMT Architekten

GMT Architekten Luzern
Alpenquai 4
6005 Luzern
Telefon 041-369 60 30
Telefax 041-369 60 39

GMT Architekten Horw
Dormenweg 1
6048 Horw
Telefon 041-340 62 62
Telefax 041-340 62 02

e-mail: gmtarchitekten@bluewin.ch

Gründungsjahr 1980/87

Inhaber/Partner
Thomas Grimm,
dipl. Arch. HTL/SWB

Thomas Marti,
dipl. Arch. HTL/SWB/SIA

Walter Tschopp,
dipl. Arch. HTL/SWB

Mitarbeiterzahl 6

Tätigkeitsgebiete
– Wohnungsbau
– Industrie- und Gewerbebau
– Büro- und Verwaltungsbau
– Sanierungen, Umbauten und Renovationen
– Innenausbauten und Einrichtungen
– Bebauungs- und Gestaltungspläne
– Schatzungen

Philosophie
Ziel unserer Arbeit ist, durch Ideenreichtum, Beharrlichkeit und Einsatz jede Bauaufgabe zu einer individuellen Lösung zu führen. Dabei werden die vielseitigen Bedürfnisse der Auftraggeber, die Bedingungen des Ortes und der Umwelt aufmerksam studiert und respektvoll umgesetzt.

Wichtige Projekte
1980–98 Einfamilienhäuser in Buchrain, Hellbühl, Horw, Kastanienbaum, Kriens, Littau, Luzern, Meggen, Neuenkirch, Oberhofen, Rothenburg, Rotkreuz, St. Niklausen, Sursee und Udligenswil

1984/96 Labor-, Verwaltungs- und Fabrikationsgebäude Lea Ronal AG, Grossmatte, Littau

1987 Neubau Büro- und Gewerbegebäude Pilatusstrasse 2, Dierikon

1987 Sanierung Wohn- und Geschäftshaus Löwenstrasse 9, Luzern

1987–88 Einrichtung von Arztpraxen für eine Kinderärztin und einen Allgemeinpraktiker, Luzern

1989 Einrichtung Werbeagentur Ottiger, Reussbühl

1989–94 Erweiterung 7-Air, Fabrikationsräume mit Hochregallager, Malerei und Blechbearbeitungszentrum, Hitzkirch («Prix eta» 1995)

1991–93 Sanierung Wohnhaus Arsenalstrasse 12, Kriens

1992 Sanierung Wohn- und Geschäftshaus Hirschmattstrasse 56, Luzern

1993–95 Sanierung Wohnhäuser Obernauerstrasse 9–13, Kriens

1993–95 Sanierung Wohnhäuser Würzenbachmatte 23–25, Luzern

1995–96 Sanierung Wohnhäuser Unterlachenstrasse 24, 28, 30, Luzern

1996–98 Neubau Arzneimittelfabrik Laves, Schötz

Wettbewerbe
1987 Ideenwettbewerb Sanierung Wohnsiedlung Aarepark, Solothurn

1989 Studienauftrag Grossgarage Auto Koch AG, Kriens (1. Preis)

1989 Projektwettbewerb Pflegeheim Wesemlin, Luzern (2. Preis)

1989 Projektwettbewerb Sanierung und Verdichtung Wohnsiedlung Waldweg, Luzern (3. Preis)

1992 Projektwettbewerb Wohnsiedlung Listrig, Emmenbrücke (3. Preis)

1992 Ideenwettbewerb Wohnsiedlung Krauerhus, Neuenkirch (1. Preis und Weiterbearbeitung Gestaltungsplan)

1994 Projektwettbewerb Neubau Werkhof der Stadt Luzern (3. Preis)

1995 Studienauftrag Maihof, Allgemeine Baugenossenschaft Luzern

1995 Studienauftrag Mühlebachweg, Luzern (1. Preis und Weiterbearbeitung)

1996 Projektwettbewerb Ausbau Seminar Bellerive, Luzern (1. Preis und Weiterbearbeitung)

Abbildungen
Treppenimpressionen
1. Wohnung Heller, Luzern
2. Haus Keller, Neuenkirch
3. Haus Dormen, Horw

GZP Architekten

Dipl. Architekten
ETH/SIA, HTL/STV
Zentralstrasse 10
6003 Luzern
Telefon 041-211 14 41
Telefax 041-211 16 41

Gründungsjahr 1963
seit 1981 Aktiengesellschaft

Inhaber/Partner
Peter Ziegler
Peter Schönenberger
Rolf Keller
Marco Rosso
Marcus Wüest

Mitarbeiterzahl 10

Spezialgebiete
Wohnungsbau
Schulbauten
Öffentliche Bauten
Geschäftsbauten, Hotels
Gewerbebauten
Umbauten und Sanierungen
Restauration schutzwürdiger Bauten
Architektonische Beratung bei Tiefbauten
Gestaltungsplanungen
Schatzungen und Expertisen

Philosophie
Bauwerke von hoher architektonischer Qualität, die die Bedürfnisse und Interessen des Bauherrn erfüllen, sind das Ziel einer professionellen Arbeit, die wir als umfassende Dienstleistung bezüglich Planung, Ausführung und Kontrolle von Bauprojekten betrachten.

Wichtige Projekte, Referenzen

Wohnbauten
1991 Udelbodenstrasse 46+48, Littau
1992 Bruchstrasse 29, Luzern
1994 Schädrütirain 1, Luzern
1995 Büttenenstrasse 9+11, Luzern
1997 Ruopigenstrasse 26+28, Reussbühl
1997 Schädrütirain 2, Luzern

Schulbauten
1988 Schulanlage Wydenhof, Ebikon
1990 Schulanlage Pfarrmatte, Escholzmatt
1995 Schulanlage Windbühlmatte, Escholzmatt
1996 Erweiterung Schulhaus Roggern u. Meiersmatt, Kriens

Öffentliche Bauten
1987/93 Staatsarchiv des Kantons Luzern
1994 Lärmschutzmassnahmen N2, Sentibrücken, Luzern

Geschäftsbauten, Hotels
1987 Büro- und Geschäftshaus Luzernerstrasse 88, Littau
1992 Wohn- und Geschäftshaus, Paulusplatz, Luzern
1994 Wohn- und Geschäftshaus Bleicherstrasse 11, Luzern
1994 Hotel Continental-Park, Murbacherstrasse 4, Luzern

Gewerbebauten
1990 Verteilzentrale CKW, Unterwerk, Littau

Umbauten, Sanierungen
1988 Geschäftshaus Frey&Co., Hirschmattstrasse 32, Luzern
1990 Wohn- und Geschäftshaus Eden, Haldenstrasse 97, Luzern
1997 Krienbachschulhaus, Luzern

Aktuelle Projekte
Erweiterung der Kantonsschule Reussbühl
Umbau/Sanierung Schulhaus Mariahilf, Luzern

Wettbewerbe
1987 Staatsarchiv des Kantons Luzern, 1. Preis
1987 Ausbau Stadthaus Luzern, 2. Preis
1988 Turnhalle, Sportanlagen Pfarrmatte, Escholzmatt, 1. Preis
1989 Überbauung Bellevue, Hochdorf, 1. Preis
1989 Wohnüberbauung Fleckenhof, Rothenburg, 1. Preis
1993 Erweiterung Kantonsschule Reussbühl, 1. Preis
1994 Gemeindehaus Ebikon, 2. Preis
1996 Alterswohnungen Neuenkirch, 1. Preis
1996 Erweiterung Amtsgericht Luzern-Land, Kriens, 2. Preis

Abbildungen

1. Staatsarchiv des Kantons Luzern, 1987/93

2. Hotel Continental-Park, Luzern, 1994

3. Mehrfamilienhaus Ruopigenstrasse 26+28, Reussbühl, 1997

4. Sanierung Krienbachschulhaus, Luzern, 1997

5.+6. Kantonsschule Reussbühl

Jäger, Jäger, Egli AG

Architekten ETH/SIA
Gerliswilstrasse 43
6020 Emmenbrücke
Telefon 041-260 82 82
Telefax 041-260 82 85

Gründungsjahr 1991

Inhaber/Partner
Martin Jäger,
dipl. Arch. ETH/SIA/FSAI

Hansjürg Egli,
dipl. Arch. HBK/SIA/SWB

Thomas Jäger,
Architekt REG A /SIA

Mitarbeiterzahl 10

Philosophie
Erarbeiten von qualitätsvollen architektonischen Konzepten unter Wahrung der Interessen der Bauherrschaft.

Umsetzen der Konzepte in eine moderne, zeitgemässe Architektur mit materialgerechten, schnörkellosen Details.

Projekte/Auszeichnungen
1991 Bankgebäude, Beromünster

1991–96 Oberstufenschulhaus Menznau, 1. Preis

1992–96 Wohnüberbauung Listrig, Emmenbrücke, 1. Preis

1994–96 Primarschulhaus Neuenkirch, 1. Preis

1995 Dorfkäserei Hergiswil b. Willisau

1995 Niedrigenergiehaus Scheuzger in Staffelbach

1994–97 Wohnsiedlung Oezlige, Beromünster, 1. Preis

1996–98 REFH/DEFH Krauerhus, Neuenkirch

1997/98 EFH Rütter, St. Erhard

1997/98 Schulhauserweiterung, Buochs NW, 1. Preis

1997/98 Schulhauserweiterung Beromünster

Spezialgebiete
Schulhausbauten

Öffentliche Bauten

Bankgebäude

Umbauten/Sanierungen

Gestaltungspläne

Käsereibauten

Wohnungs- und Siedlungsbau

Wettbewerbe

Abbildungen

1. Schulhausanlage Grünau, Neuenkirch, 1. Etappe, 1996

2. Wohnüberbauung Listrig, Emmenbrücke, 1992–96

3. REFH/DEFH Krauerhus, Neuenkirch, 1996–98

4. EFH Rütter, St. Erhard, 1997/98

Hans Kunz

Architekt HTL
Bahnhofstrasse 18
6210 Sursee
Telefon 041-921 77 54
Telefax 041-921 03 64

Gründungsjahr 1985

Mitarbeiter
Rolf Egger, Architekt HTL

Mitarbeiterzahl 1 bis 3

Spezialgebiete
Öffentliche Bauten

Restaurierungen

Umbauten und Renovationen

Wohnungsbau

Schulbauten

Raumkonzepte

Publikationen
Jahrbuch der Historischen Gesellschaft Luzern, Bd. 12/1994, Bd. 14/1996

Aktuelle Wettbewerbs Scene

Philosophie
Bauen für die Zukunft, mit dem Bewusstsein der Verantwortung an unsere nächste Generation

Wettbewerbe
1992 Schulhaus Nottwil (Ankauf)

1993 Dorfzentrum Oberkirch (4. Preis)

1993 Dorfzentrum Hohenrain (5. Preis)

1994 Werkhof/Feuerwehrlokal Sursee (3. Preis)

1994 Gemeindeverwaltung Littau (7. Preis)

1994 Überbauung Göldinstrasse, Sursee (Studienauftrag)

1995 Milchwirtschaftsschule Sursee (3. Preis)

1996 Heilpädagogische Sonderschule, Sursee (3. Preis)

1997 Wohnhaus in Horw (Studienauftrag)

1997 Museum Sursee (Studienauftrag)

Wichtige Projekte
1985 Wohn- und Geschäftshaus Rast, Sursee

1988 Zweifamilienhaus Kunz, Kriens

1990 Restaurierung Kapelle St. Mauritius, Schötz

1990 Wohnhaus Dr. Emch, Aeugst ZH

1991 Zweifamilienhaus Bieri, Sursee

1991 Geschäftserweiterung Centralhof Mode, Sursee

1993 Renovation Schulhaus St. Georg, Sursee

1994 Renovation/Neubau Wohn- und Geschäftshaus Kreuz, Sempach

1996 Wohnhaus Hunziker, Walde AG

1997 Wohnhaus Eltschinger, Zumholz FR

Aktuelle Projekte
Bebauungskonzept und Gestaltungsplan Meierhöfli, Sursee

Neubau HPS, Sursee (Bauleitung, Kostenplanung; ArGe mit Scheitlin + Syfrig, dipl. Arch. ETH/SIA/BSA, Luzern)

Abbildungen

1.–4. Wohn- und Geschäftshaus Kreuz, Sempach, 1994:
1. Südansicht
2. Südseite, Ausschnitt
3. Studio im Dachgeschoss
4. Wohnbereich

5. Pavillon im Park, Wettbewerb «Bellerive», Luzern, 1996

6. Neue Verwaltung Littau (Wettbewerbsmodell), 1994

Fotos: Bruno Meier, Sursee: 1–3
Photo Jung, Sursee: 6

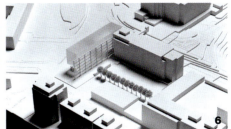

Rothenfluh & Spengeler Architekten

Murbacherstrasse 25
6003 Luzern
Telefon 041-210 87 80
Telefax 041-210 45 56
e-mail: ro-sp@pilatusnet.ch

Gründungsjahr 1983/1996

Inhaber/Partner
Sepp Rothenfluh,
Architekt SWB

Lukas Spengeler,
Architekt HTL

Mitarbeiterzahl 2

Tätigkeitsgebiete
Öffentliche Bauten/
Kulturbauten

Sanierungen, Umbauten
und Renovationen

Wohnungsbau

Philosophie
«Wer aber mit den Augen
zudringlich ist als Erkennender,
wie sollte der von allen Dingen
mehr als ihre vorderen Gründe
sehen!»
Friedrich Nietzsche

Wettbewerbspreise
1986 PW Oberlöchli, Pensionskasse der Stadt Luzern: Projekt «Davidoff», Ankauf

1988 PW Pflegeheim Rontal, Ebikon: Projekt «Serenade», 2. Rang (Zusammenarbeit mit Peter Affentranger)

1989 PW Gemeindezentrum Adligenswil: Projekt «Malewitsch», 5. Rang mit Weiterbearbeitung (Zusammenarbeit mit Peter Affentranger)

1991 IW Dorfzentrum Buchrain: Projekt «Apropos», 6. Rang (Zusammenarbeit mit Angela Stockmann, Mitarbeit Alain Othenin-Girard)

1992 PW Schulzentrum Erlen, Emmen: Projekt «Konkret», 1. Rang (Zusammenarbeit mit Peter Affentranger, Mitarbeit Reto Portmann)

1997 PW auf Einladung, Kantonale Sonderschule Sunnebüel, Schüpfheim: Projekt «Brother Moon – Sister Sun», 2. Rang

1997 PW auf Einladung, Umnutzung Schulgebäude Sentimatt, Kant. Hochbauamt Luzern: 1. Rang mit Ausführung 1998–99

Wichtige Projekte
1987/88 Zweifamilienhaus, Niederstein, Ennetbürgen (Mitarbeit Andre Haarscheidt)

1988 Umbau kleine Stygerscheune für den spanischen Invaliden- und Pensioniertenverein (Zusammenarbeit mit Marques und Zurkirchen)

1989–95 Um- und Anbau Kulturzentrum BOA, Baudirektion der Stadt Luzern (Mitarbeit Reto Portmann)

1990 Umbau Haus Ludwig Oechslin, Friedentalstrasse, Luzern

1991/93 Umbau Restaurant Widder, Luzern

1992 stattkino am Löwenplatz, Verein Filmhaus Luzern

1993 Dachstockausbau Meyer, Winkelriedstrasse 64, Luzern

1994 Café-Bar Kleintheater am Bundesplatz, Luzern

1995 Umbau Haus Zingg, PUR-Werbung, Meggen

1996 Umbau Ateliergebäude Sternmattstrasse 16, Luzern

1997 Umbau Kasernenplatz 1, Akademie für Erwachsenenbildung, Luzern

Aktuelle Projekte
Maison de la Plage, Ferienhaus Fam. Scherer, Servance (F)

Zweifamilienhaus, Bahnhofstrasse, Hitzkirch

Anbau Freizeitraum, Witikonerstrasse, Zürich

Einfamilienhaus in Überbauung, Nottwil

Umnutzung Schulgebäude Sentimatt, Dammstrasse, Schule für Gestaltung, Luzern

Abbildungen

1.+2. Maison de la Plage, Servance (F)

3. Anbau Kulturzentrum BOA, Luzern

Schärli Architekten AG

Dipl. Architekten ETH
Fluhmattweg 6
6000 Luzern 6
Telefon 041-410 58 51
Telefax 041-410 74 76

Gründungsjahr 1927/1954
seit 1.1.93 Aktiengesellschaft

Inhaber/Partner
Stefan Schärli,
dipl. Arch. ETH/SIA/FSAI

Adriano Bosco,
eidg. dipl. Bauleiter

Thomas Waser,
dipl. Arch. HTL, Bauökonom

Mitarbeiterzahl 10

Spezialgebiete
Öffentliche Bauten, Spitäler, Heime

Industriebauten,
spez. Milchwirtschaft

Kirchenbauten

Wohnbauten

Hotelbauten

Renovationen/Sanierungen

Expertisen, Schatzungen, Wettbewerbe

Baumanagement

Bauökonomie

Publikationen
Architekturszene Schweiz, mediART, 1991

Luzerner Architekten, Werk Verlag, 1985

Archithese 3/89

SI+A 36/94

Hauptstadt Berlin, Stadtmitte Spreeinsel, Bauwelt Birkhäuser, 1994

Philosophie
Die Bedürfnisse der Bauherren, die Ansprüche von Bewohnern und Benützern unserer Bauten architektonisch präzise umzusetzen und dabei Kosten und Termine im Griff zu halten sind unsere obersten Ziele.

Wichtige Projekte
1989 Betagtenzentrum Rosenberg, Luzern

1989 Erweiterung Käselager P. Bürki AG, Luzern

1990 Wettbewerb Neubau Heim im Bergli, Luzern (1. Preis)

1991 Schul- und Bürogebäude Avia-Haus, Luzern

1991 Avia-Tankstelle Landenbergstrasse, Luzern

1991 Erweiterungsbau Unterwerk Steghof, Luzern

1992 Gedeckter Waschplatz Seekag, Luzern

1992 Aufstockung und Panoramalift Managementgebäude Schindler, Ebikon

1993 Neubau Ärztehaus, Fluhmattweg, Luzern

1994 Wettbewerb Spreeinsel, Hauptstadt Berlin (Nachrücker engere Wahl)

1995 Ausstellungs- und Tennishalle mit gedeckter Stehtribüne, Allmend, Luzern

1995 Stiftung für Wohnungsbau der Suva, Wohnhaus Landschaustrasse 26, Luzern

1995 Renovation Haus Pfyffer von Wyher, Hertensteinstr. 28, Luzern

1995 Schmuckladen Fillner, Hertensteinstrasse 28, Luzern

1995 Sanierung 9-Familien-Haus Bergstrasse 7a, Luzern

1996 Sanierung Haus Seepark, Gartenstrasse 4, Zug

1996 Fassadenrenovation Baslerhof, Alpenstrasse 1, Luzern

1997 Umbau Neonatologie/IPS, Kinderspital Luzern

1997 Sanierung Altersheim im Bergli, Luzern

Aktuelle Projekte
Wettbewerb (in ArGe) Sanierung/Neubau Sonderschule Schüpfheim LU, 1. Preis

Wettbewerb Haus des Sports, Luzern, 1. Preis

Sanierung Hotel de la paix, Luzern

Sanierung Studentenheim, Alpenquai 42, Luzern

Fassadensanierung Zürichstrasse 37, Luzern (für Swisscom)

Wettbewerb (in ArGe) Wohnüberbauung Tribschen, Luzern

Wettbewerb Mehrzweckhalle Horw, 1. Preis

Umbau Bäckerei Bucher, Emmenbrücke

Abbildungen

1. + 2. Renovation Wohn- und Geschäftshaus Seepark, Zug

3. Fassadenrenovation Basler-Haus, Luzern

4. Neubau Ausstellungsgebäude Allmend, Luzern

Fotos: Alois Ottiger, Zug: 1+2
Louis Brem, Luzern: 3

Tüfer Grüter Schmid

Dipl. Architekten ETH/SIA
Zentralstrasse 38a
und Habsburgerstrasse 26
6003 Luzern
Telefon 041-210 15 23
Telefax 041-210 21 42/51
e-mail: tgs@dial.eunet.ch

Gründungsjahr 1975

Inhaber/Partner
Peter Tüfer,
dipl. Architekt ETH/SIA

Meinrad Grüter,
dipl. Architekt ETH/SIA

Eugen Schmid,
dipl. Architekt ETH/SIA

Leitende Angestellte
Andreas Moser,
dipl. Architekt ETH/SIA

Frank Lüdi,
dipl. Architekt ETH/SIA

Mitarbeiterzahl 20

Spezialgebiete
– Wohnungsbau,
  öffentliche Bauten
– Gewerbe-
  und Industriebauten
– Hotels und Restaurants
– Umbauten/Restaurationen
  mit Denkmalpflege
– Gestaltungs-
  und Bebauungspläne
– Expertisen, Schatzungen
  und Beratung

Auszeichnungen
Auszeichnung guter Bauten
in der Stadt Luzern

Auszeichnung guter Bauten
im Kanton Luzern

Wichtige Wettbewerbe
1988 Dorfzentrum Rotkreuz,
1. Preis und Weiterbearbeitung

1990 Dreifachturnhalle,
Grosswangen, 1. Preis

1991 Verwaltungszentrum
«an der Aa», Zug, 3. Rang

1992 Wohnüberbauung
Herdschwand, Emmenbrücke,
3. Rang

1992 Überbauung Schön-
grund II, Rotkreuz, 1. Preis
und Weiterbearbeitung

1993 Berufsschule «Schütze»,
Zürich, Projekt in der engeren
Auswahl

1994 Zentrale Gemeinde-
verwaltung Littau, 1. Preis
und Weiterbearbeitung

1994 Werkhof Stadt Luzern,
Luzern (mit Cometti, Galliker,
Geissbühler, Architekten),
1. Preis und Weiterbearbeitung

1996 Städtebaulicher
Ideenwettbewerb DB-Güter-
bahnhofareal, Basel

1997 Mehrzwecksaal, Horw,
1. Preis und Weiterbearbeitung

1997 Zentrumsplanung
«Flecken», Rothenburg,
1. Preis und Weiterbearbeitung

1997 Erweiterung Kunsthaus
Graz

1998 Gestaltungsplan
Rigigasse, Küssnacht a. Rigi,
1. Preis und Weiterbearbeitung

Wichtige Projekte
1975–92 Einfamilienhäuser
in Luzern, Meggen, Horw,
Kriens, Hochdorf, Hergiswil

1984–88 Überbauung
Kasernenplatz mit Läden,
Büros, Wohnungen, Luzern

1987–93 Überbauung Huob
mit Wohn- und Gewerbe-
bauten, Meggen

1989–91 Wohn- und Gewerbehaus Lädelistrasse, Luzern

1990–95 Arztpraxen für
Chirurgie, Augenkrankheiten,
Luzern

1990 Umbau Luzerner
Landbank, Luzern

1991–93 Dreifachturnhalle
Maihof, Luzern

1992–93 Hotel und Restaurant
Hofgarten, Luzern

1993–94 Mehrfamilienhäuser
Wesemlinrain, Luzern

1993–94 Umbauten Frauen-
klinik, Kantonsspital Luzern

1993–96 Gemeinde-
und Wohnhaus, Römerswil

1994 Umbau Altersheim
Sunneziel, Meggen

1995–97 Bebauungsplan
Zellfeld, Schenkon

1995–97 Wohn- und
Geschäftshaus Gössimatte,
Rotkreuz

1996 Wohn- und Geschäfts-
haus Blumenhof, Luzern

1996 Ladenumbau Sphinx
Lichttechnik, Luzern

1997 4 Doppel-Einfamilien-
häuser, Sentibühl, Meggen

1997–98 Ausstellungshaus 4B
für Bachmann AG, Adliswil-
Zürich

seit 1997 Überbauung
Weihermatte mit Läden und
Wohnungen, Malters

Abbildungen

**1. Mehrfamilienhaus
Scherer, Meggen, 1995**

**2. Überbauung Grund,
Rotkreuz, 1997**

**3. Sanierung Wohn-
und Geschäftshaus Kapell-
platz 2, Luzern, 1997**

**4. Alterswohnungen CWG,
Hochdorf, 1996**

Arnold Wettstein

Architekt BSA/SWB/Reg A
Allmendhus
6023 Rothenburg
Telefon 041-280 41 44
Telefax 041-280 49 44

Gründungsjahr 1968

Inhaber
Arnold Wettstein

Mitarbeiterzahl 2 bis 4

Spezialgebiete
Wohnungsbau

Schulbauten

Gewerbebauten

Bauten für Handel
und Verwaltung

Sanierungen/Umnutzungen

Innenausbau

Siedlungsplanung

Publikationen
Domus 447/67

Siedlungs- und Baudenkmäler im Kanton Luzern, Keller+Co., Luzern

Siedlungsformen der Zukunft Nr. 39, Schweiz. Vereinigung für Landesplanung, Bern

Zuger Bautenführer, Bauforum Zug+Werk AG, Zürich

Lehrtätigkeit
1979–96 Dozent am ATIS Horw, Ingenieurschule HTL

seit 1992 Experte am Zentralschweizerischen Technikum, Luzern

Wichtige Projekte
1972 Doppelwohnhaus Gut+Borner, Hitzkirch

1975–76 Wohnsiedlung «Prowoba», Unterägeri (ArGe Luginbühl, Wettstein)

1983 Kapelle in Remetschwil AG (Wettbewerb 1. Rang, nicht ausgeführt)

1987–90 Wohn- und Geschäftshaus «Husmatt», Hitzkirch

1988 Restauration Wohnhaus Seminarstrasse 21, Hitzkirch

1989–90 Doppelwohnhaus auf Felmis, Horw

1992–94 Schulanlage Konstanzmatte, Rothenburg (Wettbewerb 1. Rang, Ausführung 1. Bauetappe)

1993–95 Mehrfamilienhaus Schönmattstrasse 20, Inwil LU

1994 Umbau Mehrfamilienhaus Kellerstrasse 28 (Ortsbildschutzzone), Luzern

Aktuelle Projekte
Wohnhaus in steiler Hanglage in Rothenburg

Sanierung Wohnüberbauung Sedelstrasse, Luzern
(1. Rang aus Projektaufträgen)

Abbildungen

1. + 2. Mehrfamilienhaus Schönmattstrasse 20, Inwil LU, 1993–95

3. Schulhaus Konstanzmatte, Rothenburg, 1992–94

4. + 5. Wohnhaus auf Felmis, Horw, 1989–90

Fotos 2 + 3: Stephan Wicki, Luzern

Ob-/Nidwalden, Uri

Christen + Mahnig AG

Architekten HTL
Nägeligasse 6
6370 Stans
Telefon 041-610 28 36
Telefax 041-610 27 36

Gründungsjahr 1990

Inhaber/Partner
Alois Christen

Josef Mahnig

Mitarbeiterzahl 3 bis 5

Spezialgebiete
Siedlungsbau

Öffentliche Bauten

Gewerbebauten

Umbauten/Sanierungen

Philosophie
Präzise Analyse von Bedürfnissen und Möglichkeiten des Auftraggebers und des Ortes, wo die Bauaufgabe verwirklicht werden soll.

Umsetzen der Ergebnisse dieser Analysen, so dass Funktionen, Form, Konstruktion und Wirtschaftlichkeit beim Bau und im Betrieb gleichwertig behandelt werden.

Für zukünftige Funktionen soll möglichst grosser Raum gelassen werden.

Wichtige Projekte
1989 Siedlung Wechselchärn, Stans

1990 Haus Kuster, Stans

1991 Umbau Haus Jlge, Stans

1994 Achtfamilienhaus Wechsel, Stans

1994 Haus Duss, Buochs

1995 Siedlung Matte, Altdorf

1995 Haus Philipp-Zberg, Schattdorf

1996 Behinderten-Wohnheim Kanton Nidwalden, Stans

1997 Umbau Casa al Lago, Minusio

Aktuelle Projekte
Umbau Casa al Lago, Minusio

Diverse Umbauten

Abbildungen

Behinderten-Wohnheim Kanton Nidwalden, Stans

Fotos: Rudolf Steiner, Luzern

Werner Furger

Dipl. Architekt HTL
Gitschenstrasse 4
6460 Altdorf
Telefon 041-870 82 18
Telefax 041-871 03 10

Gründungsjahr 1984

Inhaber
Werner Furger,
dipl. Architekt HTL

Mitarbeiterzahl 4

Spezialgebiete
Renovation/Umbau
von denkmalpflegerisch
geschützten Objekten

Wohnbauten

Umbauten und Sanierungen

Geschäftsbauten
(Büros, Banken)

Industriebauten

Philosophie
Die Aufgaben zum Nutzen des Menschen umweltgerecht umsetzen. Erhalten und respektieren der bestehenden Bausubstanz bei Umbauten. Bauliche Eingriffe eigenständig integrieren.
Die Interessen der Bauherrschaft und der Architektur treuhänderisch wahren.

Wichtige Projekte
1986 Neubau Totenkapelle, Bristen

1987 Neubau Überbauung Busti, Schattdorf

1988–89 Neubau Wohnsiedlung Grossgrund, Bürglen

1989–90 Umbau/Renovation «alter Pfarrhof», Silenen

1990 Neubau Raiffeisenbank, Bristen

1990–91 Umbau Hausgaden «Stöck» in Jugendherberge, Seelisberg

1991 Umbau/Renovation Talstation Luftseilbahn Eggberge, Altdorf

1992–93 Neubau Büroanbau an bestehendes Wohnhaus, Erstfeld

1993 Renovation/Umbau Wohnhaus Aerlig, Seelisberg

1993–94 Neubau Zweifamilienhaus, Jakobsried, Altdorf

1995 Renovation Kapelle St. Jakob, Isenthal

1995 Statische Sanierung und Renovation Wohnung, Tellspielhaus, Altdorf

1995–96 Neubau Gebäude für kantonale Holzschnitzelheizung, Bürglen

1996 Sanierung Schwimmbad Moosbad, Altdorf

1997 Renovation Kapelle Heilig Kreuz, Maderanertal, Bristen

Aktuelle Projekte
Umbau/Renovation Gemeindehaus Altdorf

Mehrfamilienhaus Winkel, Altdorf

Gesamtkonzept Rütli, Seelisberg:
Umbau/Renovation Rütlihaus, neue WC- und Aussenbuffetanlage, Info-Gebäude in bestehender unterer Scheune

Abbildungen
1. Heizzentrale der kantonalen Holzschnitzelheizung, Bürglen, 1996

2. 2-Familien-Wohnhaus, Jakobsried, Altdorf, 1994

3. Ansicht Hausgaden «Stöck», Jugendherberge, Seelisberg, 1991

4. Innenraum Hausgaden «Stöck», Jugendherberge, Seelisberg, 1991

Harksen – Trachsel – Städeli

HTS Architekten ETH/HTL
Bahnhofstrasse 6
6460 Altdorf
Telefon 041-871 03 34
Telefax 041-870 29 33

HTS Architekten ETH/HTL
Luzernerstrasse 16
6330 Cham
Telefon 041-780 00 50
Telefax 041-780 00 55

Gründungsjahr 1988

Inhaber/Partner
Josef Trachsel, Arch. HTL

Beat Trachsel, Arch. HTL

Daniel Harksen, Arch. HTL

Stefan Städeli, Arch. HTL

Leitender Angestellter
Peter Zurfluh,
dipl. Bauleiter Hochbau

Mitarbeiterzahl
Büro Altdorf 6
Büro Cham 9

Spezialgebiete
– Wohnbauten
– Schulbauten
– Geschäftsbauten
  (Banken, Praxen)
– Bürobauten
– Industriebauten
– Umbauten und Sanierungen
– Restaurationen
  und Denkmalpflege
– Quartiergestaltungen

Philosophie
Wir verstehen Architektur als Reaktion auf einen vorgegebenen Ort oder eine vorgegebene Situation. Die formale Reduktion und das Schaffen von einfachen und klaren Strukturen, unter Einbezug der geeigneten Materialien, sind eines der Hauptziele in unserer planerischen Tätigkeit und helfen uns, die Wünsche des Bauherrn funktionell und wirtschaftlich umzusetzen. Qualität gilt als oberstes Prinzip in der Planungs-, der Ausführungs- und der Abrechnungsphase.

Wichtige Projekte
1988/89 Wohn- und Geschäftshaus Kirchgemeinde, Bürglen

1989–95 Div. Umbauten für KPD PTT, Luzern, und GD PTT, Bern

1989/90 Mehrzweckgebäude, Attinghausen

1990/91 Wohn- und Geschäftshaus Burgstr. 5, Attinghausen

1990/91 Erweiterung und Sanierung Primarschulhaus, Seedorf

1990/93 Erweiterung und Sanierung Primarschulhaus, Unterschächen

1991/92 Erweiterung Primarschulhaus, Bürglen

1992/93 MFH Bristenstrasse 15, Altdorf

1992/93 Sanierung Bürogebäude Flüelerstrasse 1, Altdorf

1992/93 EFH Spitzrüti 4, Schattdorf

1992/96 Renovation «Planzerhaus» (1609; Nat. Denkmalpflegeobjekt), Bürglen

1992/96 Wohnheim für Behinderte, Rüttistrasse, Schattdorf

1993/94 Einfamilienhäuser Brückenstalden 14–16, Bürglen

1993/94 Reiheneinfamilienhäuser Betschartmatte 27–39a, Bürglen

1993/95 Wohnhäuser Vogelsanggasse 14 und 14a, Altdorf

1995/97 Restaurierung Pfarrkirche St. Peter und Paul (1682–85; Nat. Denkmalpflegeobjekt), Bürglen

1995/97 Bürogebäude Kt. Verwaltung Uri, Brickermatte, Bürglen

Aktuelle Projekte
1996/97 Anbau Wohnhaus Oberer Winkel 11, Flüelen

Wohnüberbauung Rosenau, Flüelen

Wohnüberbauung Löwenmatte, Bürglen

Mehrfamilienhaus, Klausenstrasse, Bürglen

Mehrfamilienhaus Friedheim, Erstfeld

Einfamilienhaus Gosmertalweg 11, Bürglen

Wettbewerbe
1988 Projektwettbewerb Mehrzweckgebäude, Attinghausen, 1. Preis und Weiterbearbeitung

1989 Projektwettbewerb Kantonale Bauernschule Uri, Seedorf, 2. Preis

1992 Projektwettbewerb Wohnheim für Behinderte im Kanton Uri, Schattdorf, 1. Preis und Weiterbearbeitung

1992 Studienauftrag Wohnüberbauung Rosenau, Flüelen, 1. Preis und Weiterbearbeitung

1993 Studienauftrag Gemeindehaus Flüelen, 1. Preis,

Wettbewerb «Betriebsnotwendige Bauten EWA», Altdorf, 7. Rang

Abbildungen

1. Wohnheim für Behinderte, Schattdorf: Sichtbacksteinfassade

2. Einfamilienhäuser Brückenstalden 14–16, Bürglen: Eternitfassade

3. Wohnhaus Vogelsanggasse 14a, Altdorf: Naturholzfassade

4. Neubau Kt. Verwaltung Uri, Bürglen: HIT-Fassade

Waser + Achermann

Architekturbüro
Schmiedgasse 1a
6370 Stans
Telefon 041-610 78 78
Telefax 041-610 42 51

Gründungsjahr 1987

Inhaber/Partner
Tony Waser,
Architekt HTL

Max Achermann,
Bautechniker REG

Mitarbeiterzahl 5

Spezialgebiete
Bauten der Öffentlichkeit

Wohnungs-
und Gewerbebauten

Sanierungen/Umbauten

Aussenraumgestaltung

Gestaltung Verkehrs-
und Ingenieurbauten

Möbeldesign

Publikationen
«Ein zugänglicher öffentlicher Bau», Schulhaus Obbürgen NW: Architektur+Technik, B+L Verlags AG

«Kleinod in den Alpen», Gartencenter Kuster, Stans NW: Markt in Grün, Verlag Rohn, Köln

Philosophie
Jedes Projekt ist einmalig und steht unverwechselbar am Ort, agiert und reagiert im Umfeld mit seiner Masse, seiner Architektur, seiner Struktur, der Textur und seinem Material.

Ökologie im gesamten sowie die Detailpflege sind ein starkes Anliegen.

Wichtige Projekte
1988 Wohn- und Geschäftshaus Rast, Udligenswil

1990–93 Dorfkerngestaltung Hergiswil (TG, Sportplatz, Telefonzentrale)

1991 Wohn- und Geschäftshaus Molkerei Barmettler, Stans

1991–94 Schul- und Mehrzweckanlage Obbürgen (Turnhalle, Zivilschutz)

1992–94 Mehrfamilienhaus Achermann, Schmiedgasse, Stans

1994 Hallenbad K. J. Hempel, Kastanienbaum

1995–97 Wohnüberbauung Mühlebach, Stansstad

1996 Anbau Schreinerei Businger, Stans

1997 Gewerbegebäude Rohner Druck, Buochs

1997 Gartencenter Kuster, Stans

Aktuelle Projekte
Um- und Anbau Hotel Waldheim, Bürgenstock

Neubau Getränkemarkt Lussi, Stans

Um- und Anbau Mehrzweckgebäude «Spritzenhaus», Stans

Neugestaltung Dorfplatz, Stans

Abbildungen

1. Wohnüberbauung Mühlebach, Stansstad, 1997

2. Gartencenter Kuster, Stans, 1997

3. Obkirchenbrücke A2/A8, Hergiswil

4. Sideboard

5. Detail Schreinerei Businger, Stans, 1996

Fotos: Lehner, Stans: 2; Weber, Stans: 3; Eberli, Horw: 4

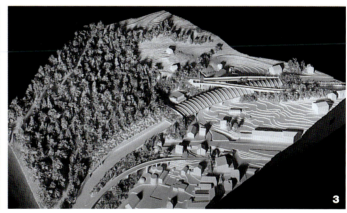

Schaffhausen

ABR & Partner AG

Grubenstrasse 1
8201 Schaffhausen
Telefon 052-625 80 50
Telefax 052-625 80 88

Gründungsjahr 1989

Inhaber/Partner
Felix Aries

Christian Bächtold

Mitarbeiterzahl 12

Spezialgebiete
Kostengünstig bauen

Individuelle, konzeptionelle Problemlösungen

Leichtbaukonstruktionen in Holzelementbau

Industrie- und Verwaltungsbauten

Revitalisierungen, Nutzungskonzepte und Trägerschaftsentwicklungen

Erscheinungsbild-Umsetzungen in der Innenarchitektur als Teil der Corporate Identity

Bauen und Renovieren unter «Betrieb der Liegenschaft»

Entwickeln von renovationsgerechten Entwurfs- und Betriebskonzepten für bestehende Liegenschaften

Publikationen
EFH in Schaffhausen, Holzkonstruktion, in Das Einfamilienhaus, 1994

Wohnhäuser in Schaffhausen in Raum+Wohnen 3/95

Neue Architekturwege in FMB/SIA-Bulletin 18/96

Kindergarten Geissberg in Architektur+Technik 4/96

Bauen so gut wie nötig, in SIA Nr. 12, 20.3.98

Diverse Bauten in «Sperrholzbuch»

Philosophie
Bauen so gut wie nötig und mit sinnvoller Perfektion

«Design to Cost»

Wichtige Bauten

Banken
Schweiz. Bankverein:
Gesamtneubau Schaffhausen
Gesamtneubau Kreuzlingen

Gesundheit
Gesamtumbau Privatklinik Belair, Schaffhausen

Diverse Sanierungen, u.a.:
Kantonsspital Schaffhausen
Altbauten Pflegeabteilung Kantonsspital Schaffhausen

Verwaltung, Industrie, Gewerbe
Produktions- und Verwaltungsgebäude Storz-Endoskop GmbH, Schaffhausen

Innenarchitektur und Orientierungssystem Kant. Verwaltungsgebäude, Schaffhausen

Revitalisierungen
Zunfthaus Rüden, Schaffhausen: Seminarhotel, Medical-Trainingszenter

Schöpfe Büttenhardt: Seminarhotel

Leichtbaukonstruktionen Holzrahmenbau
Diverse Einfamilienhäuser

Sporthalle Schweizersbild, Schaffhausen

Aktuelle Objekte
Sporthalle (Holzkonstruktion), Stäfa

Altbausanierung Kantonsspital Schaffhausen (Bauen unter Betrieb)

Umbau Schweiz. Bankverein, Pilotfiliale Basel (Bauen unter Betrieb)

Bauerneuerung an Mehrfamilienhäusern in Basel und Schaffhausen (Bauen unter Betrieb)

Revitalisierungskonzept Intermezzo, Diessenhofen: Umbau, Umstrukturierung

Umbau Schweiz. Bankverein, Zürich: Gesamterneuerung Gebäude am Paradeplatz, Innenarchitektur, Gesamtgestaltung (Bauen unter Betrieb)

Revitalisierung Hotel Central in Valchava GR (Bauen unter Betrieb)

Neubau Logistikzentrum in Tuttlingen (D)

Wohnhausbau in Fillière (F)

Diverse Renovationen und Erneuerungen von Privatbauten

Abbildungen

Umbau Schweiz. Bankverein, Kreuzlingen

1. Empfang 1.OG
2. Kundenhalle EG
3. Entrée Beratung
4. Korridor Beratung 2.OG

Architekt Christian Deggeller Partner

Vordergasse 30
8200 Schaffhausen

Kohlfirststrasse 5
8252 Oberschlatt

Telefon 052-625 24 57
        052-657 20 70
Telefax 052-624 51 43

Inhaber
Christian Deggeller,
Architekt SWB

Mitarbeiterzahl 4 bis 5

Spezialgebiete
Sanierungen/Umbauten
Altstadtliegenschaften, Schutzobjekte (Denkmalpflege)

Öffentliche Bauten,
Schulbauten

Wohn-/Gewerbebauten,
Holzbautechnologie

Innenraumgestaltung,
Möbeldesign

Beratungen

Publikationen
SI+A, Architektur
und Wettbewerb

Aktuelle Wettbewerbs Scene

Philosophie
Wir analysieren den Ort,
die Bedürfnisse, den ökonomischen Rahmen.

Auf komplexe Fragen suchen wir klare Antworten. Auch Antworten auf ökologische und energetische Gebote unserer Zeit und Einbezug der Bewirtschaftungskriterien.

Unser Schaffen verstehen wir als Verantwortung gegenüber der baukulturellen Aufgabe.

Deggeller Partner berät, plant und baut für Private und die öffentliche Hand.

Wettbewerbe
1988 Stadterweiterung,
Bahnhof West, Schaffhausen,
Ankauf

1990 Verwaltungsgebäude
Kt. Schaffhausen,
9. Rang und Überarbeitung

1991 Feuerwehrstützpunkt
Stadt Schaffhausen, 6. Rang

1991 Oberstufenzentrum
Diessenhofen, 4. Rang

1992 Primarschule Schlatt,
1. Rang

1993 Orientierungsschule
Neunkirch, 1. Rang

1994 Oberstufenzentrum
mit Turnhalle, Eschenz,
1. Rang

1994 Primarschule Eschenz,
1. Rang

1997 Bürgerheim
Stadt Schaffhausen, 1. Rang

1998 Quartierschule Thayngen,
2. Rang und Überarbeitung

Diverse Studienaufträge

Wichtige Projekte ab 1990
Produktions- und
Lagergebäude, Volketswil

Einfamilienhaus Chilstig,
Trasadingen

Wohn- und Geschäftshaus
TCS, Altstadt Schaffhausen

Umbau/Erweiterung
PTT-Quartierpoststelle 8203
Schaffhausen

Wohnüberbauung (Ensembleschutz), Sulz/Rickenbach

Wohn-/Geschäftshaus Deggeller,
Altstadt Schaffhausen

Primarschulhaus Schlatt TG

Umbau/Erweiterung
Kindergarten Gruben SH

Orientierungsschule
Neunkirch SH

Aktuelle Projekte
1995–98 Erweiterung Oberstufenschule und Turnhalle
in Eschenz

1998 Umnutzung Altbau,
Eschenz

1997–99 Neukonzeption und
Gesamtsanierung Städtisches
Bürgerheim Schaffhausen

1998–99 Doppeleinfamilienhaus, Trasadingen

Abbildungen
1. Wohn-/Geschäftshaus
TCS, Altstadt Schaffhausen

2. Sperrholzarbeit,
TCS-Haus

3. Wohnhaus Chilstig,
Trasadingen

4.–6. Oberstufenschule
Eschenz

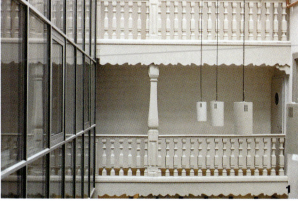

Oechsli + Partner

Architekturbüro AG
Rheinstrasse 17
8200 Schaffhausen
Telefon 052-624 77 26
Telefax 052-624 19 29

Gründungsjahr 1971
AG seit 1982

Inhaber/Partner
H. P. Oechsli,
Architekt BSA/SIA/SWB

Markus Kögl, Architekt SWB

Hans Rosenast, Bauleiter

Jörg Butti, dipl. Bauleiter SBO

Lehrtätigkeit
H. P. Oechsli: Dozent TWI,
Technikum Winterthur

Mitarbeiterzahl 10 bis 15

Aufgabenkreis/Schwerpunkte
Anspruchsvolle Planungs-,
Architektur- und
Innenarchitekturaufgaben

Preisgünstiger Wohnungsbau

Umnutzung, Sanierungen

Expertentätigkeit für Private
und Gemeinden

Immobilienberatung: Treuhand, Schätzungen, Gutachten

Publikationen
Bauwelt 14/88, Bertelsmann

DBZ Deutsche Bauzeitschrift 8/90

Hochparterre 7/92

Häuser 2/93 und 1/98, Verlag Gruner+Jahr

Dom & Wnetrze 5/96, Warschau

Arch Eternit 2/97

Schweiz. Architektenführer 1920–1990, Bd. 1, Werk-Verlag

Auswahl ausgeführter Bauten
1988 Wohnüberbauung Rammersbühl, Schaffhausen

1990 Umbau Wohn- und Geschäftshäuser mit Migros-Markt, Schaffhausen

1991 Neubau Gemeinschaftszollanlage Thayngen/Bietingen, Thayngen

1992 Neubau Verkehrsleitzentrale N 4/Einsatzzentrale, Kapo Schaffhausen

1993 Neubau Wohn- und Geschäftshaus am See, Küssnacht am Rigi

1993 Neubau Wohnsiedlung Remishueb, St. Gallen

1994 Altersheim der Einwohnergemeinde Wilchingen

1995 Umnutzung Altstadtliegenschaften, Schaffhausen, für Sozialversicherungsamt

1995 Neubau Wohnsiedlung Felsenau, Schaffhausen, für Georg Fischer Immobilien AG

1996 Neubau Oberstufenzentrum Letten, Diessenhofen

1997 Neubau Feuerwehrzentrum Schaffhausen

Innenarchitekturaufgaben
1985 Gestaltung Büro- und Fabrikationsräume, Repräsentationsraum und Museum, IWC International Watch Co. AG, Schaffhausen

Forschungsaufgaben
1994–95 Entwicklung eines Bausystems für mehrgeschossigen Wohnungsbau. Auftraggeber: Lösch Betonwerke, Lingenfeld (D), Schwörer Betonwerke, Stuttgart (D); Katzenberger Betonwerke, Gerasdorf/Wien (A)

Wettbewerbe (Auswahl)
1982 Wohnquartier Remishueb, St. Gallen, Arbeitsgemeinschaft mit Tissi+Götz, 1. Preis

1990 Feuerwehrdepot Schaffhausen, 1. Preis

1992 Oberstufenschulhaus, Diessenhofen, 1. Preis

1992 Gemeinschaftszollanlage Kreuzlingen/Konstanz, 2stufiger Ideen-Projektwettbewerb, 1. Preis

1995/1996 Kantonsschule Schaffhausen, 2stufiger Studienauftrag, Ausführungsauftrag

Auswahl in Planung/Ausführung begriffener Projekte
Erweiterungsbau Kantonsschule Schaffhausen

Umbau Hauptsitz Crédit Suisse, Schaffhausen

Wohn- und Gewerbesiedlung, Küssnacht am Rigi

Abbildungen

1. Feuerwehrzentrum Schaffhausen, 1997

2. Wohnhaus, Munotstrasse, Schaffhausen, 1995

3. Wohnhaus Rosenau, Schaffhausen, 1997

4. Einfamilienhaus Sutter, Schaffhausen, 1996

5. IWC, Schaffhausen, 1985–97

6. Schulhaus Diessenhofen, 1996

Fotos:
B.+E. Bührer, Schaffhausen: 1+3;
G. von Bassewitz: 4+5; S. Kuenzi: 6

Schmid + Bossi Partner

AG für Architektur und
Bauberatung
Villenstrasse 23
8200 Schaffhausen
Telefon 052-625 60 80
Telefax 052-625 00 78
e-mail: s+b@schaffhausen.ch
schmidbo@schaffhausen.ch

Verbände
SIA / FSAI / CRB

Gründungsjahr 1995
Nachfolgefirma von

Scherrer+Hartung, Architekten
SIA/FSAI, Schaffhausen

Schmid Architekten SIA,
Schaffhausen

Planag Schaffhausen AG

Inhaber
Peter Ernst Schmid,
dipl. Arch. ETH/SIA

Hans Bossi, Architekt

Freie Mitarbeiter/Partner
Meinrad Scherrer,
dipl. Arch. ETH/SIA

Joachim Maass, dipl. Geograph
und Raumplaner ETH/NDS

Leitender Angestellter
Georg Wagner, Architekt HTL

Mitarbeiterzahl 9 bis 11

Spezialgebiete
Bauten des Fürsorge-
und Gesundheitswesens

Bauten für Industrie
und Gewerbe

Schul- und Sportanlagen

Restaurierungen,
Umbauten, Sanierungen

Dienstleistungen
für Behörden, Raum- und
Ortsplanungen

Bauberatungen

Gebäudeschätzungen

Expertisen

Philosophie
Treuhänderische Wahrung der
Interessen des Auftraggebers.

Wichtige Projekte

Neubauten
Kantonales Pflegezentrum,
Schaffhausen

SBV-Sitzgebäude, Schaffhausen

Bankfiliale Herblingen,
Schaffhausen

Druckereizentren
Meier+Cie. AG in Feuerthalen
und Schaffhausen

Pharmagebäude Cilag AG,
Schaffhausen

Wohn- und Geschäftshaus
Post Herblingen, Schaffhausen

Schule Buchthalen 1,
Schaffhausen

Wohnsiedlung Baumschul-
strasse, Schaffhausen

Restaurierungen, Umbauten
Schloss Weinfelden TG

Kirche St. Johann, Schaffhausen

Hotel Kronenhof, Schaffhausen

Kloster Kartause Ittingen TG

Münsterturm, Schaffhausen

Stadtkirche Stein am Rhein

Gemeindehaus Feuerthalen

Ausbildungszentrum
Unterhof, Diessenhofen TG

Schule Buchthalen 2,
Schaffhausen

Zonenplan und Bauordnung
Beringen SH

Neunkirch SH

Kantonale Richtplanung SH

Aktuelle Projekte
Restaurierung «Bürgerasyl»,
Stein am Rhein

Restaurierung ref. Kirche
Thayngen

Restaurierung kath. Kirche
Stein am Rhein

Restaurierung ref. Kirche
Beggingen

Neubau Hotel-Restaurant
Bellevue, Neuhausen

Renovation Kantonales Pflegezentrum, Schaffhausen

Wohnüberbauung Etzel-
strasse, Schaffhausen

Abbildungen

**1. Ausbildungszentrum
Unterhof, Diessenhofen TG,
1993**

**2. Kloster Kartause
Ittingen TG, 1984**

**3. Kirche St. Johann,
Schaffhausen, 1992**

Schwyz

BSS Architekten

Architekten SIA
Hirschistrasse 15
6430 Schwyz
Telefon 041-811 37 37
Telefax 041-811 74 30

Gründungsjahr 1980

Inhaber/Partner
Hans Bisig, dipl. Arch. ETH/SIA

Alfred Suter, Arch. SWB

Karl Schönbächler,
dipl. Arch. ETH/SIA

Hermann Heussi, Arch. HTL

Mitarbeiterzahl 20

Spezialgebiete
- Landesausstellungsthemen
- Gestaltungsplanungen
- Ortsbildinventarisationen
- Siedlungen/Gesamtkonzepte
- Siedlungsbau/verdichtetes Wohnen
- Sämtliche raumplanerischen und architektonischen Aufgaben, welche sich im ländlichen Raum stellen

Philosophie
Jede Raum- und Bauaufgabe stellt eine neue Herausforderung dar. Dabei versuchen wir, im konservativen, ländlichen Kontext zeitgenössische Architekturthemen aufzugreifen und auf unsere Weise umzusetzen – morphologische und typologische Themen ebenso wie ökonomische und ökologische Fragestellungen. Aufbauend auf der Vielfalt der Aufgaben und der reichen Praxis, stellen wir uns mit Freude den Aufgaben der Zukunft.

Wettbewerbe (1. Preise)
Wohnüberbauung Honegg, Seeblick und Hirzenmatt, Küssnacht

KV-Schule Lachen

Feuerwehrgebäude Brunnen (mit R. Stirnemann)

Post u. Gemeindehaus Wollerau

Schulanlage Schmerikon (ArGe mit Weber und Kälin, Rapperswil)

Wohn- und Geschäftsüberbauung Vorderes Rubiswil, Schwyz

Dreifachturnhalle Kantonsschule Schwyz (mit R. Stirnemann)

Wichtige Projekte
Ökologisches Haus Müller, Steinhausen

Überbauung Nümattli, Rickenbach

Wohn- und Geschäftsüberbauung Steisteg, Schwyz (Basler Versicherung)

Feuerwehrgebäude Schwyz

AHV-Erweiterungsbau, Schwyz

Reihenhäuser Mangelegg, Schwyz

Ortsbildinventare Lachen, Schwyz, Arth, Einsiedeln, Küssnacht a. R., Brunnen

Gestaltungsplan Mangelegg (150 WE)

Gestaltungsplan Steisteg (200 WE/Gewerbe)

Gestaltungsplan Rubiswil (200 WE/Gewerbe)

Gestaltungsplan Bahnhofplatz, Brunnen (100 WE/Gewerbe)

Neubau AHV Kanton Schwyz, Schwyz

Wohn- und Geschäftsüberbauung Bahnhofplatz, Brunnen

Kaufmännische Berufsschule Lachen

Büro- und Gewerbebau A. Weber, Seewen

Wohnüberbauung Honegg, Küssnacht (120 WE)

Reihenhäuser Seeblick, Immensee

Feuerwehrgebäude Brunnen

Bürogebäude Mittlerer Steisteg, Schwyz

Anbau Haus Bühlmann, Schwyz

Einfamilienhaus Schönbächler, Schwyz

Bibliothek und Mediothek Lehrerseminar, Rickenbach

Mehrfamilienhäuser Gand, Gersau

Dreifachturnhalle Kantonsschule Schwyz

SBV, Bank mit Wohn- und Geschäftsüberbauung, Lachen

Aktuelle Projekte
Wohnüberbauung Honegg, Küssnacht

Wohnprojekt Mythenstein, Brunnen

Wohnüberbauung Bättigmatte, Seewen

Alterssiedlung Riedstrasse, Schwyz

Eigentumswohnungen Im Park, Brunnen

Wohnüberbauung Nümattli, Rickenbach

Abbildungen

1. Hauptfront Neubau AHV Kanton Schwyz, 1992

2. Kopfbau Wohn- und Geschäftsüberbauung Bahnhofplatz, Brunnen, 1993

3. Hoffassade Einfamilienhaus Schönbächler, Seewen, 1994

4. Detail Anbau Haus Bühlmann, Schwyz, 1991

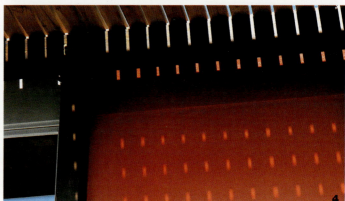

Hanspeter Kälin & Co.

Architektur, Innenarchitektur und Design
Ochsnerstrasse 5
8840 Einsiedeln
Telefon 055-418 40 00
Telefax 055-418 40 01

Gründungsjahr 1979
(zusammen mit B. Weber)

Inhaber (ab 1994)
Hanspeter Kälin, Architekt,
dipl. Designer/Innenarch. SID

Leitender Mitarbeiter
Josef Landolt,
eidg. dipl. Bauleiter

Mitarbeiterzahl 8

Spezialgebiete
– Öffentliche und
  institutionelle Bauten
– Wohn- und Gewerbebauten
– Umbau und Sanierung
– Umnutzung/Renovation
– Restaurierung
– Bauberatung
  für historisch wertvolle
  und bedeutende Bauten
– Sakralbauten
– Innenarchitektur
– Läden und Restaurants
– Möbeldesign
– Produktegestaltung

Publikationen
Schriftenreihe Chärnehus 16/91

Schw. Schreinerzeitung 38/94
(Porträt)

Div. Berichterstattungen
in der Tagespresse

Broschüren zur Eröffnung
öffentlicher Bauten

Auszeichnungen
European Museum of the Year
Award 1982, specially
commended

Auswahl ausgeführter Projekte
1979–82 Museumsgestaltung
Technorama Winterthur

1980–82 Designprojekte
für Luigi Colani

1984 Neugestaltung Cinema
Leuzinger, Rapperswil

1986 Café Tulipan, Einsiedeln

1989–91 Wohn- und Geschäftshaus Klostergarten, Einsiedeln

1989–91 Renovation und
Erweiterung «Chärnehus»,
Einsiedeln

1989–92 Oberstufenschulhaus,
Schmerikon SG

1990 Design Möbelprogramm
«Profile»

1990–92 Wohn- und Geschäftshaus Kryenbühl, Einsiedeln

1990–93 Neubau Schulanlage
Studen SZ

1991 Gesamtgestaltung
Festplatz für 700-Jahr-Feier
des Kantons Schwyz

1992 Neubau Druckerei
F. Kälin AG, Einsiedeln

1992 Umgestaltung Wohnhaus
Thomas Hürlimann, Willerzell

1994 Gestaltung Büro
Administra AG, Einsiedeln

1995–97 Neubau Schulanlage
Egg SZ

1996 Wohnhaus Leonardi,
Einsiedeln

1997 Mehrfamilienhaus
Vrenelisgärtli, Einsiedeln

1997 Restaurierung Grosser
Saal des Klosters Einsiedeln

Wettbewerbe
1984 Schulanlage Schmerikon,
1. Rang*

1988 Mehrzweckgebäude,
Wangen SZ, 3. Rang**

1989 Schulhaus II, Wangen
SZ, 1. Rang**

1990 Schulanlage, Studen SZ
(Präqualifikations-Wettbewerb),
1. Rang

1992 Wohnüberbauung
Birchli, Gommiswald,
1. Rang**

1995 Kant. Landwirtschaftliche Schule, Pfäffikon SZ
(Präqualifikations-Wettbewerb),
1. Rang

* mit B. Weber und BSS-Arch.
** mit B. Weber

Aktuelle Projekte
1997–98 Mehrfamilienhäuser,
R. Chicherio, Einsiedeln

1997–99 Renovation und
Teilumbau Bundesbriefarchiv,
Museumsneugestaltung,
Schwyz

1998–99 Restaurierung,
Renovation und Neugestaltung
Beichtkirche, Kloster Einsiedeln

1999–99 Sanierung und
Umbau Kant. Landwirtschaftliche Schule, Pfäffikon SZ

Abbildungen
1. Schulhaus Studen, 1993

**2. + 3. Wohnhaus Leonardi,
Einsiedeln, 1996**

**4. Möbelprogramm
«Profile», 1990**

**5. «Chärnehus», Einsiedeln,
1989–91**

**6. Grosser Saal, Kloster
Einsiedeln, 1997**

Meury Reifler von Gunten

Architektengemeinschaft Dipl. Architekten ETH/SIA
Haabweg 2
8806 Bäch
Telefon 01-786 25 15

Staffelstrasse 12
8045 Zürich
Telefon 01-289 70 80
Telefax 01-289 70 84

Gründungsjahr 1993

Inhaber/Partner
Ralph Meury
Matthias Reifler
Markus von Gunten

Mitarbeiterzahl 4

Spezialgebiete
Öffentliche Bauten
Wohnungsbauten
Geschäfts- und Gewerbebauten
Umbauten/Umnutzungen
Innenausbau

Publikationen
Hochparterre 3/94
Construct 3/96
Arch 1/98

Wichtige Projekte
1993–96 Mehrfamilienhaus Im Susthof, Bäch (ausgeführt)

1993 Wohnbebauung Mächler, Bäch

1994 Wohn- und Geschäftsbebauung Bahnhofareal, Bäch (Gestaltungsplan)

1995 Umnutzung Alte Spinnerei Suhr

1996 Coiffeursalon Le Stelle, Zürich (ausgeführt)

1997 Büroräume Staffelstrasse 10+12, Zürich (ausgeführt)

1997 Druckerei Staffelstrasse 12, Zürich (ausgeführt)

Wettbewerbe
1994 Wetzikon 2012, Wetzikon

1995 Alterswohnheim Ilge, Sattel

1995 Kantonalbank Schwyz, Einsiedeln

1995 Schulhaus Büöl, Ingenbohl

1996 Platzgestaltung Visperterminen (mit Karin Frei), 1. Preis

1996 Güterbahnhofareal, Basel

1997 Schulhaus Morschach

1997 Schulhaus Vorderthal, 1. Preis

1998 Gemeindezentrum Freienbach

Aktuelle Projekte
1997–98 Erweiterung Schulhaus Vorderthal

1998 Einfamilienhaus Napolitano, Hadlikon

Abbildungen

Mehrfamilienhaus Im Susthof, Bäch, 1996

Fotos: Martin Hemmi, Zürich

Müller + Osman

Dipl. Architekten ETH/SIA
Schlyffistrasse 11
8806 Bäch
Telefon 01-784 11 86
Telefax 01-784 11 86

Heinrichstrasse 255
8005 Zürich
Telefon 01-273 10 76
Telefax 01-273 15 53

Gründungsjahr 1991

Inhaber
Raphael Müller,
dipl. Architekt ETH, REG A

Yassir Osman,
dipl. Architekt ETH/SIA

Mitarbeiterzahl 3–5

Spezialgebiete
Städtebauliche Konzepte

Öffentliche Bauten und Anlagen

Wohnungsbau

Innenraumgestaltung

Entwicklung innovativer Konstruktionskonzepte

Philosophie
«Die Kunst des Puzzles

…Das Element existiert nicht vor dem Ganzen, es ist weder gleichzeitig noch älter, es sind nicht die Elemente, die das Ganze bestimmen, sondern das Ganze bestimmt die Elemente: Die Kenntnis des Ganzen und seiner Gesetze, der Gesamtheit und ihrer Struktur könnte nicht aus der gesonderten Kenntnis der sie zusammensetzenden Teile abgeleitet werden: Das heisst, dass man den Baustein eines Puzzles drei Tage lang ansehen und glauben kann, alles über seine Konfiguration und seine Farbe zu wissen, ohne auch nur im entferntesten weitergekommen zu sein: Was zählt ist allein die Möglichkeit, diesen Baustein mit anderen Bausteinen zu verbinden…»

Georges Perec
DAS LEBEN
Gebrauchsanweisung

Wettbewerbe
1990 Erweiterung Schulanlage Bäch, 3. Rang, 1. Ankauf

1991 Studienauftrag Wohnüberbauung Korporation Wollerau

1992–93 Erweiterung Kantonsspital Chur, 3. Rang, 1. Ankauf, Überarbeitung (mit J. Florin)

1993 Schul- und Gemeindeanlagen Lauerz, 1. Preis

1994 Alterswohnungen, Sattel, 2. Preis

1994 Schul- und Gemeindeanlagen Rothenthurm, 2. Preis

1996 Studienauftrag Staatsarchiv Schwyz

1997 Präqualifikation auf Einladung: Sanierung Fassade Bürotrakt Verkehrsamt Schwyz

Aktuelle Projekte
1993–97 Schul- und Gemeindeanlagen Lauerz (mit Gabriele Frei, Innenausbau in Holz und Josef Müller, Bauleitung)

1993–97 Städtebauliche Studien Schulanlage Illgau

Abbildungen

Schul- und Gemeindeanlagen Lauerz, 1993–1997:

1. Situation

2. Mehrzweckhalle

3. Schulhaustrakt

4. Obergeschoss Schulhaus

5. Detail Garderobe

Wettbewerb Kantonsspital Chur, 1992/93:

6. Modellaufnahme

Solothurn

Etter + Partner AG

Architekturbüro SIA
Weissensteinstrasse 2
4500 Solothurn
Telefon 032-625 81 10
Telefax 032-625 81 11

Gründungsjahr 1956
AG seit 1.1.91

E + P
ETTER + PARTNER AG

Inhaber/Partner
Andreas Etter, dipl. Arch. HTL

Hubert Sterki, dipl. Arch. HTL

Leitende Angestellte
Hansruedi Trachsel,
eidg. dipl. Bauleiter

Jean-Claude Eschmann,
dipl. Arch. HTL

Mitarbeiterzahl 11

Spezialgebiete
Umnutzungen

Werterhaltungen

Bauerneuerungen

Industrie- und Verwaltungsbauten

Öffentliche Bauten

Wohn- und Siedlungsbau

Wettbewerbe, 1. Preise
1993 Schulanlagen und Turnhalle, Luterbach

1994 kostengünstiger Systembau für Mehrfamilienhäuser (in Ausführung)

1997 Umnutzung Osttrakt Kurhaus Weissenstein

Philosophie
– Klare Formensprache
– Nachhaltige Projektplanung
– Innovative Produkteanwendung
– Einbezug ökologischer Materialien
– Kostenoptimierung
– Rationelle Bauablaufplanung

Wichtige Projekte

Öffentliche Bauten
1992 Staatsarchiv Solothurn (Erweiterung)

1993 Postgebäude, Bellach (Totalumbau und Anbau)

1994 Verwaltungsschutzbau VESO, Solothurn (Neubau)

1994 Doppelkindergarten, Oberdorf (Neubau)

1995 Postgebäude mit Doppelhaus, Nennigkofen (Neubau)

1996 Turnhalle Schulanlagen, Luterbach (Neubau)

Industrie-/Verwaltungsbau
1982–97 Verwaltungs-, Schulungs-, div. Fabrikations- und Lagerbauten Scintilla AG, Zuchwil SO und St. Niklaus VS (Neubauten)

1993 Verwaltungsgebäude A. Flury AG, Deitingen (Aufstockung)

1995 Fabrikationshalle Aeschlimann AG, Lüsslingen (Neubau)

1995/97 Zentrumsüberbauung mit Büros, Wohnungen, Coop-Center, Regiobank in Bellach (Neubau)

1997 Personalrestaurant und Schulungszentrum Ascom AG, Solothurn (Sanierung Gebäudehülle und Haustechnik)

Wohn- und Siedlungsbau
1994 Wohnüberbauung Lengmatt, Langendorf (Neubau 1. Etappe, 137 WE)

1996/97 Mehrfamilienhäuser PK Scintilla AG/R. Bosch AG, Solothurn:
– Grederhof, Bellach (Sanierung 20 WE)
– Schöngrünstrasse, Solothurn (Sanierung 25 WE)
– Innerfeld/Fliederweg, Zuchwil (Sanierung 1. Etappe, 80 WE)

Aktuelle Projekte
Schulanlage Blumenfeld, Zuchwil (Sanierung)

Wohn-/Geschäftshaus Cityhof, Biel (Gebäudehülle und Haustechnik, 44 WE)

Wohnüberbauung, Martiweg, Langendorf (Neubau/21 WE)

MFH-Attikaaufbau, Derendingen (Nutzungserweiterung und Dachsanierung)

Mehrfamilienhäuser Innerfeld, Zuchwil (Gebäudehülle und Balkon, Wintergarten, 32 WE)

Abbildungen
1. Wohntrakt Zentrumsüberbauung, Bellach

2. Gewerbetrakt Zentrumsüberbauung, Bellach

3. Detail Anlieferungstunnel Zentrumsüberbauung, Bellach

5. Fassadenausschnitt Neubau Fabrikationshalle Aeschlimann AG, Lüsslingen,

6. Neubau Turnhalle, Luterbach

Fugazza Steinmann & Partner

Dipl. Arch. ETH/SIA AG
Gallusstrasse 23
4612 Wangen bei Olten
Telefon 062-212 56 42

Hauptsitz (siehe Teil Aargau)
Schönaustrasse 59
5430 Wettingen
Telefon 056-437 87 87
Telefax 056-437 87 00

Gründungsjahr 1977

Inhaber/Partner
Heinz Fugazza,
dipl. Arch. ETH/SIA

William Steinmann,
dipl. Arch. ETH/SIA

Marcel Spörri, dipl. Arch. HTL

Assoziierte Mitarbeiter
Gustav Fischer, Bauleiter

Bernhard Meyer,
dipl. Arch. ETH

Urs Siegrist, dipl. Arch. HTL

Mitarbeiterzahl 30

Wir analysieren, entwerfen, gestalten, planen, konzipieren, empfehlen, konstruieren, kalkulieren, optimieren, führen, erneuern, kontrollieren, garantieren, begleiten – und haben in 20 Jahren Arbeit 30 Architekturwettbewerbe gewonnen und über 100 Projekte ausführen können.

Werkverzeichnis

Fürsorge und Gesundheit
1982 Wettbewerb Regionales Alters- und Pflegeheim Gösgen
1988 Bezug

1987 Wettbewerb Altersheim/Alterswohnungen Safenwil-Walterswil
1990 Bezug

1987 Wettbewerb Alters- und Pflegeheim Erlinsbach
1991 Bezug

1991 Studienauftrag Alterswohnungen Gösgen
1995 Bezug

1992 Studienauftrag Erweiterung und Umbau Altersheim Marienheim, Wangen bei Olten
1997 Bezug Neubau

Gemeindebauten
1992 Gemeindekanzlei Wangen bei Olten

Freizeit- und Sportbauten
1981 Wettbewerb Mehrzweckhalle und Sportanlage Däniken
1986 Bezug

Industrie/Gewerbe
1997 Einrichtungszentrum Möbel-Pfister, Pratteln

Wohnungsbau
1980 Mehrfamilienhaus Hunkeler, Wangen bei Olten

1983 Arztpraxis Dres. Berger mit Wohnhaus, Wangen bei Olten

1995 Einfamilienhaus Husi, Wangen bei Olten

1995 Einfamilienhaus Müller, Wangen bei Olten

1997 Gestaltungsplan Lören, Däniken

Aktuelle Projekte
Umbau Altersheim Marienheim, Wangen bei Olten
in Ausführung

Erweiterung Alterszentrum Safenwil-Walterswil
in Ausführung

Reiheneinfamilienhäuser Lören, Däniken
in Ausführung

Studienauftrag Interfenster, Oensingen

Umnutzungs- und Erweiterungsplanung Schweizerische Elektronikunternehmung, Bern

Abbildungen

1. Alters- und Pflegeheim Marienheim, Wangen bei Olten, Bezug 1997

2. Alterswohnungen Gösgen, Bezug 1995

3. Altersheim/Alterswohnungen Safenwil-Walterswil, Wettbewerb, 1. Preis, Bezug 1990

4. Einrichtungszentrum Möbel-Pfister, Pratteln, Bezug 1997

5. Studienauftrag Interfenster, Oensingen

Peter Schibli

Architekt ETH
Ringstrasse 20
4600 Olten
Telefon 062-212 34 34
Telefax 062-212 42 10

Gründungsjahr 1984

Inhaber/Partner
Peter Schibli, Arch. ETH
Urs Planzer, Arch. HTL

Freie Mitarbeit
Christian Schibli, Arch. HTL

Mitarbeiterzahl 8

Spezialgebiete
Bauten für Industrie und Gewerbe
Verwaltungen/Banken
Schulen
Wohnungsbau
Siedlungsplanung
Umbauten, Sanierungen

Philosophie
«…unser Ziel ist, aufwendige Funktionsabläufe in einfachen Baukuben mit industrialisierten Elementen unter konsequenter Pflege des Details zu lösen…»

Wichtige Projekte
1988–90 Kantine, Bibliothek/Mediothek Kantonsschule Solothurn

1989–93 Wohnheim mit Beschäftigungsstätte «Schärenmatte», Olten

1990–95 Grossisten-Einkaufszentrum für Gärtner und Floristen, ESG «Grünes Zentrum», Hägendorf

1994–96 Geschäftshaus Schweizer Mobiliarversicherungsgesellschaft, Balsthal

1995 Erweiterung Bürogebäude Simetra, Olten

1996–97 2. Etappe Erweiterung Kolumbarium Friedhof Meisenhard, Olten

1996–97 Umbau und Sanierung Siedlung Kleinholz (Bauetappe IV) für Baugenossenschaft Dreitannen, Olten

1996–97 Sanierung und Umbau Martin-Disteli-Haus zu einem Tagungszentrum, Olten

Aktuelle Projekte
Gesamtplanung Siedlung Kleinholz unter dem Aspekt der Nachverdichtung, Baugenossenschaft Dreitannen, Olten

Sanierung und Umbau Siedlung Kleinholz (Bauetappe V) für Baugenossenschaft Dreitannen, Olten

Sanierungen mit Dachausbauten an verschiedenen Mehrfamilienhäusern

Einfamilienhäuser

Abbildungen

1.+2. Umbau und Sanierung Siedlung Kleinholz, Olten, 1997

3.+4. Sanierung und Umbau Martin-Disteli-Haus, Olten, 1997

Stefan Sieboth

AG für Architektur und Industrial Design SIA/SWB/SID
Holunderweg 6
4552 Derendingen
Telefon 032-682 34 24
Telefax 032-682 19 27

Gründungsjahr 1960

Inhaber
Stefan Sieboth,
Arch. SIA/SWB/SID

Leitende Angestellte
Walter Kämpfer,
Baumanagement

Alfredo Pergola, Arch. HTL

Mitarbeiterzahl 12

Spezialgebiete
Industriebauten
mit Reinraumtechnik

Verwaltungsbauten

Gewerbebauten

Wohnungsbauten

Öffentliche Bauten

Publikationen
Almanach des Kantons Solothurn, 1981

«Industrie-Dorf»-Architektur, Raum und Wohnen, Etzel Verlag AG

«Das Wohnschiff an der Emme», Das Einfamilienhaus, Etzel Verlag AG

Schweizer Architekturführer 1929-90, Werk Verlag

Philosophie
«…mit einem Team von zehn Personen wird trotz einer starken konservativen Gegenströmung eine progressive Architektur vertreten…»

Wichtige Projekte
1980–81 Fabrikneubau Blösch AG, Grenchen

1981–84 Fabrikneubau ABB Semiconductors AG, Lenzburg

1982–94 Wohnsiedlung Weihermatt, Derendingen

1984–85 Fabrikneubau Aarlan von HEC, Aarwangen

1985–86 Fabrikneubau für Reinraumtechnik Wild Leitz AG, Heerbrugg (Wettbewerb)

1987–89 Fabrikneubau für Microelektronik Ascom Favag SA, Bevaix

1987–89 Entsorgungsterminal ABB, Birr

1987–89 Alters- und Pflegeheim, Derendingen-Luterbach (Wettbewerb)

1989–91 Innovationszentrum der Solothurnischen Handelskammer, Solothurn

1991 Masterplan und Teilrealisierung Ciba Geigy AG, Werk Stein

1991–93 Thomson, vorm. ABB Elektronenröhren-Fabrik, Lenzburg

Aktuelle Projekte
seit 1993, Theapiezentrum Im Schache, Deitingen

seit 1993, MVN 2000, Migros Verteilbetriebe, Neuendorf (Wettbewerb)

seit 1994, Schafroth-Gewerbezentrum, Burgdorf (Wettbewerb)

1997–98 ABB Semiconductors AG, Bimos II, Lenzburg, Fabrikneubau für Reinraumtechnik

seit 1997, Schützenhaus Burgdorf, Restaurant mit Bierbrauerei (Wettbewerb)

Abbildung

Innovationszentrum der Solothurnischen Handelskammer, Solothurn

Edi Stuber – Thomas Germann

Dipl. Architekten ETH SIA
Römerstrasse 3
4600 Olten
Telefon 062-212 06 06
Telefax 062-212 06 67
stuber-germann.architekten@bluewin.ch

Gründungsjahr 1978

Teilhaber/Partner
Edi Stuber,
dipl. Arch. ETH/SIA

Thomas Germann,
dipl. Arch. ETH/SIA

Kooperationen

EQU▲TOR
EUROPEAN ARCHITECTS

mit Partnern in:
Berlin, Colchester, Dresden,
Frankfurt, Hamburg, Helsinki,
Lahti, Moscow, Olten, Paris,
Potsdam, Stockholm

Mitarbeiterzahl 6

Tätigkeitsfeld
Bauten für Industrie
und Gewerbe

Schulen

Schwimmbäder

Wohnen

Verwaltungen/Banken

Landwirtschaft

Renovationen

usw.

Wichtige Projekte
1982–86 Verwaltungsgebäude
Solothurner Handelsbank,
Olten

1983–85 Produktionsneubau
Epos Verzinkerei AG, Däniken

1986–90 Freibad Schützenmatte, Olten

1987–97 EFH-Siedlung
Platanen, Olten (1./2./3. Etappe)

1990–93 CMO-Verwaltungsgebäude, Olten

1992–94 Haus Beck,
Hägendorf

1990–94 Schulhaus Oberdorf,
Oensingen

1990–95 Regionale Entsorgungsanlage Niedergösgen

1991–96 Produktionsneubau
Filztuchfabrik, Olten

Aktuelle Projekte
1993–98 Neu- und Umbau
Landwirtschaftsbetrieb
und Restaurant, Biberstein

1993–99 Simulatorneubau
Kernkraftwerk Gösgen

1998–00 EFH-Siedlung
Platanen, Olten (4. Etappe)

1998–00 Industriebau
Munzinger AG, Olten

1998–00 Büroneubau, Olten

Abbildungen

1. Haus Beck, Hägendorf

2. Siedlung Platanen, Olten

3. Schulhaus Oberdorf, Oensingen

4. Simulatorgebäude, Däniken

Walter Wagner

Architekt
Passwangstrasse 33
4226 Breitenbach
Telefon 061-781 39 00
Telefax 061-781 39 17

Gründungsjahr 1983

Inhaber
Walter Wagner

Leitende Angestellte
Marco Frigerio,
dipl. Architekt ETH/SIA

Paul Cueni,
dipl. Architekt HTL

Roland Tanner, Architekt

Wichtige Projekte

Industrie/Gewerbe/Sport
1985 Verwaltungs- und Lagergebäude Bandfabrik Breitenbach AG, Breitenbach

1987 Gewerbebau Krüger AG, Grellingen

1989 Laboreinbau Bandfabrik Breitenbach AG, Breitenbach

1993 Laborgebäude, Basel

1994 Laborgebäude, Kaiseraugst

1994 Klubhaus, Breitenbach

1997 Büroeinbau Bandfabrik Breitenbach AG, Breitenbach

Wohn-/Geschäftshäuser
1984 Mehrfamilienhäuser Meier+Jäggi AG, Breitenbach

1984–92 Mehrfamilienhäuser, Chrüzbach, Wangen bei Olten

1986 Mehrfamilienhaus, Luzern

1987 Wohn- und Bürogebäude mit Weinhandlung, Grellingen

1989–92 Mehrfamilienhaus, Zwingen

Umbauten/Renovationen
1983 Postautogarage, Büren

1984 Mehrfamilienhaus, Nunningen

1988 Innenrenovation Kirche Oberkirch, Nunningen/Zullwil

1988 Umbau Post, Oberwil

1989 Umbau/Renovation Bankfiliale, Laufen

1989 Umbau/Renovation Telefonzentrale und Post, Binningen

1996 Umbau/Renovation Geschäftshaus, Bielstrasse, Winterthur-Versicherungen, Solothurn

1997 Sanierung Landhaus, Buonas

Einfamilien- und Reiheneinfamilienhäuser
1984–97 Reiheneinfamilienhäuser, Chrüzbach, Wangen

1985 EFH Dr. Colombo, Breitenbach

1986 EFH Dr. Brandenberger, Breitenbach

1986 EFH Forster, Laufen

1987 EFH Stalder, Grellingen

1989 EFH Jermann, Zwingen

1994 Doppel-EFH Holzherr, Breitenbach

1997 EFH Bünger, Rüttenen

Wettbewerbe
1989 Mehrzweckgebäude, Boningen, 1. Preis

1995 Erweiterung Primarschule, Seewen SO, 2. Preis

1996 Neubau Ingenieurschule, Oensingen SO, 8. Preis

1997 Sozialer Wohnungsbau, Alice-Vogt-Stiftung, Breitenbach, Überarbeitung

Gestaltungspläne
1983 Gestaltungsplan am Chrüzbach, Wangen bei Olten

1991 Quartierplan Möbelhaus Ikea, Aesch

1994 Quartierplan Neutel, Grellingen

1995 Gestaltungsplan Laufenstrasse, Breitenbach

Aktuelle Projekte
Werkstattgebäude Bandfabrik Breitenbach AG, Breitenbach

Doppelhaus, Wangen bei Olten

Werkstatt/Atelierbau, Vallière (F)

Einbau Ausstellungsraum Hardwald AG, Birsfelden

3 Mehrfamilienhäuser, Breitenbach

Holz-Systemhäuser

EFH Düscher, Biberist

EFH Misslin, Ins

EFH Blaser, Wallenhorst (D)

Abbildungen

1. Mehrzweckgebäude, Boningen, 1989

2. Klubhaus, Breitenbach, 1994

3. Einfamilienhaus Bünger, Rüttenen, 1997

4. Einfamilienhaus Forster, Laufen, 1986

5. Innenrenovation Kirche Oberkirch, Nunningen/Zullwil, 1988

6. Mehrfamilienhaus, Chrüzbach, Wangen b. Olten, 1992

Zurmühle. Schenk. Bigler + Partner

Dipl. Architekten HTL/STV
Planungsbüro SIA
Schachenstrasse 40
4702 Oensingen
Telefon 062-396 18 78
Telefax 062-396 10 19

Gründungsjahr 1967

Inhaber/Partner
Marcel Schenk,
dipl. Arch. HTL/STV

Emil Zurmühle,
dipl. Arch. HTL/REG A/SIA

René Bigler,
dipl. Arch. HTL/STV

Leitende Angestellte
Heinz Stählin,
dipl. Bauleiter

Roger Christen,
dipl. Arch. HTL/STV

Mitarbeiterzahl 25

Spezialgebiete
Kostengünstig und flächensparend bauen durch individuelle konzeptionelle Problemlösungen

Industrie- und Gewerbebauten (fleischverarbeitende Schlacht- und Produktionsanlagen)

Richtplanungen/Gestaltungspläne

Öffentliche Bauten

Dienstleistungsgebäude/Banken

Publikationen
Wettbewerbspublikationen in diversen Fachschriften

Auszeichnungen
Diverse Wettbewerbe

Spezialität
Bauten für Industrie, Gewerbe und Handel, speziell Fleischverarbeitungsbetriebe

Überbauungskonzepte, Richtpläne und Gestaltungspläne, Siedlungsbau

Öffentliche Bauten

Philosophie
Komplexe Probleme innerhalb einer sparsamen und einfachen Architektur zu lösen. Vielschichtigkeit trotz einfacher Strukturen zu schaffen: sei es nun mit dem Aufwand der Mittel oder mit den landschaftlichen Eingriffen.

«Jeder Eingriff bedingt eine Zerstörung, zerstöre mit Verstand.» (L. Snozzi)

Wichtige Projekte

1974–96 Schlachthaus mit Fleischverarbeitung für Grieder AG, Oensingen

1987–89 Gartensiedlung mit eigenem Bürohaus, Oensingen

1987 Ingenieurbüro BSB + Partner, Oensingen

1988–90 Terrassensiedlung in Niederscherli BE

1988–94 Zentrumsüberbauung im Mühlefeld mit Gestaltungsrichtplanung über 70 000 m^2, Oensingen

1993–94 HTL-Provisorium/ Dienstleistungszentrum, Oensingen

1993–95 Saalbau/Feuerwehrstützpunkt der Einwohnergemeinde Oensingen (SIA-Studienwettbewerb, 1. Platz)

1993–96 Überbauung im Homberg: Mehrfamilienhäuser (Maisonettes), Reihenhäuser (Kompakthäuser), Wangen bei Olten

1994–95 Geschäftshaus Zellweger, Gossau ZH

1994–1996 Metzgereibetrieb Felder, Schwyz

1996–1998 Fleischverarbeitungsbetrieb Bigler AG, Büren a. d. Aare

Banken

1985 Raiffeisen, Oensingen

1986 Raiffeisen, Aedermannsdorf

1987 Solothurner Kantonalbank, Egerkingen

1989 Raiffeisen, Wangen bei Olten

1994 SOBA, Oensingen

Schulen

1989 Primarschule-Erweiterung, Aedermannsdorf

1991–92 Schulhauserweiterung Kreisschule, spez. Trakt, Oensingen (in Arbeitsgemeinschaft)

1993–95 Schulhaus Oberdorf, Oensingen (KV und Bauleitung)

Post

1985 Post Egerkingen

1994 Post Aedermannsdorf

Aktuelle Projekte 1998

Terrassenhäuser im Homberg, Wangen bei Olten

Grossmetzgerei Meinen, Bern

Doppeleinfamilienhäuser in Winkel ZH

Sanierung 32-Familienhaus in Köniz

Coop-Neubau in Egerkingen

Vescal SA, Heizsysteme in Kestenholz

Jaecker AG, Bauwerkstoffe in Oensingen

Metzgereibetrieb Vulliamy SA in Cheseaux

Schlachthof Lüthi in Linden

Metzgereibetrieb Grieder AG in Oensingen

Abbildungen

1. Zentrumsüberbauung im Mühlefeld, Oensingen, 1988–94

2. MFH der Überbauung im Homberg, Wangen bei Olten, 1993–95

3. HTL-Provisorium, Oensingen, 1993–94

4. Bienkensaal, Saalbau/ Feuerwehr, Oensingen, 1993–95

5. Konzertbestuhlung Bienkensaal, Oensingen

6. Foyertreppe Bienkensaal, Oensingen

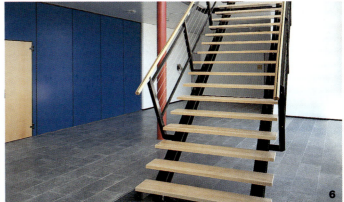

St. Gallen

asa

Arbeitsgruppe für Siedlungsplanung und Architektur AG
Spinnereistrasse 29
8640 Rapperswil
Telefon 055-210 60 51
Telefax 055-210 11 17

Zweigbüro:
Bankstrasse 8
8610 Uster
Telefon 01-942 10 11

Gründungsjahr 1978

Inhaber/Partner
Martin Eicher
Hans Jörg Horlacher
Felix Güntensperger
Urs Heuberger
Heinrich Horlacher
Patrizia Wenk Lüönd

Mitarbeiterzahl 14

Spezialgebiete
Bauen: Wohnsiedlungen, Einfamilienhäuser, Umbauten/Renovationen, Schulbauten
Raumplanung: Ortsplanung, Überbauungs-/Gestaltungspläne, Quartierpläne
Verkehr: öffentlicher Verkehr, Radwege, Verkehrsberuhigung

Publikationen
Siedlung «a de Bahn», Nänikon, KS 1/88
Siedlung «Widacher», Rüti, KS 1/91
Siedlung «Schwerzi», Nänikon, KS 1/88

Philosophie
Dem Ort und der Bauaufgabe entsprechend handeln, gemeinsam mit dem Auftraggeber die Ziele umsetzen, behutsam mit Landschaft und Ressourcen umgehen, aufgrund des Budgets das Optimum erreichen und etwas Beständiges schaffen.

Wichtige Projekte
1983 Siedlung «a de Bahn», Nänikon
1987 Siedlung «Widacher», Rüti
1990 Landwirtschaftliche Siedlung «Hopern», Nänikon
1990–94 Siedlung «Schwerzi», Nänikon
1991–96 Siedlung «Lindenstrasse», Nänikon
1993 Umbau Spinnerei Kunz in ein Kulturzentrum, Uster
1994/95 Renovation Wohnhäuser Eisenbahnerbaugenossenschaft Rapperswil
1994 Wohnsiedlung, Egg ZH (Wettbewerb, 1. Preis)
1995 Hangüberbauung, Tuggen SG (Wettbewerb, 2. Preis)
1995 Seeufergestaltung, Staad SG (Wettbewerb, 2. Preis)
1995 Primarschulhaus Nänikon/Uster (Wettbewerb, 1. Preis)

Aktuelle Projekte
Wohnsiedlung, Egg ZH
Wohnsiedlung, Rikon ZH
Mehrfamilienhäuser, Uster
Wohnsiedlung, Jona

Abbildung
Wohnüberbauung in Egg/ZH für die beiden Genossenschaften WOBEGG und WoGeno, 1997/98, 36 Wohnungen mit Gemeinschaftsraum und Ateliers in 6 Mehrfamilienhäusern, mit Unterstützung durch das Amt für Wohnbauförderung des Kantons Zürich und der Politischen Gemeinde Egg.

Lothar Bandel

Dipl. Arch. HTL/STV
Im Steinbruch 5
9462 Montlingen
Telefon 071-761 33 22
Telefax 071-761 33 37

Gründungsjahr 1987

Inhaber
Lothar Bandel

Mitarbeiterzahl 5

Publikationen
Schweizer Architektur,
Juni 1997

Wettbewerbe
1991 Mehrzweckturnhalle
in Montlingen, 3. Rang

1993 Schulanlage Hof, Gams,
3. Rang

1994 Wohnüberbauung
Aubach, Oberriet, 1. Rang

Philosophie
Mit schlichten Formen
Spannung erzeugen.

Mit der Liebe zum Detail
dem Bau Leben geben.

Mit gut proportionierten
Aussenräumen die Umgebung
einbeziehen.

Mit dem Kunden gemeinsam
die Bauaufgabe lösen.

Wichtige Projekte

Wohn-/Geschäftshäuser
1988 Bäckerei/Lebensmittelgeschäft, Montlingen

1988 Ferienwohnungen,
Tinizong/Savognin

1988/89/91 Erweiterungen
Heeb-EDV, Au

1990 Umbau/Erweiterung
Steiger Elektro, Montlingen

1993 Neubau Alters-
und Familienwohnungen,
Montlingen

1994 Neubau 3 Geschäfte
und Wohnungen Tiziani,
Montlingen

Einfamilienhäuser
1987 Ulmann, Montlingen

1989 Graber, Balgach

1990 Baumgartner,
Montlingen

1991 Locher, Rüthi

1993 Brunner, Altstätten

1995 Wüst, Montlingen

Öffentliche Bauten
1989 Renovation Berglischulhaus, Montlingen

1992 Dorfplatzgestaltung,
Montlingen

1992 Renovation altes
Sekundarschulhaus, Oberriet

1995 Renovation Oberstufenzentrum Kirchgut, Oberriet-Rüthi

1995 Neubau Primarschulhaus, Montlingen

Aktuelle Projekte
Restaurant Löwen, Oberriet

Renovation Cölestinhus
(geschütztes Bauernhaus),
Montlingen

Studie Bankgebäude, Oberriet

Wohnüberbauung Rietli,
Oberriet

Abbildungen

1. EFH Brunner, Altstätten, 1993

2. EFH Wüst, Montlingen, 1995

3. + 4. Schulhaus Litten, Montlingen, 1995

Bereuter

F. Bereuter AG
Dipl. Architekten
Hauptstrasse 65
9400 Rorschach
Telefon 071-841 53 43
Telefax 071-841 64 45

Gründungsjahr 1958

Inhaber
1958–1997 Ferdinand Bereuter, dipl. Architekt ETH/BSA/SIA

seit 1992 Hans Bereuter, dipl. Architekt FH/STV

Mitarbeiterzahl 10 bis 15

Philosophie
Kundenzufriedenheit durch hohe Kompetenz und Qualität in Entwurf, Ausführung und Baumanagement, verbunden mit grosser Flexibilität und langjähriger umfassender Erfahrung.

Wir erarbeiten individuelle, ganzheitliche Lösungen in wechselnden Teams auf der Basis ausgereifter bewährter Konstruktionen.

Dabei verstehen wir jenseits der Architekturgeschichte ökonomische, ökologische und gesellschaftliche Veränderungen als Teile einer kreativen Entwicklung.

Wichtige Projekte

Schulen, Bildung, Sport
Schulhaus Fasnacht TG (W)
Schulhaus Oberriet SG (W)
Mehrzweckgebäude Grub AR (W)
Schulhaus Feld, Altstätten (W)
Schule für Spitalberufe, St. Gallen
Heilpädagogische Schule Heerbrugg (W)
Sportstättenplanung Uzwil
Berufsschulzentrum Rorschach (W)
Heilpädagogische Schule Rorschacherberg (W)
Neubau und Aussensanierung Schulhaus Wildenstein, Rorschacherberg (W)

Fürsorge und Gesundheit
Alterssiedlung, Rorschacherberg (W)
Arztpraxis Dr. P. Lehner, St. Gallen
Neubau und Aussensanierung Alterssiedlung, Rorschach
Totalrenovation evangelische Kirche, Rorschach

Wohn- und Geschäftshäuser
Wohnüberbauungen Wis und Sunnewis, Wattwil
Wohn- und Geschäftshaus Sternacker, St. Gallen
Wohn- und Geschäftshaus Schläpfer, Goldach
Wohnüberbauung Frohlweg, Buchs (bis Baubewilligung)
Wohn- und Geschäftshaus Charles Vögele, Rorschach
Wohnüberbauung Swissair, Goldach (W)

Gewerbe, Verwaltung, Industrie
Umbau Bankverein-Filialen in Altstätten, Appenzell und Rorschach
Umbau Berner Versicherungen, Rosenbergstrasse, St. Gallen
Umbau und Erweiterung Gemeindehaus Rorschacherberg
Umbau Mobiliarversicherung, Rorschach
Totalumbau Bankverein, Multertor, St. Gallen
Betriebsgebäude Ampack Saropack, Rorschacherberg
Neubau Unterwerk NOK, Rorschach

Aktuelle Projekte
Umbau Stella Maris, Rorschach
Einfamilienhäuser, Hohrietrain, Rorschacherberg
Umbau Pestalozzi-Schulhaus, Rorschach
Sanierung Wohnüberbauung Buhof, Rheineck
Sporthalle Wühre, Appenzell (W)
Materialunterstand für Abwasserverband Altenrhein

(W) = Wettbewerb, 1. Preis

Abbildungen

1. Männerheim der Heilsarmee, Waldkirch (Wettbewerb, 1. Preis)

2. Umbau Bankverein-Filiale Amriswil

3. Kantonale Verwaltung, Davidstrasse, St. Gallen

4. Einkaufszentrum Charles Vögele, Buchs SG

5. Doppelturnhalle Oberuzwil (Wettbewerb, 1. Preis, int. Auszeichnung)

BGS Architekten

Dipl. Architekten HTL
St. Gallerstrasse 167
8645 Jona
Telefon 055-225 40 40
Telefax 055-225 40 41

Gründungsjahr 1989

Inhaber/Partner
Hans Bucher
Heinz Gmür
Fritz Schiess

Mitarbeiterzahl 7

Spezialgebiete
Öffentliche Bauten
Siedlungsbau
Wohnungsbau
Umbauten/Sanierungen
Renovationen
Innenarchitektur
Bauausführungen/Baumanagement

Philosophie
Unsere Wurzeln sind mit der traditionellen Moderne in der Architektur verwachsen. Das Analysieren des Umfelds sowie die Bedürfnisse der Benützer führen uns zur Struktur von Raum und Material. Wirtschaftlich vernünftig zu bleiben und dem «Einfachen» den nötigen Respekt zukommen zu lassen ist Teil unseres Ziels.

Wichtige Projekte
1989 Kindergarten Hummelberg, Jona

1990 Realschulhaus Amden (Wettbewerb)

1992 Friedhoferweiterung mit Renovation Kapelle, St. Gallenkappel

1993 Umbau Restaurant Rössli, Lachen

1994 Wohnsiedlung «Würzengässli», St. Gallenkappel

1995 Wohnbauten «Erlen West», Jona

1997 Reihenhäuser «Erlen Ost», Jona

1997 Ersatz Sicherungsanlagen, SBB Pfäffikon SZ

1997 Wiederaufbau Primarschule, Goldigen Dorf

Wettbewerbe
1990 Altersheim Eschenbach (2. Preis)

1991 Feuerwehrdepot mit Saal, Amden (1. Preis)

1991 Verwaltungsgebäude, Rieden (1. Preis)

1995 Ideenwettbewerb «Laui», Tuggen (3. Preis)

Aktuelle Projekte
Saalneubau mit Feuerwehrdepot, Amden

Neubauten Ausbildungsgebäude, Interkantonales Technikum Rapperswil (ArGe mit I. Burgdorf + B. Burren, Zürich)

Umbau Dienstgebäude SBB, Rapperswil

Abbildungen

1. Reihenhäuser «Erlen Ost», Jona, 1997

2. Schalterhalle Bahnhof Pfäffikon SZ, 1997

3. Ersatz Sicherungsanlagen, SBB Pfäffikon SZ, 1997

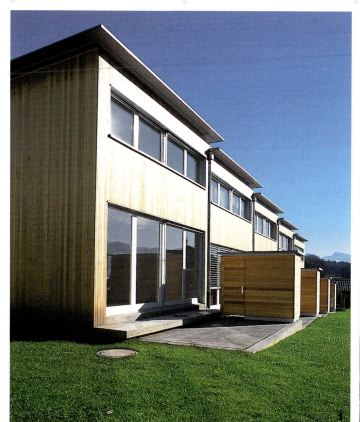

Peter + Hanni Diethelm-Grauer

Dipl. Architekten ETH/SIA
Davidstrasse 24
9001 St. Gallen
Telefon 071-223 49 76
Telefax 071-223 49 76

Gründungsjahr 1981

Inhaber/Partner
Peter Diethelm-Grauer

Hanni Diethelm-Grauer

Mitarbeiterzahl 1

Spezialgebiete
Wohnen:
vom Esstisch bis zur Siedlung

Umbauten/Renovationen:
auch in Zusammenarbeit mit
der Denkmalpflege

Lehrtätigkeit
seit 1991 Dozenten für
Architekturgeschichte und
Städtebau an der Ingenieurschule St. Gallen (ISG)

seit 1995 gleiche Lehrtätigkeit
an der Liechtensteinischen
Ingenieurschule (LIS)

Philosophie
Ausgehend vom konkreten Problem, versuchen wir möglichst unvoreingenommen auf die Wünsche des Bauherrn einzugehen. Beide sollen sich dabei von vorgefassten Bildern lösen können, um Neues, direkt den Bedürfnissen Entsprechendes, zu ermöglichen.

Kostengünstig Bauen bedeutet für uns, in langwieriger Arbeit die Grundrissflächen zu optimieren und dank vielschichtigen Bezügen, trotz knappem Raum, eine innere Grosszügigkeit zu erreichen. Das Tageslicht spielt dabei eine grosse Rolle.

Auch mit Materialien möchten wir möglichst direkt umgehen, um auch hier, weg von festgefahrenen Verwendungen, Detaillierungen und Bildern, eine sparsame Qualität zu erreichen.

Wettbewerbe
1989–91 Gemeindehaus, Grossverteiler, Wohnungen, Affoltern a. A. (Ankauf und drei weitere Bearbeitungsstufen; in Zusammenarbeit mit Jakob Schilling, Zürich, und Esther Stierli, Morges)

1992 Kantonales Laboratorium, St. Gallen (Ankauf)

1992 Einfamilienhaussiedlung, Hinteregg ZH (1. Preis und Ausführung; in Zusammenarbeit mit Esther Stierli, Morges)

1993 Schulanlage, Degersheim (3. Preis)

Wichtige Projekte
1990/91 Anbau EFH Peer, Dietikon

1991/92 Umbau Gewerberaum zu Wohnung, Degersheim

1992/93 Wohnungseinbau in Dachgeschoss, Degersheim

1992/95 Wohnüberbauung mit 13 Doppelhäusern, Hinteregg ZH (in Zusammenarbeit mit Esther Stierli, Morges)

1993/94 Aussenrenovation Dreifamilienhaus, Degersheim

1995/96 Scheunenumbau zu EFH Borer-Altorfer, Oberwil ZH

1995/96 Einfamilienhaus Dubacher, Degersheim

1995/97 Zweifamilienhaus Lemmenmeier, St. Gallen

Abbildungen

1. + 3. Zweifamilienhaus Lemmenmeier, St. Gallen, 1995/97

2. + 5. Scheunenumbau zu EFH Borer-Altorfer, Oberwil ZH, 1995/96

4. Wohnüberbauung, Hinteregg ZH (in Zusammenarbeit mit Esther Stierli, Morges), 1992/95

Eggenberger & Partner AG

Architekten HTL
Bahnhofstrasse 54
9470 Buchs
Telefon 081-750 01 10
Telefax 081-756 73 18

Gründungsjahr 1978

Inhaber/Partner
David Eggenberger,
Arch. HTL (Inhaber)

Heinz Eggenberger,
Arch. HTL (Partner)

Albert Raimann,
eidg. dipl. Bauleiter (Partner)

Mitarbeiterzahl 7

Spezialgebiete
– Wohnen
– Bildung und Forschung
– Industrie und Gewerbe
– Handel und Verwaltung
– Fürsorge und Gesundheit
– Freizeit, Sport, Erholung

Publikationen
Schweizer Holzbau 4/84, 4/89

Architekturszene Schweiz (1991)
Médi ART, Taunusstein

Neue Architektur, S+W Verlag +
PR, Henndorf (A), 1995

Philosophie
Das Besondere des Ortes und das Elementare der Aufgabe führen zur Lösung, dem architektonischen Werk. Mit unserer Arbeit wollen wir zu einer menschen- und umweltgerechten Gestaltung unseres Lebensraumes beitragen.

Wettbewerbe, 1. Preise
1979 Schulzentrum Sennwald, Salez

1980 Oberstufenschule Kirchbünt, Grabs

1984 Mehrzweckgebäude Feld, Marbach

1984 Altersheim, Grabs

1985 Schulzentrum, Flums

1986 Mehrzweckturnhalle Feld, Grabs

1986 Kindergarten Bühlbrunnen, Frümsen

1988 Mehrzweckgebäude Dornau, Trübbach

1990 Schulanlage Unterdorf, Grabs

1990 Schulanlage Kirchenfeld, Diepoldsau

1992 Alterswohnungen und Feuerwehrgebäude, Sevelen

1992 Hotel- und Schulungszentrum Alvier, Wartau

Wichtige Projekte

Wohnen
Wohnsiedlung Unterdorf, Grabs

Gartensiedlung Hanfland, Trübbach

Wohnsiedlung Sonnmatt, Werdenberg

Alterswohnungen Büelhof, Sevelen

Bildung/Sport
Schulzentrum Sennwald, Salez

Oberstufenschule Kirchbünt, Grabs

Oberstufenschule Flums-Berschis

Primarschule und Mehrzweckhalle Unterdorf, Grabs

Kindergarten Bühlbrunnen, Frümsen

Primarschule Chastli, Schänis

Industrie und Gewerbe
Büro- und Produktionsgebäude Sevex, Sevelen

Beleuchtungskörperfabrik Temde, Sevelen

Amag-Garage Kuhn, Buchs

Cash-and-Carry-Verteilzentrum, Buchs

Mechanische Werkstatt Tanner, Sevelen

Neubau Produktions- und Lagerhalle Rieter, Sevelen

Bundesbauten
Militärische Anlage kmo

Gemeindebauten
Mehrzweckgebäude Feld, Marbach

Mehrzweckgebäude Dornau, Trübbach

Umbau Rathaus Buchs SG

Aktuelle Projekte
Regionalmuseum «Schlangenhaus» Werdenberg (eidg. Denkmalobjekt)

Umbau und Renovation Turmhaus Nr. 16, Werdenberg

Überbauung für Wohnen und Gewerbe, Wieden, Buchs

2. Etappe Wohnsiedlung Sonnmatt, Werdenberg

Abbildungen

1. Schulanlage Unterdorf, Grabs

2. Beleuchtungskörperfabrik Temde, Sevelen

3. Wohnsiedlung Unterdorf, Grabs

4. Rebhäuschen Zimmermann, Malans

5. Alterswohnungen Büelhof, Sevelen

Elser & Brunschwiler

Architektengemeinschaft
Bergtalweg 3
9500 Wil 2
Telefon 071-911 07 73
Telefax 071-911 68 60

Gründungsjahr 1981
Seit 1989 Bürogemeinschaft

Bürogemeinschaft
Ruedi Elser,
Architekt ETH/SIA/SWB

Roland Brunschwiler,
Bauplanung

Mitarbeiterzahl 3

Spezialgebiete
Wohnbauten
Öffentliche Bauten
Umbauten und Sanierungen
Renovation und Restaurierung
Planung und Beratung
Schatzungen

Wichtige Projekte
1980–83 Umbau Wohn- und Geschäftshaus Pfister-Amstutz AG, Wil

1984 Umbau Heilpädagogische Grossfamilie Steinengässli, Ebnat-Kappel

1984–88 Umbau ehem. äbtisches Kornhaus, Wil

1986–88 Wohnhaus Baumgartner, Wil

1989–91 Eigentumswohnungen, Silvaplana (mit GLP-Architekten, Zürich)

1989–91 Projekt Kirchen- und Gemeindezentrum Bronschhofen (Wettbewerb, 1. Preis)

1989–91 Umbau Maiensäss «Güetli», Wangs

1991 Umbau Wohnhaus Rutz, Wil

1992 Umbau Wohnhaus Ullmann, Münchwilen

1993–94 Projekt Wohnüberbauung Neualtwil D1, Wil

1993–94 Umbau und Renovation Wohn- und Geschäftshaus Marktgasse 70, Wil

1994–95 Umbau und Renovation Wohnhaus Tonhallestrasse 7, Wil

1994–95 Projekt Umbau und Renovation Rathaus der Stadt Wil

1994–96 Sanierung Kongresshaus Zürich (mit GLP-Architekten, Zürich)

1994–96 Wohnüberbauung Schiedhaldenstrasse, Küssnacht (mit GLP-Architekten, Zürich)

1996 Umbau Wohnhaus Loser, Müselbach

1996 Wohnhaus Sennhauser-Berner, Märwil

Aktuelle Projekte
Neubau Pfarreizentrum, Bronschhofen (mit Angehrn+ Spiess, Architekten HTL, Wil)

Sanierung Mehrfamilienhaus Vetter, Rickenbach

Architektonische Gestaltung Tiefgarage Viehmarktplatz, Wil

Wohnhaus Brülisauer-Streule, Schwende

Abbildungen
1. Kirchen- und Gemeindezentrum Bronschhofen, 1991
2. Umbau Marktgasse 70, Wil, 1994
3. Umbau Tonhallestrasse 7, Wil, 1995
4. Wohnhaus Sennhauser-Berner, Märwil, 1996

Fotos: Alfred Hablützel: 1
H. P. Bühler: 2, 3
Pascale Hofer: 4

Arnold Flammer

Dipl. Architekt ETH
SIA/SWB/CSEA
Neugasse 43
9000 St. Gallen
Telefon 071-223 34 02
Telefax 071-223 34 09

Gründungsjahr 1982

Inhaber
Arnold Flammer,
dipl. Arch. ETH

Mitarbeiterzahl 4

Spezialgebiete
Restaurierungen/Sanierungen

Bauuntersuchungen von historischen Bauten

Beratungen zu historisch wertvollen Bauten

Ortsbild- und Objektinventare

Auszeichnungen
St. Galler Erkerpreis 1994,
Bank Thorbecke AG

Philosophie
Jeder Bau wird einmal zum Altbau

Architektur ist nicht nur Neuschöpfung, sondern auch wiederkehrende Auseinandersetzung mit Bestehendem

Baugeschichte wahren durch zeitgenössisches Gestalten von Neuem

Ökologie, Baubiologie und Brandschutz sind wesentliche Komponenten des Denkmalschutzes

Wichtige Projekte
seit 1984 Etappenweise Sanierung/Renovation Bauernhaus, Rehetobel AR

1985–86 Neubau EFH Hofeggring, Gossau SG

1985–90 Etappenweise Sanierung «Kirchhoferhaus», Universität St. Gallen

1987–88 Aussenrenovation und innerer Umbau Italienisches Konsulat, St. Gallen

1988–89 Aussenrenovation Jugendstilvilla «Fiorino», St. Gallen

1988–89 Renovation/Umbau Wohnhaus, Zeughausgasse, St. Gallen

1990–92 Gesamtsanierung Wohn- und Geschäftshaus «Helvetia», Gossau SG

1990–93 Gesamtsanierung mit Erkerrestaurierung Haus «Zum Pelikan», St. Gallen

1991–95 Gesamtsanierung Bauernhaus «Büel», Wattwil SG

1994 Innere Sanierung Wohnhaus, Hechtstrasse, Teufen AR

1994–95 Ladenumbau mit Galerie-Einbau «Umbrail Sport», Gossau SG

1994–95 Teilweise Innenrenovation Villa «Tigerberg», St. Gallen

1996 Restaurierung Wohnhaus «Höfli», Thal SG

1996–97 etappenweiser Umbau/Sanierung Haus «im Bogen», St. Gallen

Aktuelle Projekte
Renovation Burg «Waldegg», St. Gallen

Abbildungen

1. Aussenrenovation Villa «Fiorino», St. Gallen, 1989

2. Restaurierung Bauernhaus, Rehetobel AR, 1989

3. Erkerrestaurierung am Haus «Zum Pelikan», St. Gallen, 1993

Forrer Krebs Ley

Architekturbüro AG SIA/STV
Vadianstrasse 46
9001 St. Gallen
Telefon 071-220 30 30
Telefax 071-223 22 25

Gründungsjahr 1950

Inhaber
Heiner C. Forrer
Ruedi Krebs
Hermann Ley

Mitarbeiterzahl 23

Spezialgebiete
Wohnen
Bildung und Forschung
Industrie und Gewerbe
Handel und Verwaltung
Fürsorge und Gesundheit
Freizeit, Sport, Erholung

Philosophie
Es ist unser Ziel, neben sorgfältiger, kompetenter Projektierung, Kostenkontrolle, Bau- und Projektleitung auch die Anforderungen hinsichtlich einer eigenständigen und zeitgemässen Architektur zu erfüllen. Wir akquirieren unsere Aufträge unabhängig von Bodenspekulationen oder sogenannten Architekturverpflichtungen und sind damit ein idealer, unabhängiger Partner und Interessenvertreter für unsere Bauherrschaften.

Wichtige Projekte
1983–89 Aussenrenovation EMPA, Unterstrasse 11, St. Gallen

1985–89 Neubau Oberstufenzentrum mit Mehrzweckanlage, Mosnang

1987–89 Neubau Malerwerkstatt, Stockenstrasse 9, Bürglen

1988–89 Erweiterung Buchhandlung Rösslitor, Webergasse 7, St. Gallen

1984–90 Erweiterung Hartchromwerk, Martinsbruggstrasse 94, St. Gallen

1985–90 Umbau und Erweiterung Ostschweiz. Kinderspital, St. Gallen (ArGe mit P. Haas)

1986–90 Neubau MFH Schorenstrasse 1, 3, 5, 7, St. Gallen

1986–90 Totalsanierung Internat Dufourstrasse 108, 112, St. Gallen

1987–90 Neubau Geschäftshaus Teufenerstrasse 38, St. Gallen (Egeli-Haus)

1987–90 Umbau und Erweiterung Chromwerk, Martinsbruggstrasse 94a, St. Gallen

1987–94 Erweiterung und Ausbau Kantonsspital St. Gallen (ArGe mit Spitalabt. des kant. HBA)

1990–92 Neubau Verwaltung Olma-Messen, St. Gallen

1990–92 Erweiterung Oberstufenzentrum Necker

1990–95 Neubau Alterssiedlung Schützenwiese, Schützenstrasse 12/14, Arbon

1992–97 Neubau MFH Hof-Chräzeren (96 Wohnungen), Hofstrasse, St. Gallen-West

1995–97 Neubau Sporthalle Oberhof, Tersierstrasse, Schiers

Aktuelle Projekte
Renovation Bürgerspital St. Gallen

Wohnüberbauung, Mariabergstrasse, Rorschach

Totalumbau und Erweiterung SUVA-Haus, St. Gallen

Erweiterungsbauten Altersheim Wienerberg, St. Gallen

Umbau UBS-Bankgebäude Bahnhofplatz, St. Gallen

Geschäftshaus, Vadianstrasse, St. Gallen

Abbildungen
1. Sporthalle Oberhof, Tersierstrasse, Schiers

2. + 3. Überbauung Hof-Chräzeren, Hofstrasse, St. Gallen

4. Rettungsstützpunkt Kantonsspital St. Gallen

5. Alterssiedlung Schützenwiese, Schützenstrasse, Arbon

Fotos: B. Desmond: 1
Forrer Krebs Ley: 2–5

Fürer + Gastrau Architektur

**Dipl. Architekten
SCI – ARC/AIA**
Bahnhofstrasse 12A
9200 Gossau
Telefon 071-385 05 08
Telefax 071-385 98 89

Zweigbüro:
181 N. Broadway
Milwaukee, WI 53202, USA
Telefon 414-271 23 33
Telefax 414-224 52 27

Gründungsjahr 1993

Inhaber/Partner
Monika Fürer

David Gastrau

Mitarbeiterzahl 4

Spezialgebiete
Kulturbauten

Schul- und Sportbauten

Wohnbauten

Industrie und Gewerbe

Philosophie
Unsere Philosophie entfaltet sich im Entwurfsprozess und in den Mitteln, mit welchen wir arbeiten. Jedes Projekt wird mit analysierender und forschender Arbeitsweise angegangen. Bei unseren Entwürfen für die Gegenwart und für zukünftige Generationen legen wir grossen Wert darauf, mit Feingefühl und genauer Artikulation auf die bestehende Geschichte und die Umgebung einzugehen und dies in zeitgemässe, progressive Architektur umzusetzen. Die dreidimensionale Analyse in Modellform und die Verflechtung von formalen Elementen mit den funktionalen Anforderungen eines Projektes helfen uns, Entwurfsentscheidungen zu treffen. Diese Arbeits- und Denkweise ist permanentes Lernen, der Designprozess wird zu einer sehr spannenden Aufgabe und erlaubt unserer Bauherrschaft, sich aktiv an der Entwicklung zu beteiligen.

Wichtige Projekte
1992 Wettbewerb Saalbau mit Turnhalle, Gossau, Ankauf

1994 Olma Halle 12, St. Gallen (provisorische Ausstellungshalle)

1995 Erweiterung Betriebszentrale 2 Coop Ostschweiz, Gossau

1995 Turnhalle mit Mehrzweckraum und Nebenräumen, Gymnasium Friedberg, Gossau

1997 Büroeinbau in Erweiterung Betriebszentrale 2 Coop Ostschweiz, Gossau

1997 Studienauftrag (auf Einladung) Wohnüberbauung Butterzentrale, Gossau

1997 Studienauftrag (auf Einladung) Neubau Olma Halle 9, Olma Messen, St. Gallen

1997 Studienauftrag (auf Einladung) Dorfkernplanung Oberdorf, Gossau

Aktuelle Projekte
Einfamilienhaus in Gossau

Einfamilienhaus in Arnegg

Anbau Druckerei in Gossau

Renovation Wohn-/Geschäftshaus in Gossau

Abbildungen

1.–3. Turnhalle Gymnasium Friedberg, Gossau, 1995

4. Wettbewerb Saalbau mit Turnhalle, Gossau, 1992

5. Einfamilienhaus in Gossau, 1997/98

Fotos: Urs Wicki, St. Gallen

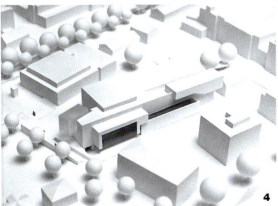

Felix Kuhn

Dipl. Architekt ETH/SIA
Kappelistrasse 7
9470 Buchs
Telefon 081-756 14 54
Telefax 081-756 72 86

Gründungsjahr 1993

Inhaber
Felix Kuhn,
dipl. Arch. ETH/SIA

Leitender Angestellter
Oliver Majer, dipl. Arch. HTL

Mitarbeiterzahl 2

Publikationen
«Treffpunkt Barcelona.
Eine Ausstellung junger
Schweizer Architektinnen
und Architekten», Katalog:
ACTAR, Barcelona 1995

Wichtige Projekte
1993–95 Alterswohnungen Heldaustrasse, Buchs.
Das Gebäude mit 32 Kleinwohnungen liegt in einem Wohnquartier an der Bahnlinie. Der ökonomische Umgang mit dem Bauland sowie die Wechselwirkung zwischen Grundrisstypologie und baulichem Schallschutz haben den Entwurf wesentlich beeinflusst. Alle Wohnungen sind der Bahn abgewandt gegen Westen orientiert. Eine gut sichtbare, eineinhalbgeschossige Eingangspartie und eine ruhige Fassade mit wenigen grossen Öffnungen bestimmen den Charakter des Gebäudes. Die loggiaartigen, vor Wind und Wetter schützenden Balkone wirken als Erweiterung der hellen Wohnräume.

1994 Zahnarztpraxis Dr. med. dent. U. Schönenberger, Buchs. Umbau nach einem Projekt von G. Weinmiller, Architektin, Berlin. Erweiterung 1996.
Ein lichtdurchlässiger, leicht gekrümmter Glasparavent bildet einen hellen Empfangsraum. Ein elegantes, längliches Eichenmöbel erfüllt alle notwendigen Funktionen (Empfang, Sekretariat, Theke). Der Patient wird in einer angenehmen, sauberen, aber keinesfalls klinischen Ambiance empfangen.

1994–96 Haus Kolbe-Rothenberger, Buchs-Räfis.
In einer Ortsbildschutzzone mit kleinen, nahe beieinander stehenden Häusern erwies sich die Gestaltung der Aussenräume als ebenso wichtig wie ergiebig. Zur Quartierstrasse hin öffnet sich ein Vorplatz mit Eingangsveranda und Garage. Auf der Westseite ist ein geschützter und sehr privater Garten entstanden. Nebst dem präzise gesetzten, schlichten Bauvolumen bewirken auch der denkbar einfache, praktische Grundriss sowie die Farbgebung eine selbstverständliche Eingliederung ins Quartier.

1994–96 Jugendtreff der Gemeinde Buchs.
Der Jugendclub war in eine bestehende Halle (Durisol-Bauweise) einzubauen. Ein möglichst grosser, beheizbarer Raum sollte verschiedenste Freizeitaktivitäten erlauben. Auf möglichst kleinem Raum sind Nebenräume wie Besprechungszimmer, Küche/Bar, Toiletten oder Abstellraum untergebracht. Diese dienenden Räume sind als Körper aus geschliffenen Furnierschichtholzplatten in den Hauptraum eingefügt. Der Raum wird hauptsächlich durch ein grosses neues Oblicht erhellt.

Aktuelle Projekte
Haus Kuhn, Buchs.
Renovation eines Einfamilienhauses aus den 60er Jahren mit Einbau von Möbeln aus Birkenholz.

Malerei Graf, Buchs.
Neuorganisation und Erweiterung der Büro- und Ausstellungsräume.

Abbildungen

1. Haus Kolbe-Rothenberger, Buchs, 1996

2. Alterswohnungen Heldaustrasse, Buchs, 1995

3. Jugendtreff der Gemeinde Buchs, 1996

Fotos: M. Bühler, Chur: 1, 3
F. Rindlisbacher, Zürich: 2

Künzler & Partner Architekten AG

Planungsbüro SIA
Rosenbergstrasse 51
9000 St. Gallen
Telefon 071-222 30 40
Telefax 071-477 16 30

Wilenstrasse 2
9322 Egnach
Telefon 071-477 16 83
Telefax 071-477 16 30

Obertor 8
9220 Bischofszell
Telefon 071-422 44 88
Telefax 071-422 51 88

Walhallastrasse 34
9320 Arbon
Telefon 071-446 00 55
Telefax 071-446 00 56

Inhaber/Partner
Werner N. Künzler

Kurt Sonderegger

Andreas Grässli

Markus Mattle

Gründungsjahr 1988

Mitarbeiterzahl 12

Infrastruktur
CAD, EDV, ISDN

Publikationen
Architektur & Wissenschaft 27/96

Verschiedene Publikationen

Philosophie
Gedanken über Gelände, Methodik, Material und Technologie gehen immer einher mit solchen über Form, Proportion, Licht und Massstab. Technologie ist nicht Thema der Architektur, sondern nur ihr Mittel.

Thematische Schwerpunkte einer Auseinandersetzung bilden Strukturen auf Gebäude- und Städtebauebene, die Erschliessung, das Bauen im Kontext, die Konstruktion und die Farbe.

Spezialgebiete
Wohnungsbau

Schulbauten

Renovationen/Umbauten/Denkmalpflege

Gewerbe-/Industriebauten

Öffentliche Bauten und Anlagen

Stadtpläne/Konzepte/Grafik

Bauberatung

Wichtige Projekte
1988 Neubau/Renovation Behindertenheim, Egnach

1989 Wohn-/Geschäftssiedlung, Egnach

1989 Restauration/Neubau «Bohlenständer», Arbon

1992 Umbau Schweiz. Bankverein, Bischofszell

1993 Kellerplan Altstadt, Bischofszell

1994 Umbau Post St. Georgen, St. Gallen

1995 Wohnsiedlung Berg, Bischofszell

1995 Schulhaus Hoffnungsgut, Bischofszell

1996 Wiederaufbau Rathaus, Arbon

1996 Neubau EFH Hackborn, Bischofszell

1996 Renovation Restaurant Traube, Neukirch

1997 Gewerbehaus «Stelz», Wil SG

1997 Geschäftshaus Sitterbrücke, Bischofszell

Aktuelle Projekte
Umbau/Restaurierung Museum, Bischofszell

Neubau/Renovation Rebenschulhaus, Arbon

Neubau Gewerbehaus Zentrum Stelz, Wil SG

Umbau/Renovation «Römerhof», Arbon

Infokonzept/Stadtplan, Bischofszell

Umbau/Renovation «Ochsen», Arbon

Sanierung Friedhofskapelle, Arbon

Neubau EFH Obertor, Bischofszell

Abbildungen

1. Schule Hoffnungsgut, Bischofszell, 1995

2. «Bohlenständer», Arbon, 1989

3. Ökonomiegebäude Obertor, Bischofszell, 1997

4. Neubau/Renovation Rebenschulhaus, Arbon, 1998

5. Gewerbehaus Stelz, Wil SG, 1990/1997

Kuster Kuster & Partner

BSA/SIA/GSMBA
Spisergasse 12
9004 St. Gallen
Telefon 071-223 59 10
Telefax 071-223 64 56

Gründungsjahr 1975

Inhaber
Karl Kuster

Walter Kuster

Partner
Peter Lüchinger

Peter Rüegger

Mitarbeiterzahl 7

Spezialgebiete
Wohnbauten für Familien und Betagte

Öffentliche Bauten verschiedenster Nutzungen

Gewerbe- und Industriebauten

Umbauten/Sanierungen

Einfamilienhäuser

Innenausbau

Publikationen
Werk, Bauen und Wohnen

SI+A Architektur und Wettbewerbe

Architekturführer Ostschweiz

Wichtige Projekte
Einfamilienhaus Hutter, Rorschacherberg

Schulpavillon Oberzil, St. Gallen

Erweiterung Altersheim Quisisana, Heiden (Wettbewerb, 1. Preis; ausgeführt)

Alterssiedlung Quisisana, Heiden (Wettbewerb, 1. Preis; ausgeführt)

Bezirksgebäude, Bazenheid (Wettbewerb, 1. Preis; ausgeführt)

Oberstufenschule, Bütschwil (Wettbewerb, 1. Preis; ausgeführt)

Gemeindezentrum «Forum im Ried», Igis-Landquart (Wettbewerb, 1. Preis; ausgeführt)

Oberstufenschule mit Turnhalle, Niederhelfenschwil (Wettbewerb, 1. Preis; ausgeführt)

Neubauten Kasernenanlage, Neuchlen-Gossau (Wettbewerb mit Überarbeitung; ausgeführt)

Einfamilienhaus Biasi, A-Höchst

Einfamilienhaus Guggenbühl, Speicher AR

Anbau Hallenschwimmbad Etter, Wolfhalden AR

PTT-Transport- u. Materialdienst, St. Gallen (Wettbewerb, 1. Preis; nicht ausgeführt)

Gemeindezentrum, Bazenheid (Wettbewerb, 1. Preis; nicht ausgeführt)

Wohnüberbauung Wanne-Locher, Altstätten (Wettbewerb, 1. Preis; nicht ausgeführt)

Kornhaus Rorschach, Umnutzung in kulturelles Zentrum (Wettbewerb, 1. Preis; nicht ausgeführt)

«Feuerschaugemeinde» Appenzell, Um- und Erweiterungsbau (Wettbewerb, 1. Preis; nicht ausgeführt)

Wohn- und Geschäftshaus «Dorf», Au SG (Studienauftrag mit Weiterbearbeitung; nicht ausgeführt)

Aktuelle Projekte
Umbau von zwei bestehenden Häusern in Wohnheime, Kant. psychiatr. Klinik, Wil

Wohnsiedlung mit Einfamilien- und Reihenhäusern, Lutzenberg

Zubau einer Orangerie, Villa Lindenhof, Rorschach

Projekt- und Ideenwettbewerbe

Abbildungen

1. Neubau Turnhalle, Niederhelfenschwil

2. Erweiterung Oberstufenschulhaus, Niederhelfenschwil

3. Anbau Hallenschwimmbad Etter, Wolfhalden AR

4. Einfamilienhaus Biasi, A-Höchst

5. Einfamilienhaus Guggenbühl, Speicher AR

Theo Müller Architekten AG

**Dipl. Architekten
ETH/HTL/SIA
Obergasse 42
8730 Uznach
Telefon 055-285 91 51
Telefax 055-285 91 50**

Gründungsjahr 1950

Inhaber
Theo Müller-Blöchlinger,
dipl. Arch. ETH/HTL/SIA

Mitarbeiterzahl 7

Spezialgebiete
– Wohnungsbau
– Schulbauten
– Bauten für das Gastgewerbe
– Öffentliche Bauten
– Moderne zeitgenössische
   Architektur
   und Denkmalpflege
– Einfamilienhäuser
– Innenarchitektur
– Gestaltungs-
   und Überbauungspläne
– Gestalterische Bearbeitung
   von Messeeinrichtungen

Philosophie
«Architektur ist weder blosse Konstruktion noch Befriedigung materieller Bedürfnisse; sie ist die Kraft, die die konstruktiven und funktionalen Gegebenheiten im Interesse eines wesentlich höheren Zieles meistert.»
Giuseppe Terrangni, 1904–1943

Wir bearbeiten ausschliesslich Entwurfs- und Planungsaufgaben. Wettbewerbserfolge haben dazu beigetragen, dass gute Architektur auch realisiert wurde. Aus vielen Wettbewerben erfolgten in den letzten Jahren bedeutende Direktaufträge. Im Wohnungsbau suchen wir laufend nach neuen Wohnmodellen, und zurzeit werden solche realisiert. Neues Wohnen heisst Raum, Licht, Farbe. Es bedeutet aber auch Wohlbefinden, Harmonie, Begegnung und Individualität. Lichtdurchflutete Höfe und lichte Räume sind ständige Begleiter. Kurzum, Neues Wohnen ist Erlebnis.

**Wettbewerbe/
Studienaufträge**
Bezirksgebäude See, Uznach

Siedlung Zübli, Uznach

Elvia-Versicherungen, Uznach

Schulanlage, Benken

Fischzuchtanstalt Weesen

Schulanlage Weinberg, Uznach

Schulanlage Kern, Uznach

Restaurant Waldegg,
St. Gallenkappel

Haus Obergasse 28, Uznach

Viele Wettbewerbserfolge
mit mehreren 1. Preisen

Wohnungsbau
Siedlung Zübli, Uznach;
Bau bis 1996/Gestaltungsplan

Siedlung Dorf, Goldingen;
Bau 1994

Überbauung Dorf, Langwiesen;
Bau 1996/Gestaltungsplan

Dorfzentrum Bahnhof,
Langwiesen;
Bau 1997/Gestaltungsplan

Neues Wohnen, Rotfarb, Uznach;
Bau 1997

Haus Obergasse 28, Uznach;
Kernzone A, Städtchen Uznach, denkmalpflegerische Aspekte, Umsetzung in moderne, zeitgemässe Architektur

Diverse Siedlungen in verschiedenen Grössen sind in der Phase des Bewilligungsverfahrens, Gestaltungsplan/Überbauungsplan

Aktuelle Projekte
Erweiterung Restaurant Waldegg, St. Gallenkappel

Haus Obergasse 28, Uznach

Siedlung Eglingen, Goldingen

Diverse Einfamilien- und Doppelhäuser in der Region

Entwurf und Entwicklung von Bausystemen im Wohnungsbau auf der Grundlage des Baukastens: Wohnbaukasten Stahl mit Holz

Abbildungen

1. Primarschulhaus Benken, Wettbewerb und Ausführung

2. Primarschulhaus Benken, Architektur und Detail

3. Schulhaus Weinberg, Uznach, Studienauftrag und Ausführung

4. Fischzuchtanstalt Weesen, Studienauftrag und Ausführung. Der Zweckbau – Notwendigkeit einer nicht mehr intakten Umwelt, als architektonische Aufgabe an einer ortsbaulich empfindlichen Lage bauen zu müssen.

5. Haus Obergasse 28, Uznach. Alt und neu, neuzeitliches, modernes Bauen im gewachsenen und wenig angetasteten städtebaulichen Kontext. Der Dialog von alt und neu.

Nüesch Architekten AG

Dipl. Arch. ETH/SIA/RIBA
Erlachstrasse 3
9014 St. Gallen
Telefon 071-274 15 15
Telefax 071-274 15 34
e-mail: nuarch@nuesch.ch

Hauptstrasse 25
9436 Balgach
Telefon 071-727 90 90
Telefax 071-727 90 70

Ried 10
D-88239 Neuravensburg
Telefon +49-7528 6497
Telefax +49-7528 6497

Gründungsjahr 1953

Inhaber/Partner
Riccardo Klaiber
Walter Suter
Heinz Luschtinetz
Klauspeter Nüesch

Leitende Angestellte
Michael Schläpfer
Patrick Riechsteiner

Mitarbeiterzahl 12

Spezialgebiete
– Industrie und Gewerbe
– Wohnbauten
– Restaurierung von Kirchen und anderen denkmalpflegerischen Objekten
– Shopping-Einrichtungen
– Öffentliche Bauten
– Hotels, Tourismus, Freizeit
– Baubiologie und Ökologie

Philosophie
Im Mittelpunkt steht die treuhänderische Dienstleistung am Kunden, unabhängig von Lieferanten und Unternehmern. Wir möchten unseren Kunden bei der Lösung komplexer Probleme architektonischer, bautechnischer und betriebswirtschaftlicher Art professionell zur Seite stehen.

Die Erfahrung unserer Partner erlaubt uns, auf verschiedenen Gebieten, auch international, tätig zu sein. Unser Partnermodell stellt Kontinuität und Professionalität sicher, indem Schlüsselfunktionen der Firma durch unternehmerisch denkende Architekten, Bauleiter, Baubiologen und Unternehmensberater aller Altersstufen und Spezialisierungen besetzt sind.

Wir sind überzeugt, dass sich gute, zeitgemässe Architektur und optimales Kosten- und Terminmanagement vereinbaren lassen.

Wichtige Projekte
1991 Neubau Geschäftshaus Bohl, St. Gallen

1991 Umbau Schuhhaus Schneider, St. Gallen

1992 Restaurierung evang. Kirche Linsebühl, St. Gallen

1992 Umnutzung Neumühle Töss in Büro- und Gewerbezentrum, Winterthur

1992 Büroumbau Lohnerhof, Konstanz (D)

1993 Restaurierung paritätische Kirche Mogelsberg

1993 Neubau Speditionsterminal Gebrüder Weiss, Altenrhein

1993 Neubau Hochregallager Merz-Meyer, St. Margrethen

1994 Neubau Doppelkindergarten Breite, Balgach

1994 Neubau Wohnüberbauung, Diessenhofen

1994 Fabrikgebäude Filtrox AG, St. Gallen

1995 Low-cost-Einfamilienhaus in Riesa, Sachsen (D)

1995 Einfamilienhaus, Höhenstrasse, Engelburg

1996 Fabrikumnutzung Wohnüberbauung Unisto, Horn

1996 Neubau Doppelhäuser, Mörschwil

1997 Neubau Wohnüberbauung Bengerareal (60 Wohnungen), Bregenz (A)

1997 Restaurierung und Sanierung evang. Kirche Azmoos

1997 Neubau Speditionsfirma Müller, Opfenbach (D)

1998 Büro-Neubau Filtrox AG, St. Gallen

1998 Restaurierung evang. Kirche Sevelen

Aktuelle Projekte
Umnutzung und Restaurierung Fünfeckhaus, Trogen

Umbau Privatbank Wegelin & Co., St. Gallen

Überbauung ACCU-Areal, Zentrum Zürich-Nord, Oerlikon

Umnutzung und Sanierung Bleiche-Areal, Konstanz (D)

Wohn- und Geschäftsüberbauung, Immenried (D)

Einkaufszentrum Montfortpark, Götzis (A)

Umbau Tempus Privatbank AG, Zürich

Abbildungen

1. Einfamilienhaus, Engelburg, 1995

2. Speditionsterminal Gebrüder Weiss, Altenrhein, 1993

3. Geschäftshaus Bohl, St. Gallen, 1991

4. Evangelische Kirche Linsebühl, St. Gallen, 1992

5. Schuhhaus Schneider, St. Gallen, 1991

Oestreich + Schmid

Architekten HTL/STV
Krügerstrasse 24
9000 St. Gallen
Telefon 071-278 76 73
Telefax 071-278 76 24

Gründungsjahr 1993

Inhaber/Partner
Peter Oestreich
Markus Schmid

Mitarbeiterzahl 4

Spezialgebiete
Öffentliche Bauten
Wohn-/Geschäftshäuser
Siedlungsbau
Umbauten/Umnutzungen
Wettbewerbe

Publikationen
Europan 3, «Zuhause in der Stadt», städtebauliche Projekte in der Schweiz, Werk-Verlag, Zürich

Europan 3, «Zuhause in der Stadt», Urbanisierung städtischer Quartiere, herausgegeben von Europan, Paris, europäische Ergebnisse

Diverse Publikationen in der Tagespresse (NZZ, TA)

Aktuelle Wettbewerbs Scene 1/1998

Ausstellung des Europan-3-Projektes im Architekturmuseum NAI in Rotterdam (NL)

Philosophie
Die Teilnahme an verschiedenen Wettbewerben ermöglicht uns, die Disziplin des Entwerfens zu schärfen, um sie auch in der Realisierung von Bauten wieder zu gebrauchen.

Die Projekte entstehen aus einer genauen Analyse des Ortes. Wir betrachten das Bauen als permanenten Lernprozess.

Wichtige Projekte
1992 Projektwettbewerb Uhrenfabrik Corum, La Chaux-de-Fonds (letzter Rundgang)

1993/94 Europan 3, «Zuhause in der Stadt», europäischer Projektwettbewerb zur Förderung des exemplarischen Wohnungsbaus, Lachen-Vonwil, St. Gallen (1. Preis)

1994 Ideenwettbewerb Wohnungsbau Häberlimatte, Zollikofen BE (auf Einladung, letzter Rundgang)

1995 Projektwettbewerb öffentliche Saunaanlage im städtischen Hallenbad Blumenwies, St. Gallen (1. Preis, ausgeführt)

1995 Projektwettbewerb Neubau Raiffeisenbank, Herisauerstrasse, Gossau SG (1. Preis, in Ausführung, Fertigstellung Ende 1998)

1996 Studienauftrag auf dem Spitalgut (Areal Bürgerspital) in St. Gallen, Planungsverfahren zur Erlangung von Entwürfen für ein Bebauungskonzept für Alterswohnungen (auf Einladung, 1. Preis, in Vorbereitung)

1996 Studienauftrag für Überbauung Gebiet Mühlenstrasse, Abtwil SG (auf Einladung)

1997 Projektwettbewerb Kunsthaus Teufen AR (8. Rang)

Aktuelle Projekte
Öffentliche Saunaanlage im städtischen Hallenbad Blumenwies, St. Gallen

Neubau Raiffeisenbank, Herisauerstrasse, Gossau SG

Umbauten, Studienaufträge

Alterswohnungen auf dem Spitalgut in St. Gallen

Abbildungen

1. + 2. Europan 3, St. Gallen, 1994

3. Öffentliche Saunaanlage im städtischen Hallenbad Blumenwies, St. Gallen, 1996

4. Neubau Raiffeisenbank, Herisauerstrasse, Gossau SG, 1996

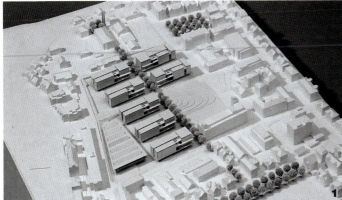

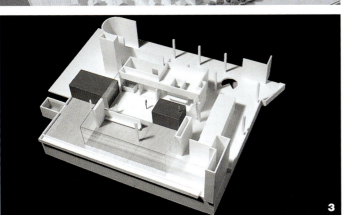

Wagner Graser

Dipl. Architekten ETH/SIA
Zürcherstrasse 11
7320 Sargans
Telefon 081-723 79 14
Telefax 081-723 00 17

Neugasse 6
8005 Zürich
Telefon 01-272 12 02
Telefax 01-272 13 75

Gründungsjahr 1995

Inhaber/Partner
Christian Wagner

Jürg Graser

Mitarbeiterzahl 6

Spezialgebiete
Systembau, Vorfabrikation

Wohnbau

Gewerbebau

Industriebau

Umbau und Sanierungen

Planungen und Siedlungsbau

Publikationen
Werk, Bauen+Wohnen 11/95, 10/96

Raum und Wohnen 10/96

«Sperrholzarchitektur», Baufachverlag Lignum, 1997

Ausstellungen
Architektur-Zentrum, Wien: Standardhäuser, 1. Teil

Arc en rêve, Bordeaux: La maison modèle

Museum für Gestaltung, Zürich: Das Eigene im Allgemeinen

Wichtige Projekte
1994–95 Haus Bergamin, Bad Ragaz

1994–95 Haus Lenherr, Gams

1994–96 Haus Loher, Chur

1995 Gonzen Druck AG, Bad Ragaz

1995 Haus Baur, Buchberg

Wettbewerbe
1997 Schweizer Pavillon, Expo 2000, Hannover

Aktuelle Projekte
1995–98 Erweiterung Wohngruppen Behindertenheim Lukashaus, Grabs

1998–99 Autobahnstützpunkt, Mels, Kanton St. Gallen

Abbildungen

1. **Haus Loher, Chur, 1996**

2. **Gonzen Druck AG, Bad Ragaz, 1995**

3. **Wettbewerb Expo 2000, Hannover, 1997**

4. **Haus Baur, Buchberg, 1995**

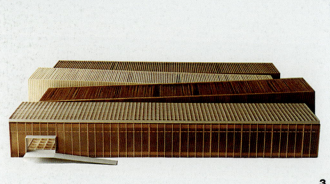

Zöllig und Partner AG

HTL/STV/SWB
Weideggstrasse 21
9230 Flawil
Telefon 071-393 11 82
Telefax 071-393 69 62

Gründungsjahr 1990

Inhaber/Partner
Markus Zöllig
Heinz Eggenberger
Ernst Nikolussi

Mitarbeiterzahl 7

Spezialgebiete
Siedlungsbau
Industriebau
Schwimmbadbau
Öffentliche Bauten

Auszeichnungen
Gutes Bauen in der Nordostschweiz, 1991–95
(Architektur-Forum)

Philosophie
Kostengünstige und benutzerfreundliche Bauten, anständig ins bestehende Umfeld integriert, sind Ziel unserer Arbeit. Grosser Wert wird auf eine präzise und schlichte Detailgestaltung gelegt.

Wichtige Projekte
Wohnsiedlung Ökorama 1, Flawil

Wohnsiedlung Ökorama 2, Flawil

Mehrzweckturnhalle, Gähwil

Käsereifelager, Jonschwil

Wettbewerbe
Mehrzweckturnhalle, Gähwil (1. Rang)

Mehrzweckturnhalle, Kaltbrunn (3. Rang)

Stadtsaal, Gossau SG (5. Rang)

Betagtenheim, Flawil (Ankauf)

Gemeindehaus, Jona (Ankauf)

Schulanlage Weiden, Jona (Ankauf)

Schulanlage, Ebnat-Kappel (Ankauf)

Aktuelle Projekte
Wohnsiedlung Ökorama 3, Flawil

Sanierung und Attraktivitätssteigerung Schwimmbad, Flawil

Chemielager CFS, Flawil

Abbildungen

1. Wohnsiedlung Ökorama, Flawil, 1994

2. Mehrzweckturnhalle, Gähwil, 1994–95

3. Foyer Mehrzweckturnhalle, Gähwil, 1994–95

Thurgau

Architektur Cyrill Bischof

Architekt ETH/SIA
Bahnhofstrasse 40
8590 Romanshorn
Telefon 071-466 76 76
Telefax 071-466 76 77
mail@bischof-arch.ch
www.bischof-arch.ch

Gründungsjahr 1990

Inhaber
Cyrill Bischof, Arch. ETH/SIA

Mitarbeiterzahl 10

Technische Daten
Einsatz von SIA-Leistungsmodell 95

Internes Qualitätsmanagement

Infrastruktur:
- CAD, EDV
- Vernetzung mit Fachplaner über ISDN/DFÜ
- Elementkostenplanung

Wettbewerbe
1991 Schulanlage mit Mehrzweckhalle, Dozwil (1. Preis)

1993 Zentrumsüberbauung mit Gemeindeverwaltung und Feuerwehrdepot, Uttwil (1. Preis)

1996 Dreifachturnhalle, Rheineck (5. Preis)

1997 Lerngarten Schule für Beruf und Weiterbildung, Romanshorn (1. Preis)

Philosophie
Wir wollen das Moderne – nicht das Modische.

Wir entwickeln das Einfache – nicht das Simple.

Wir suchen das Preiswerte – nicht das Billige.

Wir planen das Passende – nicht das Angepasste.

Wichtige Projekte
1991 Umbau Haus Plattner, Uttwil

1992 Erweiterung Dreifamilienhaus Garoni, Arbon

1992 Umbau Bürotrakt Firma Talux, Uttwil

1993 Zweifamilienhaus Bischof-Rimle, Romanshorn

1993 Aufbau Lernatelier Schule für Beruf und Weiterbildung, Romanshorn

1994 Haus Bügler, Romanshorn

1994 Gesamtsanierung Dreifamilienhaus Steinmann, Zürich

1995 Umbau Kulturhaus/Architekturbüro, Romanshorn

1995 Laufstall Waldhof, Wäldi

1996 Schulanlage Dozwil (Oberstufe, Primarschule, Mehrzweckhalle)

1997 Haus Häni, Uttwil

1997 Fabrikationshallen, Lagergebäude und Personalbereich Firma Biro, Romanshorn

1997 Umbau Haus Löw, Romanshorn

Städtebauliche Arbeiten/Gestaltungspläne
Schulbereich in Dozwil

Zentrum Uttwil

Wohnsiedlung in Fischingen

Zentrum Frasnacht

Wohnsiedlung in Romanshorn

Aktuelle Projekte
Wohnüberbauung Holzgasswiesen, Romanshorn

Wohnüberbauung Sonnenfeld, Romanshorn

Zentrumsüberbauung Uttwil (Gemeindehaus, Post, Feuerwehr, Werkgebäude)

Lerngarten Privatschule, Romanshorn

Fabrikgebäude, Amriswil

Gesamtsanierung Feriensiedlung, Ascona

Umbau Bahnhofbuffet, Romanshorn

Sanierung MFH, St. Gallen

Abbildungen
1. Schulanlage Dozwil, 1996

2. Veloständer Schulanlage Dozwil, 1996

3. Aufbau Lernatelier Schule für Beruf und Weiterbildung, Romanshorn, 1993

4. Haus Bügler, Romanshorn, 1994

5. Haus Häni, Uttwil, 1997

6. Fabrikationshallen, Lagergebäude und Personalbereich Firma Biro, Romanshorn, 1997

Werner Keller Architekturbüro AG

Feldhofstrasse 14
8570 Weinfelden
Telefon 071-622 57 14
Telefax 071-622 57 14

Gründungsjahr 1978

Inhaber
Werner Keller, Arch. SWB

Mitarbeiterzahl 8

Philosophie
Schaffen von Strukturen, welche die persönliche Betätigung der Benutzer erlauben bzw. fördern, also «Werkstätten» im weitesten Sinn.

Wichtige Projekte

1983 Autohaus Moser, Engen (D)

1984 Neubau Einfamilienhaus Stuber, Müllheim TG

1989 Umbau Wohnhaus Dr. O. Kappeler, Bürglen TG

1991 Umbau Rebhaus Schlossgut Bachtobel, Weinfelden

1992 Anbau Schloss Gündelhart TG

1992 Einbau Kindergarten in altes Schützenhaus, Pfyn TG

1993 Umbau Wohnhaus Dr. H. Kappeler, Weinfelden

1993 Wohnsiedlung Boglerenstrasse, Küsnacht

1994 Umbau Trotte, Erweiterung Schulanlage, Pfyn

1994 Erweiterung Oberstufenschulanlage, Bürglen

1995 Neubau Einfamilienhaus Kübler, Hörhausen TG

1995 Umbau «Felsenburg», Weinfelden

1995 Umbau Weindegustationskeller Frauenfelderstrasse 4, Weinfelden

1996 Um-/Anbau reformierte Kirche, Eschlikon TG

1996 Einbau Doppelkindergarten in altes Schulhaus, Märwil TG

1996 Umnutzung Teigwarenfabrik Ernst, Kradolf

1997 Werkhof Bauamt/Technische Betriebe, Weinfelden

Aktuelle Projekte
Neubau Primarschulanlage, Matzingen TG

Abbildungen

1. Umbau «Felsenburg», Weinfelden, 1995

2. + 3. Wohnsiedlung Boglerenstrasse, Küsnacht, 1993

4. Weindegustationskeller, Weinfelden, 1995

5.–7. Umbau Trotte, Erweiterung Schulanlage, Pfyn, 1994

Fotos: Francesca Giovanelli: 1
Werner Keller: 2–7

Klein + Müller Architekten

Ebenalpstrasse 12
8280 Kreuzlingen
Telefon 071-677 40 60
Telefax 071-677 40 69

Gründungsjahr 1989

Inhaber/Partner
Hansjürg Klein,
dipl. Arch. FH

Hanspeter Müller,
dipl. Arch. FH

Mitarbeiterzahl 5

Spezialgebiete
Öffentliche Bauten

Wohnungsbauten

Industrie- und Gewerbebauten

Umbauten, Sanierungen

Innenausbau

Wettbewerbe

Publikationen
Hochparterre 3/98

Wettbewerbe
Stadtsaal «Löwen»,
Kreuzlingen, 4. Rang

Schulhaus Remisberg,
Kreuzlingen, 4. Rang

Kantonsschule Kreuzlingen

Berufsschule «Schütze»,
Zürich

Wohnsiedlung Manau,
Landschlacht, 1. Rang

Kantonsschule Frauenfeld

Wohnanlage «Näggeberg»,
Scherzingen (2. Rang)

Philosophie
Mit einfachen und klaren Mitteln das Optimum erreichen.

Wichtige Projekte
1989 MFH Remisberg,
Kreuzlingen

1992–95 Überbauung Pünt,
Scherzingen (17 Wohneinheiten)

1992–97 Überbauung Alp,
Kreuzlingen (12 Wohneinheiten)

1995 Umbau/Sanierung
dreier MFH, Kreuzlingen

1995 DEFH Brander/Ott,
Weinfelden

1996 Wohnsiedlung Manau,
Landschlacht

1997 EFH Gentinetta,
Aesch BL

1998 Aufstockung Schulhaus
Seetal, Kreuzlingen

Aktuelle Projekte
2 EFH Müller/Speziale,
Frauenfeld

Überbauung Holzäckerli,
Kreuzlingen

EFH Adank, Amriswil

Abbildungen

1.+2. Wohnsiedlung Manau,
Landschlacht, 1994–96

3. DEFH Brander/Ott,
Weinfelden, 1995

4. Überbauung Alp,
Kreuzlingen, 1992–97

5. Aufstockung Schulhaus
Seetal, Kreuzlingen, 1998

6. Umbau/Sanierung dreier
MFH (48 Wohneinheiten),
Kreuzlingen, 1995

Olbrecht und Lanter AG

Architekten FH SIA
Industriestrasse 21
8500 Frauenfeld
Telefon 052-728 89 79
Telefax 052-728 89 78

Gründungsjahr 1977

Inhaber
Marcel Olbrecht,
Architekt FH/SIA

Leitende Angestellte
Urs Fankhauser,
Architekt HTL/STV

Remo Wirth, Architekt HTL

Beat Kruck, Architekt ETH

Mitarbeiterzahl 5 bis 6

Spezialgebiete
Öffentliche Bauten

Schulen

Wohn- und Geschäftshäuser

Bauten für Gewerbe
und Industrie

Siedlungen

Bauen in Holz

Umnutzungen
und Renovationen

Philosophie
Wirtschaftliche, soziale und kulturelle Aspekte in jeder Bauaufgabe zum Tragen zu bringen ist unser erklärtes Ziel. Wir fühlen uns auch ökologischen Gegebenheiten verpflichtet.

Auszeichnung
Auszeichnung für die Umnutzung Eisenwerk mit zwei weiteren Büros, Architekturpreis BSA, SIA, STV, SWB, 1980–1990

Wettbewerbe
1990 OSZ Müllheim

1991 Kindergarten und Alterswohnungen, Frauenfeld

1992 Müller Martini AG, Felben (1. Preis)

1994 Schule Ottoberg

1997 Berufsschule Zürich, Salzmagazin (Vorschlussrunde)

Werkverzeichnis

Schulbauten
1981/94 Wettbewerb Realschule Herisau (mit P. Lanter)

1987/90 Wettbewerb Primarschule Oberwiesen, Frauenfeld

1991/93 Wettbewerb Primarschule Regelwiesen, Märstetten

1993/96 Wettbewerb Oberstufenzentrum Burgweg, Hüttwilen

1995/98 Wettbewerb OSG Weinfelden: Oberstufenzentrum Weitsicht, Märstetten

Wohnbauten
1984/90 Siedlung Saum, Herisau (mit P. Lanter)

1993/96 Siedlung Sperberweg, Frauenfeld

Öffentliche Bauten
1986/90 Altersheim Stadtgarten, Frauenfeld

1995 Wettbewerb Dienstleistungszentrum Amriswil (1. Preis)

Umnutzungen/Renovationen
1987/90 Eisenwerk Frauenfeld, Los 2 (Wohnungen und Büro)

1990/92 Villa Hortensia, Frauenfeld

Gewerbe und Industrie
1990/91 Autospritzwerk Strupler, Frauenfeld

1993/95 Hefe Schweiz AG, Stettfurt

1994/98 Garage Müller AG, Frauenfeld: Erweiterungsbauten, Platzgestaltung, Parkdeck mit Car-Wash-Anlage

1998 STS Sensor Technik Sirnach (Wettbewerb, 1. Preis; in Arbeit)

Abbildungen
1. Oberstufenzentrum Burgweg, Hüttwilen, 1994/96

2.–6. Oberstufenzentrum Weitsicht, Märstetten, 1995/98

Ticino

Sergio Calori

Studio d'architettura SIA/OTIA
Via Fusoni 4
6900 Lugano
Telefono 091-922 66 64
Telefax 091-923 25 10

Anno della fondazione 1982

Proprietà
Sergio Calori,
arch. REG A/SIA/OTIA

Impiegati con funzione di direzione
Fabrizio Ballabio,
arch. STS/OTIA

Numero di collaboratori 2

Specializzazione
Case unifamiliari
Riattazioni
Edilizia sociale
Edifici commerciali
Edifici artigianali
Edilizia residenziale
Arredi

Pubblicazioni
Casa per Anziani, Sorengo:
Rivista Tecnica 5/82, 5/87;
Habitat 19/91

Riattamento, Coldrerio:
Rivista Tecnica 7–8/86

Casa unifamiliare, Bedano:
Ville Giardini 5/87

Edificio artigianale-commerciale-abitativo, Muzzano:
Abacus 25/91; Habitat 23/92

Premi d'onore
1° Premio Concorso per una casa per anziani consortile a Sorengo

1° Premio Concorso per la pianificazione di Piazza Brocchi e Adiacenze a Montagnola

Filosofia
La continua ricerca progettuale, l'idea, per la realizzazione di costruiti semplici e chiari a beneficio dell'uomo e corrispondenti all'orografia del territorio in cui si è chiamati ad operare.

Progetti importanti
1982–87 Casa per anziani a Sorengo

1983–86 Casa unifamiliare a Bedano

1984–86 Riattazione a Coldrerio

1985–87 Casa bifamiliare ad Origlio

1985–87 Ristrutturazione edificio con ristorante e appartamenti a Gentilino

1986–88 Ristrutturazione ristorante «Spaghetti Jazz» a Viglio

1987–89 Edificio artigianale-commerciale-abitativo a Muzzano

1987–92 Riattamento di un edificio abitativo progettato dall'architetto Mario Chiattone nel 1932 a Viganello

1993–95 Casa unifamiliare a Grancia

1994–96 Rifacimento facciate e disegno nuovo tetto stabile d'appartamenti a Lugano

Progetti attuali
Pianificazione Piazza Brocchi e Adiacenze a Montagnola

Progetto area di svago con attracchi natanti a Pian Roncate, Comune di Montagnola

Progetto di un edificio residenziale a Canobbio

Immagini

1. Casa per anziani, Sorengo, 1987

2. Casa unifamiliare, Bedano, 1986

3. Edificio artigianale-commerciale-abitativo, Muzzano, 1989

4. Casa unifamiliare, Grancia, 1995

Durisch + Nolli

**Dipl. Architekten
ETH/SIA/OTIA**
Via dell'Inglese 3
6826 Riva San Vitale
Telefon 091-648 34 34
Telefax 091-648 34 35
e-mail: durischnolli@bluewin.ch

Gründungsjahr 1993

Inhaber/Partner
Pia Durisch
Aldo Nolli

Mitarbeiterzahl 2

Spezialgebiete
Öffentliche
und institutionelle Bauten

Restaurierung
von Denkmälern

Umbau und Sanierung

Möbel

Publikationen
Rivista Tecnica 3/93, 3/94, 1–2/97

Die Fassade 1/98

Schweizer Energiefachbuch 1998

Schweizerische Kunstführer GSK, S. Martinoli: «Il Teatro Sociale di Bellinzona», 1998

Auszeichnung
Fritz-von-Schumacher-Reisestipendium der Universität Hannover, 1989 (P.D.N.)

Wichtige Projekte
1988 Tisch AP1, Kleinserie

1993–97 Servicecenter Swisscom, Giubiasco (mit Giancarlo Durisch)

1993–97 Restaurierung Teatro Sociale, Bellinzona (mit G. Durisch)

1996–97 Zustandsanalyse Restaurierung Kloster Claro (erbaut 1490)

seit 1996 Projekt Restaurierung Rathaus Riva San Vitale (mit G. Durisch)

1997 Sanierung Kirchgewölbe im Kloster Claro

1997–98 Umbau Ferienhaus in Neive

Wettbewerbe
1993 Gemeindezentrum Gravesano, 3. Preis

1994 Quartiere S. Lucia, Massagno, 3. Preis

1995 Steinfabrik Pfäffikon SZ, Einladung

1996 Umbau Teatro Kursaal, Lugano, Einladung

Aktuelle Projekte
Restaurierung und Umbau Benediktinerinnenkloster Claro

Wohnhaus, Pugerna

Umbau Geschäftshaus, Breganzona

Altar Pfarrkirche Riva San Vitale

Abbildungen
1. Swisscom, Giubiasco, 1997

2. Teatro Sociale, Bellinzona, 1997

3. Sanierung Kirchgewölbe Kloster Claro, 1997

4. Tisch AP1, Detail, 1988

Fotos: Atelier Mattei: 1, 2
A. Nolli: 3, 4

Vittorio Pedrocchi

Arch. dipl. ETH/SIA/OTIA
Studio d'architettura
Piazza Stazione 6
6600 Locarno-Muralto
Telefono 091-743 25 34
Telefax 091-743 25 35

Anno della fondazione 1960

Proprietà
Vittorio Pedrocchi,
arch. dipl. ETH/SIA/OTIA

Collaboratori indipendenti

Specializzazione
Edilizia scolastica

Edilizia abitativa collettiva

Edilizia unifamigliare

Edilizia di riattazione

Progettazione e produzione mobili design

Arredo

Pubblicazioni
Architekturszene Schweiz

Rivista Tecnica

Habitat, Architecture Romande

Abacus, Architecture Suisse

Architekturpreis Beton (VSZKGF)

«50 anni di architettura in Ticino», Grassi & Co.

Premi d'onore
Scuola Elementare, Muralto (1. premio)

Scuola Media, Gordola (1. premio)

Premi + acquisti + menzioni:
– Collegio Papio, Ascona
– Scoula Materna, Locarno
– Casa Anziani, Biasca
– Archivio di Stato, Bellinzona
– Complesso per Servizi, Locarno
– Recupero campo di concentramento a Fossoli (I), concorso internazionale

Filosofia
Ricerca paziente delle relazioni spaziali esterne dei volumi fra di loro, e di quelle interne nei volumi stessi.

Integrazione del discorso architettonico e spaziale con quello volumetrico e strutturale.

Ricerca costante dell'arricchimento architettonico, formale, funzionale ed umano, anche in relazione a tipologie e tematiche banalizzate.

Progetti importanti
1962–65 Scuola Elementare, Muralto

1966–67 Villa Lafranchi, Minusio

1967–68 Villa Romagnoli, Arbedo

1969–71 Palazzo Postale, Brissago

1969–72 Scuola Elementare, Losone

1971–73 Villa Bazzi, Ascona

1972–74 Villa Tami, Arbedo

1972–74 Casa d'appartamenti e spazi commerciali, Losone

1972–75 Centrale Telefonica, Muralto

1972–75 Scuola Media, Gordola

1976–77 Villa Storelli, Losone

1981–83 Centrale Telefonica, Loco

1984–87 Casa d'appartamenti, Solduno

1985–87 Riattazione Casa Rusca museo, Locarno

1986–88 Villa Bassenauer, Darmstadt

1987–89 Riattazione Casino Kursaal, Locarno

1987–94 Riattazione Casorella museo, Locarno

1991–96 Scuola Elementare, Riazzino

1991–97 Centro comunitario e scolastico, Riazzino

1992–95 Villa Perucchi, Ascona

Progetti attuali
1990–98 Palestra + centro sociale, Muralto

1992–98 Villa Henauer, Brione s/Minusio

1992–98 Riattazione Chiesa S. Lorenzo, Lodano

1997–98 Villa Storelli, Losone

Immagini

1. Villa Perucchi, Ascona, 1992–95: facciata sud

2. Casa d'appartamenti, Locarno-Solduno, 1984–87: dettaglio dell'attico

3. Centro comunitario e scolastico, Riazzino, 1991–97

4. Idem come sopra, dettaglio passerella

5. Idem come sopra, dettaglio scala esterna

Christoph Zürcher

Studio d'architettura C.Z.S.A.
SIA/OTIA
Pza. Fontana Pedrazzini 10
6600 Locarno
Telefono 091-751 74 68
Telefax   091-751 41 49

Anno della fondazione 1983

Proprietà
Christoph Zürcher,
Arch. Reg. A/SIA/OTIA

Impiegati con funzione di direzione
Loredana Lindenmann,
Arch. STS/OTIA

Elena Frosio, disegnatrice

Cristina Meier, ammistrazione

Collaboratori attuali 4

Spcializzazione
– Case unifamiliari
– Riattazioni
– Case plurifamiliari
– Costruzioni culturali
– Mostre culturali

Pubblicazioni
Catalogo mostra d'architettura, Madrid, Ticino Hoy, 1993

Casa Szeemann, Tegna: Werk 11/90, as Dic. 1990, Häuser 5/91

Casa Fischer, Cavigliano: Ideales Heim 2/97, Atrium 5/97

Casa Siegenthaler, Avegno: Häuser 6/97

Casa Wolgensinger, Tegna: Raum+Wohnen 1/97, as 1998

Mostre
1993 Hoy Ticino a Madrid, mostra sull'architettura ticinese

Progetti
1978–80 Monte Verità, Ascona, Zurigo, Berlino, Vienna. Allestimento mostra d'arte.

1980 Museo Villa Anatta, Ascona

1980 Casa G. Darugar, Lugano

1981 Mytos+Ritual, Zürich, allestimento esposizione d'arte

1981 Riattazione Casa Ch. Derleth, Losone

1982 Kunsthaus Zürich, museo al pianterreno

1983–86 Museo Elisarion, Monte Verità, Ascona

1983–88 Festival Int. del Film, Locarno, allestimento e decorazione, con M. Konzelmann

1986 Video-Studios Cinepress, Zurigo

1987 Museo Elisarion, Ascona

1987–89 Casa Pfister, Minusio

1987–89 Casa Lüscher-Szeemann, Tegna, casa unifamiliare+atelier

1989 Video Sculpturen, Zurigo, allestimento mostra d'arte

1989–91 Fabbrica Swiss Jewel, Tenero

1990–91 Casa Gobbi, Verscio

1991 Casa Pizzuti, Robasacco

1992 Casa Aebischer, Ascona

1992 Riattazione Casa Dr. Wanner, Indemini

1993 Riattazione Casa Dr. Fischer, Cavigliano

1993 Camping Delta, Locarno

1992–94 Riattazione Negromante, Locarno, casa plurifamiliare, uffici, negozi

1994 Casa Wolgensinger, Tegna, casa unifamiliare + atelier

1994 Casa Dr. Schwarz, Ronco

1994 Casa Th. Widler, Costa, casa unifamiliare+atelier

1994–95 Casa Hausen 1, Hausen AG, casa plurifamiliare

1995 Casa Dr. Siegenthaler, Avegno

1996 Riattazione Teatro Dimitri, Verscio

1997 Casa Avv. Jörg, Bellinzona, casa plurifamiliare

1997 Riattaziona Casa privata Dimitri, Cadanza

1997 Museo «United Swiss Saltworks» a Pratteln

Dal 1978 allestimento mostre in collaborazione con Harald Szeemann

Progetti in elaborazione
Museo d'arte, privato a Zurigo

Riattazione Casa Marcacci-Ambrosoli, Losone

Casa Meier, Costa, casa unifamiliare

Esposizioni d'arte e culturali

Riattazione appartamenti a St. Moritz

Diverse riattazione e progetti

Illustrazioni
1. Casa Dimitri, Cadanza, 1997

2. Casa Szeemann, Tegna, 1989

3. Casa Jörg, Bellinzona, 1997

4. Casa del Negromante, Locarno, 1994

Vaud, Neuchâtel

Arcad Architectes SA

1580 Avenches
Téléphone 026-675 22 83
Téléfax 026-675 11 90

Année de fondation 1989

Propriétaire/partenaire
Claude Aeberhard,
Arch. ETS

Gottfried Hauswirth,
Arch. ETS
Bureau à Saanenmöser BE

Nombre de collaborateurs 3
(bureau Avenches)

Distinctions
1990 Réalisation d'un complexe sportif et équipements communaux à Avanches, 3ème prix (en collaboration avec Jean-Claude Verdon, Arch. ETS)

Constructions importantes
1990–91 Transformation d'une maison, Mur VD

1991–92 Villa individuelle, villas mitoyennes, garage souterrain pour 12 voitures, Meyriez FR

1991–92 2 villas individuelles, Avry-devant-Pont FR

1993–94 Villa Lüthi-Brand, Mannens FR

1993–95 Locaux sanitaires pour le Camping du Chablais, Cudrefin VD

1993–94 Assainissement des façades et de l'aménagement extérieur de 3 locatifs (48 appartements) pour la Caisse de Pension de la Ciba, Bâle, à Marly FR

1996 Transformation d'une maison de ville, Avenches

Depuis 1995 Divers travaux pour McDonald's Restaurants (Suisse) SA
– McDrive à Bulle FR
– McDrive à Füllinsdorf BL
– McDrive à Burgdorf BE
– McDrive à Zollikofen BE
– Restaurant instore à Genève-Servette
– Restaurant instore à Nyon VD
– Restaurant instore à Lausanne, Rue de Bourg

Projets en cours
1996–99 Transformation et agrandissement du Foyer Bellevue (Psychiatrie), Planification de détail et direction des travaux, Marsens FR

1997 Construction d'une maison individuelle pour la famille Saudan, Charmey FR

1997 Construction d'une maison individuelle en bois avec partie habitation et partie bureau pour la famille Aeberhard, Donatyre VD

1997–98 Construction d'un McDrive (McDonald's), Granges-Paccot FR

1997–98 Versicherungseinrichtung des Flugpersonals der Swissair-Zürich, Projet d'assainissement de l'enveloppe de 2 locatifs (56 appartements) et des aménagements extérieurs, Düdingen FR

Illustrations

1. Assainissement locatifs, Marly FR, 1993–94

2. + 4. Villas mitoyennes, Meyriez FR, 1991–92

3. Locaux sanitaires, Camping Cudrefin VD, 1993–95

5. Villa Lüthi, Mannens FR, 1993–94

de Benoit & Wagner

Architectes SA
REG A/GPA/SIA
ch. d'Entre-Bois 2bis
1018 Lausanne
Téléphone 021-647 30 80
Téléfax 021-647 60 79

Année de la fondation 1987

Propriétaire/partenaire
Pascal de Benoit (42),
Arch. ETS/REG A/SIA

Martin Wagner (43),
Arch. REG A/SIA

Structure du bureau
7 personnes
informatique (dao + gestion)

Spécialisations
Rénovations d'immeubles

Transformations

Maisons familiales

Bâtiments publics

Publications
Aktuelle Wettbewerbs Scene 2/89, 2/90, 6/90, 4–5/93

AW – Architektur + Wettbewerbe 140/89, 145/91

Archimade-GPA 21/88, 25/89, 30/90, 34/91, 42/93, 51/96

Journal de la construction 5/94, 12/97

AS – Architecture Suisse 116/95, 123/96

Distinctions
Concours immeuble administratif et de logements, av. de la Harpe, Lausanne, 1er prix

Concours d'idée, gare du Flon, Lausanne, 5ème prix

Concours d'idée, Place de Rome à Martigny, 4ème prix

Concours Ecole Supérieure de Commerce, Lausanne, 1er prix

Concours gare de Morges, 9ème prix

Concours d'aménagement du secteur «En la Praz» à Cugy, 6ème prix

Philosophie
Volonté d'imagination, de réalisme, d'efficacité, de qualité, de compétitivité et de responsabilité.

Constructions importantes
1978–91 Plusieurs réfections d'immeubles, transformations et aménagement d'appartements ou de commerces

1990 Réfection de l'enveloppe d'un immeuble locatif, Petite Corniche 15-17-19 à Lutry

1992 Construction d'une halte ferroviaire pour le train LEB, La Fleur de Lys à Prilly

1993 Construction de 2 villas familiales à Lutry

1993 Etude d'expérimentation d'habitations pour familles en milieu urbain

1992–95 Aménagement du centre du village de Begnins: centre scolaire de 21 classes, salle de gymnastique, parking souterrain de 150 places, abris PC, gare routière et place publique

1994 Réfection d'un immeuble de 64 appartements, ch. d'Entre-Bois 53–55, Lausanne

1995 Création d'un centre paroissial dans une cure (monument historique) à Chêne-Pâquier

1996 Rénovation de 2 immeubles de 12 appartements, ch. Chantemerle 6–8 à Lausanne

1997–98 Village industriel au Chenit (Vallée de Joux), Construction en bois, 1ère étape

Projets en cours
Transformation d'un immeuble artisanal et administratif, ch. d'Entre-Bois 2bis à Lausanne

Village industriel au Chenit 2ème étape

Illustrations

1. Réfection d'un immeuble locatif, concept d'intervention Lausanne, 1994

2. Transformation dans une cure, foyer d'accueil du centre paroissial, Chêne-Pâquier, 1995

3. Collège de Begnins, vue générale, 1995

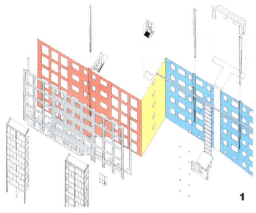

Hervé De Giovannini

Bureau d'architecture SIA
Bd. de Grancy 8
1006 Lausanne
Téléphone 021-616 59 14
Téléfax   021-616 59 14

Rue Malatrex 38
1201 Genève
Téléphone 022-949 77 30
Téléfax   022-949 77 39

Année de la fondation 1984

Propriétaire
Hervé De Giovannini,
Architecte EPFL/SIA

Nombre d'employés actuel 12

Spécialisations
Projets liés au logement
Projets liés à l'industrie

Publications
AS 101, Mai 1992

Concours
Concours cantonal
Nouveau collège, Gland,
7ème prix

Concours cantonal
Extension du bâtiment
de la Police cantonale,
Le Mont-sur-Lausanne,
1er achat

Concours cantonal
Nouveau collège Terre Sainte,
Coppet, 9ème prix

Concours cantonal
Aménagement du site historique de Moudon, 5ème prix

Concours pour un nouveau vélodrome à Lausanne,
3ème prix

Philosophie
«La beauté résultera de la forme et de la correspondance du tout aux parties, des parties entre elles, et de celles-ci au tout, de sorte que l'édifice apparaisse comme un corps entier et bien fini dans lequel chaque membre convient aux autres et où tous les membres sont nécessaires à ce que l'on voulu a faire.»

Andrea Palladio

Constructions importantes
Bâtiment industriel
«La Chatanerie», Crissier

Bâtiment industriel
«Praz Riond», Penthaz

Siège de la société Valtronic SA,
Les Charbonnières

Ensemble de 54 logements
résidentiels, Thonex

Quartier de 53 habitations
résidentielles, Chavornay

Manufacture d'horlogerie
Dubois & Depraz SA, Le Lieu

Coopérative «Jordils-Moulins»,
ensemble de 33 logements,
Yverdon-les-Bains

Ensemble urbain
de 10 logements «Les Cygnes»,
Yverdon-les-Bains

Projets en cours
Immeuble de 28 logements
en ossature bois à Versoix

Coopérative «Richemond»,
ensemble urbain
de 44 logements à Genève

Quartier d'habitations, habitat
groupé à Estavayer-le-Lac

Réhabilitation d'un ensemble
industriel en logements,
Genève

Extension de l'usine d'horlogerie Dubois & Depraz SA,
Le Lieu

Illustrations

1. Concours pour
un nouveau vélodrome
à Lausanne

2. – 4. Coopérative
«Jordils-Moulins»
à Yverdon-les-Bains

Charles Feigel

Architecte FSAI/SIA
Route des Clos 112
2012 Auvernier
Téléphone 032-737 86 70
Téléfax   032-737 86 87

Création du bureau 1971

Propriétaire
Charles Feigel,
architecte FSAI/SIA,
examen d'Etat vaudois

Collaborateurs
Corrado Bellei
John Renaud

Depuis 1994 étroite collaboration avec P.-H. Schmutz, architecte diplomé EPFZ

Nombre de personnes 6

Spécialisations
Habitations groupées et individuelles

Revitalisations et transformations

Restauration d'édifices classés monuments historiques

Aménagements intérieurs

Publications
Aktuelle Wettbewerbs Scene 3/93

Archithese 4/94

Architecture romande 1996

Philosophie
Analyser les données de base, préciser avec le Maître de l'ouvrage ses besoins en fixant les paramètres objectifs et subjectifs, architecturer les résultats en relation avec les prescriptions en vigueur et les exigences du site. Elaboration des projets en étroite collaboration avec mes partenaires.

Principales réalisations
Quartier «Les Buchilles» à Boudry

Immeubles multifamiliales à Cormondrèche et à Neuchâtel

Maisons familiales à Cormondrèche et à Auvernier

Restaurations des églises catholiques
– St-Maurice au Landeron
– Sacré-Cœur à La Chaux-de-Fonds
– Notre-Dame à Neuchâtel

Extension Restaurant du Poisson Auvernier avec la création d'un nouveau Café-Brasserie

Intervention Collège de Rochefort

Concours
1986 Complexe scolaire et sportif du Landeron (3ème rang, second achat; avec M. Tanner)

1986 Salle polyvalente de Cortaillod (5ème prix)

1992 Centre sportif, Couvet (6ème prix; Coll. B. Delefortrie)

Projets en cours
Restauration de l'église Notre-Dame de Neuchâtel

Ultime étape quartier «Les Buchilles» à Boudry

Camping aux Brenets

Habitations à Neuchâtel

Illustrations

1. Immeuble locatif du quartier «Les Buchilles» à Boudry

2. Aménagement de l'entrée du Collège de Rochefort

3. Aménagement du chœur de l'église Sacré-Cœur à La Chaux-de-Fonds

Photos: Yves André, Boudry

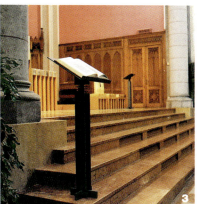

J-B Ferrari

Architecte EPFL/SIA
Galerie St-François B
1003 Lausanne
Téléphone 021-311 72 72
Téléfax   021-323 36 71

Année de fondation 1986

Propriétaire
J.-B. Ferrari,
Architecte EPFL/SIA

Nombre de collaborateurs 12

Publications
«Comme autrefois», Rénovation Galerie St-François à Lausanne, Werk, Bauen+Wohnen 4/95

«Air d'océan à Chavannes», Journal de la Construction 9/95

«Bâtiment du simulateur de vol FA-18 à Payerne», Journal de la Construction 7/96

«Enveloppe cylindrique pour simulateur de vol», Façade 3/97

Distinctions/Prix
Réaffectation de l'ancienne Caserne de Lausanne, 1er prix

Collège secondaire des Ruettes, Nyon, 1er prix

Nouvel Hôpital de Montreux, 4ème prix

Aménagement de la Place de Rome, Martigny VS, 6ème prix

Nouveau Centre Communal d'Ecublens, 1er prix

Ecole de Garde forestier à Lyss BE, achat

Centre sportif régional et Centre cantonal de protection civile, Couvet NE, 1er prix

Nouvel Hôpital d la Gruyère, Riaz FR, 1er prix

Nouveau Parlement cantonal, Lausanne (en association avec Mestelan/B. Gachet), 8eme prix

Constructions importantes
1984–87 Rénovation de l'ancienne Caserne de Lausanne: bâtiment administratif de la Pontaise

1984–88 Logement pour étudiants, Chavannes-près-Renens

1989–90 Halle d'entreposage pour véhicules, Station aérologique, Payerne

1992–94 Rénovation de la Galerie St-François, Lausanne

1992–94 Rénovation de logements dans un îlot urbain, la Tour-de-Peilz

1992–94 Hangar et atelier pour l'aérodrome, Aérodrome militaire, Payerne

1993–95 Centre sportif pour footballeurs, Commune de Lausanne, Chavannes-près-Renens

1993–96 Simulateur de vol pour pilotes FA-18, Aérodrome militaire, Payerne

1995–97 Extension du Collège de Sous-Ville, Avenches

Projets en cours
Centre sportif régional et centre de protection civile, Couvet NE

Nouvelle Ecole de Jazz et musique actuelle, Lausanne

Projet d'un Club house, Golf de Lavaux, Puidoux-Chexbres

Plans de quartier de logements collectifs

Diverses maisons individuelles

Illustrations

1. Maison individuelle, Epalinges, 1995

2. Simulateur de vol pour pilotes FA-18 à Payerne, 1996

3. Galerie St-François (rénovation), Lausanne, 1994

4. Plan de quartier (en cours d'étude)

Singer + Porret

Fbg du Lac 9
2001 Neuchâtel
Téléphone 032-724 52 52
Téléfax   032-724 61 76
e-mail: sp.neuchatel@bluewin.ch

Rue F.-Courvoisier 40
2300 La Chaux-de-Fonds
Téléphone 032-968 50 58
Téléfax   032-968 17 14

Rte de Duillier 18
1260 Nyon
Téléphone 022-361 35 55
Téléfax   022-361 09 88
e-mail: sp.nyon@bluewin.ch

France:
205, rue de la Cité
F-01220 Divonne-les-Bains
Téléphone +33 50 20 43 60
ou   +33 09 42 32 58

Associations
SIA – RIBA – SKR/SCR –
ICOMOS – CSEA

Année de la fondation 1980

Propriétaire/partenaire
Jacques-Henry Singer

Daniel-André Porret

Collaborateurs dirigeants
Antoine Guilhen

Frédéric Dumont-Girard

Nombre d'employés actuel 18

Spécialisations
– Urbanisme: plans
  d'aménagement, plans
  et règlements de quartier
– Architecture: bâtiments
  nouveaux, transformations,
  rénovations, solaire
– Restauration
  de bâtiments classés
– CAO et image de synthèse
– Architecture d'intérieur
– Expertises juridiques
– Evaluations immobilières
– Jurys de concours

Publications
«L'accessibilité de la CAO
aux bureaux indépendants»,
Bulletin CRB 1984/1

Palladio sur Léman/
La Gordanne, Connaissance
des Arts 439/1988

«Handicaps et Vieillissement»,
L'année Gérontologique 1991,
Facts and research
in gerontology, Serdi, Paris

Philosophie
La forme – La fonction –
Le coût – Le temps.

De la gestation de projet
à l'exploitation d'ouvrages
construits, utilisation de
méthodologie et d'instruments
de travail au service
du mandant et dans le respect
de l'environnement.

Constructions importantes
1981–84 Réhabilitation
du «Home bâlois», Internat
à Neuchâtel, pour le canton
de Bâle-Ville

1985–87 Restauration du Palais
de la Gordanne à Féchy VD;
site classé au niveau national

1985–88 Diverses usines
dans le canton de Neuchâtel

1985–90 Construction
d'un foyer pour handicapés
à Neuchâtel (en collaboration
avec M. Béguin, architecte)

1988–90 Bâtiment artisanal,
commercial et d'habitat, Nyon

1988–94 Agrandissement
Hôtel Beaulac****, Neuchâtel

1988–95 Traitement architectural des éléments de la J 20
Neuchâtel–La Chaux-de-Fonds

1989–93 Construction de
l'Hôtel Beaufort*****, Neuchâtel

1991–95 Bâtiment de
recherche pour le Centre
Suisse d'Electronique et de
Microtechnique, Neuchâtel

1996–97 Cordis Johnson &
Johnson, Salles blanches et
locaux de production (technologie médicale)

1996–97 Château d'Hauterive,
Site classé (conservation),
restauration et transformation

Projets en cours
Centre de tourisme aéronau-
tique sportif et de cure en par-
tenariat avec le Département
de la Lozère et la région
du Languedoc-Roussillon (F)

Bâtiment commercial
et d'habitation avec parking
souterrain à Neuchâtel

Quartier d'habitation (100 appartements), Tour-de-Peilz VD

Elaboration du plan directeur
UNI Lac (Sciences humaines)
pour l'Université de Neuchâtel

Transformation de bâtiments
pour l'implantation du nouveau
centre psychatrique-gériatrique
de Perreux, Boudry NE

S.A. de la Manufacture d'horlogerie Audemars Piguet & Cie,
Planification et construction
de l'agrandissement de la
manufacture

Illustrations

**1. Bassin thérapeutique,
Foyer Handicap Neuchâtel,
1990**

**2. Façade Sud, Palais de
la Gordanne, Perroy, 1987**

**3. Façade Sud, agrandis-
sement Hôtel Beaulac,
Neuchâtel, 1994**

Pezzoli & Associés

Architectes S. A.
Rte de Cossonay 194
1020 Renens
Téléphone 021-637 38 38
Téléfax   021-637 38 39

Année de fondation 1984
(raison sociale GONIN S. A.)

Propriétaires
Giovanni Pezzoli,
arch. EPFZ/SIA

Frédéric Piaget,
directeur de travaux

Gabriel Mottaz,
directeur de travaux

Pezzoli & Associés
Architectes S. A. est la succession du bureau Gonin S. A. dirigé par M. Pezzoli dès 1992.

Collaborateurs 20

Spécialisations
Plans de quartier

Habitations individuelles et collectives

Bâtiments administratifs

Centres artisanaux, industriels et commerciaux

Bâtiments publics

Réhabilitation et rénovation de monuments historiques

Expertises techniques et financières

Publications
Werk, Bauen+Wohnen 10/90

Guide d'architecture suisse
N° 142

Nombreuses publications lors de la réhabilitation de la villa Kenwin 1987–88

Portraits d'architecture vaudoise 1992

Distinctions/Prix
Portraits d'architecture vaudoise 1989–91 (Transformation d'un immeuble historique à Morges), Citation

Philosophie
L'utilisateur, dans le sens individuel ou collectif du terme, est au centre de notre réflexion dès la conception, ceci avec un souci constant du respect du patrimoine bâti et de la culture du lieu.

Le bien-être de l'utilisateur ne saurait être réel sans une analyse holistique des problèmes posés à l'architecte.

Constructions importantes

Plans de quartiers
(dès 1985 à ce jour)

PQ Cité Radieuse «Village» pour personnes handicapées, Echichens

PQ En champ de Plan, habitations groupées, Mézières

PQ Tschopp, administr., habitat et commerces centre ville, Renens

PQ Capt, administr., habitat et commerces centre ville, Renens

PQ Au Fochau, habitations, Romainmôtier

PQ Le Rosey, écoles et sport, Rolle

PQ La Combe, internat, Rolle

Bâtiments administratifs et artisanaux
1984 UBS à Bussigny: bâtiments d'exploitation, centre de calcul, centrale d'énergie (en collaboration avec Burckhardt & Partner, Zurich)

1985 SDI-Rossignol à Renens

1988 Centre informatique Philip Morris Europe S.A. à Renens

1988 Bâtiment multifonctionnel Cacib à Renens

1989 Science-Parc au Mont-s/Lausanne

1990 Authier-Skis à Bière

1990 Bâtiment administratif à Renens

1990 MPC à Renens

1990 Bâtiment multifonctionnel (CNA/Suva) et centre automobiles Apollo à Renens

1991 MAN à Bussigny

1995 Transformation administration bancaire et guichets Crédit Suisse à Renens

1996 Centre de sports et ateliers Bantam Wankmueller à Etagnières

Habitations
1986 Ensemble d'habitations Caisse de Pensions de l'Etat de Vaud à Renens

1990 Ensemble d'habitations La Châtaneraie à Ecublens

1991 Habitations à Savigny

1992 Ensemble d'habitations à Yverdon

1992 Ensemble d'habitations Les Perrettes à Ecublens

1996 Villa Baumettes à Renens

1996 Villa Mourey à Lutry

1996 Bâtiment d'habitations à Saint-Sulpice

1996 Villa Berney à Saint-Sulpice

1996 Bâtiment d'habitations à Prilly

1997 Complexe d'habitations à Saint-Prex

Centres commerciaux
1985 Migros à Chavannes

1989 ABM/Coop à Ecublens

1992 Toys'r/Jumbo à Ecublens

1994 Coop à Yverdon

1995 Aligro à Chavannes

1996 Coop à Saint-Prex

Bâtiments publics
1989 Eglise Adventiste à Clarens

1990/95 Internats, classes, salles de sports Le Rosey à Rolle

1992 Complexe de travail, loisirs et habitations pour personnes handicapées Cité Radieuse à Echichens

1992 Salle de Municipalité à Renens

1993 Salle de gymnastique et salles de paroisse à Renens

1995 Centre technique communal à Renens

Réhabilitation/Rénovation
1985 Villa Dubochet à Clarens (monument historique 2)

1987 Villa Kenwin à La Tour-de-Peilz (monument historique 1)

1991 Immeuble La Bâloise à Morges (inventaire 3)

1994 Maison Baer à Yverdon (inventaire 3)

1995 Immeuble La Bâloise à Lausanne

1996 Transformation d'un rural à Boussens

1996 Villa Comte de Sereny à Bex (inventaire 3)

1997 Villa Dubochet Weber à Clarens (monument historique 2)

Projets en cours
Bâtiment d'exploitation et centre de calcul UBS à Bussigny

Ensemble d'habitations à Etagnières

Habitat groupé à Renens

Centre commercial Aligro à Genève

Internat La Combe à Rolle

Union compagnonnique des Compagnons du Tour de France, transformation et rénovation de la Ferme du Désert à Lausanne

PQ Léman, administration, habitat et commerces centre ville, Renens

PQ Aligro, commerces et administration, Chavannes

PQ Centre, habitat et commerces, Chexbres

Habitat collectif expérimental sur la base de critères énergétiques et géobiologiques à Renens

Habitat individuel expérimental à coût modéré à Corseaux

Ilustrations
1. Villa Mourey à Lutry, 1996

2. Complexe d'habitations à Yverdon

3. Détail appartement à Yverdon

4. Villa Sereny à Bex, 1996

5. Villa Kenwin à La Tour-de-Peilz, 1987

6. La Bâloise à Morges, 1991

7. MPC à Renens, 1990

8. Centre technique communal à Renens

Wallis/Valais

adt, Daniel Troger

adt Büro für Architektur & Design
Kantonsstrasse
3942 Raron
Telefon 027-935 88 33
Telefax 027-935 88 38

Gründungsjahr 1988

Inhaber
Daniel Troger,
dipl. Arch. HTL/STV

Mitarbeiterzahl 3

Spezialgebiete
Architektur

Design

Kunst

Wettbewerbe
Schulhaus und Mehrzweckanlage, Eischoll; 1. Preis

Bâtiment postal de Sion 1; 2. Preis

Sportzentrum, Steg; 3. Preis

Zentrumsüberbauung, Susten; 5. Preis

Qualitätsmanagement
Zertifiziertes Managementsystem, SQS, ISO 9001, Reg. Nr. 13450 (1997)

Philosophie
Der Benützer als auch der Betrachter muss neue Formen und Gestaltungselemente akzeptieren und sich vom immer noch vorherrschenden Pseudo-Chalet-Stil mit überdimensioniertem österreichischem Balkongeländer mit völlig veralteten Grundrisstypen und Dekorationselementen lösen.

Dies verlangt vom Architekten eine professionelle Abwicklung von Projekten mit hoher architektonischer Qualität. Die Auseinandersetzung «Programm und Ort» muss neue weitgehende Lösungen mit Berücksichtigung des Kosmos hervorbringen.

Wir sind gezwungen, alles Verständnis vom «Objekt» abzustreifen. Es ist nicht selber, sondern dient nur als Markierung eines Ortes, desjenigen eines kosmischen Ereignisses.

Programme sollen nach heutigem Verständnis zukunftsorientiert interpretiert werden und dies auch resultierend im Objekt dynamisch widerspiegeln.

Wichtige Projekte
Einfamilienhaus Amacker, Raron

Ferienhaus in Steg

Um- und Neubau Hotel Rarnerhof, Raron

Friedhofanlage, St. German

Kloster in Lubagna, Angola (Projekt)

Industriehalle in Siders

Umbau und Innenausbau Sportgeschäft, Raron

Umbau Wohnhaus Ruffener, Raron

Renovation Zentriegenhaus, Raron (Studie)

Wohnhaus in Steg

Schulhaus und Mehrzweckzentrum, Eischoll

Forstrevier und Feuerwehrlokal Südrampe

Einfamilienhaus Troger-Truffer, Raron

Quartierplan Herruviertel, Gampel (Studie)

Aktuelle Projekte
Wiederaufbau Schreinerei Troger Ernst & Söhne AG, Raron

Aufstockung Gewerbebau, Steinmaur

Überbauung Sonnegg in Steg

Abbildungen

1. + 2. Einfamilienhaus, Raron

3. + 4. Mehrzweckanlage, Eischoll

Grünwald-Ricci

Architektur-Office AG
Grünwald-Ricci
Architekt SWB/REG
Alte Simplonstrasse 10
3900 Brig
Telefon 027-923 65 54
Telefax 027-923 66 06
e-mail: arch.office@rhone.ch

Gründungsjahr 1976

Inhaber/Partner
René Grünwald,
Architekt SWB

Antonio Ricci,
eidg. dipl. Bauleiter

Mitarbeiterzahl 5–7

Spezialgebiete
– Wohnungsbau/Siedlungsbau
– Öffentliche Bauten
– Holzelementbau
– Umbauten und Renovationen
– Innenarchitektur
– Bauleitung
– Expertisen und Schatzungen

Publikationen
«Neuer Holzbau in der Schweiz»,
Baufachverlag Lignum

Häuser (Deutschland) 2/86, 3/89

Raum+Wohnen (Schweiz)
6/84, 6/87, 2/90, 11/90

Ville Giardini (Italien) 12/89, 12/94

Auszeichnungen
Schweizerischer Holzbaupreis 1984/85, Lignum

Haus des Jahres 1985 (Deutschland) für Ferienhaus Pfahl in Bellwald

Haus des Jahres 1990 (Deutschland) für Haus Oberhauser, Brig

Wettbewerbserfolge
Kantonales Sportzentrum, Steg, 1. Rang

Freiluftschwimmbad Naters, 1. Rang

Schulhaus und Mehrzweckhalle, Birgisch, 1. Rang

Schulhaus in Brig-Glis, 5. Rang

Mehrzweckanlage Oberwald, 5. Rang

Spital für Chronischkranke, Susten, 4. Rang

Philosophie
An den Fassaden muss ablesbar sein, welche Räume und Funktionen sich dahinter verbergen.

Einfache, klare Formensprache, die eine präzise Materialisierung sowohl innen wie auch aussen verlangt.

Motto: sparsame Ästhetik, und dies nicht auf Kosten der Architektur.

Wichtige Projekte
Haus Dr. Toni Eggel, Ried-Brig

Haus Oberhauser, Ried-Brig

Haus Eggel-Venetz, Brig

Haus Barendregt, Ried-Brig

Haus Pensionskasse Familia, Naters

Haus Dr. Gross, Termen

Altersheim, St. Niklaus

Haus Dr. Ghezzi, Naters

Haus Dr. Schmid, Ausserberg

Haus Koni Hallenbarter, Obergestelen

Haus Rotacker, Naters

Umbau Weingalerie Chanton, Visp

Haus Venetz-Miller, Brig

Goldschmiedeatelier Pfammatter Maria, Brig

Totalumbau UBS, Brig

Umbau Jugendstilhaus Unger, Deutschland

Umbau Jelmoli/Loeb, Brig

Umbau Dr. Anthenien, Mörel

Ausbau Buchhandlung «zur alten Post», Brig

Arztpraxis Dr. Moser, Altstadt Bern

Aktuelle Projekte
Kunsthaus «alter Werkhof», Brig

Haus Pernstich, Ayent

Neubau in Parkanlage Unger, Deutschland

Wohn- und Geschäftshaus Haussener, Brig

Wohn- und Geschäftshaus, Furkastrasse, Brig

Patiohäuser I, Naters

Abbildungen

1. Einfamilienhaus Venetz-Miller, Brig

2. Mehrfamilienhaus Pensionskasse Familia, Naters

3. Totalumbau UBS, Brig

4. Weingalerie Chanton, Visp

5. Freiluftbad Bammatte, Naters

Pierre Schweizer

Bureau d'architecture A31
1, av. Château de la Cour
3960 Sierre
Téléphone 027-455 36 91
Téléfax   027-456 31 12

Année de la fondation 1981

Propriétaire
Pierre Schweizer,
arch. EPF-Z-SIA

Spécialisations
Architecture solaire passive

Distinctions
Lauréat de divers concours
d'architecture

Philosophie
La communication est la base de toute activité humaine.

Chaque problème posé est un nouveau défi qui sera défini par le contexte, la fonction et les moyens.

Le processus de planification est une démarche où s'impliquent différents acteurs, sous la régie d'un architecte et dont le but est de démontrer les partis possibles.

Construire est un acte culturel.

Kommunikation ist die Grundlage allen menschlichen Handelns.

Jede Aufgabe ist eine neue Herausforderung, die über den Kontext, die Funktion und die Mittel definiert wird.

Planung ist ein Prozess mit vielen Akteuren, in dem der Architekt die Funktion des Regisseurs ausübt: Ziel ist es, Lösungswege aufzuzeigen.

Bauen ist ein kultureller Vorgang.

Constructions importantes
1985/91 Werkhof N 9, Simplon-Dorf (avec A. Meillard, arch., Sierre)

1988/90 Jardin Nôtre Dame des Marais, Sierre

1989/92 Transformation et annexe du central téléphonique, Sierre

1991/93 Maison de Roten, Sion

1994/95 Musée C. C. Olsommer, Veyras

1994/95 Agrandissement du cimetière, St-Luc

1994/96 Centre culturel du Marais, Sierre

1994/96 Postneubau, Agarn

1994/97 Centre scolaire primaire, Orsières

1995/96 Wohn- und Geschäftshaus, Saas-Fee

Projets en cours
Transformation d'un appartement, Venthône

Maison familiale, Lens

Illustrations

1.–3. Centre culturel du Marais, Sierre

4.–6. Centre scolaire primaire, Orsières

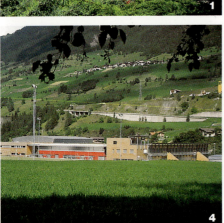

Matthias Werlen

Dipl. Architekt ETH/SIA
Hofjistrasse 6
3900 Brig
Telefon 027-922 11 22
Telefax 027-922 11 23
E-mail: werlen@rhone.ch
www.rhone.ch/architekturwerlen

Gründungsjahr 1991

Inhaber
Matthias Werlen

Mitarbeiterzahl 6

Spezialgebiete
Wohnungsbau

Industriebau

Öffentliche Bauten und Anlagen

Sanierungskonzepte, Umbauten

Liegenschaftenschatzungen, Expertisen

3D-Visualisierung

Plan-Digitalisierung

Publikationen
SI + A Schweizer Ingenieur und Architekt

Auszeichnungen
IAG-Hubbrücke Saltina, Brig, Goldmedaille an der internationalen Erfindermesse, Genf

Wettbewerb Werkhof und Verwaltungsgebäude EWBN in Brig-Glis, 1. Rang

Wettbewerb Alters- und Mehrzweckgebäude «Rottu» in Bitsch, 1. Rang

Wettbewerb Wohnsiedlung Grundbiel in Brig-Glis, 1. Rang

Wettbewerb Schulhaus mit Turnhalle in Vétroz, 7. Rang

Wichtige Projekte
1992 Wohnsiedlung Grundbiel, Brig-Glis

1993 Umbau MFH Murmann, Brig-Glis

1993 Umbau Dancing Spycher, Brig-Glis

1993 Umbau Hotel Klenenhorn, Rosswald

1993 Vielfältige Expertentätigkeit nach Unwetterkatastrophe in Brig-Glis

1993 Sanierungsmassnahmenkatalog für Wohnsiedlung Riedbach, Brig-Glis

1994 Mehrfamilienhaus Fantoni, Brig-Glis

1994 EFH A. Roten, Brig-Glis

1995 Bau und Einrichtungen Freilicht-Musical «Anatevka», Stockalperhof, Brig-Glis

1995 Umbau Wegenerhaus, Familie Pacozzi, Brig-Glis

1995 Umbau Pfarrhaus Herz-Jesu, Brig-Glis

1995 EFH Familie Aeschbach, Brig-Glis

1995 Umbau EFH Imahorn, Naters

1996 Umnutzung Schulhaus Ferden

1996 Chalet-Verschiebung Gentinetta, Zermatt

1996 Hubbrücke Saltina, Brig-Glis (IAG)

1996 EFH Borter, Ried-Brig

1997 EFH Werlen-Mathier, Bürchen

1997 EFH Dalle, Lötschental

1997 EFH Albrecht-Imboden, Raron

1997 Bergrestaurant Mäderlicka, Rothwald

1997 Umbau Hotel Ganterwald, Rothwald

1997 Umbau Hotel Fafleralp, Lötschental

Aktuelle Projekte
Ofenhaus, Denox und Energiegebäude Kehrichtverbrennungsanlage Oberwallis

Werkhof und Verwaltungsgebäude EWBN, Brig-Glis

Wohnsiedlung Stützen, B. Fantoni, Brig-Glis

EFH Werlen, Brig-Glis

Renovation Antoniuskapelle, Brig-Glis

Abbildungen

1. + 2. Wohnsiedlung Grundbiel, Brig-Glis, 1992

2. Aufstockung Roten, Brig-Glis, 1994

Zug

A1 AG

Dipl. Arch. ETH/HTL/SIA
Baarerstrasse 112
6300 Zug
Telefon 041-767 20 20
Telefax 041-767 20 29
www.a1-architekten.ch

Gründungsjahr 1989

Geschäftsleitung
Piero Rossi,
dipl. Arch. ETH/SIA

Martin Spillmann,
dipl. Arch. HTL/STV

Ir Ben de Graaff,
dipl. Arch. TU Delft

Daniel Fässler,
dipl. Arch. HTL

Mitarbeiterzahl 10
6 dipl. Architekten
1 Hochbautechniker
1 Sekretärin
2 Hochbauzeichnerlehrlinge

Spezialgebiete
– Wohnungsbauten
– Öffentliche Bauten
– Gewerbebauten
– Wettbewerbe
– Gestaltungs- und Richtpläne
– Umbauten und Sanierungen
– Innenausbau
– Machbarkeitsstudien
– Bauherrenberatungen
– Schatzungen und Expertisen

Philosophie
Wir entwickeln und realisieren mit unternehmerischer Ausrichtung Ideen und Konzepte mit hoher architektonischer Qualität.

Entwickeln und realisieren:
– aktiv und selbständig Bedürfnisse und Ideen von öffentlichen und privaten Bauherren aufnehmen und Lösungen anbieten
– das Baugeschehen beobachten, zu Lösungen Stellung nehmen und Alternativen anbieten

Unternehmerische Ausrichtung:
– zur optimalen Realisierung von Projekten Vorarbeiten im planerischen Bereich leisten
– dem Bedürfnis Kosten-Nutzen-Faktor von Bauherrschaften Rechnung tragen

Architektonische Qualität:
– Miteinbeziehen von architekturtheoretischen und städtebaulichen Überlegungen
– kulturellen und gesellschaftlichen Veränderungen Rechnung tragen
– optimales Einsetzen von Konstruktion, Material und Energie unter Berücksichtigung der heutigen ökonomischen sowie ökologischen Erkenntnisse

Wettbewerbe
1990 Projektwettbewerb Neubau Verwaltungsgebäude der Landis & Gyr AG in Zug (mit Arch.-Büro BFL, Paris; 1. Ankauf)

1991 Projektwettbewerb Kantonales Verwaltungsgebäude in Zug, 2. Etappe (2. Platz)

1991 Studienwettbewerb Quartierplanung Herti 7, Korporation Zug

1992 Projektwettbewerb Erweiterung Schulhaus Neuheim, Zug

1992 Projektwettbewerb Verwaltungsgebäude Korporation Zug

1993 Projektwettbewerb Verwaltungsgebäude Gemeinde Cham

1994 Projektwettbewerb Überbauung Dorf, Zug (2. Platz)

1995 Studienwettbewerb mit Präqualifikation der Baudirektion Kt. Zug, Gaswerkareal, Zug (mit Arch.-Büro I+B/GWJ, Bern/Zürich)

1997 Wettbewerb Kant. Polizeistützpunkt und Werkhof Hinterberg, Cham (1. Platz)

1997 Projektwettbewerb Turnhalle und Kindergarten Oberwil, Zug

Projektierte Bauten
1990 Parzellierungs- und Überbauungsstudie, Gemeinde Neuenkirch LU

1990 Projekt Wohnüberbauung, Knonau ZH

1992 Bebauungsplan Wohnen und Gewerbe am Gleis, Rotkreuz

1992 Vorprojekt Gewerbehaus «Tramdepot», Baar

1993 Projekt Wohn- und Geschäftshaus, Baarerstrasse, Zug

1993 Projektstudie Wohn- und Einkaufszentrum, Hünenberg

1993 Vorprojekt Autoausstellhalle und Werkstatt, Cham

1994 Hotel, Revitalisierungskonzept, Zug

1995 Projektstudie Büro- und Gewerbehaus Fa. Gygli AG, Zug

1995 Sanierungskonzepte für div. Wohnbauten im Kt. Zug

1996 Projekt/Planung Wohnüberbauung Sagimatt, Baar

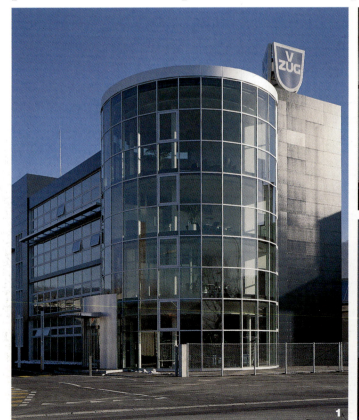

Ausgeführte Neubauten

1990–94 Ausführung Erweiterung Schulanlage Chilefeld, Obfelden

1992 Planung/Ausführung Forstmagazin Korporation Zug, Oberwil

1993–95 Planung/Ausführung Wohnhaus mit Atelier und Schwimmbad, Chamerstrasse 100, Zug

1994 Ausführung Restaurant und Tankstelle Zugerstrasse, Baar

1995 Planung/Ausführung Neubau Übungshaus GVZG, Schönau, Cham

1995 Planung/Ausführung Neubau EFH, Auw/AG

1995–96 Ausbildungszentrum GVZG + ZS, Schönau, Cham

1997 Projekt/Planung Neubau Bürogebäude V-Zug AG, Zug

1998 Projekt/Planung/Ausführung Produktionshalle Colland Ebnöther AG, Sursee

Ausgeführte Umbauten

1995 Sanierung von 24 Wohnungen, Zugerstrasse, Baar

1995 Sanierung von 36 Wohnungen, Eschenweg/Birkenweg, Baar

1995 Fassadensanierung, Oberallmendstrasse und Industriestrasse, Zug

1996 Restaurierung Altstadthaus, Neugasse, Zug

1997 Projekt/Planung Sanierung Bürogebäude V-Zug AG, Zug

1997 Projekt/Planung/Ausführung Umbau Radio TV Späni AG, Luzern

1997 Projekt/Planung/Ausführung Umbau Restaurant Alexander, Sursee

1997 Projekt/Planung/Ausführung Umbau Restaurant Juanitos, Zug

1997 Projekt/Planung/Ausführung Umbau Restaurant Amadeus, Luzern

1997 Projekt/Planung/Ausführung Umgebungsgestaltung Areal V-Zug AG, Zug

1997 Projekt/Planung/Ausführung Umbau Entwicklungs- und Laborgebäude V-Zug AG, Zug

Bauherrenberatungen

1991–94 Bauherrenberatung Neubau Hauptsitz SEV, Fehraltorf

1994–96 Bauherrenberatung Sanierung Fabrikgebäude CMC, Schaffhausen

1995 Bauherrenberatung Feuerwehrgebäude, Rotkreuz

1995 Immobilienbewirtschaftung Firma MZ-Immobilien, Zug

1997 Spitalplanung Kanton Zug

Aktuelle Projekte

Projekt/Planung/Ausführung Neubau Terrassenhäuser in Wollerau/SZ

Projekt/Planung Neubau Garage mit Tankstelle und Shop, Küssnacht am Rigi

Wohnüberbauungsstudie Weidli, Baar

Gestaltungsrichtplan Areal Rotkreuz, multikulturelles Zentrum mit Dienstleistung, Zug

Projekt/Planung Umbau alte Fabrikliegenschaft CMC, Schaffhausen

Projekt/Planung/Ausführung Sanierung Mehrfamilienhaus für V-Zug AG, Zug

Abbildungen

1.– 3. Neubau Bürogebäude V-Zug AG, Zug

4. Wohnhaus mit Atelier und Schwimmbad, Chamerstrasse 100, Zug

Edwin A. Bernet

Architekturbüro SIA
Bellevueweg 8
6300 Zug
Telefon 041-711 17 27
Telefax 041-711 17 19
E-mail: bernet@bluewin.ch

Gründungsjahr 1969

Inhaber/Partner
Edwin A. Bernet,
Architekt SIA

bis 1984 in Partnerschaft
mit H. A. Brütsch,
Architekt SIA/BSA

Mitarbeiterzahl 8

Spezialgebiete
Wohnbauten

Geschäfts-/Verwaltungsbauten

Hotelbauten

Industrie-/Gewerbebauten

Umbauten/Renovationen

Publikationen
Zuger Bautenführer,
Verlag Werk AG, 1992

Schweizer Journal 8/86

Bundesbauten 1972–83,
Baufachverlag AG, Zürich

Element 25/84

Wettbewerbe
1984 Alterswohnungen Bergli, Zug (5. Preis)

1985 Alterswohnungen St. Anna, Unterägeri (4. Preis)

1986 Gemeindezentrum Cham (2. Preis)

1987 Kant. Berufsschule Zug (2. Preis)

1987 Gesamtplanung Eidg. Munitionsfabrik, Altdorf (1. Preis)

1988 Kaufmännische Berufsschule Zug (1. Preis)

1988 Gewerbebauten Kollermühle, Zug (2. Preis)

1988 Ideenwettbewerb Bahnhof Zug (4. Preis)

Wichtige Projekte
1970 Einfamilienhaus O. A. Meier, Hurdenerwäldli, Pfäffikon

1973 Villa E. Gwalter, Rapperswil

1976 Eigentumswohnungen Gutschweid, Zug

1978 Geschäftshaus Gotthardstrasse 3, Zug

1981 Einfamilienhausüberbauung Guntenbühl, Steinhausen

1983 Diverse Industriebauten für Eidg. Munitionsfabrik, Altdorf

1983 Terrassenhaus Weinberghöhe, Zug

1985 Reihenhaussiedlung Rankhof, Zug

1985 Einfamilienhaus R. Amrein, Im Stutz, Horw

1986 MFH-Arealbebauung Rankweiher, Zug

1987 Erweiterung City-Hotel Ochsen, Kolinplatz, Zug

1989 Renovation/Umbau Haus Aegeristrasse, Zug

1990 Reihenhaussiedlung Im Buel, Staffelbach

1990 Wohnhaus Oswaldsgasse, Zug

1990 Planung Industriebauten für Eidg. Munitionsfabrik, Altdorf

1991 Wohn- und Geschäftshaus Bundesplatz 14, Zug

1991 Um- und Aufbau Rigihof, Bundesplatz, Zug

1992 Wohn- und Geschäftshäuser Vorstadt, Zug

1992 Café Huber, Baarerstrasse, Zug

1994 Umbau und Erweiterung Hotel Serpiano, Tessin

1995 Wohn- und Geschäftshaus Rigi, Vorstadt, Zug

Aktuelle Projekte
Arealbebauung Guggi/Rothusweg, Zug

Umbau, Renovation und Erweiterung Schulhaus Athene, Zug

Wohnüberbauung Weidstrasse, Zug

Abbildungen
1. Wohn- und Geschäftshaus Bundesplatz 14, Zug, 1991
2. Gewerbebau Huber, Cham (Modell)
3. Hotel Serpiano, Tessin, 1994

Fotos 1 + 2: Alois Ottiger

H. Bosshard + W. Sutter

**Dipl. Architekten
ETH/SIA/BSP**
Kirchenstrasse 13
6300 Zug
Telefon 041-711 61 44
Telefax 041-711 01 80

Gründungsjahr 1967

Inhaber/Partner
Heinz Bosshard

Werner Sutter

Mitarbeiterzahl 10

Spezialgebiete
Private und öffentliche Bauten, vorwiegend im innerstädtischen Kontext

Bebauungspläne/Areal- und Strukturplanungen

Philosophie
Die Stadt als übergeordnete Einheit ist immer Ausgangs- und Bezugspunkt der architektonischen Aktivität. Ob gross oder klein, ein Bauwerk ist durch seinen Bezug zur Gemeinschaft immer ein Stück Stadt. Nicht nur als Ganzes, sondern auch als Teil eines übergeordneten Ganzen erdacht, soll es der Vergänglichkeit der Modeströmungen seiner Zeit aufgrund seiner inneren Haltung eine unabhängige Konstanz entgegensetzen.

Wichtige Projekte
1973 Amtsblatt-Druckerei, Zug

1976 Geschäftshaus Gotthardstrasse 3, Zug

1978 Wohn- und Geschäftshäuser Industriestrasse 9+11, Zug

1979 Alterszentrum Herti, Zug

1982–87 Zentrumsgebäude «Stadthof», Zug

1978–80 Bebauungsplan Postplatz–Vorstadt–Schmidgasse–Bahnhofstrasse, Zug

1990–93 Überbauung Bahnhofstrasse/Schmidgasse, Zug

1990 Wohn- und Geschäftshaus Park Résidence, Zug

1990 Bebauungsplan Grafenau-Nord, Zug

1986–92 Landis & Gyr, Haus «Grafenau», Zug (1. Etappe; Wettbewerb, 1. Rang)

1987–91 Vorprojekt Bahnhof Zug (Wettbewerb, 1. Rang/Vorprojekt/Studie langfristiger Horizont, Zusammenarbeit mit Derungs+Partner)

1994–95 Erweiterung Landis & Gyr, Haus «Grafenau» (2. Etappe), Zug

1996–97 Schulhaus Oberwil

1996–97 Mehrfamilienhausblock Grafenauweg 7/9/11, Zug

1997 Projekt Bahnhofbereich Zug, Zentrales Element Fuss-gängerverkehr (mit Derungs+Partner)

Aktuelle Projekte
Erweiterung Überbauung Grafenau-Nord, Zug

Bebauungsplan Grafenau-Süd, Zug

Terrassenhäuser Hänibühl, Zug

Reiheneinfamilienhäuser Schwerzimatten, Obfelden

Mehrfamilienhaus in Männedorf ZH

Wohnüberbauung in Zug und Baar

Abbildungen
1.–3. Schulhaus Oberwil, 1996/97

4.–5. Landis & Gyr, Haus «Grafenau», Zug, 1986–92

Gilbert Louis Chapuis

Chapuis Architektur und Energieplanung
Weinbergstrasse 34
6300 Zug
Telefon 041-711 14 23
Telefax 041-712 01 40

Gründungsjahr 1980

Inhaber
Gilbert Louis Chapuis,
dipl. Arch. ETH/SIA

Mitarbeiterzahl 4

Spezialgebiete
Individuelle Bauaufgaben wie verdichtetes Bauen, Erweiterungen, die eine Neugestaltung bedingen

Gesamtbeurteilung hinsichtlich Energie und Wirtschaftlichkeit, Konzepte für Niedrigenergiehäuser

Umbauten und Restaurierungen, denkmalpflegerische Planungsaufgaben

Organisation von Architekturwettbewerben

Experten- und Lehrtätigkeit

Publikationen
Die «Münz» in Zug. Anwendung moderner Bautechniken an historischen Bauten. Zuger Neujahrsblatt 1984

Villette Cham, Renovation und Umbau 1986–1988

«Architektur und Holz», Zuger Zeitung 4.11.95

Industrieneubau Waller AG, Zug, forum 38/97

Redaktion Juryberichte

Philosophie
Bauen als kulturelle Angelegenheit fordert uns heraus, für die gestellte Aufgabe angemessene, individuelle Lösungen zu suchen. Unsere Arbeitsmethodik geht stets vom Bauvolumen aus: die Analyse des Ortes wie Modelle und CAD-Visualisierungen führen zum Ergebnis.

Sorgfältiges Gestalten und Konstruieren gilt sowohl dem Ganzen wie auch den Details; dies in der Überzeugung, dass die Qualität auf zwei Pfeilern ruht: Zeichnungen und Bauleitung.

Die Wahrung der Bauherreninteressen, Kostenkontrolle und Termineinhaltung sind selbstverständlich und gehören zum Grundsatz unseres Dienstleistungsbetriebes.

Unsere Beratung des Bauherrn hinsichtlich des sorgfältigen Umgangs mit den Energieressourcen wie auch die ökologische Verträglichkeit der vorgeschlagenen Lösungen sind zukunftsweisend.

Wichtige Projekte
1978 Ortsbildinventarisation Alt- und Vorstadt Aarburg

1980–81 Um- und Anbau der Sternwarte Zug

1980–86 Restaurierung der «Münz» und der Kirche St. Oswald, Zug (bei A. Schwerzmann, Zug)

1986–88 Restaurierung der Villette Cham, Projektleitung

1988–94 Renovation des Atelierhauses, Aussenrenovation des Schlosses St. Andreas, Cham

1990 Umbau und Renovation der Villa Hong-Kong, Zug

1992 Umbau und Renovation reformiertes Sigristenhaus, Baar

1994 Niedrigenergiehaus in Elementbauweise, Baar

1995 Anbau und Restaurierung dreier Altstadthäuser, Zug

1995–96 Industrieneubau, Oberallmendstrasse, Zug

1996–97 Kapelle St. Wendelin, Holzhäusern (Renovation nach Hausschwammbefall)

1997 Aussenrenovation kantonales Zeughaus, Zug

Aktuelle Projekte
Renovation der reformierten Kirche Walchwil, erbaut 1964

MFH-Erweiterung in Elementbauweise, Oberwil

Alterswohnungen und Spitex, mehrgeschossiger Holzbau

Etappenweise Realisierung des Massnahmenkonzeptes und der Umgestaltung der grossen Stadtmauer und der Türme von Zug

Abbildungen
1.+2. Anbau und Restaurierung dreier Altstadthäuser, St.-Oswalds-Gasse, Zug

3.+4. Niedrigenergiehaus, Fassaden in Elementbauweise, Mühlegasse 8, Baar

Derungs und Partner

Architekten AG
SIA/SWB/CSEA/GSMBA
Lauriedstrasse 7
6300 Zug
Telefon 041-711 33 84
Telefax 041-711 45 00

Gründungsjahr 1962

Inhaber
Chris Derungs (Jg. 36),
Arch. SIA/SWB, Planer ETH

Nachfolger seit März 97 im Büro tätig
Reto C. Derungs (Jg. 67),
dipl. Arch. ETH

Leitende Angestellte
G. Isenring,
Entwurfsarchitekt

M. Sidler, Projektleiter

M. Oberholzer, Planung

Mitarbeiterzahl 11

Spezialgebiete
– Geschäftshausbau
– EDV-Rechenzentren
– Industrie- u. Gewerbebauten
– Innenarchitektur
– Wohnungsbau
– Umbau/Renovationen
– Beratungen:
 Kunst am Bau
 Orts- und Regionalplanung
 Denkmalpflege

Publikationen
Werk Bauen und Wohnen

Archithese

Wettbewerbe
Teilnahme an mehr als 80 Wettbewerben mit mehreren Preisen sowie einige nennenswerte Erfolge bei SIA-Wettbewerben, u.a.:
Ankauf Kirche Herti, Zug;
Ankauf Alterswohnungen Bergli, Zug;
Ankauf Schulanlage Loreto, Zug;
1. Preis Bahnhof Zug (Arge mit Bosshard & Sutter, Zug);
1. Preis Kant. Strassenverkehrsamt, Zug;
3. Preis Alterswohnungen, Baar;
3. Preis Kant. Verwaltungszentrum, Zug;
3. Preis Kant. Gewerbeschule, Zug;
3. Preis Dorfzentrum, Cham;
4. Preis Sportzentrum, Davos;
4. Preis Hertizentrum, Zug;
7. Preis Tribschenareal, Luzern

Philosophie
Wir machen immer alles neu und besser.

«Entwickle eine unfehlbare Technik, dann überlass Dich der Gnade der Inspiration.»
(Walter Gropius)

Wichtige Projekte
Terrassenhaus, Walchwil ZG

Geschäftshaus Gabor, Zug

Büro- und Lagerhaus Walterswiler Sport u. Freizeit Immobilien AG, Walterswil

Rotes Geschäftshaus, Baarerstrasse, Zug

Fabrikationsgebäude Etter Kirsch, Zug

Pfrundhaus Oswaldsgasse, Zug

Wohnhaus Gutsch, Menzingen

Gewerbebau Kübler AG, Walterswil

Landhaus in Menzingen

Schiessanlage Muotathal SZ

Geschäftshaus
Marc Rich & Co. AG, Zug

Restaurant Glashof,
Marc Rich & Co. AG, Zug

Rechenzentrum
Marc Rich & Co. AG, Zug

Gewerbezentrum, Rotkreuz

Zwei Geschäftshäuser Zentrum Cham der ZKB

Kantonales Strassenverkehrsamt Zug

Wohnüberbauung Rank, L & G, Zug

Wohnüberbauung Langrüti, Hünenberg-Cham

Terrassensiedlung Lüssirain, Zug

Aktuelle Projekte
Wohnüberbauung Sterenweg, Zug, 3. Etappe (Baubeginn 98)

Wohnüberbauung Lüssirain, Zug

Geschäftshaus Steinhauserallmend, Zug (Baubeginn 98/99)

Villa Vogelsang, Umbau und Renovation/Neubau

Wohnüberbauung Sterenweg, Zug, 1.+ 2. Etappe (zur Zeit in Fertigstellung)

Abbildungen

1. + 2. Kant. Strassenverkehrsamt Zug, Steinhausen, 1994

3. Aussenansicht Marc Rich & Co. AG, Zug, 1983 (heute: Hauptsitz ZKB)

4. Innenansicht Marc Rich & Co. AG, Zug, 1983

Geiger Architekten

Dipl. Architekten ETH/SIA
Blickensdorferstrasse 13a
6312 Steinhausen
Telefon 041-741 19 19
Telefax 041-741 36 71

Filiale: Eichenweg 17a
8802 Kilchberg
Tel./Fax 01-715 40 24

Gründungsjahr 1988

Inhaber
Thomas Geiger,
dipl. Arch. ETH/SIA

Mitarbeiter 3–5
Dank der Zusammenarbeit mit bestausgewiesenen Büros können wir ausser im regionalen Schwerpunkt Zentralschweiz und Zürich auch überregional Projekte jeder Grössenordnung realisieren.

Publikationen
Arch (Eternit) 2/97

Hochparterre 4/97

Ideales Heim 6/97

Atrium 7/97

Luzerner Zeitung, Sonderbeilage 9/97

Architektur+Technik 12/97

Tätigkeiten
Die Firma Geiger Architekten ist seit 10 Jahren erfolgreich im Markt tätig. Als Generalisten sind wir in sämtlichen Sparten der Architektur und des Bauens tätig, dies sowohl für private wie für institutionelle und öffentliche Auftraggeber.
– Neubau
– Umbau/Sanierung/Revitalisierung
– Innenarchitektur
– Bauberatung

Wir arbeiten mit modernsten Hilfsmitteln wie CAD, EDV etc.

Unternehmensphilosophie
Wir planen, bauen und beraten mit unternehmerischer Ausrichtung die spezifischen Wünsche und Bedürfnisse unserer Auftraggeber, indem wir ganzheitlich, interdisziplinär, teamorientiert und umweltaktiv denken und handeln und eine hohe architektonische Haltung und Qualität anstreben.

Unser Motto: «Damit das Mögliche möglich wird, muss man stets das Unmögliche versucht haben.» (Hermann Hesse)

Wichtige ausgeführte Projekte
1988/93 Einbau Künstleratelier, Steinfelsareal, Zürich

1989 Neubau Reiheneinfamilienhäuser, Hütten (mit HW+P-Arch.)

1990 Einbau/Einrichtung Werkbetrieb Siemens-Albis AG, Urdorf

1991 Neubau Büroatelier, Maur (mit L. Piller)

1992 Umbau/Renovation Schlössli, Eglisau

1994 Umbau/Innenausbau Patrizierhaus, Zug

1995 Standbau für Firma Eternit, Niederurnen, an der Swissbau, Basel (mit C. Humbel)

1995 Umbau/Renovation denkmalgeschützte Altstadtliegenschaft, Zug

1995 Sanierung Wohnüberbauung «Loretohöhe», Zug (publiziert)

1995 Einbau/Einrichtung Einfamilienhaus, Kilchberg (publiziert)

1996–98 Erweiterung und Gesamtsanierung Zentrumsüberbauung und Einkaufszentrum «Lilie-Zentrum», Schlieren (mit HW+P-Arch.) (publiziert)

Wichtige Wettbewerbe
1989 Öffentlicher Projektwettbewerb (mit HW+P) Bahnhofareal, Cham, 4. Preis (24 Teiln.)

1993 Öffentlicher Projektwettbewerb (mit HW+P) Neubau Gemeindeverwaltung, Cham, 2. Preis (49 Teiln.)

1995 Wettbewerb Standbau Eternit (mit C. Humbel) 1. Preis

Abbildungen

1. Sanierung «Loretohöhe», Zug, 1995: Ansicht West nach der Sanierung, ohne Betonbrüstung, mit neuen Wintergärten

2. «Loretohöhe», Zug: Gesamtansicht West, mit Attikawohnungen, Vordächern, neuem «Kleid»

3. Neubau Büroatelier, Maur, 1991

4. Innenausbau EFH, Kilchberg, 1995

5. Umbau Patrizierhaus, Zug, 1994: Korridor/Badezimmer, Ahorn-Sperrholz

6. Erweiterung und Gesamtsanierung Lilie-Zentrum, Ansicht Ersatz-Neubau Zürcherstrasse, Schlieren, 1998

Harksen – Trachsel – Städeli

HTS Architekten ETH/HTL
Zugerstrasse 17
6330 Cham
Telefon 041-780 00 50
Telefax 041-780 00 55

HTS Architekten ETH/HTL
Bahnhofstrasse 6
6460 Altdorf
Telefon 041-871 03 34
Telefax 041-870 29 33

Gründungsjahr 1988

Inhaber/Partner
Daniel Harksen, Arch. HTL
Josef Trachsel, Arch. HTL
Beat Trachsel, Arch. HTL
Stefan Städeli, Arch. HTL

Leitender Angestellter
Markus Iten, Arch. HTL

Mitarbeiterzahl
Büro Cham 9
Büro Altdorf 6

Spezialgebiete
Wohnungsbau
Gewerbebauten
Öffentliche Bauten
Umbauten/Sanierungen
Verkehrsbauten
Quartiergestaltungen

Philosophie
Wir verstehen Architektur als Reaktion auf einen vorgegebenen Ort oder eine vorgegebene Situation. Die formale Reduktion und das Schaffen von einfachen und klaren Strukturen, unter Einbezug der geeigneten Materialien, sind eines der Hauptziele in unserer planerischen Tätigkeit und helfen uns, die Wünsche des Bauherrn funktionell und wirtschaftlich umzusetzen. Qualität gilt als oberstes Prinzip in der Planungs-, der Ausführungs- und der Abrechnungsphase.

Wichtige Projekte
1988–98 Neubau Gewerblich-Industrielle Berufsschule Zug, 1. Etappe

1991 Sonderschulgarten-Gestaltung Sonderschule Kinderheim, Hagendorn

1991–93 Alterssiedlung in der Schönau, Kaltbrunn

1995 Wohnüberbauung Oberdorf Eschen, Steinhausen

1996 Reihenhäuser, Oberrüti

1997–98 Neubau Internat Sonderschule Kinderheim, Hagendorn

Aktuelle Projekte
1988–98 Neubau Gewerblich-Industrielle Berufsschule Zug, 1. Etappe

1996 Quartiergestaltungsplan Streule, Appenzell

1998 Umbau/Umnutzungen Sonderschule Kinderheim, Hagendorn

1996–2000 Dreifachturnhalle mit Schulgebäude, Gewerblich-Industrielle Berufsschule Zug, 2. Etappe

Wettbewerbe
1987 Projektwettbewerb Neubau Gewerblich-Industrielle Berufsschule Zug, 1. Preis und Weiterbearbeitung

1988 Projektwettbewerb Neubau Kaufmännische Berufsschule Zug, 3. Preis

1989 Projektwettbewerb Betagtenheim, Eschenbach SG, 4. Preis

1989 Projektwettbewerb Rathaus Menzingen, 4. Rang

1990 Studienauftrag Alterssiedlung, Kaltbrunn, 1. Preis und Weiterbearbeitung

1991 Projektwettbewerb Kantonale Verwaltung Zug, 7. Rang/4. Preis

1992 Projektwettbewerb Wohnheim für Behinderte, Schattdorf, 1. Preis und Weiterbearbeitung

1993 Projektwettbewerb Berufsschulzentrum Schütze, Zürich, 11. Rang/7. Preis

1993 Studienauftrag durch Präqualifikation, Gaswerkareal, Zug

1996 Projektwettbewerb Neubauten Gaswerkareal, Zug, 5. Rang/5. Preis

1997 Einladung zu Projektwettbewerb nach Präqualifikation, Berufsschulzentrum Salzmagazin, Zürich

Abbildungen

Gewerblich-Industrielle Berufsschule Zug, Gemeinschaftstrakt

Haupteingang mit Schrägverglasung

Mensa und Mehrzwecksaal

Schrägverglasung zu Unterrichtstrakten

Hegi Koch Kolb

Architekturbüro SIA
Ober Altstadt 4
6300 Zug
Telefon 041-710 54 30
Telefax 041-710 54 33

Zweigbüro in Wohlen

H E G I
K O C H
K O L B
ARCHITEKTEN

Gründungsjahr 1984

Inhaber
Stefan Hegi, dipl. Arch. ETH
Felix Koch, dipl. Arch. HTL
Kurt Kolb,
dipl. Innenarch. SfGZ

Mitarbeiterzahl 12

Spezialgebiete
Umbauten
Wohnbauten
Öffentliche Bauten
Industrie- und Gewerbebauten
Kindergärten
Bauen nach ökologischen Gesichtspunkten

Publikationen
Zuger Bautenführer 1992
Hochparterre 5/95

Philosophie
Zusammen mit unserer Bauherrschaft versuchen wir Raumqualität mit den Bedürfnissen der Benützer in Einklang zu bringen. Wir sind uns dabei stets bewusst, mit unseren Projekten einen Kulturbeitrag zu leisten. Mit den Prinzipien der einfachen, ablesbaren Strukturen und mittels umsichtigem Umgang mit Material und Energie erzielen wir angemessene Lösungen. In diesem Sinn wird die Ästhetik der Sparsamkeit zum gegenwartsbezogenen Ausdruck unseres Schaffens!

Wichtige Bauten und Arbeiten

1988 Gewerbebau/Schreinerei, Kollerstrasse 32, Zug

1990 Wohnüberbauung, Baar (Wettbewerb, 2. Preis)

1991 Renovation/Umbau von vier Kindergärten, Baar

1992 Zweifamilienhaus Hutter, Aarbachstrasse 16, Baar

1994 Umbau/Renovation Gasthaus Rathauskeller, Zug

1994 Umbau Ober Altstadt 4, Zug

1995 Zentrumsgebäude Inwil, Baar

1996 Doppeleinfamilienhaus, Baar

1997 Wettbewerb Inselspital, 1. Preis (in Zusammenarbeit mit Architekturbüro Kamm & Kündig)

1998 Doppeleinfamilienhaus in Horgen

Abbildungen

1. Wettbewerbsprojekt Inselspital Bern, 1. Preis (in Zusammenarbeit mit Kamm & Kündig)

2. Zentrumsgebäude mit Kindergarten und Mehrzweckraum, Baar Inwil

3. Kirchenplatzgestaltung, Baar Inwil

4. Doppeleinfamilienhaus, Baar

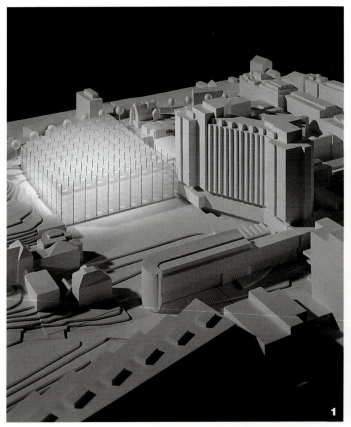

Luigi Laffranchi

Architektur AG
Poststrasse 24
6304 Zug
Telefon 041-729 40 50
Telefax 041-729 40 58

Gründungsjahr 1980

Inhaber
Luigi Laffranchi

Mitarbeiterzahl 8

Spezialgebiete
Planung und Ausführung von:

Wohn- und Geschäftsbauten

Industrie- und Gewerbebauten

Umbau und Renovationen

öffentlichen Bauten

Energiesparkonzepte

Baubiologie und Ökologie

Publikationen
Motorfahrzeugkontrolle Zug: SI+A 1/88

Primarschulhaus Riedmatt: Akt. Wettbewerbs Scene 3/96

Präsentation in «Schweizer Architekten», Ausgabe 1998/99

Wettbewerbe
Motorfahrzeugkontrolle des Kantons Zug (6. Rang)

Musikpavillon Birkewäldli, Unterägeri (4. Rang)

Wohn- und Geschäftshaus Weid, Hünenberg (1. Rang)

Primarschulhaus Riedmatt, Zug (5. Rang)

Wohnüberbauung Furrenstrasse, Unterägeri (1. Rang)

Wohnhaus mit Büros, Lüssiweg, Zug (1. Rang)

Begegnungszentrum Chilematt, Unterägeri (4. Rang)

Öffentliche Aufträge
Kindergarten Mühlegasse, Unterägeri

Alterswohnungen mit Spitex, Hedingen

Büroeinbauten, Güterstrasse, Fremdenpolizei des Kantons Zug

Büroeinbauten, Baarerstrasse, Justizdirektion des Kantons Zug

Integrationsschule des Kantons Zug, Baarerstrasse, Zug

Schulraumprovisorien Gewerbeschule Zug

Wohnhaus mit Büros, Lüssiweg, Zug

Gestaltung Schiffssteg Aegerisee

Private Aufträge
Wohnüberbauung Seehofmatt (5 EFH), Unterägeri

Überbauung Weid (1 MFH, 2 EFH), Weidstrasse, Hünenberg

Überbauung Haiti (2 EFH), Haitiweiden, Mühlau

Wohn- und Geschäftshaus, Lindengasse, Unterägeri

Wohnüberbauung Breitenerlistrasse (2 MFH), Obfelden

Wohnüberbauung Furrenstrasse (2 MFH, 4 EFH), Unterägeri

Wohnüberbauung Quellenweg (3 EFH), Goldau

Landhaus Ochsenhof, Baar

Einfamilienhaus, Seestrasse, Oberägeri

Sanierung Wohnhäuser Rigistrasse 29/31/33/35, Baar

Doppeleinfamilienhaus Waldhof, Unterägeri

Landhaus, Höfnerstrasse, Steinhausen

Aktuelle Projekte
Wohn- und Geschäftshaus Mühle-/Lindengasse, Unterägeri

Atelierhäuser Im Underbach, Walchwil

Wohnüberbauung Im Feld (4 EFH), Kappel a. A.

Pneulager, Lättichstrasse, Baar

Sanierung ev.-ref. Kirche Mittenägeri

Landhaus Seehofmatt, Unterägeri

Armbrust-Schützenhaus, Unterägeri

Diverse Umbauten und Sanierungen

Abbildungen
1.+2. Mehrfamilienhaus, Lüssiweg, Zug, 1997

3. Sanierung Wohnhaus, Rigistrasse, Baar, 1996/97

4. Doppeleinfamilienhaus Waldhof, Unterägeri, 1997

Müller + Staub Partner AG

Architekten ETH/SIA/HTL
Marktgasse 13
6341 Baar
Telefon 041-760 40 20
Telefax 041-760 40 27

Gründungsjahr 1963

Inhaber
Hannes Müller
Robert Neumeister
Kurt Schmid
Nick Staub
Karl Steinauer

Mitarbeiter/-innen 13

Spezialgebiete
Preisgünstiges Bauen
Individuelles Bauen
Öffentliches Bauen
Bauökologie/Holzbau
Umbau/Renovation
Bauleitungen/Schätzungen

Publikationen
Schulbau in der Schweiz, Institut für Hochbauforschung ETHZ

Zuger Bautenführer, Verlag Werk AG, Zürich

Exemplum, Ausgabe 5, Röben Tonbaustoffe

Auszeichnungen
Die gute Küche 1991, Schweizer Küchen-Verband

Philosophie
Wir stellen hohe Ansprüche an unsere Dienstleistungen.

Wir suchen Antworten auf ökologische und ökonomische Fragen.

Wir gestalten mit einfachen, lesbaren Formen und Strukturen.

Wir freuen uns über eigenständige, oft unkonventionelle Resultate, welche Identifikation ermöglichen.

Wichtige Projekte (ab 1990)
1990 Geschäftshaus Goldwell AG, Baar-Walterswil

1991 Bebauungsplan Residenz Marc Rich, Risch ZG

1991 Wohnsiedlung Chriesimatt, Baar

1993 Erweiterung Schulhaus Neuheim ZG (Wettbewerb, 1. Preis)

1993 Hotel Restaurant Ochsen, Menzingen ZG

1994 Wohnsiedlung Eich 2, Cham

1994 Postgebäude, Menzingen ZG

1995 Geschäftshaus Glasi Zug AG, Zug

1995 Wohnsiedlung und Kindergarten Sagenbrugg, Baar (Wettbewerb, 1. Preis)

1995 Rathaus Oberägeri (Wettbewerb, 1. Preis)

1996 Wohnsiedlung Am Rainbach, Baar-Inwil

1996 Umbau und Renovation Haus Sunnematt, Baar

1997 Industriebau Hima AG, Rotkreuz

1997 Wohnsiedlung Ulrich, Neuheim

Aktuelle Projekte
Oberstufenschule Sennweid, Baar (Vorbereitung der Ausführung)

Wohnsiedlung Seeblick mit Gewerbehaus, Cham

Eigentumswohnungen Krämermatt, Cham

Eigentumswohnungen Riedpark, Rotkreuz

Einfamilienhaussiedlung Lerchenfeld, Rotkreuz

Wohnhaus in Holz, Horgen

Abbildungen

1. Oberstufenschule Sennweid, Baar (Modell 1:200, Vorlage Baukredit)

2. Rathaus Oberägeri (Kunst und Bau mit Romuald Etter)

3. Geschäftshaus Glasi Zug AG, Zug (Ausstellungsraum)

4. Wohnsiedlung und Kindergarten Sagenbrugg

Zumbühl & Heggli

**Dipl. Architekten
ETH/SIA/HTL
Neugasse 15
Postfach 6
6301 Zug
Telefon 041-710 65 55
Telefax 041-710 65 56**

Gründungsjahr 1990

Inhaber/Partner
Urs Zumbühl,
dipl. Arch. ETH/SIA

Alfons Heggli,
dipl. Arch. HTL

EDV-Beratung
Michel Kaufmann,
dipl. Arch. HTL

Spezialgebiete
Öffentliche Bauten und Anlagen

Wohnungsbau

Restaurationen und Denkmalpflege

Umbauten/Sanierungen

Stadtplanung, Gestaltungspläne

CAD-Visualisierungen

Wettbewerbe
1985 Seeufergestaltung Zug, in Zusammenarbeit mit Jean-Daniel Wyss, 1. Preis

1990 Familienwohnungen Waldheim, Zug

1991 Kantonales Verwaltungszentrum an der Aa, Zug, 5. Preis

1992 Rathausbezirk Stans

1993 Gemeindeverwaltung Cham, 1. Preis

1993 Städtebauliche Studie Zentrumsbereich Zug, Weiterbearbeitung

1995 Primarschule Riedmatt

1996 Öffentliche Neubauten Gaswerkareal, Zug, 2. Preis

1998 Quartiergestaltungsplan «Mattli», Alosen/Oberägeri

CAD-Visualisierungen
1995 Zentrumsbereich Zug

1996 Präsentation Gemeindehaus Cham

1996 Präsentation Eigentumswohnungen in Luzern

Öffentliche Aufträge
1992 Umgestaltung Vorstadtbrücke, Zug

1993/95 Seeufergestaltung Zug, Fussgängerbrücke

1994 Umfahrung Zug/Baar, Phase 1, Studienauftrag für städtebauliche Ideenskizze

1994/95 Umfahrung Zug/Baar, Studienauftrag für städtebauliche Ideenskizze, Bundesplatz, Bahnhofstrasse und Alpenstrasse

1994/98 Neubau Gemeindehaus Cham

1995 «Neukonzeption» Seeufergestaltung Zug

1996/97 Bushaltestelle Gemeindehaus, Cham

1997 Studienauftrag Hafengebäude, Zug

Private Aufträge
1991 Bebauungsplan Johannisstrasse, Cham

1992/93 Umbau Bauernhaus Langrüti, Hünenberg

1992/93 Renovation Stöckli, Wannhäusern, Cham

1994/95 Neubau von zwei Einfamilienhäusern Zugerbergstrasse 49, Zug

1994/95 Um- und Anbau Einfamilienhaus Luzernerstrasse 112, Cham

1995 Studie Doppeleinfamilienhaus, Rebmatt, Baar

1995 Neubau Geschäfts- und Wohnhaus Luzernerstrasse 12, Cham

1995 Neubau Wohn- und Geschäftshäuser Johannisstrasse, Cham

1996/97 Renovation und Anbau Restaurant Freihof, Baar

1997 Studie eines Fabrikgebäudes, Küssnacht am Rigi

1998 Einfamilienhäuser in Münchenstein, in Planung

Abbildungen

1. Gemeindeverwaltung Cham, «Mandelhof», Südansicht mit altem Gemeindehaus

2. Gemeindeverwaltung Cham, «Mandelhof», Innenhof mit Glasoblicht (Computer-Visualisierung)

3. Renovation und Anbau Restaurant Freihof, Baar, Südansicht

Zürich

akt design

Heinrichstrasse 67
8005 Zürich
Telefon 01-440 54 45
Telefax 01-272 86 60
e-mail: sarbach@twi.ch
www.aktdesign.ch

Gründungsjahr 1994

Inhaber/Partner
Urs Huber,
dipl. Arch. ETH/HTL/SIA
seit 1993 Entwurfsassistent
ETHZ

Peter Kessinger,
dipl. Arch. ETH/SIA
1993–96 Entwurfsassistent
ETHZ

Amadeo Sarbach,
dipl. Arch. ETH
seit 1995 Lehrauftrag
für CAAD am Technikum
Winterthur
1993–95 wissenschaftlicher
Mitarbeiter ETHZ

Spezialgebiete
Architektur
Gestaltung
Interaktion

Philosophie
Im Bereich Architektur versuchen wir, auf konzeptioneller Basis eine dem jeweiligen Ort adäquate Lösung zu finden. Ausgehend von diesem Ansatz ist unser Ziel, eine räumliche Vielfalt zu erreichen. Speziell im Wohnungsbau versuchen wir, eine maximalen Wohnwert für den jeweiligen Nutzer zu schaffen.

Wir verstehen unter Gestaltung das Präsizieren und Verdeutlichen von Form, Farbe und Funktion. Uns interessiert das konzeptorientierte Gestalten.

Als Interaktion bezeichnen wir den gesamtheitlichen Umgang mit digitalen «Online»- und «Offline»-Medien. Das Wesentliche unseres Schaffens in diesem Bereich bildet die durchgehende und einheitliche Bearbeitung von Konzeption, Gestaltung und Umsetzung.

Wichtige Projekte
Architektur
1994/95 Neubau: Wochenendhaus Mattsand, St. Niklaus

1995 Umbau und Renovation: Wohnhaus Stengele, Luzern

1996 Innenausbau: Mitarbeit Grand Hyatt, Berlin

1996 Projekt: Detailumbau Arztpraxis, Aarbergstrasse, Bern

1996 Projektwettbewerb: Platzgestaltung, Visperterminen, Einladung zur Überarbeitung, 6. Preis

1996 Projektwettbewerb: Kantonsschule Frauenfeld, Ankauf (mit René Antoniol jun.)

1997 Umbau und Renovation: Zahnarztpraxis Stengele, Luzern

1997 Neubau: Verandaanbau und Carport Wohnhaus Padrutt, Chur

1997 Umbau: Mehrfamilienhaus, Hofjistrasse, Brig

1997 Projekt: Reiheneinfamilienhäuser Honigstrasse, Zürich

1997 Projektstudie: Umbau und Sanierungskonzept, Baugenossenschaft Freiblick, Zürich

1998 eingeladener Projektwettbewerb: Wohnüberbauung Chrüzächer, Regensdorf

1998 Neubau: Doppeleinfamilienhaus Kuhn, Zürich

1998 Umbau: Wohnhaus, Blattenstrasse, Naters

Gestaltung
1994 Fahrzeuggestaltung: «Twike»-Leichtfahrzeug (Prototyp)

1994 Messeexponat: Energiesimulator «Energy Vision»

1996 Möbeldesign: Zahnarztbehandlungsmöbel Z1

1997 Möbeldesign: Tisch T1, Clubtisch C1, Stuhl S1, Bett B1

Interaktion
1995 Screendesign Commedia

1996 Computergestütztes Schulungssystem (CBT) für CS Holding

1996 CASH online, Zürich

1996 annabelle online, Zürich

1997 T & O online, Regensdorf

1998 espas online, Zürich

Abbildungen
1. Neubau Carport Padrutt, Chur, 1997

2. Umbau Wohnhaus, Hofjistrasse, Brig, 1997

3. Neubau Doppeleinfamilienhaus Kuhn, Zürich, 1998

Architekten Kollektiv

Kisdaroczi Jedele Schmid Wehrli SIA SWB
Obergasse 15
8400 Winterthur
Telefon 052-213 50 60
Telefax 052-212 40 73

Gründungsjahr 1981/1996

Inhaber/Partner
Jozsef Kisdaroczi, dipl. Architekt ETH/SIA

Markus Jedele, dipl. Architekt HTL/SWB

Andri Schmid, Bauleiter/Kostenplaner

Peter Wehrli, dipl. Architekt HTL

Mitarbeiterzahl 8

Spezialgebiete
Neubau, Umbau, Erneuerung Innenausbau von

Wohnbauten

Geschäftsbauten

Schulbauten

Sportbauten

Publikationen
Winterthurer Jahrbuch 1996, 1997

Raum+Wohnen 3/96

Aktuelle Wettbewerbs Scene 1/97

Häuser 5/97

Sperrholzarchitektur, Cerliani/Baggenstoss, Baufachverlag Lignum, 1997

Architekturführer Winterthur, Brossard/Oederlin, 1997

Bauen im historischen Kontext, Stadt Winterthur, Abt. Denkmalpflege, 1997

Philosophie
Wir wollen uns in engagierter Weise am Baugeschehen beteiligen. Mit dem Einbezug der Bauherrschaft in die Auseinandersetzungen um die Architektur wollen wir Werke mit bleibendem materiellem und kulturellem Wert schaffen. Den Anforderungen der heutigen Zeit wollen wir mit gründlichem und strukturiertem Denken begegnen und zielorientiert im Team nach Lösungen suchen.

Wichtige Projekte
1993 Wohnpavillon Kohler, Winterthur

1994 Snackbar und Kiosk, Bülach

1995 Einfamilienhaus Ernst, Dättlikon

1995 Wohnhaus Bienz-Schudel, Winterthur

1996 Geschäftshaus Adler-Apotheke, Winterthur

1996 Arztpraxis Mégroz, Winterthur

1997 Buchhandlung Vogel, Winterthur

1997 Umbau Einfamilienhaus Mundwiler, Winterthur

Wettbewerbe
1994 Schulhaus Wiesenstrasse, Winterthur

1995 Umbau/Erweiterung Stadtbibliothek, Winterthur

1996 Schulhaus Dättnau, Winterthur

1997 Schulhaus Gottfried Keller, Basel

1997 Sporthalle, Neftenbach

Aktuelle Projekte
Umbau Krematorium Winterthur

Wohnhäuser im Tössertobel, Winterthur

Schulhaus Wiesenstrasse, Winterthur

Abbildungen

1. Wohnpavillon Kohler, Winterthur, 1993

2. Schulhaus Wiesenstrasse, Winterthur, 1994

3. Snackbar und Kiosk, Bahnhof Bülach, 1994

4. Buchhandlung Vogel, Winterthur, 1997

Fotos: T. Aus der Au: 1
Architekten Kollektiv: 2+3
G. Aerni: 4

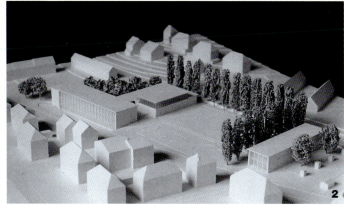

architektick

**Dipl. ArchitektInnen
ETH SIA HTL**
Zypressenstrasse 85
8004 Zürich
Telefon 01-242 01 70
Telefax 01-242 01 72

Paul Meier
Telefon 01-242 13 42
Telefax 01-242 01 72

Gründungsjahr 1984/1995

Inhaber
Tina Arndt,
dipl. Architektin ETH/SIA

Daniel Fleischmann, Architekt/
dipl. Siedlungsplaner HTL

Büropartner: Paul Meier,
dipl. Architekt ETH/SIA

Spezialgebiete
Wohnungsbau

Gewerbebau

Öffentliche Bauten

Umbauten und Umnutzungen

Bebauungs- und Gestaltungspläne

Innenausbau

Holzbau

Niedrigenergie

Publikationen
Wohnhaus Guggerstrasse, Zollikon, in: Mehrgeschossiger Holzhausbau, SISH Biel, Ott-Verlag+Druck AG, Thun; Tages-Anzeiger vom 28.2.97; NZZ vom 22.10.97; Lignum, Holzbulletin 46/97; Archithese 6/97; Energie 2000 Ökobau Info-Blatt; Schweiz. Baudokumentation

Philosophie
– Lebensraum benutzer- und umweltgerecht gestalten
– Ökologisch und materialbewusst
– Interdisziplinäre Zusammenarbeit
– Abwägen, gegenüberstellen, hinterfragen
– Raum bewusst gestalten, Raumerlebnis
– Stimmung, Ausstrahlung und Sinnlichkeit

Wichtige Projekte architektick
1995 Wettbewerb Fabrik am Wasser, Wohnüberbauung mit Schulhaus, Zürich

1995 Wettbewerb Ilge, Familien- und Alterswohnungen, Sattel SZ (mit Lukas Gregor, 5. Rang)

1995 Wettbewerb Ortsfiliale mit Wohnungen, Kantonalbank Schwyz, Einsiedeln (mit Christoph Gerber, Bern)

1995–97 Niedrigenergiehaus mit 5 Wohnungen, Guggerstrasse, Zollikon

1996 Ideenwettbewerb Erasmus-Zone, Wohnungsbau an der Peripherie, Den Haag (mit Christoph Gerber, Bern)

1996 Studienauftrag Wohnüberbauung Grundacherstrasse, Dällikon (Zusammenarbeit mit Paul Meier)

**Paul Meier
Umbauten**
1985 Genossenschaft Ponsyrus, Anwandstrasse, Zürich

1989 Wogeno-Häuser Hellmut-/Hohlstrasse, Zürich (ArGe Behm)

1989 Genossenschaft Neptunstrasse, Zürich

1990 Zweifamilienhaus, Tobelacker, Geeren

1990 Zweifamilienhaus, Chileweg, Oberweningen

1991 Büroräumlichkeiten, Ottikerstrasse, Zürich

1992 Wohnhaus, Frohburgstrasse, Zürich

1995 Zweifamilienhaus, Schulhausstrasse, Oetwil am See

1996 Einfamilienhaus, Kapfstrasse, Zürich

1997 Dachgeschoss, Josefstrasse, Zürich

1997 Mehrfamilienhaus, Wuhrstrasse, Zürich

Neubauten
1990 Werkstattgebäude, Brüelstrasse, Dielsdorf

1993 Wohn- und Geschäftshaus, Bahnhofstrasse, Dielsdorf

Aktuelle Projekte
Doppeleinfamilienhaus, Oetwil am See

Wohnhaus, Zürich

Umbau Reiheneckhaus, Zürich

Ladenumbau, Zürich

Abbildungen
1. Wohnhaus Guggerstrasse, Zollikon, 1997

2. Werkstattgebäude, Brüelstrasse, Dielsdorf, 1990

3. Wohnungsbau an der Peripherie, Den Haag, 1996

Fotos: Arazebra, Helbling & Kupferschmid, Zürich: 1
Rocco Brioschi, Zürich: 3

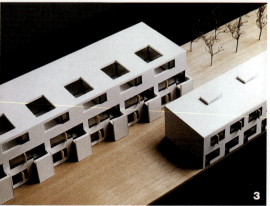

Arndt + Herrmann

Architektur + Design
Mythenquai 355
8038 Zürich
Telefon 01-481 94 95
Telefax 01-481 94 93
arndtherrmann@access.ch

Gründungsjahr 1987

Inhaber/Partner
René Arndt
Martin Herrmann

Mitarbeiterzahl 5

Spezialgebiete
Individuelle Wohn- und Industriebauten

Fernsehdesign

Möbeldesign

Innenarchitektur

Umbauten, Umnutzungen

Publikationen
Hochparterre 9/95, 5/96

Ideales Heim 6/96, 6/97

Raum+Wohnen 3/97, 4/97

Möbel Interior Design Md 4/96

Domus 4/96

Sperrholzarchitektur, Cerliani/Baggenstoss, Baufachverlag Lignum, 1997

Umbau + Renovieren 2/98

Philosophie
Wir versuchen immer, im Drinnen das Draussen zu sehen. Wir versuchen, etwas zu sagen, was wahr ist. Aber vielleicht ist nichts wirklich wahr. Ausser dem, was dort drinnen ist. Und was dort draussen ist, verändert sich laufend.

Wichtige Projekte
1990 Tagesschau, SF DRS

1990 10 vor 10, SF DRS

1991 MTW und Puls, SF DRS

1991 Umbau Holdingsitz Schulthess AG, Wolfhausen

1992 RTL, Köln

1993 Tagesschau, SF DRS

1993 Industriebau Rolf Zürcher, Pfäffikon SZ

1994 Siedlung mit 12 EFH, Kilchberg

1995 Renovation Thomas-Mann-Haus, Kilchberg

1995 Umbau EFH Baumgartner, Freienbach

1995 Möbelkollektion für die Firma Pro Nomos

1996 10 vor 10, SF DRS

1996 Wahlsendung SF DRS

1996 Ladengestaltung Transa Backpacking

1997 EFH Hinnen, Bonstetten

1997 Innenarchitektur für Agenturen der Groupe Mutuel

1997 2 EFH Zürcher/Zurbuchen, Einsiedeln

Aktuelle Projekte
Umbau Regieräume SF DRS, Zürich

9 EFH, Wilen/Wollerau

3 Atelierhäuser, Thalwil

Mehrfamilienhaus, Horgen

Innenarchitektur Groupe Mutuel Agence Sierre, Fribourg, Genève

Transa Ladengestaltung, Bern

Bijouterie Ladengestaltung, Küsnacht

Abbildungen

1. Industriebau Rolf Zürcher, Pfäffikon SZ

2. Siedlung mit 12 EFH, Kilchberg

3. Schubladenmöbel Pro Nomos 05/00

4. Umbau Einfamilienhaus Baumgartner, Freienbach

5. «10 vor 10»-Studio SF DRS

6. Einfamilienhaus Blüemenen, Einsiedeln

atelier ww

Dipl. Architekten
Römeralp, Asylstrasse 108
Postfach
8030 Zürich
Telefon 01-388 66 66
Telefax 01-388 66 16

Gründungsjahr 1970

Inhaber/Partner
Walter Wäschle
Rolf Wüst
Urs Wüst

Mitglied der GL
Kurt Hangarter

Mitarbeiterzahl 45

Infrastruktur
CAD-Einsatz auf 12 Stationen der modernsten Art, seit 1985
Bauadministration: EDV WINMESS

Philosophie
Unsere Philosophie sind die Planung, die Projektleitung und die Ausführung einer zeitgemässen, modernen Architektur unter Berücksichtigung von Qualitäten, Kosten und Terminen, wobei auch der heutigen Ökologie sehr stark Rechnung getragen wird.

Dank einem grossen Engagement sowie verschiedenen ersten Preisen in öffentlichen und eingeladenen Wettbewerben konnten wir uns einen soliden Auftragsbestand sichern. Unser Arbeitsgebiet hat in all den Jahren seit der Gründung unseres Büros sämtliche Sparten des Architektenberufes umfasst. Neben verschiedensten öffentlichen Gebäuden, die aus Wettbewerben resultieren, bearbeiten wir zurzeit auch diverse grosse Privatbauvorhaben.

Unsere Stärke ist, sich jeder Aufgabe von neuem zu stellen und für den Bauherren die richtige Lösung zu finden.

Wichtige Bauten

Fürsorge und Gesundheit
Altersheim Sempach; WB 1. Preis
Alters- und Pflegeheim Weggis; WB 1. Preis
Altersheim und Siedlung Rebwies, Zollikon; WB 1. Preis
Alters-/Pflegeheim Herrliberg; WB 1. Preis
Behindertenheim Loomatt, Stallikon; WB 1. Preis
Rehabilitationsklinik Tenna, Davos

Gemeindebauten
Zentrumsplanung Sursee; WB 1. Preis
Pfarreizentrum Bruder Klaus, Zürich; WB 1. Preis
Zentrumsüberbauung Balestra, Locarno
Dienstleistungszentrum «Im Langhag», Effretikon

Kultus und Kultur
Um- und Neubau Kongresshaus, Zürich
Orgeleinbau Kongresshaus/Tonhalle, Zürich
Neue Messe Zürich; WB 1. Preis

Banken
Schweiz. Volksbank, Meilen
Büro- und Verwaltungsgebäude ZKB, Dübendorf

Industrie/Gewerbe
EWZ Zürich-Oerlikon; WB 1. Preis
Wohn- und Geschäftshaus Post, Dietlikon; WB 1. Preis
Büro- und Gewerbehaus Chromos, Glattbrugg; WB 1. Preis
Büro- und Verwaltungszentrum Vetropack, Bülach; WB 1. Preis

Wohn- und Geschäftsüberbauung Berninapark, Zürich; WB 1. Preis
Gewerbepark Leonberg (D); WB 1. Preis
Überbauung Bernstrasse, Schlieren; WB 1. Preis
Wohn- und Geschäftshaus Bergstrasse, Obermeilen
Gewerbehaus Marcel Scheiner, Neuenhof
Service- und Lagergebäude Zingg-Lamprecht, Brüttisellen
Büro-, Fabrik- und Lagergebäude Bornhauser AG, Dübendorf
Geschäftshaus Imperial, Zürich
Werkhof und Bürogebäude Sonanini, Fehraltorf
Schappe-Areal, Kriens; WB 1. Preis
Büro- und Verwaltungsgebäude ZKB, Dübendorf
Restaurant Römeralp, Zürich
Geschäfts- und Wohnhausüberbauung Asylstrasse, Zürich
Wohn- und Geschäftshaus Tribschen-Tor, Luzern
Hotel Derby, Davos

Geschäftshaus Imholz, Zollikon

Büro- und Gewerbegebäude, Oberrohrdorf

Büro- und Verwaltungsgebäude Lerzenstrasse, Dietlikon

Grüt-Park, Regensdorf; WB 1. Preis

Schulen/Bildung
Neue Berufs- und Frauenfachschule Winterthur; WB 1. Preis

Erweiterung ETH Zürich; WB 1. Preis

Ausbildungszentrum Ciba-Geigy, Basel

Freizeit/Sport
Sporthalle Allmend, Meilen; WB 1. Preis

Hallen- und Freibad Münchenstein; WB 1. Preis

Wohnungsbau
Wohn- und Geschäftshaus Post, Dietlikon; WB 1. Preis

Wohnüberbauung, Horgen; WB 1. Preis

Viesenhäuserhof, Stuttgart; WB 1. Preis

Wohn- und Geschäftshaus Bergstrasse, Obermeilen

Zentrumsüberbauung Meilen

Wohnüberbauung Althau, Spreitenbach

Wohn- und Geschäftshaus ZKB, Opfikon

Wohnüberbauung Moosburg, Effretikon

Wohnüberbauung Hamlirain, Kloten

Mehrfamilienhaus Vetter, Dübendorf

Mehrfamilienhausüberbauung Winkelriedstrasse, Zürich

Überbauung Loonstrasse, Oberrohrdorf

Mehrfamilienhaus Imholz, Herrliberg

Einfamilienhausüberbauung, Künten AG

Mehrfamilienhausüberbauung Loorenpark, Dietlikon

Wohnüberbauung Tribschen-Tor, Luzern

Wohnüberbauung Greifenseestrasse, Zürich

Wohn- und Geschäftshaus Berninapark, Zürich-Oerlikon; WB 1. Preis

Umbauten/Renovationen
Erweiterung ETH Zürich; WB 1. Preis

Umbau Restaurant Blume, Zürich-Schwamendingen

Umbau EWZ Beatenplatz, Zürich

Orgeleinbau Kongresshaus/Tonhalle, Zürich

Sanierung Stadthof 11, Zürich-Oerlikon

Sanierung Finanzamt Zürich

Restaurant Römeralp, Zürich

Ausbildungszentrum Ciba-Geigy, Basel

Aktuelle Projekte
Überbauung Bernstrasse, Schlieren; WB 1. Preis

Wohnüberbauung am Haselbach, Knonau

Kino- und Einkaufszentrum «Multi-Box», Adliswil; WB 1. Preis

Einkaufszentrum Lindenmoos, Affoltern am Albis

Wohn- und Geschäftsüberbauung Coop, «Zürich-Nord»

Coop-Macchi-Areal, Dietlikon

Casino Oerlikon

Geschäftshaus Wallisellenstrasse 333, Zürich

Geschäftshaus Indel, Russikon

City Bernina, Zürich-Oerlikon; WB 1. Preis

Zentrumsüberbauung Noldin, Küsnacht

Wohnüberbauung Olgastrasse, Zürich

Wohnüberbauung Seepark Wannen, Thalwil

City Plaza, Dietlikon

Coop-Zentrum, Küsnacht

Verlagshaus TA Media Zürich; WB 1. Preis

Abbildungen

1. + 2. Neue Messe Zürich

3. Zentrum «Rütenen», Vetropack, Bülach

4. Casino Zürich

5. Grüt-Park, Regensdorf

Heinz Baumann und Andres Waibel

Dipl. Architekten ETH
Rotwandstrasse 39
8004 Zürich
Telefon 01-241 80 60
Telefax 01-241 80 89

Gründungsjahr 1993
vormals Baumann, Bräm, Waibel Architekten

Inhaber/Partner
Heinz Baumannn,
dipl. Arch. HTL/ETH

Andres Waibel,
dipl. Arch. HTL/ETH

Mitarbeiterzahl 2

Spezialgebiete
Kostengünstiger Wohnungsbau

Umbau/Erneuerung

Instandhaltung

Innenausbau

Im Bereich Unterhalt und Erneuerung bestehender Bauten basiert unsere Erfahrung auf der Durchführung verschiedener Bauvorhaben. Im Zusammenhang mit dem Impulsprogramm des Bundes (IP-Bau) und unserer Beratungstätigkeit für Genossenschaften haben wir Methoden für Liegenschaftenbewirtschaftung erarbeitet.

Bei Neu- und Umbauvorhaben übernehmen wir Gesamt- oder Teilplanung, Bauleitung und Beratung.
Je nach Aufgabentyp können wir besondere Faktoren gewichten: betrieblich-funktionelle Optimierungen, kostengünstiges Bauen, Ökologie, Gesamtkostengarantie.

Auszeichnungen
Preisträger im Wettbewerb Preisgünstiger Wohnungsbau, «agir pour demain», März 1997

Publikationen
«Vorausschauende Gebäudebewirtschaftung» von Andres Waibel, in: Immobilien-Ratgeber, Schweizerischer Hauseigentümerverband, Zürich 1995

Impuls Programm Bau Publikation, Alterungsverhalten von Bauteilen und Unterhaltskosten im Wohnungsbau, Max Büchler, Kurt Christen und Andres Waibel, Leitung Prof. Paul Meyer, ETH Zürich, EDMZ 742.441 D, Februar 1995

«Billig bauen – keine Utopie» in: Der Schweizerische Hauseigentümer 3/96

Mehrfamilienhaus Mitteldorfweg, Mülligen AG, in: Cash 11/97, Dossier Billig Bauen

Wichtige Projekte
1994 Umbau Wohnhaus Helbling, Bauma

1995 Umbau Wohnhaus Moz, Kaisten

1995 Neubau Mehrfamilienhaus, Mitteldorfweg, Mülligen AG (mit Matthias Bräm)

1996 Neubau Carosserie Hofstetter, Emmen LU (mit Matthias Bräm)

Aktuelle Projekte
Wohnhäuser, Weiningen ZH

Wohnüberbauung in Stein AG

In Zusammenarbeit mit David Schmid: Neubau Inter-Community-School, Zumikon

Haus Züger, Aeugst am Albis

Abbildungen
1.–3. Reihenhaus, Mülligen, 1995

4.–6. Wohn- und Gewerbebau Hofstetter, Emmen, 1996

Fotos: M. Bräm: 1–3, 5, 6
Stefan Rötheli: 4

Hans Binder

Dipl. Architekt ETH/SIA
Dozent ISBE
Oberfeldstrasse 50
8408 Winterthur
Telefon 052-223 03 23
Telefax 052-223 03 24

Zweigbüro
Stauffacherstrasse 72
3014 Bern
Telefon 031-331 34 49
Telefax 031-331 34 49

Gründungsjahr 1988

Inhaber
Hans Binder

Leitende Mitarbeiter
René Stauber,
dipl. Arch. ETH

Patrick Frauendorf,
dipl. Arch. ETH

Mitarbeiterzahl 6

Tätigkeitsfeld
Architektur: Planung, Bauleitung, Neubau, Umbau

Städtebau: Siedlungsbau, Revitalisierung

Innenarchitektur: Ausbau, Design

Publikationen
Werk, Bauen+Wohnen 3/90, 6/93, 9/93

Hochparterre 6/91, 8/91, 10/94, 11/95

Architektur+Technik 9/91, 1/95, 12/97

Deutsche Bauzeitung 10/91, 12/91, 1/92, 1/93, 12/93, 8/94, 4/95

Ideales Heim 6/93, 12/96

Architekturführer Winterthur, Band II, vdf-Verlag, Zürich

Auszeichnungen
1988 Reisestipendium ETHZ für Japan

1993 1. Preis Projektierungskonkurrenz Wohnbauten Wülflingen, Winterthur

1995 Anerkennungspreis «Design Preis Schweiz» für «Bilavo»

1998 1. Preis Gesamtleistungswettbewerb Sporthalle Neftenbach

Wichtige Projekte
1989–90 Wohnhaus Binder, Oberhörstetten

1991/96 Umbau Wohnhaus Weissen, Winterthur

1991–94 Therapiestation Ricketwil, Winterthur

1994–95 Wohnhaus Seiler, Hettlingen

1994–96 EFH Binder von Hoesslin, Dättlikon

1993–97 Wohnüberbauung «Agua Mineral», Winterthur

1996–97 Wohn- und Gewerbehaus Frei, Reutlingen

1996–98 Revitalisierung/Umbau Milchverband-Areal, Winterthur

Wettbewerbe/Studien
1993 Wohnbauten Wülflingen, Winterthur, 1. Preis

1994 Testplanung Arch, Winterthur, Studienauftrag

1995 «Südliche Stadtankunft», Schaffhausen, Studienauftrag

1996 Primarschulhaus Dättnau, Winterthur, 3. Runde

1996 Ort der Besinnung, Altdorf

1996 Europan 4, Biasca

1997 Sporthalle Neftenbach, 1. Preis

1997 Wohnsiedlung Auwiesen, Winterthur

1997 Quartierstudie Möttelistrasse, Winterthur, Studienauftrag

Aktuelle Projekte
seit 1996 Umbau Industrie- und Gewerbeareal Milchverband, Winterthur

seit 1997 Wohnsiedlung Deller, Dättlikon

seit 1997 Umbau Hauptsitz Winterthur-Versicherungen KB Europa, Winterthur

seit 1997 Centro Nautico, Villapiana (I)

seit 1997 Follie in Borgnone

seit 1998 Buchhandlung in Winterthur

seit 1998 Sporthalle in Neftenbach, Wettbewerbserfolg

Abbildungen
1. «Agua Mineral», Winterthur, 1997

2. + 3. EFH Binder von Hoesslin, Dättlikon, 1996

Fotos: P. Böni: 1, P. Kopp: 2 + 3

BKG Architekten AG

Architekturbüro SIA
Münchsteig 10
8008 Zürich
Telefon 01-422 40 44
Telefax 01-422 44 96

Gründungsjahr 1963

Inhaber/Partner
Hans-Peter Bärtsch,
Arch. HTL/STV

Hans Gerber,
dipl. Arch. ETH/SIA

Christof Geyer,
dipl. Arch. ETH/SIA

Creed Kuenzle,
dipl. Arch. ETH/SIA

Mitglied der Geschäftsleitung
René Gianola

Mitarbeiterzahl 22

Spezialgebiete
Projektieren, bauen, erneuern:
– Wohnbauten
– Bauten für Industrie, Gewerbe und Dienstleistung
– Bauphysikalische und energetische Sanierungen
– Umnutzung und bauliche Erneuerung bestehender, auch historischer Bausubstanz

Beraten, planen:
– Gestaltungspläne
– Bebauungsstudien
– Bauphysik, Energie
– Gutachten, Expertisen, Schätzungen

Wichtige Projekte
1985 Produktionsgebäude Bauer AG, Rümlang (2 Etappen)

1985 Projekt Büro- und Laborbauten SEV, Zürich

1986 Richtplan Gesamtareal EMPA, Dübendorf

1987 Neubau Röntgenhaus EMPA, Dübendorf

1987 Gesamtsanierung Institutsgebäude Universität Zürich

1987–94 Sanierungen und Umbauten EMPA, Dübendorf

1989 Einfamilienhaus im Steinrad, Herrliberg

1989 Bürogebäude Kaba AG, Wetzikon (2 Etappen)

1990 Mehrfamilienhaus, Feldmeilen

1990 Produktionsgebäude Kaba AG, Wetzikon (2 Etappen)

1990 Sanierung Gebäudehülle Überbauung Lochergut, Zürich

1991 Gesamtsanierung Mehrfamilienhaus, Nordstrasse, Zürich

1991 Umbau und Sanierung Mehrfamilienhäuser der Rentenanstalt, Hofstrasse, Zürich

1991 Sanierung Wohn- und Geschäftshaus, Bleicherweg, Zürich

1991 Um- und Neubauten Wohnhäuser, Hallenbad und Park Hammergut, Cham

1993 Umbau und Erweiterung Bürogebäude SBG, Zürich

1995 Umnutzung Bürogebäude, Flugplatz Dübendorf

1995 Fassadensanierung Geschäftshaus, Badenerstrasse, Zürich

1995 Wohn- und Geschäftshaus der Rentenanstalt, Zürich

1995 Projektierung Wohnüberbauung Schafschür, Feldbach

1996 Wohnüberbauung Witellikon, Zollikerberg

1996 Gestaltungsplan Stalden, Erlenbach

1997 Fassadensanierung Synagoge Weststrasse, Zürich

1997 Gesamtsanierung Bürogebäude, Flugplatz Dübendorf

1997 Gesamtrenovation Schulhaus Tal, Herrliberg

Aktuelle Projekte
Vorprojekt Gesamterneuerung einer Privatbank, Zürich

Gesamtsanierung Bürohochhaus Werd der UBS, Zürich

Gesamterneuerung Wohnhaus, Badenerstrasse, Zürich

Wohnüberbauung Grundhof, Herrliberg (Studienauftrag 1. Preis, in Ausführung)

Aufstockung und Erneuerung Gewerbehaus, Badenerstrasse, Zürich

Wettbewerb Wohnüberbauung Auwiesen, Winterthur

Schallschutzmassnahmen See-, Bellerive- und Hottingerstrasse, Zürich

Abbildungen
1. Wohnhaus, Cham, 1991
2. Mehrfamilienhaus, Feldmeilen, 1990
3. Geschäftshaus, Badenerstrasse, Zürich, 1995
4. Überbauung Grundhof, Herrliberg, in Arbeit
5. Überbauung Witellikon, Zollikerberg, 1996
6. Lochergut, Zürich, 1990

Fotos: Erwin Küenzi

Blättler Architekten AG

Dipl. Architekten ETH/HTL
Hinterbergstrasse 56
8044 Zürich
Telefon 01-262 24 40
Telefax 01-261 54 01

Gründungsjahr 1970

Inhaber/Partner
Josef Blättler

Martin Blättler

Mitarbeiterzahl 4–5

Spezialgebiete
Wohnungsbauten

Öffentliche Bauten

Industrie- und Gewerbebauten

Umbauten und Bauleitungen

Innenarchitektur

Finanzierungsberatung und Baumanagement

Gesamtkonzepte

Publikationen
Basler Zeitung Nr. 91 vom 18.4.96

Schweizer Energiefachbuch 1996, Künzler-Bachmann Verlag

Neue Zürcher Zeitung Nr. 119 vom 27.5.97

Hochparterre 10/97

Philosophie
Was wir tun, ist im ständigen Wandel und stärkt unser Bewusstsein für positive Energien. Angepasst an Zeit und Ort sowie Mensch und Natur, suchen wir Vernunft und Einsicht. Wir beobachten und hören zu. Mit Klarheit und Schlichtheit finden wir mit allen Beteiligten Lösungen, die ungeahnte Kräfte freisetzen. Träume können somit langsam Wirklichkeit werden.

Wichtige Projekte

Neubauten
1973/74 Mehrfamilienhaus mit 6 Eigentumswohnungen, Russikonerstrasse, Pfäffikon ZH

1974/75 4 Terrassenhäuser, Rebackerstrasse, Oetwil a.d. L.

1975/76 6 Terrassenhäuser, Rebbergstrasse, Feldmeilen

1976/77 8 Terrassenhäuser, Im Schönacher, Feldmeilen

1979/81 Geschäftshaus Seestrasse 33, Zollikon

1987 7 Einfamilienhäuser: In der Weid, Goldach

1988 2 Verwaltungsgebäude für Swarovski AG, General-Wille-Strasse 82+88, Feldmeilen

1991/92 Überbauung mit 12 Eigentumswohnungen, Tüfwis, Winkel bei Bülach

1991/92 6 Einfamilienhäuser, Langhaldenstrasse 7, Rüschlikon

1992/95 Produktions- und Geschäftshaus Schmuckmanufaktur Meister+Co. AG, Hauptstrasse 66, Wollerau

Um- und Neubauten
1995/97 Seniorenresidenz Restelberg, Restelbergstrasse 108, Zürich

1995/96 Wohnhaus Breitensteinstrasse 56, Zürich

Aktuelle Projekte
Wohnbauten Erlenmatte (25 Terrassenwohnungen und 6 EFH), Wollerau

EFH Etzelstrasse 5, Uetikon am See

Doppeleinfamilienhaus, Rigistrasse, Uetikon am See

Div. Projekte betreffend neuer Wohnformen

Abbildungen

1.–3. Produktions- und Geschäftshaus Schmuckmanufaktur Meister+Co. AG, Wollerau, 1995

2. Aussenhof

3. Lichthof

4. Seniorenresidenz Restelberg, Zürich, 1997

5.+6. Projekt Terrassenwohnungen, Erlenmatte, Wollerau, im Verkauf (Ausführung 1998 1. Etappe)

Fotos 1–4: Eckert+Gasser, Luzern

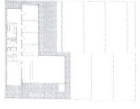
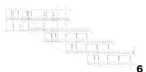

Broggi & Santschi Architekten AG

Mühlezelgstrasse 53
8047 Zürich
Telefon 01-491 14 14
Telefax 01-492 72 40

Gründungsjahr 1962

Inhaber/Partner
Carlo Broggi, Arch. HTL

Rolf Santschi,
dipl. Arch. ETH/SIA

Heinz Gysel, Arch. HTL

Leitender Angestellter
Christoph Michel, Architekt

Mitarbeiterzahl 12

Philosophie
Wir verstehen die Architektur in erster Linie als Hülle für menschliche Tätigkeit; ihre äussere Erscheinung entsteht aus der Auseinandersetzung mit dem Ort und den Bedürfnissen der Benützer.

Nur die einfache Architektursprache besteht im raschen Wandel von Stilen und -ismen.

Wir machen uns zur Aufgabe, unsere Fachkompetenz stetig zu verbessern und die traditionellen Regeln der Baukunst mit den modernen technischen Mitteln der Bauausführung zu verbinden.

Wohnungsbau
1981–83 MFH-Überbauung Isengrund, Adliswil

1980–83 Wohn-/Geschäftshaus, Florastrasse, Adliswil

1987–88 Wohn-/Geschäftshaus, Albisstrasse, Adliswil

1989–90 Wohnhäuser und Geschäftshaus, Zürichstrasse, Adliswil

1990–92 EFH-Überbauung Im Lätten, Kilchberg

1990–96 Gartensiedlung Sihlhof, Adliswil (ArGe mit E. Dachtler/Dr. E. P. Nigg

1992 Studienauftrag Wohnsiedlung Bungertwies, Kloten (2. Rang)

1994–95 Wohnhaus- und Werkstattanbau, Richterswil

1994–96 EFH-Überbauung Im Lätten, Adliswil

1996–98 Wohnüberbauung, Feldmeilen

Denkmalobjekte
1984–86 Umbau Alte Mühle, Wohlenschwil

1986–87 Umbau Wohnhaus, Zürich-Leimbach

1989–90 Umbau Wohnhaus, Im Lätten, Adliswil

Öffentliche Bauten
1972–75 Hallen- und Freibad, Adliswil

1972–75 Schulanlage Bergdietikon (Wettbewerb, 1. Preis)

1986 Antennenaufbau PTT, ETH Zürich-Hönggerberg (zus. mit Prof. A. H. Steiner)

1988–96 Lehrwerkstätten Kant. Arbeitserziehungsanstalt, Uitikon

1991–92 Umbau kath. Akademikerhaus, Hirschengraben, Zürich

1992–95 Sportanlage Tüfi, Adliswil

1994–95 Schulpavillon Berufsschule Zürich-Oerlikon

1994–95 Kinderkrippe KIKRI, ETH Zürich-Hönggerberg (Studienauftrag, 1. Rang)

1995 Kindergarten Sihlhof, Adliswil

1995–97 Anbau Inst. für Kernphysik, ETH Hönggerberg

DL/Industrie/Gewerbe
1981–83 SBG-Filiale Florastrasse, Adliswil

1988 Erweiterung Industrieanlage Springfix AG, Wohlen

1990–91 Produktionshalle Schmid Rhyner, Adliswil

1990–92 Verwaltungs- und Produktionsbetrieb, Volketswil

Wettbewerbe
Viele Wettbewerbserfolge, mehrere erste Preise

Aktuelle Projekte
Sanierung Wohnüberbauung, Brahmsstrasse, Zürich

Institut für Kernphysik, Sanierung Labortrakt, ETH Zürich-Hönggerberg

Erneuerung Gebäudehülle und Haustechnik Hallenbad Adliswil

Neubau Produktionsanlage Schmid Rhyner, Adliswil

Sanierungs- und Erweiterungsprojekte für Instituts- und Wohnbauten

Projekte zur Umnutzung von Fabrikanlagen

Abbildungen

1. Gartensiedlung Sihlhof, Adliswil, Zentrumsbauten

2. Sportanlage Tüfi, Adliswil

3. Kinderkrippe KIKRI, ETH Zürich-Hönggerberg

4. Anbau Institut für Kernphysik, ETH Zürich-Hönggerberg

Fotos: P. Morf: 1; Broggi & Santschi Architekten AG: 2–4

Ingrid Burgdorf und Barbara Burren

Dipl. Architektinnen ETH
Pfingstweidstrasse 31a
8005 Zürich
Telefon 01-272 11 83
Telefax 01-272 11 85

Gründungsjahr 1991

Mitarbeiterzahl 3–5

Spezialgebiete
Öffentliche Bauten

Individueller und sozialer Wohnungsbau

Büro- und Geschäftsgebäude

Umnutzungen

Innenausbau

Publikationen
Wettbewerb Wohnüberbauung Wettswil; Werk, Bauen+Wohnen 1+2/93

Unsere Arbeit lässt sich in Kürze wie folgt charakterisieren:

Analyse:
In der Analyse werden die spezifischen Bedingungen und Anforderungen der einzelnen Aufgabe mit dem Ziel untersucht, das der Aufgabe innewohnende Potential freizusetzen und Lösungsansätze zu formulieren.

Architektonische Umsetzung:
Aus den Ergebnissen der Analyse werden das Konzept und Themen entwickelt, um die Aufgabe architektonisch umzusetzen. Dabei geht es weniger um die Anwendung einer festen, stilistischen Formensprache, sondern vielmehr um eine jeweils individuelle und angemessene Übersetzung in Architektur.

Wichtige Projekte
1991 Neubau Ausbildungsgebäude Interkantonales Technikum Rapperswil (Projektwettbewerb, 1. Preis)

1992 Wohnüberbauung Wannweid/Wannäcker, Wettswil (Ideenwettbewerb, 3. Preis)

1993 Erweiterung Schulanlage Oberzil, St. Gallen (Projektwettbewerb, 8. Preis)

1994 Ausbau und Sanierung Kantonale Strafanstalt Saxerriet (Projektwettbewerb, 9. Preis; mit BGS Architekten, Jona)

1994 Wohnüberbauung Stotzweid, Horgen (Siedlungskonzept, Studienauftrag)

1995 Mieterausbau für Telekurs AG im Technopark, Zürich (mit Anja Maissen, dipl. Arch. ETH)

1996 Büroausbau Hauptsitz Greenpeace Schweiz, Zürich

Aktuelle Projekte
Neubau Ausbildungsgebäude Interkantonales Technikum Rapperswil (in Ausführung; mit BGS Architekten, Jona)

Abbildungen

1. Bibliothek Technikum Rapperswil

2. Mieterausbau Telekurs

3.+ 4. Technikum Rapperswil

Fotos: Mancia/Bodmer: 2;
H. Helfenstein: 4

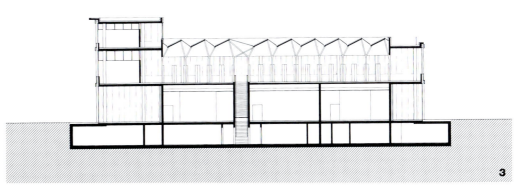

C+K Architekten

Seestrasse 96
8700 Küsnacht
Telefon 01-910 12 77
Telefax 01-910 44 48
ck-architekten@dataway.ch

Gründungsjahr 1979

Inhaber/Partner
Marco Caretta, Architekt HTL

René Kupferschmid, Architekt SIA

Mitarbeiterzahl 4

Wichtige Projekte
1981 Überbauung Schützenmatte, Stansstad, nicht ausgeführt

1986 Mehrfamilienhaus mit Büros, alte Landstrasse, Thalwil

1987 Umbau und Sanierung Mehrfamilienhaus (historische Bausubstanz), Goldbacherstrasse, Küsnacht

1987 Industriegebäude, Lattenweg, Adlikon, nicht ausgeführt

1987 Umbau und Totalsanierung Altstadthaus, Engelplatz, Rapperswil

1987 Einfamilienhaus, Boglerenstrasse, Küsnacht

1989 Horthaus Hortweg, Thalwil

1989 Einfamilienhaus, Stümmelweg, Aeugst a. A.

1990 Sanierung und Neugestaltung Überbauung Tannstein, Thalwil

1990 Neubau Hotel Cristina, Lugano, nicht ausgeführt

1990 Büroanbau, Witikonerstrasse, Zürich

1991 Mehrfamilienhaus, Kirchbodenstrasse, Thalwil

1991 Neugestaltung Gebäudehülle Hochhaus Lerchenrain, Affoltern

1991 Umbau und Erweiterung Hotel Ermitage, Küsnacht

1992 Wohnüberbauung Altachen, Zofingen, nicht ausgeführt

1996 Gestaltung Gebäudehülle Seewasserpumpwerk Küsnacht

1996 Umbau, Erweiterung und Sanierung Mehrfamilienhaus (historische Bausubstanz), Aebletenweg 40, Meilen

1996 Einfamilienhaus, Geissbühlweg, Küsnacht

1997 Katholische Kirche, Zollikon

Wettbewerbe
1980 Unterseminar, Küsnacht, 6. Preis

1982 Feuerwehrgebäude, Bonstetten, 3. Preis

1982 Reformierte Kirche, Wettswil, 4. Preis

1983 Gemeindesaal Chirchhof, Zollikon, 7. Preis

1984 Wohnüberbauung im Trübel, Stäfa, Projekt zur Überarbeitung ausgewählt

1984 Alters- und Pflegeheim Lazeln, Stäfa, Ankauf

1986 Katholische Kirche, Zollikon-Dorf, 1. Preis

1987 Alters- und Pflegeheim, Herrliberg, 2. Preis

1991 Alterswohnungen mit Spitex, Hirzel, 1. Preis

1991 Mehrzweckhalle Heslibach, Küsnacht, 1. Preis für Variante Totalabbruch und Neubau, 1. Preis für Variante Teilabbruch und Neubau

1992 Gestaltung der Aussenhülle des Seewasserpumpwerks Küsnacht/Erlenbach, 1. Rang

1992 Katholische Kirche, Zollikon-Dorf, 1. Rang

1995 Pfarreizentrum St. Georg, Küsnacht, 1. Preis

Aktuelle Projekte
Mehrzweckanlage Heslibach, Küsnacht

Pfarreizentrum St. Georg, Küsnacht

Hotel La Barcarolle, Prangins

Diverse Einfamilienhäuser

Abbildungen

1. + 2. Katholische Kirche, Zollikon, 1997

3. Mehrzweckanlage Heslibach, Küsnacht, im Bau

4. Seewasserpumpwerk Küsnacht/Erlenbach, 1996

Dahinden und Heim Architekten

Dipl. Architekten SIA
St.-Galler-Strasse 45
8400 Winterthur
Telefon 052-242 06 42
Telefax 052-242 96 62
e-mail: dahinden@heim.ch

Gründungsjahr 1983

Inhaber/Partner
Alexander Dahinden,
dipl. Architekt ETH/SIA

Alfred Finsterwald,
dipl. Architekt HTL

Werner Heim,
dipl. Architekt ETH/SIA

Daniel Oes,
dipl. Architekt HTL

Mitarbeiterzahl 12

Spezialgebiete
Öffentliche und institutionelle Bauten

Wohn- und Gewerbebau

Industriebau

Holzbau

Umbau und Sanierungen

Planungen und Siedlungsbau

Publikationen
Architekturführer Winterthur, Hochschulverlag AG ETH Zürich:

– Haus Tavernaro

– Reihenhäuser Am Bach

– Siedlung Starenweg

– MFH, Alte Römerstrasse

Auszeichnungen
Emch-Architekturpreis 1988

Emch-Architekturpreis 1996

Wichtige Projekte
1985–87 Wohn- und Gewerbebauten, St.-Galler-Strasse, Winterthur

1985 Wettbewerb Siedlung Starenweg, Winterthur
Ausführung 1987–89

1986 Wettbewerb Wohnsiedlung «Chämi», Neftenbach
Ausführung 1989–91

1988 Entwicklungsstudie Bahnhof Effretikon

1988 Wettbewerb Verteilzentrum SEG, Winterthur,
1. Rang, nicht ausgeführt

1989 Wettbewerb Arealüberbauung Am Schlossberg, Winterthur, 1. Rang,
nicht ausgeführt

1989 Wettbewerb Schwimmbad Wolfensberg, Winterthur,
1. Rang, nicht ausgeführt

1992 Haus Tavernaro, Winterthur

1992–93 Reihenhäuser Am Bach, Winterthur

1992–93 Atelier Goldener Schnitt, Oerlingen

1994–95 Mehrfamilienhaus, Alte Römerstrasse, Winterthur

1994 Haus Hauser, Hettlingen

1995–96 Mehrfamilienhaus, Bahnhofstrasse, Elgg

1996–98 Terrassensiedlung Am Heiligberg, Winterthur

1996–98 Wohnsiedlung Spiegelacher, Rikon

1995 Wettbewerb Gewerbebau Vitodata, Seuzach
Ausführung 1997–98

Aktuelle Projekte
Umbau und Sanierung Schulhaus Lindberg, Winterthur

Wohnsiedlung Bergli, Rümikon

Umbau und Sanierung Altstadthäuser, Winterthur

Mehrfamilienhaus, Tösstalstrasse, Winterthur

Einfamilienhäuser in Rickenbach

Reihenhäuser in Buch am Irchel

Abbildungen

Mehrfamilienhaus, Alte Römerstrasse, Winterthur

Dachtler Architekten AG

Dipl. Architekten
ETH/SIA/HTL
Seestrasse 227
8810 Horgen
Telefon 01-727 64 64
Telefax 01-727 64 22
e-mail: kontakt@dachtler.ch
http://www.dachtler.ch

Inhaber
Egon Dachtler

Gründungsjahr 1962

Geschäftssitz
Talhof

Mitarbeiterzahl 20 bis 25

Zertifizierung
EN/ISO 9001

Philosophie
«Zukunftsgerichtete Architektur, ökologisch sinnvoll und kostenbewusst», dieser Leitsatz liegt unserer Arbeitsphilosophie zugrunde.

Denkmalpflegeobjekte

1984–86 Umbau/Renovation «Talhof», Seestrasse, Horgen

1987–88 Kirchgemeindehaus Chrüzbüel, Oberrieden

1989–91 Ortsmuseum «Pfisterhaus», Thalwil

1990–94 Landhaus Bocken, Horgen

1994–95 Renovation/Umbau «alter Schynhuet», Meilen

1996 Umbau Altstadtliegenschaft Waaggasse, Zürich

Öffentliche Bauten

1965–67 Oberstufenschulhaus Rainweg, Horgen

1985–86 Werkhof- und Feuerwehrgebäude, Thalwil

1987/88 Kirchliches Zentrum Chrüzbüel, Oberrieden

1987–88 Neu- und Ausbau Bezirksgebäude, Horgen

1996–97 1. Etappe Strandbad Bürger, Thalwil

Dienstleistungsgebäude

1981–82 Geschäfts- und Wohnüberbauung Seefeld-/Klausstrasse, Zürich

1983 Bürogebäude Postmatte, Pfäffikon SZ

1987 Zentrumsüberbauung «Leue-Huus», Horgen

1987–89 Geschäfts-/Wohnüberbauung Dufour-/Färberstrasse (Pressehaus 2), Zürich

1988–91 Werfthalle und Bürogebäude Yachtwerft Faul, Horgen

1989–91 Personalrestaurant Dow Europe SA, Horgen

1990–91 Bürogebäude mit Betriebserweiterung, Dorfstrasse, Langnau

1990–91 Geschäftshaus, Steinacherstrasse, Wädenswil

1992–94 CS Communication Center, Horgen

1996–98 Umbau Ausbildungszentrum CS, Bederstrasse, Zürich

1

Wohnungsbau

1980–83 EFH-Überbauung Schanzacker, Frohburgstrasse, Zürich

1980–83 Mehrfamilienhaus mit Eigentumswohnungen, Forsterstrasse, Zürich

1983–84 Mehrfamilienhaus Thalacker, Seestrasse, Horgen

1987–89 Wohnüberbauung Schlossbergwiese, Wädenswil

1990–91 Wohnüberbauung Neuheim, Lachen

1990–96 Gartensiedlung Sood, Adliswil (ArGe E. Dachtler/ Broggi+Santschi)

1994–95 Doppeleinfamilienhäuser Birken-/Waldeggstrasse, Horgen

1995–96 Wohnüberbauung Im Gstaldenrain, Horgen

1996–97 Wohnüberbauung Oberdorfstrasse, Dübendorf

1996–97 Doppeleinfamilienhäuser Asylstrasse/ Plattenrain, Horgen

Wettbewerbe

Seit 1962 über 60 Wettbewerbserfolge.

1989 Gartensiedlung Sood, Adliswil (1. Preis)*

1989 Katholische Kirche, Hirzel (1. Preis)*

1989 Städt. Bauten/Städt. Werke, Opfikon (1. Preis)*

1991 Ausbau ETH Hönggerberg, Zürich (2. Preis)**

1995 Repräsentations- und Seminarzentrum Schweizer Rück, Rüschlikon (1. Preis)

1996 Wohnüberbauung Eichpark, Hombrechtikon (1. Preis)*

1997 Siedlungsplanung Allmend, Horgen (2. Preis)*

1997 Wohnüberbauung Bahnhofstrasse, Rüschlikon (1. Preis)

1998 Studienauftrag Umbauten ETH (Chemie)*

* ArGe E. Dachtler/Dr. E. P. Nigg
** ArGe E. Dachtler/Dr. E. P. Nigg/ B. Gerosa

Aktuelle Projekte

1996–98 Eigentumswohnungen, Waidlistrasse, Horgen

1996–98 Feuerwehr- und Werkhof, Opfikon

1996–98 Feuerwehrgebäude, Waldegg, Horgen

1996–99 EFH-Überbauung Kummrüti, Horgen

1996–99 Geschäfts-/Wohnhaus Central, Horgen

1996–99 Gesamtplanung Cardinal-Areal, Wädenswil

1997–98 Wohnüberbauung Bellevue, Horgen

1997–98 Umbau OSEC, Stampfenbachstrasse, Zürich

1997–99 Ausbildungszentrum DB, Kronberg (D)

1998–99 Ausbau Stadion Hardturm, Zürich

1998–99 Wohnüberbauung Neuhof, Uster

1998–99 Neu-/Umbau Stadthaus Wädenswil

Abbildungen

1. Gartensiedlung Sood (Bürogebäude Schweizer Rück), Adliswil, 1996

2. Eigentumswohnungen, Waidlistrasse, Ostfassade, Horgen, 1998

2. Eigentumswohnungen, Waidlistrasse, Attika, Horgen, 1998

Ernst Denzler

Dipl. Architekt ETH/SIA
Nordstrasse 17
8180 Bülach
Telefon 01-860 17 69
Telefax 01-860 19 66

Gründungsjahr 1964

Inhaber
Ernst Denzler,
dipl. Arch. ETH/SIA

Mitarbeiterzahl 6

Spezialgebiete
Ein- und Mehrfamilienhäuser

Öffentliche Bauten/Schulen

Kirchliche Bauten

Gebäudesanierungen/
Umbauten

Energetische Sanierungen

Denkmalschutzobjekte/
Ortsbildschutzberatung und
-planung

Aussenraumgestaltung

Philosophie
Zu überzeugen vermag nur
eine qualitätvolle, auf Ort und
Benutzer Bezug nehmende
Architektur.

Planen heisst bauen an unserer
Kultur:
– ständige Auseinandersetzung mit Funktion, Kosten, Nutzen, Form, Material und Farbe
– Fehler erkennen, bevor sie gebaut sind
– Schönes erfinden

Wichtige Projekte
Gemeindehaus mit Post und
Wohnungen in Stadel

Umbau Altstadtliegenschaft
Marktgasse 14, Bülach

Fabrikationsgebäude
für Medizintechnik in Bülach

Wohnüberbauung mit MFH
im Gstückt, Bülach

Einfamilienhausüberbauungen in Weisslingen und Rickenbach ZH

Mehrfamilienhausüberbauungen Soligänter und Soliboden, Bülach

1985 Umbau Gerberhof,
Bülach (Denkmalschutzobjekt)

1985 Wohnüberbauung
am Breitweg, Birchwil, Nürensdorf (Ortsbildschutzobjekt)

1988 Sanierung Kirche Stadel
bei Niederglatt (Denkmalschutzobjekt)

1991 Geschäftshaus mit
Wohnungen in Stadel (Ortsbildschutzobjekt)

1992 Erweiterung Schulhaus
Worbiger, Rümlang

1993 Umbau Kirchgemeindehaus Embrach: Bauernhaus 17./18. Jahrhundert mit Trottensaal und neuem Foyer (Denkmalschutzobjekt)

1993 Umbau PTT-Busgarage,
Winkel bei Bülach

1995 Einfamilienhaus (Niedrigenergiehaus), Scheuchzerstrasse, Bülach

1996 Gestaltungsplan und
Ausführung Wohnüberbauung
«Füchsli», Bülach

1997 Berufswahlschule im
Hinterbirch, Bülach

Aktuelle Projekte
Umbau Kirchgemeindehaus
Bülach

Diverse Wohnbauten und
Sanierungen

Umbauten Kaserne Bülach

Um- und Anbau
Kirchgemeindehaus Stadel
bei Niederglatt

Abbildungen

**1. Berufswahlschule,
Bülach, 1997**

**2. Wohnüberbauung
«Füchsli», Bülach, 1996**

**3. Zwischenbau Reihenhäuser «im Füchsli»,
Bülach, 1996**

**4. Einfamilienhaus
in Bachenbülach, 1989**

**5. Kirchgemeindehaus
Embrach: Bauernhaus
17./18. Jahrhundert mit
Trottensaal (im Hintergrund)
und neuem Foyer, 1993**

Fotos 1–3: Tevy AG

Eidenbenz & Loewensberg

Dipl. Architekten ETH/SIA
Dolderstrasse 2
8032 Zürich
Telefon 01-261 45 63
Telefax 01-261 45 62

Gründungsjahr 1989

Inhaber
Florian Eidenbenz,
dipl. Arch. ETH/SIA

Gerold Loewensberg,
dipl. Arch. ETH/SIA

Leitender Angestellter
Albin Hässig, dipl. Arch. HTL

Mitarbeiterzahl 6

Spezialgebiete
Gemeinnütziger und
individueller Wohnungsbau

Umbauten/Renovationen von
Wohnhäusern, Bürogebäuden,
Schulen, Läden und
von Denkmalschutzobjekten

Philosophie
Unterschiedliche Randbedingungen bezüglich Ort und Funktion sowie die spezifischen Bedürfnisse der Auftraggeber führen dazu, dass jedes unserer Objekte seine eigene charakteristische Gestaltung und Detailausprägung erhält.

Wir versuchen im umfassenden Sinn nachhaltig zu bauen: mit einfacher, ökonomischer Volumetrie, durch zonierte Grundrisse mit Flexibilität für künftige Nutzungen, durch kommunikative Vernetzung bezüglich privatem, halbprivatem und öffentlichem Bereich, durch Respektierung der vorhandenen Bausubstanz, mit zurückhaltenden, überlegten Eingriffen bei Umbauten und Renovationen.

Wichtige Projekte

Umbauten/Renovationen
1991 Dachgeschossausbau Amtshaus III, Zürich (Stadt Zürich)

1992 Umbau Bauernhaus in Zürich-Affoltern (Stadt Zürich)

1993 Umbau Bauernhaus in Tagelswangen (Kanton Zürich und Private)

1991/94 Umbau Geschäftsstelle/Büro in Zürich (Genossenschaft)

1995 Umbau/Ausbau Schulräume/Aula Freie Evangelische Schule Zürich

1995 Umbau Bauernhaus in Zürich-Höngg (Genossenschaft)

1995 Renovation/Umbau Haus zum Spiegel, Zürich (Stadt Zürich)

Neubauten
1993 Einfamilienhaus in Maur

1994 3 Reihenhäuser in Zollikon

1995 Mehrfamilienhaus in Zürich-Wollishofen (Genossenschaft)

1996 Atelierhaus in Au-Wädenswil

1996 Mehrfamilienhaus in Zürich-Höngg (Genossenschaft)

1997 Jugend-+Quartiertreff Zürich-Höngg (Stadt Zürich)

1999 Fertigstellung Überbauung Limmatgut in Zürich-Höngg (Genossenschaft)

Wettbewerbe
1989 Kirchl. Begegnungszentrum Ebmatingen (Wettbewerb auf Einladung, 1. Preis)

1991 Wohnüberbauung Eichrain, Zürich-Seebach (öffentlicher Wettbewerb, 1. Preis)

1995 Wohnüberbauung Limmatgut, Zürich-Höngg (Wettbewerb auf Einladung, 1. Preis)

Abbildungen

1. Jugend- und Quartiertreff Zürich-Höngg, 1997

2. Mehrfamilienhaus Gustav-Heinrich-Weg 8, Zürich-Wollishofen, 1995

3. Mehrfamilienhaus Limmattalstrasse 216, Zürich-Höngg, 1996

4. Atelierhaus, Mittelortstrasse, Au-Wädenswil, 1996

5. Reihenhäuser, Schlössliweg, Zollikon, 1994

Urs Esposito

Dipl. Arch. ETH/SIA
Niederdorfstrasse 50
8001 Zürich
Telefon 01-252 79 54
Telefax 01-252 79 56
esposito@arch.ethz.ch

Gründungsjahr 1991

Anzahl freier Mitarbeiter 2–3

Spezialgebiete
Städte- und Siedlungsbau
Industrie- und Gewerbebauten
Wohnungsbau
Öffentliche Bauten
Schulbauten
Bürogebäude
Umbauten und Sanierungen
Möbel- und Produktgestaltung
EDV und CAD-Beratungen

Publikationen
wind spring, 1992, S. 54,
md Oktober 1993, S. 78–79,
md Design-Jahrbuch 1994, S. 83

Auszeichnungen
1990 Ikea-Stipendium
1991 Bundesstipendium für angewandte Kunst

Philosophie
Mein Interesse ist, das einer Aufgabenstellung innewohnende Potential zu erkennen, durch ein Konzept zu thematisieren und auf kohärente Weise baulich umzusetzen. Die Suche nach dem Wesentlichen und der Versuch, durch meinen Beitrag einen geistigen Mehrwert zu schaffen, sind die zentralen Anliegen in meiner Arbeit.

Wichtige Projekte
1987 Renovation Bächtoldstrasse 4, Zürich
1988 Renovation Heinrichstrasse 32, Zürich
1989 im Büro Bétrix & Consolascio: Projektleitung Theater Neuchâtel
1990 Master in Industriedesign in Mailand mit Antonio Citterio
1991 im Büro Bétrix & Consolascio: Baueingabe Umspannwerk, Salzburg
1992 als freier Mitarbeiter im Büro Lüscher, Lauber, Gmür: Machbarkeitsstudie für AAL
1993 mit O. Gmür: Machbarkeitsstudie für Primarschulhaus mit Turnhallen im Areal Dörfli, Weggis
1995 mit R. Lüscher: Machbarkeitsstudie für Schul- und Sportanlage Martinsgrund, Sursee
1996 Neubau Doppel-EFH, Jona

Wettbewerbe
1989 Küchenwettbewerb, 1. Preis
1990 Sony Design Competition, Preisträger Europa
1991 Design Plus, Frankfurt, 2. Preis
1993 Architekturwettbewerb, Vitznau, 4. Preis (mit O. Gmür)
1994 Wettbewerb Kapo, Luzern, Ankauf (mit R. Lüscher)
1995 Haus des Sportes, Luzern (mit R. Lüscher und F. Bucher)
1997 Neubau Berufsschulhaus Salzmagazin, Zürich, 2. Stufe (mit R. Gadola)

Aktuelle Projekte
ETH-Forschungsarbeit Sihlporte
Div. Wettbewerbe
Sanierung eines Altstadthauses

Abbildungen
1. Küche Haus Reusser
2. Doppel-EFH, Alpenblickstrasse, Jona/Rapperswil
3. Gangzone Haus Reusser
4. Tischserie Toto für GlasTröschDesign, Steffisburg
5. Saalstuhl E54 für Möbelfabrik Horgen-Glarus
Fotos: Stefan Altenburger

Fischer Architekten AG

Schaffhauserstrasse 316
8050 Zürich
Telefon 01-317 51 51
Telefax 01-317 51 52
e-mail: info@fischer-architekten.ch
http://www.fischer-architekten.ch

Zweigbüro
Alpenstrasse 14
6300 Zug
Telefon 041-711 66 79
Telefax 041-710 49 60

Gründungsjahr 1929

Geschäftsleitung
Eugen O. Fischer, dipl. Arch. ETH/SIA

Eugen Mannhart, Architekt

Marcel Barth, dipl. Arch. HTL

Mitarbeiterzahl 60

Spezialgebiete
Bauten der Öffentlichkeit

Industrie- und Gewerbebauten, Betriebsbauten

Individueller Wohnungsbau, sozialer Wohnungsbau

Restaurierungen von Schutzobjekten, Umbauten/Sanierungen

Umnutzung bestehender Bausubstanz

Areal- und Quartierplanungen

Wichtige Bauten
1970–72 Kirchliches Zentrum St. Katharina, Zürich-Affoltern; Auszeichnung für gute Bauten 1976

1970–73 Schulanlage Vogtsrain, Zürich-Höngg

1978–81 Geschäfts-, Büro- und Wohnüberbauung Neumarkt, Zürich-Oerlikon

1978–82 Wohnüberbauung Gartensiedlung Winzerhalde, Zürich-Höngg; Auszeichnung für gute Bauten 1985

1979–82 Aargauische Kantonalbank, Wohlen AG

1979–84 Umbau und Restauration Stockargut, Zürich

1979–95 Umbau und Renovation Fraumünsterpost, Zürich

1980–83 Erweiterung der Oberstufen-Schulanlage Boden, Richterswil

1984–86 Geschäfts- und Wohnhaus Oberdorftor, Zürich

1985–87 Renovation der Liegenschaft Zum Weingarten, Zürich-Höngg

1985–92 Umbau Haus «Astoria», Nüschelerstrasse, Zürich

1986–88 Einrichtungszentrum Wohnland, Dübendorf ZH

1987–89 Ausbildungszentrum SRK, Nottwil LU; Auszeichnung für gute Bauten 1995

1986–92 Neubau/Umbau Betriebsgebäude Sihlpost, Zürich

1989–90 Wohnhaus Bortolani, Rüschlikon

1989–91 Wohnsiedlung Bächau, Bäch SZ

1989–92 Büro- und Gewerbehaus CARBA AG, Zürich

1990–92 Geschäfts- und Wohnüberbauung Stauffacher, Zürich

1990–93 Betriebsgebäude, Kantonsapotheke, geschützte Operationsstelle, Universitätsspital, Zürich

1990–94 Fernmeldegebäude Swisscom, Zürich-Binz

1992–93 EPI-Personalhaus, Enzenbühlstrasse, Zürich

1992–94 Wohnüberbauung Schweiz. Rentenanstalt, Maur-Binz

1993–94 Wohnüberbauung Geisschropf, Kloten

1993–94 Wohnüberbauung Im Park und Umbau des Ruhesitzes Quelle, Diakoniewerk Neumünster, Zollikerberg

1995–98 Geschäfts- und Wohnüberbauung Zoll-, Klingen-, Josefstrasse, Zürich

1998– Dienstleistungs- und Gewerbezentrum der SUVA D4, Root LU

Über 80 Wettbewerbserfolge

Wichtige Projekte (nicht ausgeführt)
1983 Wettbewerb Erweiterung Kunstmuseum Winterthur, 1. Preis

1990 Projektwettbewerb für den Ausbau der ETH Hönggerberg (gemeinsam mit Prof. P. Meyer), 1. Preis

Abbildungen
1. Dienstleistungs- und Gewerbezentrum, Root
2. Zoll-, Klingen-, Josefstrasse, Zürich
3. Siedlung Bächau, Bäch SZ
4. Fernmeldegebäude Swisscom, Zürich-Binz
5. Wohnüberbauung Im Park, Zollikon
6. Ausbildungszentrum SRK, Nottwil LU

Fotos: Förderer Visualisierung: 1, Ralph Benzberg: 2, Erismann +Gessler: 4, Giorgio Hoch: 3, Fischer Architekten: 5, Heinz Bigler: 6

Fosco Fosco-Oppenheim Vogt

Architekten BSA/SIA
Hardeggstrasse 17
8049 Zürich
Telefon 01-341 92 66
Telefax 01-341 92 63

**Architektengemeinschaft
5246 Scherz**

Benno und Jacqueline
Fosco-Oppenheim
Architekten ETH/BSA
Auf dem Höli, 5246 Scherz
Telefon 056-444 99 68

Klaus Vogt, Architekt BSA/SIA
Hauserstrasse 125, 5246 Scherz
Telefon 056-444 93 68

Zusammenarbeit seit 1970

Mitarbeiterzahl ca. 10

Spezialgebiete
Bauen und Planen:
– Wohnbauten
– Gewerbebauten
– Betriebsbauten
– Bahnbauten
– Labor- und Bürobauten
– Bebauungs-
  und Gestaltungspläne

Auszeichnungen
1977 Eidg. Kunststipendium

1985 + 1991 Auszeichnung für gute Bauten der Stadt Zürich

1992 «Preisnagel»:
Auszeichnung für gute Bauten des SIA Solothurn

Publikationen
«Höli»: Werk 12/75; KS Neues 2/76, 9/80; Das ideale Heim, März 1977; Aktuelles Bauen, Feb. 79, Dez. 79; L'Architecture d'aujourd'hui, oct. 79; Deutsche Bauzeitschrift 2/81

Kappel: Archithese 1/80, 3/83; Aktuelles Bauen 3/83, 4/84; Werk, Bauen + Wohnen, 9/83; Schweizer Baublatt vom 10.5.85; Wohnbauten im Vergleich, von Prof. P Meyer, ETH

Kienastenwiesweg 28–34: Tages-Anzeiger 8.10.83; Schweizer Architekten 63, Sept. 84; Werk, Bauen + Wohnen, April 85; KS Neues 2/85

REZ: NZZ 28.10.81, 7./8.12.91; Tages-Anzeiger 2.11.81, 3.10.86; Aktuelles Bauen, Dez. 81; Werk, Bauen + Wohnen 1+2/87; Interni 7+8/87, Schweizer Architektur 80, Dez. 87; Schweizerische Baudokumentation, Juni 89; Ideales Heim, Okt. 90

Wohn-Werk-Häuser:
Werk-Archithese, Nov./Dez. 78

Turnhalle Altenburg, Wettingen: KS Info 1/93

Gewerbering Wohlen:
Die Schweizer Industrie 2/93; Werk, Bauen + Wohnen 9/93

Neubau Institutsgebäude Clausiusstrasse: Hochparterre 8+9/92; Tages-Anzeiger 16.7.94

Philosophie
Wir suchen direkte Antworten auf komplexe Fragen.
Wir bauen gerne im Kontext erhaltenswerter Altbauten. Kommunikatives Wohnen interessiert uns. Ökologisch vertretbare Lösungsansätze und benützerorientiertes Planen sind uns ein vordringliches Anliegen.
Wir planen und bauen für Private, für Gruppen und für die öffentliche Hand.

Wichtige Projekte
1975 Wohnsiedlung «Auf dem Höli», Scherz

1982 «Hofstatt», Wohnhaus für 7 Familien in Kappel SO

1983 Mehrfamilienhaus W. Hüsler, Kienastenwiesweg, Zürich-Witikon

1985 Turnhalle Altenburg, Wettingen

1986 REZ-Häuser an der Limmat, Hardeggstrasse 17–23, Zürich-Höngg

1991 Ref. Kirchgemeindehaus Kölliken

1991 Reihen-Stadthäuser Arosastrasse 18–23, Zürich-Tiefenbrunnen

1991 Mehrfamilienhaus A. Hüsler, Kienastenwiesweg, Zürich-Witikon

1992 Gewerbering Wohlen

1994 Institutsgebäude CLA der ETH, Clausiusstrasse, Zürich

1997 Wohnüberbauung Grossmann-Bäulistrasse, Zürich

Aktuelle Projekte
2. Etappe Institutsgebäude CLA der ETH, Clausiusstrasse, Zürich, Bezug 1998

Bahnhof Rüti ZH, Bezug 1999

Betriebszentrum Zoo Zürich, Bezug 1999

Abbildungen

1. Institutsgebäude CLA der ETH, Clausiusstrasse, Zürich

2. REZ-Häuser an der Limmat, Hardeggstrasse 17–23, Zürich

3. Wohnüberbauung Grossmann-Bäulistrasse, Zürich

Gachnang + Gut

Architekten ETH/SIA
Oberdorfstrasse 15
8800 Thalwil
Telefon 01-720 25 65
Telefax 01-720 25 66
Internet: www.gachnangundgut.ch

Grüentalstrasse 49
8820 Wädenswil
Telefon 01-680 29 89

Gründungsjahr 1994
Zusammenarbeit seit 1990

Inhaber/Partner
Chaschper Gachnang,
Architekt ETH/SIA

Stefan Gut,
Techniker TS Hochbau

Mitarbeiterzahl 2

Spezialgebiete
Wohnungsbau

Umbauten/Renovationen

Öffentliche Bauten

Sakrale Bauten

Holzbau

Arztpraxen

Publikationen
Bulletin Holz 30/92,
Verlag Lignum

Ideales Heim 3/98

Wichtige Projekte

Wohnungsbau
1990 Einfamilienhaus,
Luftstrasse, Wädenswil

1991 Doppeleinfamilienhäuser,
Frohburgstrasse, Wollerau

1994 Doppeleinfamilienhäuser,
Bürglimatte, Wädenswil

1996 Reiheneinfamilienhaussiedlung «Bölli», Niederlenz

1997 Einfamilienhaussiedlung «Im Kapf», Thalwil

1997 Einfamilienhaus,
Berghaldenstrasse, Thalwil

Umbauten/Renovationen
1990 Umbau Wohnhäuser,
Bahnhofstrasse, Thalwil

1993 Umbauten/Renovationen
Areal Morgenstern,
Wädenswil

1997 Umbau Wohnhaus
Obstgarten, Thalwil

Öffentliche Bauten
1991 Umbau altes Feuerwehrgebäude «Platte», Thalwil

1993 Umbauten Kiosk/
Aufnahmegebäude SBB,
Bahnhof Thalwil

1994 Umbauten/Lifteinbauten
Passerelle SBB, Bahnhof
Thalwil

Sakrale Bauten
1994 Andachtsraum Spital
Thalwil

Aktuelle Projekte
Reiheneinfamilienhäuser
Grüental, Wädenswil

Umbauten Bauamt «Platte»,
Gemeinde Thalwil

Wettbewerb Sportanlagen
Brand, Gemeinde Thalwil

Einfamilienhäuser,
Grünenbergpark, Wädenswil

Baulicher Lärmschutz für
bestehende Bauten an der A3,
Tiefbauamt des Kantons
Zürich

Umbau Chor, Kirche
Richterswil

Abbildungen

1. + 2. Reiheneinfamilienhäuser Grüental, Wädenswil

3. Lifteinbauten, Bahnhof Thalwil

4. Einfamilienhaus, Berghaldenstrasse, Thalwil

5. Reiheneinfamilienhäuser «Bölli», Niederlenz

Fotos: Vital Stoll, Wädenswil: 1, 2, 4
Beat Maeschi, Zürich: 3
Peter Kopp, Zürich: 5

Germann Stulz Partner

Architekten BSA/SIA
Riedtlstrasse 15
8006 Zürich
Telefon 01-361 73 76
Telefax 01-361 68 51

Gründungsjahr 1951

Inhaber/Partner
Peter Germann,
Arch. ETH/BSA/SIA

Georg Stulz, Arch. ETH/SIA

Gregor Trachsel, Arch. HTL

Jan Noordtzij, Arch. ETH

Mitarbeiterzahl 9

Spezialgebiete
Projektieren, bauen, erhalten:

– Wohnbauten, Heime, Bauten für Betagte
– Bauten für Kultur, Unterricht und Versammlung
– Bauten für Arbeit, Handel, Dienstleistung
– Renovationen, Erweiterungen, Umbauten, Restaurierungen

Planen, beraten, gestalten:

– Ortsplanungen, Bebauungsstudien
– Gutachten, Bauberatungen, Richtprojekte
– Gestaltung von Plätzen, Verkehrs- u. Ingenieurbauten

Publikationen
«Einkaufszentrum Meierwis», Architektur+Ladenbau 1/70

«Restaurierung St. Peter», Schweiz. Archäologie und Kunstgeschichte, Bd. 33, 1/76

«Betagtenwohnheim Vaduz», Deutsche Bauzeitschrift 6/78

«Begleitplanung bei der N 4», Strasse und Verkehr 6/89

«Schulhaus, Kerzers», Kt. Freiburg/Zeitgenössische Architektur 1940–1994, 1994

«Rheinbrücke der N 4, Schaffhausen», Archithese 3/94

Auszeichnungen
«Brunel Award 1992» an SBB für Renovation Bahnhof Richterswil (mit E. Stahel)

Philosophie
Überlegte Einordnung der Bauten in landschaftlichen und baulichen Rahmen ist wesentliches Gestaltungsprinzip. Gleichgewichtige Behandlung von Konstruktion und Form. Dabei Tendenz zu konstruktiv und formal einfachen Lösungen. Ziel sind Bauten als Ausdruck ihrer Entstehungszeit, unabhängig von kurzlebigen Modeströmungen.

Wichtige Projekte
1974 Restaurierung Kirche St. Peter, Zürich

1975 Alterswohnheim (mit W. Bachmann), Vaduz

1976 Renovation und Umbau Burgareal, Maur

1976–83 Gestaltungsarbeiten und Bauten zur N 20, Gubrist

1977 Töchterheim Winterthur

1979 Zentrumsplanung Zürich-Schwamendingen

1980 Wohnüberbauung (mit W. Bachmann), Ebmatingen

1981 Renovation ref. Kirche Neumünster, Zürich

1982 Wohnbauten, Nänikon

1983 Dorfkernplanung und Seestrasse, Richterswil

1984–96 Gestaltungsarbeiten zur N 4, Schaffhausen

1985 Renovation ref. Kirche, Wädenswil

1986 Gestaltung Schwamendingerplatz, Zürich

1986 Umbau und Erweiterung Bankfiliale, Zürich

1987 Wohnbauten, Weiningen

1988 Gesamtsanierung Wohnbauten (mit E. Stahel), Zürich

1989 Renovation und Saalbau Brutelgut, Schafisheim

1990 Atelieranbau, Zürich

1991 Renovation Bahnhof (mit E. Stahel), Richterswil

1992 Erweiterung Ladenzentrum mit Bank, Greifensee

1994 Aussenrenovation Kirchgemeindehaus, Winterthur

1995 Gestaltung Rheinbrücke (mit M. Keller), Schaffhausen

1996 Renovation Landgut, Meilen

1996 Gemeindesaal, Weiach

1997 Renovation Kirche, Kilchberg

Aktuelle Projekte
Innenrenovation Kirchgemeindehaus, Winterthur

Neubau Primarschulhaus, Dällikon

Einfamilienhaus, Biberist

Abbildungen

1. Renovation Kirche, Kilchberg

2. Neubau Bankfiliale, Greifensee

3. Gestaltung Rheinbrücke A4, Schaffhausen

Gremli + Partner Architekten

Architekten SIA
Seefeldstrasse 219
8008 Zürich
Telefon 01-422 41 66
Telefax 01-422 89 72
e-mail: gremlipartner@access.ch

Gründungsjahr 1986

Inhaber/Partner
Hans Gremli,
dipl. Architekt ETH/SIA

Esther Britt,
dipl. Architektin ETH/SIA

Mitarbeiterzahl 6

Spezialgebiete
Grundsätzlich alle Bauaufgaben – weil der Prozess wichtiger ist als das Spezialwissen

Gestaltungspläne

Durchführen von Architekturwettbewerben und Studienaufträgen: Vorbereitung bis Jurierung

Publikationen
Schweizer Journal 4/95

Bau Info 11–12/96

Philosophie
Jede Bauaufgabe, ob Neu- oder Umbau, ist eine Anpassung an heutige und zukünftige Bedürfnisse – eine Veränderung.

Wir führen diesen Veränderungsprozess und erarbeiten und realisieren die beste Lösung der Aufgabe.

Wir tun das in enger Zusammenarbeit mit unserem Kunden (oder seinem Betrieb) und in architektonischer Verantwortung gegenüber dem Ort und der bestehenden Bausubstanz.

Wichtige Projekte
1989 Um- und Erweiterungsbau UBS, Zollikerberg

1989 Umbau Mehrfamilienhaus in Terrassenhaus, Zollikon

1991 Umbau Villa, Zollikon

1991 Erweiterung Fabrikationsbetrieb Fritz Nauer AG, Wolfhausen

1991/93 Erweiterung und Umbau Galenica AG, Zürich-Schlieren

1993 Neubau Mehrfamilienhaus für Ev.-ref. Kirchgemeinde Zollikon

1995 Neubau Sprachheilschule Stäfa (Projektwettbewerb 1991, 1. Rang)

1995 Umbau Internat (Schutzobjekt) Sprachheilschule Stäfa

1996 Umbau von Alterswohnungen der Gemeinde Zollikon

1995–98 Sanierung von Altliegenschaften für ETH Zürich, AFB BK 4

1996 Studienauftrag Neubau Ladengeschäfte und Wohnungen, Zollikon

1997 Erweiterung Pflegeabteilung Alterszentrum Hottingen, Zürich

Aktuelle Projekte
Neubau Genossenschaftswohnungen in Zollikerberg

Sanierung und Umbau eines Pflegeheims in Uetikon am See

Neubau Mehrfamilienhaus in Zollikon

Verschiedene kleinere Bauaufgaben

Abbildungen
1. **Sprachheilschule Stäfa, Innenhof mit Schule, 1995**
2. **Sprachheilschule Stäfa, Seegarten**
3. **Sprachheilschule Stäfa, Schulhauskorridor**
4. **Sprachheilschule Stäfa mit Internat**
5. **Umbau Galenica, Zürich-Schlieren, 1993: Aufstockung, Unterkellerung, Fassadensanierung**

Grunder + Egloff

Dipl. Architekten ETH/SIA
Russenweg 26
8008 Zürich
Telefon 01-382 22 60
Telefax 01-382 22 64

Gründungsjahr 1978

Inhaber/Partner
Hans-Ueli Grunder,
dipl. Arch. HTL/STV

Christoph Egloff,
dipl. Arch. ETH/SIA

Mitarbeiterzahl 5–8

Spezialgebiete
Planung und Realisierung von:
Gewerbe- und Industriebauten
Dienstleistungsbauten
Sportanlagen
Wohnbauten
Umbauten und Sanierungen

Philosophie
Die Vorstellungen und Wünsche der Bauherrschaft mit Kreativität und Verstand innerhalb der ökonomischen Vorgabe in einem ökologisch sensiblen Umfeld auf einen gemeinsamen Nenner bringen und termingerecht realisieren.

Wichtige Projekte

1980 Werkstatt- und Büroneubau Maag Zahnräder AG, Zürich

1981 Umnutzung Fabrikgebäude in Werkgebäude, Küsnacht

1981 Telefonzentrale Küsnacht

1982 Doppel-EFH, Küsnacht

1983 Erweiterungsbau mit Verkaufsladen, Landolt Kellerei, Zürich

1984 Wohnüberbauung Krummibuck, Dr. R. Maag AG, Dielsdorf

1985 Wohnüberbauung im Lütisämet, Obermeilen

1986 Erweiterungsbau Telefonzentrale, Postumbau, Hirslanden, Zürich

1987 Tennisanlage mit Klubhaus, TCI, Küsnacht-Itschnach

1988 Lagergebäude mit Retentionsbecken, Roche, Dielsdorf

1989 Betriebsgebäude Hard I, Studer AG, Däniken

1991 Bankniederlassung Bellevue der UBS, Zürich

1992 Kunsteisbahn Küsnacht

1993 Betriebs- und Filtrationsgebäude Kläranlage Küsnacht/Erlenbach

1994 Speditionsgebäude Novartis Agro AG, Dielsdorf

1995 Betriebsgebäude Hard II, Studer AG, Däniken

1996 Umbau Alterswohnheim Hardau, Stadt Zürich

1997 Umbau Telecom-Kompetenzzentrum, Swisscom, Zürich

Abbildungen

1. Betriebs- und Filtrationsgebäude Kläranlage Küsnacht/Erlenbach, 1993

2. Kunsteisbahn Küsnacht, 1992

3. Bankniederlassung Bellevue der UBS, Zürich, 1991

4. Speditionsgebäude und Hochlager Novartis, Dielsdorf, 1994

Walter O. Gubler

Architektur-/Planungsbüro
Haldenstrasse 85
8045 Zürich
Telefon 01-463 18 22
Telefax 01-463 30 24
Natel 079-207 61 94

Gründungsjahr 1980

Inhaber
Walter O. Gubler, dipl. Arch. ETH/SIA, dipl. Planer BSP

Mitarbeiterzahl 3 bis 5

Spezialgebiete
– Planung in Kernzonen
– Bau-/Fachberatung
– Umbau/Renovation von Denkmalpflegeobjekten etc. in Kernzonen/Altstadt
– Sanierung, Umbau, Neubau von EFH und MFH
– Liegenschaftsschätzungen

Auszeichnungen
Stipendium der Architekturabteilung der ETH Zürich für Ausbildung in urban-design and regional-planning an der University of Edinburgh (GB) MSC (2 Jahre, NDS)

Philosophie
Vernetztes Denken beim Planen und Projektieren in planerischer, denkmalpflegerischer und städtebaulicher Hinsicht in bezug auf bestehende Bausubstanz und planerische Randbedingungen.

Höchstmögliche Optimierung der Wohnqualität für die Bewohner.

Wichtige Planungen
Planung Altstadt Bülach

Grundeigentümerbauordnungen, Leitbildstudien

Fachberater Stadt Bülach und Inventar kommunaler Schutzobjekte gem. PBG

Dorfkernplanung Richterswil

Stadtplanung Schaffhausen

Kernplanung Schwamendingen

verschiedene Wettbewerbe, z.B. Erweiterung Kunsthaus Zürich (5. Preis)

Zentralbibliothek Zürich

Wohnbauten (Projektierung und Ausführung)
seit 1972 diverse Umbauten, Sanierungen, Bauprojekte, Umbauten, Neubauten und Renovationen u.a. in Stadt und Kanton Zürich

seit 1980 Liegenschaftsschätzungen für ZKB/SBV/SKA/ Schweizer Rück., Winterthur Versicherung und Private

1981/82 2 EFH Rebbergstrasse 8+10, Eglisau

1983 Umbau Bauernhaus Hohlgasse 131, Wil ZH

1983/84 Umbau/Renovation Bauernhaus H. Bruderer, Nussbaumen/Bülach

1984/85 Um- und Neubau Mehrfamilienhaus (7 Wohnungen) Rathausgasse 11, Bülach

1984/85 Wiederaufbau eines Brandobjektes (Bauernhaus), 4 Hausteile mit Tiefgarage in Dorfkernzone, Kirchstrasse, Rümlang

1985/86/87 Um- und Anbau Obergasse 5/7/9 (3 Hausteile, Neu-/Umbau), Bülach Fertigstellung 1987

1986/87 Umbau Sanarena (Ausbildung/Schulung) für ZKB, Zentralstrasse 12, Zürich

1988/89 Umbau MFH Stationsstrasse 39, Zürich

1988/89 Doppel-EFH Mythenstrasse 139, Horgen

1993/95 Um-/Anbau Mehrfamilienhaus Monikastrasse 6, Zürich

1994/95 Umbau Rebhügelstrasse 3, Zürich

1994 Umbau Bachtobelstrasse 50, Zürich

1995/96 Um-/Anbau Zumikerstrasse 25, Zollikon

1997 Um-/Anbau Wohnhaus W. Meissner, im Allmendli 7, Erlenbach

Abbildungen

1. Umbau/Renovation Bethaus (Denkmalpflegeobjekt), Schlossgasse 10, Zürich-Wiedikon, 1995/96/97

2. Um-/Neubau 7-Familien-Haus (Denkmalpflegeobjekt) im Stadtmauerbereich, Rathausgasse 11, Bülach, 1986

3.+4. Wiederaufbau Wohn- und Geschäftshaus nach Totalbrandschaden, Moosmühle 2, Affoltern a.A., 1996/97

Ted Gueller

Atelier 344
Bachstrasse 9
8038 Zürich
Telefon 01-481 51 02
Telefax 01-482 57 55

Gründungsjahr 1986

Inhaber/Partner
Ted Gueller,
Architekt SIA/ETH

Mitarbeiterzahl 3–4

Spezialgebiete
Wohnungsbau

Einfamilienhäuser

Mehrfamilienhäuser

Öffentliche Bauten

Umbauten und Renovationen

Publikationen
Schöner Wohnen, 12/95

Philosophie
Leichtigkeit und Transparenz

Form als Ausdruck des Materials

Ehrlichkeit in der Materialbehandlung

Lichtdurchflutete Räume

Der Architekt gestaltet den Raum, Raum schafft Atmosphäre, Atmosphäre bildet seine Bewohner

Ökologisches Bauen

Kostenbewusste Ausführung

Wichtige Projekte
1985–86 Wettbewerb Kulturinsel Gessnerallee, Zürich

1988 Casa «Perché no», Manno TI

1989 3 Einfamilienhäuser in Berikon

1989 Villa in Spreckelsville, Maui (USA)

1990 Wettbewerb Gemeindesaal, Wädenswil

1991 Wettbewerb Verwaltungsgebäude, Frauenfeld

1991 Wohnüberbauung Hasenloh, Oberägeri

1993 Vierfamilienhaus Chesa Luscheina, Brienz GR

1994 3 Mehrfamilienhäuser, Sins AG

1994 Wettbewerb Fabrik am Wasser, Zürich

1995 Strandhaus in Frankreich

1996 Totalrenovation Mehrfamilienhaus mit Dachstockausbau, Haldenstrasse, Zürich

1996 Einfamilienhaus Limburg, Herrliberg

1996 Innenausbau Haus Hoffmann, Herrliberg

1997 Mehrfamilienhaus Haus zum Schwan, Thalwil

1997–98 3 Mehrfamilienhäuser, Lenz GR

Aktuelle Projekte
Mehrfamilienhaus Haus zum Schwan, Thalwil

3 Mehrfamilienhäuser, Lenz GR

Umbau Haus Tanner, Zürich

Abbildungen

1. + 6. Ansicht Süd und Ost Haus zum Schwan, Thalwil, 1997

2. Balkone Haus zum Schwan, Thalwil, 1997

3. Veranda Strandhaus in Frankreich, 1995

4. Innenhof zwischen den drei Gebäuden, Mehrfamilienhaus, Sins, 1994

5. Haus Limburg, Herrliberg, 1996

Fotos: Ted Gueller

Heinz Hess

Architekt BSA/SWB/GSMBA
Winterthurerstrasse 489
8051 Zürich
Telefon 01-322 30 20
Telefax 01-322 91 47

Gründungsjahr 1961

Inhaber/Partner
Heinz Hess,
Architekt BSA/SWB

Mari-Carmen Martin,
dipl. Arch. ETH

Bruno Wegmüller,
örtliche Bauleitung

Leitende Mitarbeiter
Bruno Wegmüller,
dipl. Bauleiter

Mari-Carmen Martin,
dipl. Arch. ETH

Mitarbeiterzahl 6

Spezialgebiete
Landwirtschaft

Wohnungsbau:
EFH/MFH/Alterswohnungen

Behindertenheime

Mischnutzungen
Wohnen/Arbeiten

Geschäftshäuser

Wettbewerbe

Publikationen
«Jonenhof», Rifferswil ZH, in:
Werk 5/65, 1/68, Raum+
Handwerk 3/64, Holzbau 12/69

EFH Herzog, Hombrechtikon,
in: Werk 12/67

Hof «Erlenhölzli», Chatzenrüti
ZH, in: Werk 1/70; Detail 6/69,
Verlag Architektur+Baudetail,
München; AC 76; Internat.
Asbestzement Revue, 10/1974

Reiheneinfamilienhaus-
Siedlung «Probstei», Zürich,
in: Werk 12/75, Aktuelles
Bauen 7/73

Behindertenheim «Altried»,
Zürich, in: Planen+Bauen 6/81

EFH Schroeter, Witikon, in:
Ideales Heim 10/88, «Architektur in Zürich» 1980–1990

Wichtige Projekte
1959 Evang. Jugendheimstätte,
Magliaso

1962/63 Landwirtschaftl.
Siedlung «Jonenhof», Rifferswil

1966 EFH Herzog,
Hombrechtikon

1967 Landwirtschaftl. Siedlung
«Erlenhölzli», Chatzenrüti

1967/68 Wohnhochhaus,
Herzogenmühlestrasse, Zürich

1969/72 Reihenhaussiedlung
«Probstei», Zürich

1974 Landwirtschaftl. Siedlung
R. Kuhn, Zürich

1975/81 Behindertenheim
«Altried», Zürich

1981/82 Werkstattgebäude
Maler Schweizer AG, Zürich

1982/84 Reformierte Kirche
Oberengstringen

1983/84 Alterssiedlung
«Hüttenkopf», Zürich

1986/90 Telefonzentrale PTT,
Schwamendingen

1985/86 Versuchsstall ETH
in der Chamau

1986/93 Reorganisation, Neu-
und Umbauten Männerheim
zur Weid, Rossau-Mettmen-
stetten

1988 EFH Schroeter, Zürich-
Witikon

1991/96 Um- und Neubau
ZKB-Filiale Zürich-Schwamendingen

1994/95 EFH mit Tierarzt-
praxis S. Braun, Hinwil

Aktuelle Projekte
Reorganisation von 65
Wohnungen in Zürich

5-Zimmer-«Wohnungskiste»
auf MFH in Zürich

Reorganisation und Renovation
einer Altliegenschaft aus dem
16. Jahrhundert in Zürich

Abbildungen
1. Südwestfassade EFH mit
Tierarztpraxis, Hinwil, 1995

2. Nordostfassade EFH mit
Tierarztpraxis, Hinwil, 1995

3. Verwalterhaus Männer-
heim zur Weid, Rossau-
Mettmenstetten, 1993

4. Gesamtansicht Maler
Schweizer AG, Zürich,
1982

5. Gesamtansicht «Altried»,
Zürich, 1981

6. Kirchenraum ref. Kirche
Oberengstringen, 1984

7. Ostansicht ref. Kirche
Oberengstringen, 1984

8. Westansicht Neubau
ZKB-Filiale Zürich-Schwa-
mendingen, 1996

Fotos: Dorothee Hess, Fotografin
SWB: 1–7
Erwin Küenzi, Fotograf SWB: 8

hornberger architekten ag

Englischviertelstrasse 22
8032 Zürich
Telefon 01-252 20 80
Telefax 01-252 20 81
e-mail: glaus@active.ch

Gründungsjahr 1982

Inhaber
Klaus Hornberger, Dr. sc. techn. ETH, dipl. Arch. SIA

Partner
Roland Meier, Arch. Reg. A SIA

Mitarbeiterzahl 8 bis 10

Spezialgebiete
– Öffentliche Bauten (Bahnhöfe, Werkhöfe, Verwaltungsbauten)
– Wohnungsbau, Wohnsiedlungen
– Zentrumsplanungen
– Städtebauliche Studien, Aussenraumgestaltung
– Umbauten, Renovationen, Denkmalschutz
– Wettbewerbe

Publikationen
«Interdependenzen zwischen Stadtgestaltung und Baugesetz», Diss. K. Hornberger, ETH Zürich, 1980

«Quartiererneuerung», ORL-Studienunterlage Nr. 47, ETH Zürich, 1980 (K. Hornberger)

«Gestaltungsplan», ORL-Bericht Nr. 56, ETH Zürich, 1985 (K. Hornberger)

Diverse Artikel in Tageszeitungen und Fachzeitschriften

«Gemeindezentrum Rüti», Selbstverlag, 1995

Auszeichnungen
Diverse Wettbewerbspreise

Bauberatung Gemeinde Baar

Zeitweise Unterricht am IT Rapperswil, Abt. Landschaftsarchitektur

Philosophie
«Das Einfachste ist nicht immer das Beste, aber das Beste ist immer einfach.» (Heinrich Tessenow, Architekt, 1867–1950)

Wichtige Projekte
1985 Genossenschaftliche Wohnsiedlung Schützenstrasse, Zollikon (Wettbewerb 1985, 1. Preis; realisiert 1988)

1988–95 Planung Wohnsiedlung Than (16 EFH, Arealbebauung), Auw AG

1990 Bahnhof Rapperswil und Wohnüberbauung Rapperswil-Süd (Wettbewerb 1989, 1. Preis)

1991 Sanierung und Umbau SBB-Wohnheim Josefstrasse 48, Zürich

1992 Bahnhof Zug, Bahnhof, Busbahnhof und Wohnüberbauung West (Wettbewerb 1989 und 1992, 1. Preis)

1992 Stadtzentrum West (36 Wohnungen, 7 Stadthäuser, Büros, Läden), Metzingen (D) (Wettbewerb 1988, 1. Preis)

1993 Umnutzung Industrieareal, Dettingen (D) (Wettbewerb 1993, Weiterbearbeitung durch deutsche Kontaktarchitekten)

1994 Gestaltung verkehrsfreies Zentrum, Wetzikon (Projekt)

1995 Fertigstellung Gemeindezentrum (Gemeindehaus, Werkhof und Lagerhalle), Rüti (Wettbewerb 1990, 1. Preis)

1997/98 Wohnüberbauung Bizenen (grosszügige Häuser und Wohnungen in attraktiver Lage), Herrliberg (Wettbewerb 1996, 1. Preis)

Weitere Wettbewerbe
1988 Bahnhof/Rosenbergquartier, St. Gallen; 3. Preis

1989 Allianz Versicherungs AG, Charlottenplatz, Stuttgart; 2. Rang

1989 Genossenschaftliche Wohnüberbauung, Hedingen; 2. Preis

1989 Bahnhofsgebiet, Rapperswil; 1. Preis

1990 Altersheim, Baar; 2. Preis

1991 Wohnen, Büro, Gewerbe auf ehemaligem Werkhofareal, Luzern-Tribschen; 3. Preis

1992/93 Gemeindehaus mit Post, Bank und Wohnungen, Auw AG; 2. Preis

1993 Wohnen, Gewerbe auf ehemaligem Industrieareal, Dettingen (D); 4. Preis

1994/95 Gaswerkareal, Zug: Gesamtprojekt Kanton Zug, Buszentrum Zugerland-Verkehrsbetriebe für 132 Busse, Kant. Steuerverwaltung, Kaufm. Berufsschule, Sporthalle; 1. Rang, Weiterbearbeitung ZVB-Betriebe

Aktuelle Projekte
Wohnüberbauung, Herrliberg

Sanierung Kongresshaus/Tonhalle, Zürich

Infrastrukturerneuerung Militärflugplatz Dübendorf

Bahnhof Zug

Bahnhof Rapperswil

Div. Wettbewerbseinladungen

Abbildungen

1.–3. Gemeindezentrum Rüti, 1995

4. Bahnhof Rapperswil

5. Bahnhof Zug

Urs Hürner + Partner

Architekturbüro AG
Heinrichstrasse 267
8005 Zürich
Telefon 01- 446 57 57
Telefax 01- 446 57 00

Gründungsjahr 1987

Partner
Urs Hürner,
dipl. Arch. HTL

Hanspeter Killer,
dipl. Arch. HTL

Piotr Milert,
dipl. Arch. ETH/SIA

Beat Studer,
dipl. Arch. ETH/SIA

Ulrich Prien,
dipl. Arch. ETH/SIA

Mitarbeiterzahl 11

Wichtige Bauten und Projekte

1987 Einfamilienhaus M.+ H. R. Meyer, Thalwil

1988 Informatikzentrum Credit Suisse, Zürich

1990 Geschäftshaus Ed. Geistlich Söhne AG, Schlieren

1991 Einfamilienhaus H. Held, Thalwil

1993 Umbau Villa F. Lienhard, Zürich

1993–96 Kehrichtverbrennungsanlage Limmattal, Dietikon

1994 Neugestaltung Bankfiliale Credit Suisse, Zürich-Enge

1994 Neugestaltung Bankfiliale Bank Leu, Winterthur

1995 Fassadensanierung/ Umbau Geschäftshaus Gübelin, Zürich

1995 Mehrfamilienhaus und Werkstatt Trachsel, Hauptikon

1995 Umbau Haus Dr. B. Lohmeyer, Pignia GR

1996 Neugestaltung Bankfiliale Plaza, Flughafen Zürich

1996 Einfamilienhaus im Obstgarten, Osterfingen SH

1997 Fremdwährungsverarbeitung Credit Suisse, Kloten

1997 Aussensanierung Baugenossenschaft Entlisberg, Zürich

1997 Swisscom-Dienstleistungszentrum, Gossau SG

1998 Innenausbau Credit Suisse Private Banking, Flughafen Zürich

1998 Einfamilienhaus Grandjean, Zeihen AG

1998 Wohnüberbauung Aufwiesen, Dietlikon

1998 Gesamtsanierung Hochhaus zur Palme, Zürich

1998 Fassadensanierung ETH-Hönggerberg HIL

Abbildung

Swisscom-Dienstleistungszentrum, Gossau SG

Foto: Peter Morf, Zürich

IGGZ

Institut für Ganzheitliche Gestaltung Zürich
Spinnereistrasse 12
Postfach
8135 Langnau am Albis
Telefon 0041-1-771 89 01
Telefax 0041-1-771 89 03
e-mail: iggz@limmat.ch
Internet: www.iggz.ch

Gründer, Inhaber, Leiter
Hans Ulrich Imesch,
Architekt - Tiefenpsychologe
SIA/SWB/S und IGfAP

Mitarbeiter
Praktikanten, Zeichner, Grafiker, Modellbauer, Fotografen, Designer, Architekten, Siedlungsgeografen, Computerspezialisten

Kunden
APG

Swisscom

SBB

FO

Europlakat

Städte

Tätigkeitsbereiche
Urbanistik

Architektur & Design

Kommunikation

Schwerpunkte
Gesamtkonzeptionelle Stadtplakatierungen

Gestaltung öffentlicher Raum

Stadtmobiliar-Design

Visuelle Kommunikation

Arbeitsmethodik
innovativ

forschend

praxisorientiert

Philosophie
Was im unsichtbaren Innen ist, manifestiert sich im sichtbaren Aussen.

Was im sichtbaren Aussen ist, wirkt auf das unsichtbare Innen.

Beides qualitätvoll gestaltet ist die Ganzheit, der wir in unseren Arbeiten möglichst nahe kommen wollen.

Arbeitsbeispiele
Städtebauliche Analysen und stadtbildgestalterische Plakatierungs-Basiskonzepte für über 75 Städte und Gemeinden in der Schweiz und im Ausland, projektive Umsetzungen der Basiskonzepte, Supervision der Realisierung

Amtliche Richtlinien und Richtpläne von städtebaulichen Plakatierungs-Gesamtkonzepten für verschiedene Städte in der Schweiz

Städtebauliche Erlebnisqualitätsstudie Stadt Thun als Entwicklungsgrundlage planerischer Stadtmarketing-Strategien

Städtebauliche Entwürfe und Konzepte Gestaltung öffentlicher Raum in Baden, Bern, Chur, Schaffhausen und Zürich

Konzept Aussenwerbung, Lichtarchitektur, Erscheinungsbild Haus Corso, Zürich

Pilotprojekt Erscheinungsbild der Stationen der Furka-Oberalp-Bahn

Designprodukte für den öffentlichen Raum wie Telecab 200'0, Citytel, Cityplan, Bus- und Tramwartehalle BUTRAWA, GF-Membran, kulturNAGEL, Informationssystem SSIS

Gestaltung und Redaktion von Informationsbroschüren und Plakatkampagnen, multimediale Präsentationen für Meinungsbildung, Schulung, Information

Abbildung
Atelier IGGZ

Kaufmann, van der Meer + Partner AG

Architekten ETH/SIA/STV
Heinrichstrasse 255
8005 Zürich
Telefon 01-272 70 10
Telefax 01-272 70 40

Gründungsjahr 1993

Inhaber
Peter Kaufmann

Pieter van der Meer

Leitende Angestellte
Beat Küttel,
dipl. Arch. ETH

Hubert Gessler,
Arch. HTL

Mitarbeiterzahl 9

Wichtige Bauten und Projekte

1993 Neu- und Umbau Seifenfabrik Steinfels, Zürich

1993 Colombo Dance Factory, Zürich

1993 Bauausführung Restaurant Back & Brau, Steinfelsareal, Zürich

1993 Music Hall Oleo Türme, Steinfelsareal, Zürich

1993 Studienauftrag Wohnüberbauung, Maur

1994 Einfamilienhaus Schumacher, Ebmatingen

1994 Fernsehstudio TeleZüri, Zürich

1994 Masterplan Cargo City Süd, Frankfurt

1994 Büro-/Gewerbebau Medicoat, Mägenwil

1994 2 Mehrfamilienhäuser mit Läden, Flims

1994 Umbau Cementia Holding, Zürich

1995 Bürobau Soder AG, Boswil

1995 Frachtanlagen Cargo Center 2 FAG, Flughafen Frankfurt

1995 Bürohäuser, Flughafen Frankfurt

1995 Bauern- und Winzerhaus Mas Bollag, Pouzolles (F)

1995 Speditionszentrum Wisskirchen, Frankfurt

1996 Frachtzentrum Cargo Center 2 «Airlines», Frankfurt

1996 Studienauftrag Zentrumsplanung Burgdorf

1996 Büroausbau Medtronic, Dübendorf

1996 Parkhaus Flughafen Frankfurt

1996 Werkstatt/Batterieladestation Flughafen Frankfurt

1997 Modehaus Gschwend, 1. Etappe Zentrumsplanung, Burgdorf

1997 Revitalisierung «Ententeich» ABB, Zürich-Nord

1997 Spital Pflegi-Neumünster, Umbauten Zollikerberg

1997 Schnell-Imbiss, Restaurants, Cargo Center 2, Flughafen Frankfurt

1998 Revitalisierung Ampèrestrasse, Zürich

1998 Studienauftrag Waschanstalt, Zürich

1998 Fernsehstudio Tele 24, Zürich

Abbildungen

1. Umbau Seifenfabrik F. Steinfels, Zürich, 1995

2. Neubauten Cargo Center 2, Flughafen Frankfurt am Main, 1996/97

3. «Ententeich» ABB, Zürich-Nord, 1997

Fotos: Gaston Wicky, Zürich: 1

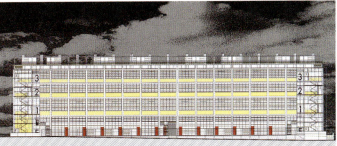

Tristan Kobler

Dipl. Architekt ETH
Heinrichstrasse 267–66
8005 Zürich
Telefon 01-271 23 46
Telefax 01-271 23 46

Gründungsjahr 1996

Spezialgebiete
Konzeption, Planung und Ausführung von Ausstellungen

Ausstellungs- und Messebau

Umnutzungen, Umbauten

Siedlungsbau

Publikationen (Edition Tryko)

Publikationen
Santiago Calatrava. Dynamische Gleichgewichte. Artemis & Winkler, Zürich & München, 1991. Hrsg. mit A. Tischhauser

Hochparterre 4/96

Archithese Juni 95, 3/96, 2/97

«The City as a Cyborg» in: City-X, ETHZ, Professur M. Angélil, Zürich, 1996

heft 2000, Düsseldorf, 1997

«Vorstellungen und Einstellungen zu Ausstellungen» in: Design ausstellen – Ausstellungsdesign, Verlag Lars Müller, Baden, 1997

The Marketplace of Consciousness. Newoldyesno Architecture. Ed. Tryko, Zürich, 1997. Hrsg. mit Y. Karim

Auszeichnungen
1992 Art Directors Club Schweiz: Sonderpreis Ausstellungsprogramm MfGZ

1993 Türler-Medienpreis für Ausstellung und Publikation «Zeitreise», MfGZ

Philosophie
Positionierung von Architektur als Aktion und Reaktion im komplexen, mehrdimensionalen Kontext.

Wichtige Projekte

Ausstellungen
1987–96 Planung und Realisation von ca. 60 Ausstellungen am Museum für Gestaltung Zürich

1991 Ausstellung «Ferdinand Kramer, Architekt», Bauhaus Dessau

1991 Konzeption Ausstellung «Santiago Calatrava», Niederländisches Architekturmuseum, Rotterdam

Architektur
1984 An- und Umbau Haus Rebstockhalde, Luzern

1992 Wettbewerb Schw. Landwirtschaftliches Museum (mit Martin Heller; zur Weiterbearbeitung empfohlen)

1996 Ideenwettbewerb DB-Güterbahnhofareal Basel (mit Jauslin, Holzer, Vehovar)

1997 Studienauftrag Überbauung in Wohlen (mit Jauslin, Holzer, Vehovar, Wimmer; zur Weiterbearbeitung empfohlen)

1997 Wettbewerb Schweizer Pavillon, Expo 2000 Hannover, Teil Ausstellung (4. Preis)

Aktuelle Projekte
Konzeption, Planung und Umsetzung von Ausstellungen in Deutschland und der Schweiz

Abbildungen

1. «Ausstellung über Sicherheit und Zusammenarbeit», MfGZ, 1996

2. Ausstellung «Video, Denk-Raum-Architektur», MfGZ, 1993

3. Ausstellung «Zeitreise», MfGZ, 1992

4. Ideenwettbewerb DB-Güterbahnhofareal Basel, 1996

Fotos 2+3: MfGZ – Fleck, Balogh

Kündig . Bickel Architekten

Architekten ETH SIA BSA
Sophienstrasse 9
8032 Zürich
Telefon 01-261 06 06
Telefax 01-261 03 56
kbarch@access.ch

Gründungsjahr 1984

Inhaber/Partner
Daniel Kündig
Daniel Bickel

Leitender Angestellter
Markus Kummer,
dipl. Arch. HTL STV

Mitarbeiterzahl 7

Spezialgebiete
Bauherrenberatung
Konzepte, Generalplanung
Wohn-, Gewerbe- und Bürobauten
Kindergärten, Schulen, Hotels
Umbau und Sanierung
Holzbau
Modulbauten in Holz

Publikationen
EFH Bänteli, Andelfingen ZH, in: «Architektur in der deutschen Schweiz 1980–1990», Verlag ADV Advertising Company SA, Lugano 1991

Umbau Ottenweg, Zürich, in: Werk, Bauen+Wohnen 6/92; Archithese 5/93

Wohnhaus Mülenen, Richterswil, in: Hochparterre 4/95; Architektur+Technik 2/96; Werk, Bauen+Wohnen 11/96

Pavillon Kunsthaus Aarau, in: Holz Bulletin Lignum 43/96; Neuer Holzbau im Bild, Lignum/Cedatec 1997

Raumzellen: Projekt Boxxinn in: Holzbau mit System, SAH c/o Lignum, 1997

Wichtige Projekte
1984–86 Haus Bänteli, Andelfingen ZH

1987–88 Produktion, Lager und Administration Kohler & Co. Natursteine, Rümlang

1988–91 Wohn- und Bürohaus Ottenweg 25, Zürich

1989–90 Haus Tuggener, Lindau ZH

1989–91 Industriezentrum Felsenau, Leuggern

1990 Konzept Neugestaltung Rathausbrücke, Zürich

1990–94 Wohnhaus Mülenen, Richterswil

1991–93 Projektierung der Krypta und Innenrenovation katholische Kirche, Wädenswil ZH

1994 Erweiterung Hotel Kemmeriboden-Bad, Schangnau BE

1995–96 Hofgestaltung Thalhof 66, Zürich

1996 Pavillon Kunsthaus Aarau, Aarau

1996–97 Verkaufskiosk «Biscuits Willisau», Willisau

1996–97 Neubau Bürohaus Tscherrig-Schneider AG, Raron

1997 Machbarkeitsstudie/ Überbauungskonzept Kasernenstrasse, Chur

1997 Einfach-Kindergarten, Riehen

1997 Modulhotels Messe Hannover, Hannover

Aktuelle Projekte
Umbau und Sanierung Bürogebäude Talstrasse 66, Zürich

Umbau und Ersatzbau Wohnhaus Kirchgasse, Meilen

Systembauten in Holz für Schulen und Hotels

Neubau Airport-Hotel und Business-Center, Sarajevo

Neubau Produktionshalle Erne, Laufenburg

Abbildungen

1. Wohn- und Gewerbehaus Ottenweg, Zürich, 1991

2. Kindergarten Riehen, 1997

3. Eingangshalle Bürogebäude Tscherrig-Schneider Engineering, Raron, 1997

4. Bürogebäude Tscherrig-Schneider Engineering, Raron, 1997

Fotos: Kündig .Bickel, Zürich: 1+2
G. Hoch, Zürich: 3+4

Landolt + Haller Architekten AG

Neptunstrasse 87
8032 Zürich
Telefon 01-383 80 88
Telefax 01-383 83 23
lhag@bluewin.ch

Gründungsjahr 1935

Inhaber
Kurt Landolt,
dipl. Architekt ETH/SIA

Fritz Haller,
dipl. Architekt ETH/SIA

Mitarbeiterzahl ca. 10

Tätigkeitsgebiete
Wir verfügen in folgenden Spezialgebieten über Fachkenntnisse und Erfahrung:

Pharmaindustrie: Produktion, Forschung/Entwicklung

Gesundheitswesen: Spitalbauten, Thermalbäder, Altersheime

Hochschulbauten, Lehre und Forschung, Laborgebäude und weitere hochinstallierte Bauten

Sanierung und Renovation von bestehenden, meist kulturhistorisch bedeutenden Bauten und Anlagen

Philosophie
Wir betrachten jede Bauaufgabe, ob grösser oder kleiner, als Herausforderung. Unsere Zielsetzungen sind:
– umfassende Beratung und Dienstleistung
– Studien, Analyse, Planung, Erstellung von Neubauten
– Sanierung und Umbau von bestehenden Bauten

Berücksichtigung der folgenden wichtigsten Kriterien:
– modern, aber nicht kurzlebigem Zeitgeist verfallen
– Situation, Funktion, Nutzung
– Konstruktion, Material, Detail, Energie, Umwelt
– Kosten, Termine

Das auftragsbezogene Zusammenführen von Fachwissen und die Führung von interdisziplinären Teams gehören zu unseren Aufgaben. Wir stehen den Bauherrschaften als kompetente Fachleute zur Verfügung.

Wichtige Projekte
1981–86 Freiluftbad und neuer Behandlungstrakt Rheumaklinik, Leukerbad

1985–86 Wohnhaus mit Ladenlokal, Baden

1986–87 Sanierung Schulhaus, Dübendorf

1987–93 Umbau/Sanierung Gebäude LFW, ETH, Zürich

1988–95 Neubau OP-Trakt, Energiezentrale, IPS und Notfallstation Stadtspital Waid, Zürich

1989 Pavillon mit Laborräumen EAWAG, Dübendorf

1990 Einfamilienhaus, Zürich

1992–93 Laborgebäude mit Pharma-Kleinproduktion Cilag AG, Schaffhausen

1992–94 Erweiterung der Pharmaproduktion Cilag AG, Schaffhausen

1993–95 Sanierung Büro- und Laborgebäude EAWAG, Dübendorf

1994 Activ-Fitness, Zürich

1994–96 Produktionsgebäude feste Arzneiformen, Cilag AG

1994–96 Planung Spitaltechnik AMI-Klinik, Cham

1995–96 Sanierung, Umbau und Neubau ref. Kirchgemeindehaus, Dübendorf

1995–96 Energiezentrale Cilag AG, Schaffhausen

1995–97 Umbau und Sanierung von Laborgebäuden, Sandoz Pharma AG, Basel

1996 Studien Wellnesshotel, Leymen (F)

1996 Bedürfnisabklärungen und Studien, Verpackungsbetrieb und Vertrieb, Pharma

1996–97 Einfamilienhaus, Dübendorf

1996–97 An-/Auslieferung und Lagerneubau Glatt-Süd, Givaudan-Roure, Dübendorf

Aktuelle Projekte
Umbau von Laborgebäuden, Novartis Pharma AG, Basel

Masterplan Labor-/Bürogebäude, Ciba Spezialitätenchemie, Lampertheim (D)

Einbau Wärmerückgewinnung, Konzept Ver-/Entsorgung, EAWAG, Dübendorf

Masterplan Ausbau Pharmaproduktion, Logistikkonzepte, Cilag AG, Schaffhausen

Einfamilienhaus

Diverse Studien und Umbauten

Abbildungen

1. Sanierung, Umbau und Neubau ref. Kirchgemeindehaus, Dübendorf, 1995–96

2. Einfamilienhaus, Zürich, 1990

3.+4. Umbau und Sanierung Gebäude LFW, ETH, Zürich, 1987–93

Ruedi Lattmann

Dipl. Architekt ETH/SIA
Architektur+Design AG
Tösstalstrasse 14
8400 Winterthur
Telefon 052-213 90 51
Telefax 052-213 93 61

Gründungsjahr 1983

Inhaber
Ruedi Lattmann

Mitarbeiterzahl 10

Spezialgebiete
Öffentliche und
institutionelle Bauten

Siedlungsplanung

Wohnbau

Umbau und Sanierungen

Innenausbau

Gewerbebau

Bauberatung von Gemeinden

Auszeichnungen
EMCH-Preis 1992
für Umbau Obergasse 7/9,
Winterthur

Philosophie
Konzentration auf das
Wesentliche.

Unsere Architektur ist zeitgemäss und differenziert.
Sie dient den Menschen und
integriert sich in ihre bauliche
und landschaftliche Umgebung.
Vom Entwurf bis zur Detailgestaltung suchen wir nach
einfachen, pragmatischen
Lösungen. Sie berücksichtigen
auch die Umweltanliegen
und die gesamte Lebensdauer
eines Gebäudes. Überdies
sind uns eine durchdachte
Gestaltung der Bauten sowie
deren Aussen- und Innenräume wichtig. Wenige und
gut aufeinander abgestimmte
Elemente und Materialien
schaffen eine stimmungsvolle
Gesamtwirkung. Diese
Grundhaltung garantiert
kostengünstige Baulösungen.

Realisierte Projekte
1984–87 8 Reihenhäuser
Hündlerstrasse, Winterthur

1987–93 Gewerbezentrum
Stegacker, Winterthur

1987–92 Umbau Wohn- und
Geschäftshaus Obergasse 7/9,
Winterthur

1987–89 2 Doppelhäuser
Hochwachtstrasse,
Winterthur

seit 1989 Gestaltungsplan
in Wannen (80 Wohnungen),
Winterthur

1989–92 Erweiterung
Primarschulhaus, Brütten

1990–92 Erweiterung
Wohnhaus mit Arztpraxis,
Lindbergstrasse, Winterthur

1993–94 Kindergarten
Rappstrasse, Winterthur

1993–95 Umbau Restaurant
Klinik Hard, Embrach

1994–96 Umbau
Haushaltungsschule, Bülach

1994–97 Mehrfamilienhaus
Fliederweg, Winterthur

1995–97 Sanierung
2 Mehrfamilienhäuser Kellersackerstrasse, Embrach

1996–97 3 Reihenhäuser
Haldenstrasse, Winterthur

**Wettbewerbe/
Studienaufträge**
1987 Gemeindezentrum
Weisslingen, 3. Preis

1987 Überbauung Sidi-Areal,
Winterthur, 6. Preis

1988 Studentensiedlung
Büelackerstrasse, Zürich,
2. Preis

1989 Erweiterung Alters-
und Krankenheim Seuzach,
1. Preis und Weiterbearbeitung

1991 Erweiterung Schulhaus
Gsteig, Lufingen, 3. Preis

1992–95 Studienauftrag Überbauung Schlossackerstrasse
(80 Wohneinheiten),
Winterthur, 1. Preis

1997–98 Wohnüberbauung
Auwiese (36 Wohneinheiten),
Winterthur, 4. Preis und
Weiterbearbeitung

Aktuelle Projekte
seit 1996 Baumassnahmen
Schloss Kyburg

seit 1997 2 Einfamilienhäuser,
3 Doppelhäuser, 1 Mehrfamilienhaus, Haldenstrasse,
Winterthur

seit 1997 Sanierung
Wohn- und Geschäftshaus
Zürichstrasse, Affoltern

Abbildungen

1. 8 Reihenhäuser Hündlerstrasse, Winterthur-Dättnau, 1984–87

**2. Kindergarten Rappstrasse, Winterthur, 1993–94
(ARGE mit Ch. Hänseler)**

**3. 2 Doppelhäuser
Hochwachtstrasse,
Winterthur, 1987–89**

**4. Mehrfamilienhaus
Fliederweg, Winterthur,
1994–96**

Leuppi & Schafroth Architekten

Dipl. Architekten
ETH/HTL/SIA/AIA
Utoquai 41
8008 Zürich
Telefon 01-262 02 01
Telefax 01-262 02 28

Gründungsjahr 1994

Inhaber/Partner
Stephanie M. Schafroth

Roman Matthias Leuppi

Mitarbeiterzahl 4

Spezialgebiete
Städtebauliche Planungen
und Siedlungsbau

Öffentliche und institutionelle
Bauten

Wohn- und Gewerbebau

Umbau und Sanierungen

Möbel-Entwürfe

Publikationen
Hochparterre 1+2/94, 1+2/95

Neue Zürcher Zeitung 272/96

Wettbewerb aktuell 2/97

Auszeichnungen
1996 The Academy of Architecture, Arts and Science, Internationale Auszeichnung XXXIX (39 Architekten)

Philosophie
Wir arbeiten daran, mit der Implementierung des Architektonischen die Merkmale des Ortes auszureizen; dabei lieben wir mitunter das Groteske.

Innovative Raumkonzepte, schöne Form, Licht und Stofflichkeit berühren und wecken unsere Sinne. Unser Auge folgt dem Zeitgenössischen. Wir zielen auf Lösungen, die spezifisch, innovativ und marktorientiert sind. Sie dürfen durchaus avantgardistisch sein. Wir arbeiten digital, unter anderem.

Wettbewerbe
1993 Internationaler städtebaulicher Ideenwettbewerb Spreebogen, Berlin

1994 Kantonaler Projektwettbewerb Berufsschule auf dem «Schütze»-Areal, Zürich; 10. Preis (209 Projekte)

1994 Öffentlicher Ideenwettbewerb Steinfabrik Zürichsee; 1. Preis (94 Projekte)

1995 Öffentlicher Projektwettbewerb Fabrik Am Wasser, Zürich-Höngg

1995 Internationaler Ideenwettbewerb Scottish Architecture & Design Centre

1995 Internationaler Ideenwettbewerb Stadtteil Layenhof, Mainz

1996 Internationaler Projektwettbewerb Fachbereichsgebäude Architektur +Design/Innenarchitektur der Hochschule Wismar; 6. Preis (196 Projekte)

1997 Öffentlicher Projektwettbewerb Universität auf der Perolles-Ebene, Freiburg; 4. Preis (125 Projekte)

Aktuelle Projekte
1996–98 Um- und Anbau eines Wohnhauses in Horgen

seit 1997 Neubau eines Wohnhauses mit Atelier in Küsnacht

seit 1997 Neubau eines Landhauses in Herrliberg

seit 1998 Umbau eines Büro- und Geschäftshauses mit Restaurant in Zürich-Schwamendingen

Abbildungen

1. Steinfabrik Pfäffikon SZ, Wettbewerbsprojekt, 1994

2. Atelierhaus, Küsnacht, 1997–99

3. Wohnhaus, Horgen, 1996–98

4. Architektur+Design/ Innenarchitektur Gebäude der Hochschule Wismar, 1996

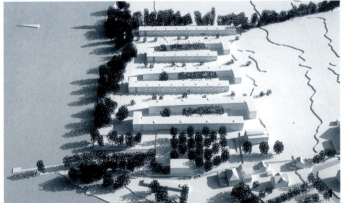
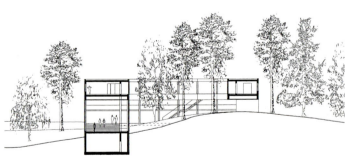

map architektur + planung

Dipl. Architekten HTL/STV
Neugutstrasse 12
8304 Wallisellen
Telefon 01-832 68 88
Telefax 01-832 68 91

Gründungsjahr 1982

Inhaber/Partner
Dieter Schlatter, Arch. HTL

Ruedi Stammbach, Arch. HTL

Mitarbeiterzahl 6

Spezialgebiete
Umbauten/Renovationen

Verdichtetes Bauen

Bauökologie

Wohn-, Büro-
und Gewerbebauten

Verwaltung von Immobilien

Analysen, Schätzungen,
Expertisen

Philosophie
Sich einleben in die Aufgabe und der bewusste Umgang mit den vorhandenen Strukturen und der gegebenen Substanz. Betrieblich und nutzungsorientiertes Bauen mit architektonischer Qualität. Der Benützer steht im Mittelpunkt unserer Arbeit.

Wichtige Projekte
1982 Doppelnutzung der N1-Autobahnbrücke, nachträgliches Verdichten, Brüttisellen

1986 Umbau/Renovation Dorfträff, Opfikon, für Stadt Opfikon

1986 Neubau Gewerbehaus Ruchstuck, Brüttisellen

1987 Umbau/Renovation CS-Filiale Wallisellen

1990 Umbau/Renovation/ Aufstockung UBS-Filiale Glattbrugg, Opfikon

1993 Neubau Mehrfamilienhaus Klotenerstrasse 4, Opfikon

1994 Umbau/Renovation Hotzehuus, Illnau, für Stadt Illnau-Effretikon

1995 Wohnüberbauung Steinacker, Sandgruebstrasse 2–22, Wallisellen

1996 Neubau Alterswohnungen Bruggackerstrasse 6, Opfikon

1997 Neubau Wohn- und Gewerbehaus Am Bahnhof, Wallisellen

Weitere Tätigkeiten: mehrere Einfamilienhaus-Neubauten, Wohn- und Gewerbe-Umbauten, Aufstockungen, Innenausbau von Laden- und Verkaufsräumen, Wettbewerbe, Planungen, Erschliessungsstudien

Abbildungen

1.+2. Wohn- und Gewerbehaus (Neubau) am Bahnhofplatz, Wallisellen, 1997

3.–5. CS-Bürogebäude (Umbau), Bahnhofstrasse, Wallisellen, 1987

6.+7. Wohnhaus (Neubau), alter Dorfkern, Opfikon: Innenansicht mit aufklappbarer Treppe, 1993

Willi Meier

Architekturbüro
Marktgasse 11
8180 Bülach
Telefon 01-860 88 80
Telefax 01-862 25 35

Gründungsjahr 1979

Inhaber
Willi Meier, Architekt REG B

Mitarbeiterzahl 3

Philosophie
Bauen ist Kultur.

Wir sind immer bestrebt, unseren Bauten einen hohen ästhetischen und funktionellen Standard zu verleihen.

Die gute Qualität soll bei den durch uns erstellten Bauwerken spürbar sein.

Dem Menschen dienendes und umweltgerechtes Bauen steht bei jedem Bauvorhaben im Vordergrund.

Wichtige Projekte

1976 Berufsschulhaus Bülach (Projektwettbewerb, 4. Preis)

1979 Einfamilienhaus F. Meier, Winkel

1981 Um- und Anbau Einfamilienhaus M. Doll, Bülach

1983 Landhaus Dr. P. Rutschmann, Rüti-Winkel

1986 Wohnhaus mit Werkstatt A. Maag, Hochfelden

1987 Einfamilienhaus R. Ammann, Hochfelden

1988 Mehrzweckgebäude, Hochfelden (eingeladener Wettbewerb)

1988 Werkhof Furt, Stadt Bülach

1988 Renovation Turnhallentrakt Schulhaus A/B, Bülach

1989 Überbauung Geissacher mit 9 EFH, Ottikon/Effretikon

1991 Doppeleinfamilienhaus H. Schmid/F. Schlatter, Stadel

1992 Erweiterung Garage K. Iten, Glattfelden

1992 Renovation Alterswohnheim Rössligasse, Stadt Bülach

1995 Aufstockung Wohn-/Gewerbehaus U. Biasuz, Bülach

1995 Entwicklung mecasa-Typenhäuser

1997 Städtebaulicher Ideenwettbewerb Bülach-Süd

Aktuelle Projekte
Umbau Wohnhaus I. Schmid, Stadel

Wohnhäuser mit 8 Eigentumswohnungen, Bachenbülach 1998 Bezug

Um- und Anbau Einfamilienhaus R. Meier, Bülach 1998 Baubeginn

Abbildungen

1. Überbauung Geissacher, Ottikon/Effretikon, 1989

2. Doppeleinfamilienhaus H. Schmid/F. Schlatter, Stadel, 1991

3. Werkhof Furt, Stadt Bülach, 1988

Merkli Architekten

Architekten ETH/SIA
General-Wille-Strasse 11
Postfach 371
8027 Zürich
Telefon 01-201 62 12
Telefax 01-202 83 42
merkli_ethsia_gw@datacomm.ch

Gründungsjahr 1930

Inhaber
Ruedi Merkli,
dipl. Arch. ETH/SIA

Leitende Mitarbeiter
Peter Brusa
Rolf Glaser
Jörg Waltert

Mitarbeiterzahl 15

Spezialgebiete
Umbau und Renovation von Wohn- und Geschäftshäusern
Wohn- und Gewerbebauten
Banken
CAD-Dienstleistungen (3D)
Schätzungen, Gutachten
Bauherrentreuhand

Wichtige Projekte
Umbau und Renovation Geschäftshaus La Suisse, Limmatquai, Zürich

Umbau und Renovation Verwaltungsgebäude, Stampfenbachstrasse, Zürich

Umbau Geschäftshaus Buser, Oberengstringen

Umbau alte Kantonsschule Rämistrasse, Zürich

Umbau Quellenhof, Davos

Umbau Neumühleschloss, Neumühlequai, Zürich

Umbau Affida-Bank Zürich

Um- und Anbau Einfamilienhaus Honegger, Zollikon

Umbau und Aufstockung Mehrfamilienhäuser, Männedorf

Umbau und Renovation Wohn- und Geschäftshaus, Arbenzstrasse, Zürich

Um- und Anbau Einfamilienhaus Merkli, Obsthaldenstrasse, Zürich

Renovation Wohnkolonie Ilanzhof

Neubau Zweifamilienhaus Braun, Pfaffhausen

Neubau Eigentumswohnungen Uf'm Buel (mit Hallenbad), Davos

Neubau Wohnüberbauung Wil, St. Gallen

Neubau Geschäftshaus Lips, Seestrasse, Zollikon

Neubau Besucherpavillon Bahn2000, Allmend Brunau, Zürich

Neubau Mehrfamilienhaus Goetze, Goldhaldenstrasse, Zollikon

Neubau Wohn- und Geschäftshaus, Albisstrasse, Zürich-Wollishofen

Neubau Einfamilienhäuser, Hanflandstrasse, Zollikerberg

Neubau Einfamilienhaus Kull, Zürich-Leimbach

Neubau Wohnhaus, Seestrasse, Zürich-Enge

Neubau Geschäftsgebäude Imholz, Rotfluhstrasse, Zollikon

Aktuelle Projekte
Umbau und Renovation Bank Leu, Bahnhofstrasse, Zürich

Umbau und Erweiterung Produktionsbetrieb Confiserie Sprüngli, Dietikon

Umbau und Renovation Schweizerischer Bankverein, Bahnhofstrasse, Zürich

Umbau und Renovation Musikschule SFMZ, Alte Landstrasse, Zollikon

Umbau Ladenlokal GUCCI Spa, Poststrasse, Zürich

Neubau Villa Dr. A. Schrafl, Schlossbergstrasse, Zollikon

Umbau und Erweiterung Bezirkssparkasse Dielsdorf

Abbildungen

1. Geschäftshaus, Rotfluhstrasse, Zollikon (in Zusammenarbeit mit Atelier WW)

2. Besucherpavillon Bahn2000, Allmend Brunau, Zürich

3. Wohn- und Geschäftshaus, Albisstrasse, Zürich-Wollishofen

4. Wohn- und Geschäftshaus Neumühleschloss, Zürich

Ludwig Meyer

Architekt, Innenarchitekt VSI
Freiestrasse 80
8032 Zürich
Telefon 01-262 37 13
Telefax 01-262 37 13

Gründungsjahr 1984

Mitarbeiterzahl 2 bis 3

Spezialgebiete
Umbauten
Praxen
Läden
Gaststätten
Wohnbauten

Publikationen
Zahnarztpraxis in Zollikon:
Werk, Bauen+Wohnen 5/92

Zahnarztpraxis in Strengelbach: «Innenarchitektur in der Schweiz», A. Hablützel, V. Huber, Niggli-Verlag, 1993

Zahnarztpraxen in Glattbrugg, Zollikon und Strengelbach: «Praxen», Schossig, Damaschke, Scheffer, Verlagsanstalt A. Koch, 1995

Zahnarztpraxis in Aarau:
Werk, Bauen+Wohnen 12/95

Dentalhygieneschule Zürich:
Werk, Bauen+Wohnen 1/98

Haltung
Über die funktionellen Aspekte der Aufgabe hinaus interessiert das Wesen des Ortes, seine räumlichen, kulturellen, geschichtlichen und wirtschaftlichen Besonderheiten. Als Architekt habe ich den Anspruch, diese Eigenschaften in Einklang zu bringen mit den inhaltlichen, formalen und konstruktiven Aussagen des Entwurfes. Dabei ist das Einfache meist angemessener als das Aufwendige, das Originale interessanter als das Originelle.

Wichtige Projekte
1983 Zahnarztpraxis Dr. Gygax, Zofingen

1983 Goldschmiede Thoma, Zofingen

1985 Dachwohnung, Zürich

1985 Hi-Fi-Geschäft, Sursee (mit Architekt Hans Kunz)

1985 Umbau Wohnhaus, Zofingen

1986 Zahnarztpraxis Dr. Maurer, Frick

1988 Zahnarztpraxis Dr. Landolt, Klosters

1988 Umbau und Anbau Wohnhaus, Reiden

1988 Zahnarztpraxis Dr. Meier, Basel

1989 Zahnarztpraxis Dres. Gaberthüel+Grunder, Zollikon (mit Architekt Pierre Zoelly)

1990 Zahnarztpraxis Dr. Blum, Strengelbach

1990 Zahnarztpraxis Dr. Geiger, Baden

1991 Optikergeschäft Zwicker, Zürich

1992 Rheumatologiepraxis Dr. Felder, Zürich

1992 Neubau Ferienhaus, Pfäfers

1992 Zahnarztpraxis Dres. Keller+Reller, Glattbrugg

1993 Zahnarztpraxis Dr. Zander, Rüschlikon

1993 Zahnarztpraxis Dr. Schläpfer, Dietikon

1994 Apotheke, Gstaad

1994 Zahnarztpraxis Dr. Otto, Aarau

1995 Neubau Wohnanlage, Reiden

1995 Zahnarztpraxis Dr. Stassen, Kirchberg SG

1995 Zahnarztpraxis Dr. Trachsler, Zürich

1995 Zahnarztpraxis Dr. Ch. Schädle, Thalwil

1995 Kieferortho-Praxis Dr. Keller, Glattbrugg

1995 Kieferortho-Praxis Dr. Baldini, Zürich

1996 Restaurant Le Miroir, Sursee

1997 Ausbildungsklinik Dentalhygieneschule Zürich

1997 Zahnarztpraxis Dr. Schlatter, Ilanz

Aktuelle Projekte
Praxiseinbauten

Umbau und Neubau von Wohnhäusern

Abbildungen

Wohnanlage in Reiden, 1995:
1. Südwestfassade
2. Innenansicht

3. Südfassade Ferienhaus, Pfäfers, 1992

4. Zahnarztpraxis, Aarau, 1994

5. Dentalhygieneschule Zürich, 1997

Fotos 3–5: R. Zimmermann, Zürich

Moser Mägerle Schumacher Partner

Architekten AG
Zeltweg 23
8032 Zürich
Telefon 01-269 70 30
Telefax 01-251 58 81

Gründungsjahr 1958

Inhaber
Lorenz Moser,
dipl. Arch. BSA/SIA/SWB

Hermann Mägerle,
Architekt HTL

Hans-Peter Thommen

Ernst Schumacher,
dipl. Arch. ETH/SIA

Mitarbeiterzahl 10

Tätigkeitsbereich
Wir streben eine Vielfalt verschiedener Aufgaben an. Für den Generalisten ist es wichtig, sich in jedes Projekt von Grund auf neu einzuarbeiten. Mit kreativen, dem Einzelfall entspringenden Vorschlägen ist es uns mehrfach gelungen, in scheinbar unlösbaren Konfliktsituationen (z. B. baurechtlich) allseits erfreuliche Lösungen zu entwickeln.

Schwerpunkte in unserer Tätigkeit sind:
– Öffentliche Bauten wie Schulen, Altersheime, Sportanlagen
– Wohnbauten in kleineren und grösseren Gruppierungen
– Bauten mit gemischter Nutzung, ein besonders interessanter und aktueller Gebäudetyp, der einen Beitrag gegen Entmischung und Vereinsamung in unseren Bauzonen bildet
– Denkmalpflege/Renovation/Umbau – eine Sparte, die wir schon seit den 70er Jahren pflegen, im Sinn des behutsamen Umgangs mit der Umwelt

Wichtige Elemente sind für uns die Integration von Farbe als Akzent und Ausdrucksmittel sowie die Zusammenarbeit mit Künstlern schon in einer frühen Projektphase.

Wichtige Projekte
1973 Schulhaus Zopf, Adliswil (Wettbewerb, 1. Preis)

1974 Schulhaus Lättenwiesen, Opfikon (Wettbewerb, 1. Preis)

1977 Umbau Villa Kreuzbühl, Zürich (Denkmalobjekt)

1978 Überbauung Wehrenbachhalde (36 Wohnungen, 6 EFH), Zürich

1979 Altersheim Schindlergut, Neuhausen am Rheinfall (Erweiterung 1992)

1980 Sanierung ref. Kirche, Turm, Kirchgemeindehaus, Zürich-Altstetten

1980 130 Wohnungen Oberwiesen, Zürich-Oerlikon

1983 Umbau Obergericht, Zürich (Barfüsserkloster, Gesamtplanung 1987)

1984 Überbauung Sydefädeli (Altersheim, Quartierzentrum, 55 Alterswohnungen, 66 Wohnungen), Zürich

1984 16 EFH Räbhügel, Weiningen ZH (Wettbewerb, 1. Preis)

1988 Umbau Wettingerhäuser, Grossmünsterplatz 1–3, Zürich (Denkmalobjekt)

1991 Wohn-/Geschäftshaus Audatex, Seestrasse 315, Zürich

1993 Umbau Geschäftshaus Stünzihus, Bahnhofstrasse 6–8, Horgen

1994 Wohn-/Geschäftshaus Visura, Fabrikstrasse 50, Zürich

1996 Umbau Geschäftshäuser Desco, Brandschenkestrasse 2–6, Zürich

1996 Wohn-/Geschäftshaus Neugasseck, Fabrikstrasse 54, Zürich

Aktuelle Projekte
Wohnüberbauung Hardgütli (110 Wohnungen), Am Wasser, Zürich

Sanierung VAW, Versuchsanstalt für Wasserbau, ETH Zürich Zentrum (Studienauftrag, 1. Rang)

Sanierung Wohnsiedlung Farbhof (144 Wohnungen), Zürich

Abbildungen
1. + 3. Wohn-/Geschäftshaus Audatex, Seestrasse 315, Zürich-Wollishofen, 1991

2. Wohn-/Geschäftshaus Visura, Fabrikstrasse 50, Zürich, 1994

4. Wohnüberbauung Hardgütli, Am Wasser, Zürich, 1997/98

Meyer Moser Lanz Architekten AG

Architekturbüro SIA
Haus «zum Till»
Oberdorfstrasse 15
8001 Zürich
Telefon 01-251 70 40
Telefax 01-251 48 64

Gründungsjahr 1963

Inhaber/Geschäftsleitung
Hanspeter Meyer,
dipl. Arch. HTL

Robert Moser, Architekt

Martin Lanz,
dipl. Arch. ETH/SIA

Mitarbeiterzahl 10

Werkverzeichnis

Kultus und Kultur
1991 Renovation Saal Kirchgemeindehaus Friesenberg, Zürich

1996 Haus für Events und Kultur, Oberdorfstrasse, Zürich

Fürsorge und Gesundheit
1971 Arztpraxis für Rheumatologie, Eisengasse, Zürich

1982 Einfamilienhaus mit Kleintierspital, Jona

1986 Renovation Altersheim Selnau, Zürich

1990 Arztpraxis für Urologie, Goethestrasse, Zürich

1997 Umbau für Lungenliga, Wilfriedstrasse, Zürich

Sport und Freizeit
1991 Umbau Klubhaus Tennisclub Zürich, Zürich

Gastronomie und Tourismus
1983 Wiederaufbau Taverne Schloss Herblingen, Schaffhausen

1984 Umbau und Renovation Hotel Sternen, Unterwasser

1985 Umbau und Renovation Haus Frascati, Zürich

Gewerbe und Verkauf
1984 Umbau EPA Oerlikon, Zürich, 1990 Bezug

1987 Umbau Café Konditorei Naef, Zürich

1988 Umbau Modehaus Robert Ober, Zürich

1995 Renovation Eichstrasse, Fa. Nussbaum, Zürich

Altstadtrenovationen
1978 Umbau Haus «zum Till», Zürich

1980 Renovation Haus Flueler, Trittligasse, Zürich

1983 Umbau Haus «zum Paradies», Zürich

1985 Umbau Haus an der Kirchgasse, Zürich

1987 Renovation Haus Schwarzenbach, «zum grauen Mann», Zürich

1987 Renovation Haus an der Frankengasse, Zürich

1990 Renovation Haus an der Neustadtgasse, Zürich

Siedlungsrenovationen
1979 Genossenschaft Sunnige Hof, Mattenhof, Zürich

1982 Genossenschaft Sunnige Hof, Albisrieden, Zürich

1991 Wohnhäuser der Rentenanstalt, Riedenhaldenstrasse, Zürich

1992 Genossenschaft Sunnige Hof, Dübendorferstrasse, Zürich

1993 Wohnhäuser Grafschaft der Globus-Pensionskasse, Oberglatt

1993 Wohnhäuser der Rentenanstalt, Kilchbergstrasse, Zürich

1994 Wohnhäuser der Rentenanstalt, Giebeleichstrasse, Glattbrugg

1997 Wohnhäuser Bank Sparhafen, Albisriederstrasse, Zürich

Wohnungsbau

1974 Arealüberbauung Schwabach, Feldmeilen

1980 Wohnhäuser «In der Hägni», Zollikon

1984 Landhaus Dr. Andermatt, Baar

1985 Wohnbauten «Gumpisbüel», Dübendorf

1987 Terrassenhäuser Ormisstrasse, Meilen

1988 Einfamilienhaus an der Wibichstrasse, Zürich

1989 Umbau Haus an der Bederstrasse, Zürich

1990 Wohnhäuser an der Haldenstrasse, Zürich

1990 Wettbewerb Moosmatt, Urdorf, 1995 Bezug

1990 Umbau Haus an der Reinacherstrasse, Zürich

1994 Wohnhaus am Obstgartenweg, Erlenbach

1996 Umbau Wohnhäuser an der Werftstrasse, Kloten

1996 Mehrfamilienhaus an der Augustinergasse, Thalwil

1997 Mehrfamilienhaus «Im Grüt», Uetikon am See

1998 Wohnhaus Sonnenfeldstrasse, Zollikon

Banken

1981 Schweizerische Kreditanstalt, Devisen Peterhof, Zürich

1986 Schweizerische Kreditanstalt, Büros Gartenstrasse, Zürich

1986 Umbau Premex, Münstergasse, Zürich

1988 Büroumbau mit Händlerräumen, Tokai Bank, Zürich

1988 Bank First Boston, Eisengasse, Zürich

1989 Büroeinbau BZ Bank, Haus Ober, Zürich

1995 Umbau Rüegg Bank, Talstrasse, Zürich

1996 Umbau UBS, Haus Ober, Zürich

Aktuelle Projekte

Wohnhäuser «Im Radrain», Egg, 2. Etappe, Bezug 1998

Coop-Super-Center mit Wohnungen, Pfäffikon, Bezug 1998

Wettbewerb Doppeleinfamilienhaus Fietz, Goldhaldenstrasse, Zollikon, Bezug 1998

Mehrfamilienhaus, Wiesenstrasse, Erlenbach, Bezug 1999

Renovation Wohnhäuser Zollstrasse 116–120, Amt für Hochbauten, Zürich, in Planung

Umbau und Renovation Jugendherberge Zürich-Wollishofen, in Planung

Umbau Klausstrasse 10, GAM, Zürich, Bezug 1998

Abbildungen

1. Wohnbauten Moosmatt, Urdorf, 1995

2. Haus für Events und Kultur, Oberdorfstrasse, Zürich, 1996

3. Neue Warenhaus AG Oerlikon, Zürich, 1989

4. Erweiterung Wohnhäuser Werftstrasse, Kloten, 1996

5. Mehrfamilienhaus «Im Grüt», Uetikon am See, 1997

6.–8. Schweizerische Bankgesellschaft, Haus Ober, Zürich, 1996

Architektur · Nil · Hürzeler

Seestrasse 78
8703 Erlenbach
Telefon 01-910 60 56
Telefax 01-910 07 03

Gründungsjahr 1990

Inhaber/Partner
Stefan Nil, Arch. SfGZ

Daniel Hürzeler,
Arch. HTL STV

Leitende Angestellte
Verena Klingler, Arch. HTL

Carla Veser, Arch. ETH SIA

Mitarbeiterzahl 7

Philosophie
Uns fasziniert:
– Einfach und lebendig
– Schlicht und ausdrucksstark
– Wachsend und beweglich
– Flächig und Weite
– Räume und Lichtspiele

Wettbewerbe
1990 Musée, maison du parc national, Neubau, Laruns (F), 1. Preis

1990 Schulhaus Werd, Adliswil, Erweiterung/ Sanierung, 1. Preis

1991 Sprachheilschule Stäfa, Erweiterung

1992 Gewerbe-/Wohnüberbauung, Gottmatingen (D)

1994 Gewerbe-/Wohnüberbauung, Ideenwettbewerb, Freienbach

Wichtige Projekte
1988 EF-Reihenhaus-Umbau, Lognes-Noisiel (F)

1990 Umbau Eigentumswohnung, Paris

1990 Siedlungsplanung Villars-s. Grâne

1991 Gestaltungsplan Klosteranlage Klingnau

1991 Umbau/Sanierung Einfamilienhaus, Grignan (F)

1991–93 An-/Umbau EFH, Zumikon

1991–93 Umbau/Erweiterung MFH, Beringen SH

1992 Umbau EFH, Erlenbach

1992 Umbau Bauernhaus, Rohr SO

1993 Sanierung MFH, Küsnacht

1993 Sanierung MFH, Erlenbach

1994 Umbau EFH, Zollikon

1994 Sanierung MFH, Rapperswil

1994–95 Neubau EFH, Uerikon, Niederenergiehaus

1993–96 Umbau/Sanierung Schulanlage Werd, Adliswil

1995–97 Neubau EFH Uetikon, Niederenergiehaus

1995–97 Neubau Doppelhaus, Uetikon

1996–97 Umbau/Sanierung MFH, Schönenberg ZH

1996–97 Umbau EFH, Männedorf

1997–98 Umnutzung Ökonomiegebäude MFH, Erlenbach

Aktuelle Projekte
Umbau EFH, Grignan (F)

Umbau/Sanierung 4 Flarzhäuser, Erlenbach

Dachaufstockung Reihenhaus, Uetikon

Umbau/Sanierung EFH, Herrliberg

Umbau/Sanierung EFH, Zürich

Umnutzung Scheune MFH, Rohr SO

Neubau EFH, Uetikon

Abbildungen
1.–4. Neubau EFH, Uetikon, Niederenergiehaus

5. + 6. Umbau/Sanierung Schulanlage Werd, Adliswil

Oeschger Architekten

Architekten ETH/SIA
Voltastrasse 31
8044 Zürich
Telefon 01-252 58 30
Telefax 01-251 48 39

Gründungsjahr 1930

Inhaber
H. P. Oeschger,
dipl. Arch. ETH/SIA

Mitarbeiterzahl 5 bis 10

Spezialgebiete
Umbau/Umnutzung

Renovation/Restaurierung

Komposition alt/neu

Wohnungsbau/Privathäuser

Öffentliche Bauten

Verkehrsbauten

Gestaltung öffentlicher Raum

Publikationen
Flughäfen als Architekturaufgabe, Vorträge ETHZ 1974–76

Quartierstudien Zürichberg, Zürich, 1977

Zur Planungszone Zürichberg, NZZ, 7.9.1978

Aufwertung Löwenstrasse, Zürich, NZZ 1978/84/86/92

Buchbeitrag «Kuben im Grün»: wie der Zürichberg überbaut wurde, 1995

Beschreibung Stadtvilla am Zürichberg, NZZ, 22./23.4.1995

Wichtige Projekte
Erweiterung Wohnhaus, Zollikon (Komposition alt/neu)

Dreifamilienhaus am Zürichberg, Zürich (Bautypus Stadtvilla mit individuellen Wohnungen)

Wohnsiedlung, Villmergen (Reihen- und Mehrfamilienhäuser gruppieren sich um einen gestalteten Grünraum)

Wohn- und Zentrumsbauten Rigiplatz, Zürich-Oberstrass (Wettbewerbspreis: Bauten und Platzanlage im Zentrum eines Wohnquartiers)

Erweiterung Sonderschule Zürich-Wollishofen (Komposition alt/neu)

Geschäftshaus Pro Patria, Zürich (Restaurierung und Umbau, Bausubstanz 1885)

Künstleratelier Arnold Böcklin, Zürich (denkmalpflegerische Restaurierung, Holzbau 1885)

Schulhaus Kappeli, Zürich-Altstetten (Gesamtsanierung, Betonbauten 1937)

Turnhallen Schulhaus Buhnrain, Zürich-Seebach (Gesamtsanierung, Betonbau 1937)

Hof Nord, Flughafen Zürich (Umnutzung, Einrichtung eines Polizeihauptquartiers)

Verbindungsbau Flughafen Zürich (vollständige Umnutzung, Einrichtung einer VIP-Lounge usw.)

Geschäftshaus, Zürich-Oerlikon (vollständige Erneuerung der Fassade: technische Sanierung/wirksames Erscheinungsbild)

Unterirdische Station für die Sihltalbahn in Zürich (benutzerfreundliches Konzept)

Städtebauliche Aufwertung der Löwenstrasse, Zürich (in Zusammenarbeit mit Stadtverwaltung und Geschäftsvereinigung)

Strassenraumgestaltung am Zürichberg (Sicherheit und Lebensraum durch städtebaulich verträgliche Massnahmen)

Abbildungen

1. Geschäftshaus Pro Patria, Zürich

2. Turnhallen Schulhaus Buhnrain, Zürich

3. Wettbewerb Rigiplatz, Zürich (1. Preis)

4. Schulhaus Kappeli, Zürich

5. Dreifamilienhaus am Zürichberg, Zürich

Andreas Ostertag

Dipl. Architekt ETH/SIA
Atelier:
Sonnengartenstrasse 9
8125 Zollikerberg
Telefon 01-392 20 04
Telefax 01-392 20 05

Büro: Dorfstrasse 38
8706 Meilen
Telefon 01-925 10 50
Telefax 01-925 10 51

Gründungsjahr 1989

Inhaber
Andreas Ostertag,
dipl. Arch. ETH/SIA

Mitarbeiterzahl 4

Spezialgebiete
Wohnungsbau/Siedlungsbau
(Um-, Anbau/Neubau)

Innenausbau

Publikationen
Atrium 2/96

Ideales Heim 3/96

Philosophie
Meine Ziele im Wohnungsbau:
– optimale Wohnqualität für die Bauherrschaften erreichen
– offene, übergreifende Räume
– neuzeitliche Erscheinung
– «fliessende» Übergänge zwischen innen und aussen
– Pflege der Details

Wichtige Projekte
1992 Neubau Einfamilienhaus, Uerikon

1993 Neubau Einfamilienhaus, Uhwiesen

1993 Kinderarztpraxis, Zollikon

1993 Anbau Wohnhaus, Zürich-Witikon

1994 Einfamilienhaus, Zollikerberg

1995 Umbau Wohnhaus, Zürich

1995 Umbau/Ausbau Bauernhaus, Hirzel

1996 Umbau Wohnhaus, Zollikerberg

1996 Neubau EFH, Zumikon

1996 Urologiepraxis, Zürich

1997 Wohnüberbauung Rietli, Herrliberg

1997 Mehrfamilienhaus, Meilen

Aktuelle Projekte
Wohnüberbauung Grundhof, Herrliberg

Einfamilienhaus, Herrliberg

Mehrfamilienhaus, Erlenbach

Abbildung
Südostansicht Wohnüberbauung Rietli, Herrliberg, 1997
Foto: Peter Kopp, Zürich

Pfister + Schiess

Dipl. Architekten BSA/SIA
Helenastrasse 3
8008 Zürich
Telefon 01-388 90 80
Telefax 01-388 90 81

Gründungsjahr 1982

Inhaber/Partner
Thomas Pfister,
dipl. Arch. BSA SIA ETH HTL

Rita Schiess,
dipl. Arch. BSA SIA ETH

Mitarbeiterzahl 6–8

Spezialgebiete
Wohnungsbau

Öffentliche Bauten

Geschäftsbauten

Umbauten/Renovationen

Städtebauliche Planungen

Immobilienberatungen

Innenausbau

Presseartikel
Neue Zürcher Zeitung 4.8.93, 9.1.95, 12.5.97, 2.2.98

Tages-Anzeiger 15.2.95

Hochparterre 5/89, 6/7/97

Archithese 6/92, 1/95

Werk, Bauen+Wohnen 1–2/93

Architektur & Technik 3/10/95, 1/98

Raum und Wohnen 2/98

Schweizer Baublatt Nr. 24

Annabelle 10/92

Publikationen
Kartenwerk «Zürich in Zeitschnitten», 1825–1990, Verlag Boga, Zürich, 1990

Neubauten
1987 Mehrfamilienhaus Tellstrasse, Kreuzlingen

1988 Haus Frei, Kreuzlingen

1990 Geschäftshaus Metropol, Kreuzlingen

1993 Primarschule, Turnhalle, Kindergarten und Sanitätsposten Rooswis, Gossau ZH

1995 Wohnsiedlung Rütihof, Zürich, Pensionskasse Luwa AG

1996 Doppelhaus Müller/Högger, Küsnacht

1996 Reihenhäuser Traubengasse, Kreuzlingen

Umbauten und Renovationen
1987 Haus Dr. Bechtler, Zumikon

1988 Villa Titlis, Dr. Gerling/Gerling-Akademie, Zürich

1991 Geschäftshaus Luwa AG, Zürich

1992 Haus Bechtler-Kunz, Herrliberg

1996 Haus Dr. Meier-Rust, Zürich-Witikon

1997 Pavillon Zellweger Luwa AG, Uster

1997 Fassaden, Turnhalle und Mehrzwecksaal Limberg, Schulgemeinde Küsnacht

Innenausbauten
1986 Arztpraxis Dr. Berg, Zürich

1992 Geigenbauatelier Wyrsch, Bülach

1992 Metropol-Bar, Kreuzlingen

Planungen und Beratungen
1981 Gestaltungsplan Metropol, Kreuzlingen

1995 Arealüberbauungsplan Seetalstrasse, Kreuzlingen

1997 Immobilien-Gesamtkonzept Plüss Staufer AG, Oftringen

Aktuelle Arbeiten
Mehrfamilienhäuser, Zuoz GR

Haus Dr. Meerwein, Zürich-Riesbach

Wohnüberbauung Seetalstrasse, Kreuzlingen

Immobilien-Gesamtkonzept Omya AG, Zürich

Terrassenhäuser Küsnacht

Abbildungen

1. Doppelhaus Müller/Högger, Küsnacht, 1996

2. Wohnsiedlung Rütihof, Zürich-Höngg, 1995

3. Schulanlage Gossau ZH, 1993

4. Reihenhäuser Traubengässli, Kreuzlingen, 1996

Fotos: Gasser+Eckert: 1+4,
H. Helfenstein: 2+3,
Barbara Davatz: Portraitfoto

G. + A. Pfister

Architektur AG
Dipl. Architekten ETH/SIA
Klusweg 42
8032 Zürich
Telefon 01-422 76 66
Telefax 01-382 08 56

Zweigbüro Graubünden:
Rocco+Pfister
Dipl. Architekten ETH/SIA
Alteinstrasse 80
7050 Arosa

Gründungsjahr 1978

Inhaber/Partner
Georg Pfister

Angelina Pfister

Mitarbeiterzahl 8

Spezialgebiete
Exklusiver Wohnungsbau

Industrie- und Laborbau

Übermittlungsanlagen

Quartierpläne

Gesamtsanierungen

Fassadenbau

Generalplanungen

Baubiologie

Publikationen
PTT-Fernmeldegebäude Arosa Weisshorn, in: Arch 94 Eternit, Dez. 86, und Baublatt Nr. 59/60, Juli 85

Geschäftshaus Röntgenstrasse 16, Zürich, in: SIA-Zeitung Nr. 14, März 88, und Buchtalheft Contact Nr. 67

Philosophie
Gute Architektur entsteht nur, wenn die Bedürfnisse und die finanziellen Mittel des Bauherrn, der Entwurf, die Konstruktion, die Ausführung und die Ökologie als Gesamtheit behandelt werden.

Wettbewerbe
1985 Ideenwettbewerb Bahnhofgebiet Chur, 3. Preis

1993 Projektwettbewerb Werkhof Arosa, 2. Preis

1996 Gesamtleistungswettbewerb Fassadensanierung an Laborbau, Land- und Forstwirtschaft, ETH Zürich, 2. Rang

Wichtige Projekte
1980 Neubau Mehrzweckgebäude mit Fernheizzentrale, Rheinau

1981 Umbau alte Turnhalle in Gemeindeverwaltung mit Wohnung, Rheinau

1982–85 Fernmeldegebäude der PTT auf dem Arosa Weisshorn

1985–86 Wohnüberbauung mit 7 exklusiven Einfamilienhäusern, Chur

1985–86 Sanierung Neubruchtorkel, Weinbaumuseum, Chur

1987 Fassadensanierung mit Keramikplatten an Bürohaus Röntgenstrasse 16, Zürich

1988 Sonnenhaus «Ochsenbühl» mit 5 Luxuswohnungen, Arosa

1990 Fassadensanierung mit Keramikplatten und Innenumbau Geschäftshaus Röntgenstrasse 22, Zürich

1990–95 Neu- und div. Umbauten für Ausbildungszentrum der Übermittlungstruppen, Waffenplatz Kloten

1994 Umbau Bankfiliale und Wohnungen SBG, Arosa

Aktuelle Projekte
Gesamtsanierung Elektrotechnisches Labor der ETH Zürich

Wohnüberbauung mit 12 Doppeleinfamilienhäusern am Flazbach in Pontresina

Einfamilienhäuser in Arosa

Abbildungen

1. Fernmeldegebäude der PTT auf dem Arosa Weisshorn, 1985

2. Ausbildungszentrum der Übermittlungstruppen, Waffenplatz Kloten, 1995

3. Weekendhaus am Zürichsee, 1992

4. Fassadensanierung mit Keramikplatten an Bürohaus Röntgenstrasse 16, Zürich, 1987

5. Sonnenhaus «Ochsenbühl», Arosa, 1993

Piotrowski & Bovet

Architekten ETH HTL SIA
Turnerstrasse 1
8400 Winterthur
Telefon 052-268 68 98
Telefax 052-268 68 99

Gründungsjahr 1989

Inhaber/Partner
Stefan Piotrowski

Jean-Marc Bovet

Mitarbeiterzahl 5

Zertifizierung
Prozessorientiertes
Qualitätsmanagement-System
ISO 9001, 1997

Spezialgebiete
– Umbauten, Erneuerungen
– Bauen in historischem Kontext
– Verwaltungsbauten
– Restaurants
– Infrastrukturbauten
– Wohnbauten
– Schätzungen und Expertisen

Philosophie

Das Ziel
Mit einfachen Mitteln Architektur schaffen, die sowohl die Bedürfnisse von Auftraggeber und Benützer befriedigt wie auch einen Beitrag zur Entwicklung unserer Kultur und zur Bewältigung der ökologischen Herausforderung leistet.

Der Weg
Ganzheitliches, unabhängiges Denken und Handeln vor einem geschichtsbewussten Hintergrund.

Sorgfalt und Kompetenz in Entwurf, Konstruktion, Kostenplanung und Ausführung.

Integrale Planung führt zu optimalen Lösungen auch komplexer Aufgaben.

Unser QM-System sichert Transparenz in jeder Phase für Auftraggeber und beteiligte Partner.

Wichtige Bauten und Projekte
1991 Umbau Steinberg-Apotheke, Winterthur

1993 Erneuerung Hotel Restaurant Römertor, Winterthur

1992–96 Umbau Verwaltungsgebäude Technikumstrasse 81/83, Winterthur

1994 Unterwerk Altstadt Seidenstrasse 53, Winterthur

1995 Erneuerung Wohnhäuser Tösstalstrasse 58–64, Winterthur

1996 Erweiterung Sportanlage Römerpark, Winterthur

1996 Haus Rutschmann, Winterthur

Wettbewerbe und Studienaufträge
1991 Gemeindehaus Elgg, 1. Preis

1991 Naturmuseum Winterthur, 1. Preis

1995 Büro- und Gewerbegebäude Vitodata AG, Ohringen, zur Ausführung empfohlen

1996 Neugestaltung Bereich «Pfarrhof», Schaffhausen, 1. Preis

Aktuelle Projekte
Unterwerk Grüze, Winterthur

Schulungsgebäude SWICA-Gesundheitsorganisation, Winterthur

Neugestaltung Bereich «Pfarrhof», Schaffhausen

Gewerbemuseum Winterthur

Abbildungen

1. Neugestaltung Bereich «Pfarrhof», Schaffhausen

2. Unterwerk Grüze, Winterthur

3. Schulungsgebäude der SWICA, Winterthur

4. Haus Rutschmann, Winterthur

5. Steinberg-Apotheke, Winterthur

6. Unterwerk Altstadt, Winterthur

Fotos 4+6: Georg Aerni, Zürich

Werner Rafflenbeul

Architekturbüro SIA
Gletscherstrasse 8a
8008 Zürich
Telefon 01-381 11 22
Telefax 01-383 94 52

Gründungsjahr 1985

Inhaber
Werner Rafflenbeul,
dipl. Arch. SIA

vorher: Partner der Architekten
Paillard, Leemann und Partner

Leitender Angestellter
Manfred Feucht, Arch. HTL

Mitarbeiterzahl 4

Spezialgebiete
Theaterbau

Wohnungsbau

Industrie- und Gewerbebau

Publikationen
«Opernhaus Zürich mit Bernhardtheater», Um- und Erweiterungsbau, Werk, Bauen + Wohnen 3/86

«Wohn- und Werkstättengebäude», Garage Johann Frei AG, Zürich; Werk, Bauen + Wohnen 4/89; Schweiz. Kalksandstein-Fabrikanten KS 1/87; Neues Bauen in Kalksandstein, München 1/88

«Wohnüberbauung Im Walder, Zürich», Genossenschaft Im Walder; Arch. 109 Eternit 4/93; AS Schweiz. Arch. 112, 5/94

Wichtige Projekte
1981–84 Opernhaus Zürich mit Bernhardtheater, Um- und Erweiterungsbau (Partner der Architekten Paillard, Leemann und Partner)

1982–84 Werkstättengebäude Opernhaus Zürich (Partner der Architekten Paillard, Leemann und Partner)

1985–87 Wohn- und Werkstättengebäude Garage Johann Frei AG, Zürich

1987–88 Umbau Haus Monnier, Zürich

1988–89 Reihenhäuser Herrsching am Ammersee bei München, Deutschland

1990 Projekt Fabrikhalle Steinhauerei in Wettswil a.A., Baur + Cie AG, Bauunternehmung, Zürich

1990–93 Wohnüberbauung Im Walder, Zürich, Genossenschaft im Walder (Wettbewerb Tognola, Stahel + Zulauf)

1993 Umbau Spitex-Zentrum Albisrieden

1993 Projekt Musical-Theater Zürich-Oerlikon, Umbau ABB-Halle, Bernhard-Theater AG, Zürich

1995 Ferienwohnungen Lindau/B., Deutschland

ab 1995 Opernhaus Zürich Hausarchitekt für Projekte, Umbauten und Unterhalt

1996–98 EFH Spadaro, Neubau in Augwil/Lufingen

Aktuelle Projekte
Wettbewerbe, Umbauten und Neubauten

Abbildungen

1.–3. Wohnüberbauung Im Walder, Zürich

4. + 5. Wohn- und Werkstattgebäude Garage Johann Frei AG, Zürich

Thomas Rast

Architekturbüro
SIA/CRB/Lignum
Seebahnstrasse 109
8003 Zürich
Telefon 01-463 40 63
Telefax 01-463 12 32
admin@rast-architects.com
http://www.rast-architects.com

Gründungsjahr 1985

Inhaber
Thomas Rast,
dipl. Architekt ETH/SIA

Für jedes Projekt wird das Projektteam optimal zusammengestellt und mit externen Fachleuten ergänzt. Durch moderne Kommunikationsmittel können so auch optimale «virtuelle Firmen» kurzzeitig realisiert werden.

Spezialgebiete
Kombination von High-Tech mit ökologischen Ansätzen für alle Baugebiete

Akustik-Design
Ton- und Filmstudios
Kino- und Konzerträume

Wohnungsbau mit Schwerpunkt Baubiologie/Ökologie

Computer Aided Architectural Design

Publikationen
Werk, Bauen+Wohnen 9/93

Architecture South Africa, Nov/Dec 1993

AudioMedia, June 1995

Billboard, June 1995

Studio Sound, December 1995

Continuum, Bentley Systems 1997

Auszeichnungen
South African National Architectural Award of Merit 1993

«Gut gekocht für Freunde» im Herbst 1997

Wichtige realisierte Projekte
1986 Tonaufnahmestudio Soundville Recording Studio, Luzern

1988 Innenausbau Lokalradio Radio Pilatus, Luzern

1991 Wohn- und Geschäftshaus mit Post, Meggen LU

1992 Mehrfamilienhaus, Sternmattstrasse, Emmen LU

1992 Tonaufnahmestudio, Restaurant, Bungalows BOP Recording Studios, Mmabatho (Südafrika); Local Architects: Stauch Forster, Mmabatho

1992–97 Tonaufnahmestudio und Renovation Wohnhaus Château de Faverolles, Haute Marne (Frankreich)

1995 Umbau und Renovation Mehrzweckraum/Kräutertrocknungsanlage Feissenboden, Gersauerberg (Rigi) SZ

1997 Mehrfamilienhaus Rigiaa, Arth SZ

Wichtige realisierte Projekte Akustik-Design
(Zusammenarbeit mit Tom Hidley Acoustic Design)

The Nomis Complex, London
Studio Grande Armee, Paris
Studio Des Dames, Paris
Studios Billancourt, Paris
Studio Davout, Paris
Soundville Studio, Luzern
Studio Sixty, Lausanne
TVA Tonstudio, Tscheppach
Soundtrack Studios, Barcelona
Mosfilm, Moskau
Capri Digital Studio, Capri
BOP Studios, Mmabatho
Cinar Films, Montreal
Cinematrax, Montreal
Eastern Sound, Toronto
Masterfonics, Nashville
Soundstage Studios, Nashville
Emerald Studios, Nashville
Global Sound, Miami
Kiva Recording, Memphis
Tad Corporation, Los Angeles
Music Palace, New York
Silver Creek, Nashville
The Tracking Room, Nashville

Aktuelle Projekte
Diverse Wettbewerbe

DMP Marrakech, Post-Produktion Ton- und Filmstudios

Julian Lennon Recording and Mastering Studio, Monaco

Erweiterung Château de Faverolles

Weitere Informationen bei http://www.rast-architects.com

Abbildungen
1.+2. Mehrfamilienhaus Rigiaa, Arth, 1997

3.–5. BOP Recording Studios, Mmabatho, 1992

Andreas Ramseier + Associates Ltd.

Dipl. Architekten und dipl. Innenarchitekten (ASAI/ETH/SIA/FH/HFG/SCI-ARC)
Utoquai 43
8008 Zürich
Telefon 01-252 24 00
Telefax 01-262 00 41

Gründungsjahr 1980

Mitarbeiterzahl 15

Assoziierte Firmen
USA: New York
BRD: Stuttgart und Berlin

Spezialität
Prototypische, massgeschneiderte Architektur und Innenarchitektur für Firmen, Banken, Versicherungen, Einkaufszentren, Private, Läden, Modehäuser, Restaurants, Kinos, Konferenzzentren, Hotels usw.

Architektur und Innenarchitektur werden einzeln oder als Gesamtlösung angeboten.

Unternehmensphilosophie
«Entwickle eine unfehlbare Technik, dann überlass Dich der Gnade der Inspiration.»
So die Worte eines japanischen Architekten, 1955 zitiert von Walter Gropius anlässlich der Eröffnung der Hochschule für Gestaltung in Ulm.

Dieser Leitsatz, herausfordernd und gleichzeitig weise, gilt heute genauso wie vor 40 Jahren. Er liegt meiner Arbeitsphilosophie zugrunde.

Was bedeutet das für die Arbeit von «Ramseier Associates»? Was für unsere Auftraggeber? Zum einen, dass der Bauherr in uns aufmerksame Zuhörer findet; zum andern, dass seine spezifischen Wünsche bei der Erarbeitung von Lösungen berücksichtigt werden.
Dass wir mit unserer Architektur dennoch eine eigenständige, klare Linie verfolgen, versteht sich.

Subtiler Erfindergeist, gepaart mit ausgeprägter Detailtreue: so könnte man unser Schaffen charakterisieren. Qualifizierte Architekten und Innenarchitekten bilden den Kern von «Ramseier Associates».

Dazu kommen ad interim talentierte Architekten und Designer verschiedenster Schulen und Nationalitäten, die in der Gruppe eine Möglichkeit zur Weiterbildung finden. Ein lebendiger Austausch von Ideen und Vorstellungen, von Wissen und Erfahrung findet statt.
So profitiert auch unsere Planungsgruppe von immer wieder neuen Impulsen.

Die erfolgreiche Teilnahme an verschiedenen Konkurrenzpräsentationen und eingeladenen Wettbewerben (12 erste Preise) führte zu vermehrter Tätigkeit auf internationaler Ebene. So bot sich uns die Gelegenheit, nebst Arbeiten in der Schweiz auch Projekte in den USA, in Deutschland und in Japan zu verwirklichen.

Dank der Zusammenarbeit mit bestausgewiesenen assoziierten Architekturfirmen in Stuttgart und New York können wir weltweit Projekte jeder Grössenordnung realisieren.

Andreas Ramseier,
im Frühjahr 1994

1. Preise in Wettbewerben und Konkurrenz-Präsentationen

Modehaus Heinemann, Königsallee, Düsseldorf (Umbau/1. Preis, 1988)

Karlspassage, Stuttgart, Gastronomiebereiche (Neubau/1. Preis, 1989)

Jakobs Suchard, Center of Excellence, Konferenz- und Gastronomiebereiche (Umbau/1. Preis, 1986)

Clarins Paris, Hauptsitz, Genf (Neubau/1. Preis, 1990)

Okasan Bank of Tokyo, Swiss Branch, Zürich (Umbau/1. Preis, 1991)

Swiss Bank Center (SBV), Zürich-Flughafen, Konferenz- und Gastronomiebereiche (Neubau/1. Preis, 1991)

Südwestdeutsche Landesbank in Stuttgart, Vorstands- und Konferenzbereiche (Neubau/1. Preis, 1991)

Atlantis Sheraton Hotel Zürich (Umbau/1. Preis, 1994)

Bürogebäude, Tempelhof Süd, Berlin (Neubau/1. Preis, 1992)

Häussler Business Center in Stuttgart (Neubau/1. Preis, 1993)

Shopping Center Spreitenbach mit Parkhaus (Umbau/Neubau, 1. Preis 1996/1997)

Credit Suisse Corporate Architecture Design Competition (1. Preis 1997)

Weitere wichtige Projekte

Weltausstellung Expo 85 Tsukuba, Japan, Swiss Pavillon (Neubau, 1985)

Tapeten AG, Zürich (Umbau, 1986)

Bürogebäude Drees + Sommer, Stuttgart, Teilbereiche (Neubau, 1993)

Bürogebäude Kreuzstrasse 54, Zürich (Umbau, 1990/1992)

Flughafen Dresden, Terminal 1 (Sanierung Altbau 1993)

Swissca Portfolio Management AG, Zürich (Umbau, 1994/1996)

Einkaufszentrum Glatt, Zürich (Umbau, 1992/1994)

J. Henry Schroder Bank AG, Zürich (Teilumbau, 1994)

Hauptsitz Stadtsparkasse Dresden (Umbau, 1995/1997)

Kongresszentrum Messe Frankfurt (Neubau, 1995/1997)

S-Finanzzentrum, Helaba, Erfurt (Neubau, 1997)

Modehaus Modissa Limmatquai, (Umbau, 1997/1998)

Winterthur Versicherungen, Winterthur (Umbau, 1997/1999)

Geschäftsgebäude Altmarkt Dresden (Neubau, 1997/2000)

Hochhaus Stadtsparkasse Pforzheim (Neubau, 1997/2000)

Torhaus Messe Frankfurt (Teilumbau, 1998/1999)

Abbildungen

1. Einkaufszentrum Glatt (Umbau 1994)

2. Kreuzstrasse 54, Zürich (Umbau 1993)

3. Privatresidenz in Egg, Zürich (Neubau 1997)

4. Hauptsitz Stadtsparkasse Dresden (Umbau 1997)

5. Kongresszentrum Messe Frankfurt (Neubau 1997)

Werner Reichle

Dipl. Architekt HTL/STV
Neuwiesenstrasse 10a
8610 Uster
Telefon 01-943 60 30
Telefax 01-943 60 33

Gründungsjahr 1976

Inhaber
1976–97 Reichle+Schmid Architekten

Seit 1998 Werner Reichle, dipl. Arch. HTL/STV

Leitende Angestellte
Christian Hitz

Erika Wermelinger

Mitarbeiterzahl 8

Spezialgebiete
– Wohn- und Siedlungsbauten
– Geschäftshäuser
– Bauten für die öffentliche Hand
– Umbauten/Umnutzungen

Publikationen
Werk, Bauen+Wohnen 10/86
Raum und Wohnen 2/87
Häuser Modernisieren 4/88, 3/94
Schweizer Journal 11/88
Architektur und Technik 10/92

Philosophie
Wir wollen beim Planen und Bauen versuchen, mit zeitgemässer und umweltverträglicher Umsetzung einen Beitrag zum «ästhetischen Wohlbefinden» zu leisten und dies bis ins Detail zu realisieren. Bauen im Kontext zu alter Bausubstanz finden wir spannend. Die Kommunikation mit der Bauherrschaft ist uns sehr wichtig.

Wichtige Projekte
1977–90 25 Einfamilienhäuser Region Uster-Zürich

1983/87/92 Kindergärten, Schulräume, Wohnbauten: Umnutzung, denkmalpflegerische Sanierung von Bauernhäusern, Wermatswil

1985 Quartierzentrum «Brunnentor» (Wohn- und Geschäftshäuser), Uster

1988 Alterssiedlung Sonnental, Uster

1990 Neubau Pflegeheim Dietenrain mit 54 Betten, Riedikon

1990 Einrichtung Goldschmiedegeschäft Paul Binder, Storchengasse, Zürich

1992 Sanierungen für Kirchen- und Schulpflege in Uster

1992 Fabrikations- und Büroausbau für Reichle+ De Massari, Wetzikon

1993 Bürogebäude an der Neuwiesenstrasse in Uster

1994 Maisonettewohnungen und Ateliergebäude, R. Locher, Dorfkern, Nänikon-Uster

1995 Projekt Gewerbe- und Wohnliegenschaft «Florastrasse» in Uster, Basler Versicherung

1995 Wohnsiedlung mit 23 Wohnungen, Wermatswil, Baugenossenschaft für zeitgemässes Wohnen, BZU, Uster

1995–96 Wohn- und Geschäftshaus Atria Uster, für Milchverband Winterthur

1996 Umbau Bauernhaus R. und H. P. Ess, Wermatswil

1996 Cevi-Vereinshaus, Uster

1996–97 Umbauprojekt, Altbau Alters- und Pflegeheim Dietenrain, Riedikon

1996–97 Wettbewerb «Balmis», Wohnsiedlung mit 47 Reihen-EFH, Kindhausen (1. Preis)

1997 Projekt «Hohenrain», 13 Ein-, Doppel- und Reiheneinfamilienhäuser, Uster

1997 Wettbewerb «Schliiffi-Nord», Fabrikumnutzung, Uster (1. Preis für Teilobjekt)

Aktuelle Projekte
Ausführung Reihenhaussiedlung Balmis, Kindhausen

Zweifamilienhaus am Aabach, «Schliiffi-Nord», Uster

Ausführungsplanung «Hohenrain», Uster

Einfamilienhaus (Holzbau) K. und Dr. St. Plaschy, Wermatswil

Einfamilienhaus (Holzbau) Dr. K. Lenzlinger und Dr. J. Diedenhofen, Wermatswil

Wohn- und Gewerbeliegenschaft «Florastrasse» Uster, Basler Versicherung

Abbildungen
1. CEVI-Vereinshaus (CVJM) Mühleholz, Uster

2. Eingang U95 Zellweger Luwa AG, Uster

3. Büroneubau U95, Zellweger Luwa AG, Uster

4. «Balmis» REFH-Überbauung, Kindhausen

5. «Hohenrain» EFH und REFH-Überbauung, Uster

6. Wohn- und Gewerbeliegenschaften Florastrasse, Uster

Marc Ryf

Architekt SIA/SWB
Ottenweg 16
8008 Zürich
Telefon 01-383 83 53
Telefax 01-383 81 97
e-mail: ryfarch@access.ch

Gründungsjahr 1993
vormals Ryf & Sciessere Architekten

Leitende Angestellte
dipl. Architektinnen und Architekten ETH/SIA

Mitarbeiterzahl 6

Spezialgebiete
Öffentliche Bauten

Schulen

Wohn- und Geschäftshäuser

Umnutzungen, Renovationen, Restaurierungen

Ausstellungsbauten

Gebäude stehen in Wechselbeziehungen zu ihrem Umfeld, dementsprechend in einem räumlichen Kontinuum.

Deshalb richtet sich mein Interesse auf die Konsolidierung der Projekte in einem grösseren Zusammenhang.

Indem das Umfeld in den Projekten immer als Thema enthalten ist, ergeben sich stets ändernde und neue Gestaltungsmerkmale.

Das Erfassen der Aufgabe in ihren Parametern und die Formdisziplin unter Einsatz minimaler Mittel führen zur Präzision von Raum, Struktur und Material.

Primär sollen Lösungen gefunden werden, die eine gute Benutzbarkeit der Bauten erlauben, eigene Stimmungen und Ausstrahlungen aufweisen.

Wichtige Projekte

1990 Erweiterung der Schulanlage Chilefeld in Obfelden, Wettbewerb, 1. Preis, ausgeführt 1991–93 (mit R. Sciessere)

1991 Gemeindesaal in Affoltern a. A., Wettbewerb, 3. Preis (mit R. Sciessere)

1992 Stangenareal in Bremgarten AG, Wettbewerb, 1. Preis, Projektierung 1992–93 (mit R. Sciessere)

1992 Kantonsschule Kreuzlingen TG, Wettbewerb, 1. Preis, in Ausführung

1993 Erweiterung der Schulanlage in Mettmenstetten, Wettbewerb, 2. Preis

1993 Steinfabrikareal in Pfäffikon SZ, Wettbewerb

1995 Fabrik am Wasser in Zürich-Höngg, Wettbewerb, 5. Preis

1995 Werkplatz Friedhof Manegg in Zürich, ausgeführt 1995

1995 Ausstellungsbauten im Helmhaus, Zürich, «Zürcher Kunstszene 95/96», ausgeführt 1995

1996 Klubhaus für Wassersportler in Pfäffikon SZ, ausgeführt 1996–97

1996 Ausstellungsbauten in der Wasserkirche, Zürich, «Im Fluss – Offene Citykirchen in Europa»

1997 Ausstellungspavillon Expo 2001, Projekt

Aktuelle Projekte

Erweiterung der Kantonsschule Kreuzlingen TG

Innenrenovation der Kirche St. Jakob in Zürich-Aussersihl

Kostengünstige Reihenhäuser, Rifferswil

Neu- und Umbau von Mehrfamilienhäuser in Zürich

Abbildungen

1.+2. Kantonsschule Kreuzlingen

3. Ausstellungspavillon Expo 2001

S+M Architekten AG

Markusstrasse 12
8042 Zürich
Telefon 01-360 82 82
Telefax 01-360 82 28
e-mail: sm-arch-zh@into.ch

Avenue du Lignon 38
1219 Le Lignon-Genève
Téléphone 022-979 32 32
Téléfax 022-796 34 36
e-mail: sm-arch-ge@bluewin.ch

Gründungsjahr 1916

Partner
René Walder
Walter Döbeli
Bruno Walder
Rudolf Bhend
Urs Oppliger
Hermann Zimmer

Mitarbeiterzahl 20

Philosophie
Genaue Ortsanalyse, intensive Gespräche mit unseren Auftraggebern und fundierte Kenntnisse über Funktionsabläufe und Nutzungsbestimmung sind die Grundlage unserer Projekte.

Erfahrung und Know-how garantieren auch unsere Mitarbeiter. Ihre Freude am Entwickeln und am Konstruieren führt zu zielorientierten Ergebnissen, im Ganzen wie im Detail.

Wichtige Projekte

Handel und Verwaltung
Zentrum Limmatplatz, Zürich, Migros-Genossenschafts-Bund, Zürich

Hauptsitz Hewlett-Packard (Schweiz) AG, Urdorf

Glatt 2000, Wallisellen-Zürich, AG Einkaufszentrum Glatt

Gesamtumbau Löwenbräu-Haus Urania, Zürich, Löwenbräu Zürich AG

Industrie und Gewerbe
Betriebszentrale Herdern, Genossenschaft Migros Zürich

Erweiterung Verteilzentrale Zürich, Coop Zürich LVZ

Betriebszentrale Grüze, Winterthur, Genossenschaft Migros Winterthur/Schaffhausen

Fabrikations- und Bürogebäude Wallisellen, Panofina AG, Wallisellen-Zürich

Fabrikationshalle Turbo Systems, Baden, ABB Immobilien AG

Wohnen
Siedlung im Park, Thalwil, Frau M. Kern-Bitterli, Hr. Dr. R. E. Bitterli

Wohnsiedlung Mettmenried, Nänikon, Winterthur-Leben

Aussensanierung/Balkonerweiterung Kolonie Sihlfeld, Zürich, ABZ Allgemeine Baugenossenschaft Zürich

Wettbewerbe
1993 Winterthur-Versicherungen: Wohnanlage in Nänikon (121 Wohnungen in 3 Etappen), 1. Rang

1994 ZZ Immobilien, Zürich: Wohnanlage (45 Eigentumswohnungen) in Stäfa, 1. Rang

1996 Airport 2000, Bereich Midfield, Präqualifikation und Studienauftrag (mit Haussmann+Haussmann, Zürich und HOK, London; 6 eingeladene Teams)

1997 Schulgemeinde Volketswil: Schul-/Quartieranlage Gutenswil, 2. Rang

1997 CS: Umbau Filiale Aussersihl, Zürich, Weiterbearbeitung

1998 Luchsinger-Panalpina Bürogebäude in Glattbrugg (TU-WB mit Zschokke AG), 1. Rang

Aktuelle Projekte
Glatt Micasa, Wallisellen-Zürich, AG Einkaufszentrum Glatt

Sanierung/Umbauten Betriebszentralen Enge und Selnau, Swisscom Immobilien, Zürich

Umbau MFH, Roswiesenstrasse, Zürich, Vitasana Baugenossenschaft, Zürich

Wohnüberbauung in Stäfa ZZ Immobilien, Zürich

Bürogebäude in Glattbrugg, Luchsinger-Panalpina

Abbildungen

1. Wohnüberbauung Mettmenried, Nänikon

2. Globus Switch, Glattzentrum, Zürich-Wallisellen

3. Hauptsitz Hewlett-Packard (Schweiz) AG, Urdorf

4. KVZ Steinfels-Areal, Zürich

5. Frischproduktezentrale Grüze, Winterthur, Genossenschaft Migros Winterthur/Schaffhausen

Fotos: Peter Walder

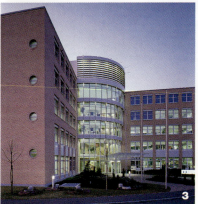

Giovanni Scheibler

Architektur-Werkstatt SIA
Rütschistrasse 21
8037 Zürich
Telefon 01-361 21 95
Telefax 01-361 21 36
e-mail: gscheibler@access.ch

Gründungsjahr
1976 Auslandgeschäft:
Internat. Technologie-Transfer

1990 Architektur-Werkstatt,
Zürich

Inhaber
Giovanni Scheibler,
Dr. sc. techn., dipl. Arch.
ETH/HTL/SIA

Mitarbeiterzahl 2 bis 4

Spezialgebiete
Bauen im historischen
Kontext (Renovationen,
Sanierungen, Umbauten,
Verdichtungen)

Planen und Bauen
für Siedlungen, Gewerbe
und Industrie, Bürobauten,
Ökohäuser, Niedrigenergiehäuser

Bautechnologie/Baukonstruktion

Philosophie
Unser Bestreben ist es,
einen Beitrag zur Entwicklung
einer zeitgemässen Bausprache
zu leisten. Dabei suchen wir
nach ganzheitlichen Lösungen,
die nebst ihrer Modernität
und ihrer Rationalität bewusst
den Dialog zum Essentiellen
des Bestehenden, des Alten
und zur Komplexität
des historischen Umfelds
ermöglichen.

Publikationen
«Aktuelles Bauen im
historischen Kontext»,
ETHZ-Diss. 6989, 1982

«Konstruktion wird Ausdruck
– Konstruktion wird
Gestaltung», Archithese 1,2/88

«Baukonstruktion der
Moderne aus heutiger Sicht»,
Birkhäuser, 1990

«Überzeugungen
verwirklichen», Gasette 2/90

«Wesentliche Wurzeln unserer
Baukultur», Hauseigentümer
15-4-91

«Eigenwillige Lösungen
beim Dachstockausbau:
Licht und flexible Wände»,
Hauseigentümer 15-1-92

«Wenn sich der Lebensraum
den Bedürfnissen anpasst:
Das ist Wohnqualität», Häuser
modernisieren 2/92

«Dachausbau: Von der Gerüm-
pelkammer zur Wohnhalle»,
Schöner Wohnen 10/92

«Dachausbau in Zürich»,
Detail 4/5 1993

«Um- und Anbau: Lifthaus am
Bergfrieden», Hochparterre 1/94

«Loft convertion in Zurich»,
Domestic interiors/LINKS,
Barcelona, 1997

Wichtige Projekte
1976–81 Experteneinsatz vor
Ort für GTZ, Frankfurt: Stadt-
bilderhaltung und Stadtentwicklung von Bhaktapur (Nepal)

1986 American-Express-Bank-
Business-Center, Umbaupro-
jekt für Altstadtliegenschaft
Schützengasse 19, Zürich

1989–91 Umbau und
Sanierung Mehrfamilienhaus
Rütschistrasse 21, Zürich

1992 Umbau und Anbau des
Stammhauses (mit Hotelbe-
trieb) der Diakon. Schwesternschaft Braunwald

1993 Renovation und Umbau-
projekt Mehrfamilienhaus
Zähringerplatz 15, Zürich
(ArGe mit W. Altorfer)

1995 Verdichtungsprojekt
Siedlung Bernerstrasse,
Grünauquartier, Zürich,
mit total 330 Wohnungen

1995 Büro- und Laborgebäude,
New Baneshwor, Katmandu
(Nepal)

1997 Dachwohnung-Umbau
(Maisonette), Thurwiesen-
strasse 5, Zürich

seit 1997 Umbau und
Sanierung Hochhaus Alfred-
Strebel-Weg 15, Zürich,
für BGZ Baugenossenschaft
Grafika Zürich (ArGe mit
Streuli & Partner)

Abbildungen

Bauen mit Stahl und Glas

1.+2. Aktualisierung
alter Bausubstanz: Ausbau
von Dachraum zu Wohn-
zwecken am Rütschihof,
Zürich, 1990–92 (1), und an
der Thurwiesenstrasse 5,
Zürich, 1997 (2)

3. Bauen in den Bergen:
modernste Brettschicht-
technologie und Stahl-
skelett, Um- und Anbau des
Stammhauses der Diakoni-
schen Schwesternschaft
Braunwald, 1992
a) Ansicht von Nordosten
b) Untersicht Balkone

4. Sanierung und Erweiterung eines Wohnhochhau-
ses, Alfred-Strebel-Weg 15,
Zürich, seit 1997. Die
engen Grundrisse der 50er
Jahre werden mit
zweiseitig vollverglasten
Veranda-Anbauten
erweitert.
a) Zustand vor der Sanierung
b) Projekt (Fotomontage)

Schibli Holenstein Tehlar

Architektengemeinschaft
Verena-Conzett-Strasse 7
8004 Zürich
Telefon 01-241 88 33
Telefax 01-241 88 31

Partner
Otto P. Schibli,
Architekt HTL/FSAI

Markus Holenstein,
Architekt ETH/SIA/FSAI

Willi Tehlar,
Architekt ETH/SIA

Mitarbeiterzahl 7

Leistungsangebot
Analysen, Areal- und Gebäudeaufnahmen

Nutzungs- und Konzeptstudien, Wettbewerbe

Projektierung und Ausführungsplanung

Projekt- und Bauleitung

Tätigkeitsgebiete
Wohnbauten

Öffentliche Bauten

Büro- und Gewerbebauten

Banken

Umbauten und Sanierungen

Umnutzung bestehender Bausubstanz

Renovation denkmalgeschützter Objekte

Wichtige Bauten und Projekte

1992 Hauptsitz Nomura Bank (Schweiz) AG, Kasernenstrasse 1, Zürich

1992 Projektwettbewerb Behindertenwohnheim mit Werkstätten und landwirtschaftlichem Betrieb Plankis, Chur, 1. Preis

1992 Umbau und Ausbau Zweifamilienhaus Gartenweg 11, Buchs AG

1992 Sanierung Wohnüberbauung Albisriederstrasse 110–156, Zürich

1992 Anwaltskanzlei Löwenstrasse 1–3, Zürich

1993–95 Ateliergebäude mit Wohnung (zweigeschossiger Holzbau), Emserstrasse 38, Chur

1994 Umbau und Renovation Altstadthaus Predigerplatz 2, Zürich

1994 Sanierung Wohnüberbauung Austrasse 9–13, Fahrweid-Geroldswil

1994 Umbau und Umnutzung Gewerbehaus Staffelstrasse 8–12, Zürich

1995 Umbau und Sanierung MFH Schweighofstrasse 370–372, Zürich

1995 Projektwettbewerb Wohnüberbauung, Kindergarten und Primarschulhaus «Fabrik am Wasser», Zürich, 7. Preis

1995–97 Behindertenwohnheim Plankis, Emserstrasse 38, Chur (Musterprojekt Energie 2000)

1996 Studie Umbau/Renovation Wohnhäuser im Kratz 7–9, Zürich-Albisrieden

1996 Hauptsitz Bank of Tokyo-Mitsubishi (Schweiz) AG, Stockerhof, Zürich

1996 Sanierung und Dachgeschossausbau Mehrfamilienhaus Talackerstrasse 79, Glattbrugg

1996 Studie Umnutzung Monteforno-Areal, Giornico

1997 Sanierung Mehrfamilienhaus Klebestrasse 15–19, Zürich

1997 Sanierung Mehrfamilienhaus Altstetterstrasse 107–109, Zürich

1997 Studie Umnutzung Astra-Areal, Steffisburg

1997 Geschäftsräume DBM, Challenge Career Counseling AG, Löwenstrasse 1, Zürich

1997 Einbau Kindergarten und Hort, Scheuchzerstrasse 85, Zürich

Aktuelle Projekte

Umbau und Renovation Turnhallengebäude mit Kindergarten und Hort, Stapferstrasse 51, Zürich

Sanierung und Dachgeschossausbau Mehrfamilienhaus Dioggstrasse 6, Rapperswil

Büroausbau Migrosbank, Industriestrasse 17–19, Wallisellen

Umbauten und Sanierungen

Wettbewerbe und Studienaufträge

Abbildungen

1. Fassadensanierung Mehrfamilienhaus Altstetterstrasse 107–109, Zürich, 1997

2. Behindertenwohnheim Plankis, Emserstrasse 38, Chur, 1995–97

3.+4. Hauptsitz Bank of Tokyo-Mitsubishi (Schweiz) AG, Stockerhof, Zürich, 1996

Jakob Schilling

Dipl. Architekt BSA/SIA/BSP
Steinstrasse 65
8003 Zürich
Telefon 01-463 75 00
Telefax 01-461 57 16

Lehrtätigkeit
Gastdozent (visiting architect) an der Washington University, St. Louis, USA, und an der University of New Mexico, Albuquerque, USA

Vorlesungen an den technischen Hochschulen von Nanjing und Dalian, VR China

Publizistische Tätigkeit
1959–65 redaktioneller Mitarbeiter der «Schweizerischen Bauzeitung»: Artikel, Präsentation von Wettbewerben und Bauten

Wettbewerbe, 1. Preise
1960 Zentrum Behmen, Aarau

1963 Wohnüberbauung, Sins

1963 Stadtzentrum und Bahnhof SBB, Dietikon

1967 Gemeindezentrum Geroldswil
(alle mit Walter Moser)

1970 Friedhofgebäude, Greifensee (mit C. Bersin und E. Neukomm)

1974 Dorfzentrum Unterengstringen (mit Tamas Boga)

1979/80 HB-Südwest, Zürich (mit Ralph Baenziger und Claudia Bersin)

1986 Mehrzweckgebäude und Kleinpflegeheim, Greifensee

1987 Überbauung Höfligrund, Langnau a. A.

1988 Eigentumswohnungen Looren, Zürich

1989 Überbauung Fröschbach, Fällanden

1994 Wohnüberbauung Unterrengg, Langnau a. A.

Wichtige Projekte
1959–64 MRS-Holz-Elementbausystem mit W. Moser und H. Ronner; Erstellung von über 200 preisgünstigen Einfamilienhäusern

1964 Richtplan Greifensee (von 400 auf 6000 Einwohner)

1966/67 Eigentumswohnungen Fadail, Lenzerheide

1967–74 Mitarbeit bei Systementwicklung der Igeco-Grosstafelbauweise der Firma Ernst Göhner; Projektierung von über 700 Wohneinheiten in Fällanden und Greifensee

1967–76 Gemeindezentrum Geroldswil: Gemeindehaus und Dorfplatz (mit C. Bersin), Hotel, Saal, Hallenbad, Filiale Zürcher Kantonalbank, Postgebäude, Ladenzentrum, Wohnungen

1970–72 Wohnüberbauung Langensteinen, Zürich

1970–80 Wohnüberbauung Freudenberg, Sins AG

1976–98 Kernplanung Mönchaltorf

1977–91 Kernplanung Cham, Wacker-Preis 1991

1979–83 2. Etappe Universität Zürich-Irchel (mit Zweifel, Strickler, Partner)

1980–82 Staatsarchiv des Kantons Zürich (mit C. Bersin)

1981–84 Quaipromenade Bellevue mit Fussgängerpassage unter der Quaibrücke, Zürich

1982–84 Einkaufszentrum Volkiland, Volketswil (mit Heinrich Blumer)

1986–92 EFH-Überbauung Sonnacker, Arni

1989–91 Eigentumswohnungen Looren, Zürich (mit Peter Moor)

1990 Industriepark Gottmadingen (D) (mit Emch+Berger)

1992–98 90 Reiheneinfamilienhäuser, Wohnungen und Gewerberäume Fröschbach, Fällanden

1995–98 Wohnüberbauung Unterrengg, Langnau a. A.

Abbildungen

1. Um einen zentralen Lichthof angeordnete Eigentumswohnungen Looren, Zürich-Witikon, 1991

2. Wohn- und Gewerbehaus Fröschbach, Fällanden, 1998

3. Einkaufszentrum Volkiland, Volketswil, 1988

4. Quaipromenade Bellevue, Zürich, 1984

5. Wohnüberbauung Langensteinen, Zürich, 1972

6. Universität Zürich-Irchel: Lichthof mit Sitztreppe von Leo Dall'Antonia und Raumkomposition von Adelheid Hanselmann-Erne, 1983

Christoph Schmid

Dipl. Architekt HTL/SIA
Neuwiesenstrasse 10A
8610 Uster
Telefon 01-942 15 50
Telefax 01-942 15 56

Gründungsjahr 1976/1998

Inhaber
Christoph Schmid,
dipl. Architekt HTL/SIA

Spezialgebiete
Wohn- und Siedlungsbauten
(Neu- und Umbauten,
Renovationen)

Bauten für die öffentliche Hand

Privathäuser

Spezialbauten

Publikationen
Das Einfamilienhaus 2/81,
5/94, 3/95

Werk, Bauen+Wohnen 10/86

Schweizer Journal 11/88,
10/91

Architektur+Technik 10/92

Bauen heute 12/96

Philosophie
Subtiles Planen im Kontext
mit der Umgebung.

Wirtschaftliches, energie-
und ökologiebewusstes Bauen.

Spielerisches Gestalten
mit Farben, Formen, Licht und
Texturen für eine benutzerfreundliche, positiv erlebbare
Architektur.

Wichtige Projekte
1977–90 Diverse Einfamilienhäuser

1980–88 Gebäudesanierungen
von Wohnsiedlungen
in Zürich, Fällanden und
Schwerzenbach für Bau-
genossenschaft Brunnenhof,
Zürich

1985 Wohn- und Geschäfts-
haus Quartierzentrum
Brunnentor, Uster

1985 SBB-Wettbewerb
Bahnhof-Süd, Uster (1. Ankauf)

1985 GVZ und Zivilschutz-
ausbildungszentrum, Riedikon

1988 Alterssiedlung
Sonnental, Uster

1990 Alters- und Pflegeheim
Dietenrain, Uster

1992 Gebäudesanierungen
für Kirchen- und Schulpflege,
Uster

1994 Bürogebäude in Uster

1996 Wohnsiedlung
Chridebüel, Uster

1996 Wohn- und Geschäfts-
haus Atria, Uster (Umbau,
Neubau, Wiederaufbau)

Aktuelle Projekte
Renovation Schulhaus Pünt,
Uster

Umbau Bauernhaus,
Wermatswil

Drei Einfamilienhäuser,
Dättlikon

Mehrfamilienhaus, Uster

Abbildungen

1. **Bürogebäude, Uster, 1994**

2. **Wohnsiedlung Chridebüel, Uster, 1996**

3. **Alterssiedlung Sonnental, Uster, 1988**

4. **Alters- und Pflegeheim Dietenrain, Uster, 1990**

5.–7. **Wohn- und Geschäftshaus Atria, Uster, 1996 (Umbau, Neubau, Wiederaufbau)**

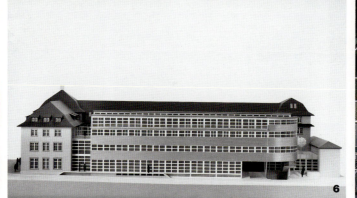

David Schmid

Dipl. Architekt ETH/SIA
Martastrasse 100
8004 Zürich
Telefon 01-241 39 33
Telefax 01-241 39 44
davidschmid@davidschmid.ch

Gründungsjahr 1996

Inhaber
David Schmid,
dipl. Architekt ETH/SIA

Mitarbeiterzahl 5

Philosophie
Unsere Arbeit steht im Spannungsfeld von Mensch, Technik und Umwelt.

Sie umfasst zum einen die ständige Debatte über den Zusammenhang von Nutzung, Konstruktion und Erscheinung eines Gebäudes. Dabei ist der Weg von der Absicht zum Resultat immer ein Prozess, der die Kohärenz von Programm und Projekt anstrebt.

Zum anderen bedeutet jeder Auftrag ein treuhänderisches Mandat, das unsere Arbeit in allen Phasen mitbestimmt und dem wir durch den Einsatz von zeitgemässen Arbeitsmitteln und -methoden gerecht werden.

Wettbewerbe
1992 Stadtsaal Gossau SG (mit Ch. Studer)

1993 Zentrum Bahnhof Gümligen (mit Ch. Studer), 3. Preis

1994 Neugestaltung der Innenstadt Brig (mit Ch. Studer)

1994 Fabrik am Wasser, Zürich-Höngg (mit Ch. Studer)

Wichtige Projekte
1988–96 Gestaltungsplan für die Inter-Community School, Zumikon

1990–93 Renovation Bauernhaus Tonacher, Wald (Denkmalpflege-Schutzobjekt)

1990 Autoeinstellhalle und Umgebungsgestaltung, Gemeinnützige Baugenossenschaft Röntgenhof, Zürich (mit Ch. Studer)

1991 Umbau Doppelarztpraxis, Zürich

1994 Anbau EFH Walser-Wied, Oftringen

1995 Anbau Ferienhaus Planeztgas, Mathon

1995 Anbau Schulhaus Inter-Community School, Zumikon

1996 Aufbau Bürotrakt Inter-Community School, Zumikon

1997 Anbau Schulhaus Inter-Community School, Zumikon

Aktuelle Projekte
ICS 2000, Neubau Schulhaus Inter-Community School, Zumikon

Renovation und Anbau EFH, Wald

Renovation ehem. Bauernhaus, Wetzikon

Abbildungen
1.–3. Aufbau Bürotrakt Inter-Community School, Zumikon, 1996

4. Anbau Schulhaus Inter-Community School, Zumikon, 1997

Fotos: Ferit Kuyas, Wädenswil

Thomas Schregenberger

Dipl. Architekt AA/RIBA
Köchlistrasse 28
8004 Zürich
Telefon 01-242 31 01
Telefax 01-242 31 77

Gründungsjahr 1985

Mitarbeiterzahl 3–5

Architektonischer Ansatz
Die Konzepte zu unseren Arbeiten sind im Konkreten der Situation und in der Bauaufgabe zu finden, in der Analyse von Programm und Ort. Aus ihr werden Themen herausdestilliert, die später, neu interpretiert, dem Entwurfsprozess zugrunde gelegt werden.

Publikationen
AA-Files
AA-Review
Architectural Design
Archithese
Daidalos
db Deutsche Bauzeitung
Hochparterre
Quaderns
SI+A
Werk, Bauen+Wohnen
Werk und Zeit
Verschiedene Fachbücher

Wettbewerbe seit 1990
Zentrumsüberbauung, Horgen, 5. Preis

Kathedrale Lausanne, 3. Preis

Überbauung Röntgenareal, Zürich, 6. Preis

Alterssiedlung, Arbon, Ankauf

Geschäftshaus, Poststrasse, Zug, 1. Preis

Wohnüberbauung Rütihof, Zürich, 5. Preis

Kantonales Laboratorium, St. Gallen, 2. Preis

Fabrik am Wasser, Zürich, 4. Preis

KPMG-Hauptsitz, Zürich, 1. Preis

DB-Güterbahnhof-Areal, Basel, 11. Preis

Wichtige Projekte
Renovation und Hofbebauung Liegenschaft «Zur Steinerner Trauben», Stein am Rhein

Atelier, Bucheggstrasse, Zürich

Renovation Liegenschaft «Frösch», Zofingen

Pestalozzi-Bibliothek, Zürich-Albisrieden

Geschäftshaus, Poststrasse, Zug

Haus Maurer, Zuzwil

Umbau Eingangs- und Konferenzbereich KPMG-Hauptsitz, Zürich

Siedlung Bellerive, Brugg

Wohnüberbauung Rehbühl, Uster

Aktuelle Projekte
Siedlung Bellerive, Brugg (zusammen mit Lorenz Peter)

Überbauung Rehbühl, Uster

Kinderkrippe Albisrieden, Zürich

DB-Areal, Basel

Abbildungen

1. Kunsthaus Teufen

2. Haus Maurer, Zuzwil

3. KPMG-Hauptsitz, Zürich

4. Haus Lunastrasse, Zürich

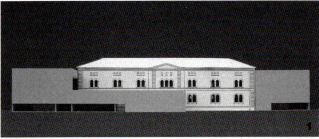

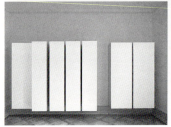

Kuno Schumacher + Ursula Tobler

Architekten ETH/SIA AG
Räffelstrasse 29
8045 Zürich
Telefon 01-450 70 60
Telefax 01-450 70 61

Gründungsjahr 1991

Partner
Kuno Schumacher
Ursula Tobler
Sacha Menz (bis 1996)

Mitarbeiterzahl 2 bis 3

Spezialgebiete
Bauen im historischen Kontext
Wohnbauten
Gewerbe- und Industriebauten
Umbauten
Ladenbau
Möbelbau
Energetische Sanierungen/
Photovoltaik-Anlagen

Standpunkt
Im Mittelpunkt des architektonischen Denkens steht die Umsetzung von Funktion und Proportion in gebaute Räume. Die Interpretation des Ortes und des Raumprogramms ist die Ausgangslage für die Konzepte, welche durch präzisen Einsatz von Konstruktion, Licht, Material und Farbe realisiert werden.

Wettbewerbe bis 1996
Areal Zehntenscheune, Rudolfstetten
Schützenareal, Zürich
Neubau Surgutneftegasbank, Surgut (Russland)
Fabrik am Wasser, Zürich
Museumserweiterung Prado, Madrid

Wettbewerbe seit 1996
Ort der Besinnung, Gotthardraststätte Uri
Bezirksgebäude, Dietikon

Projekte bis 1996
Neubau Rosengarten, Klingnau
Überbauung Unterstadtgasse, Klingnau
Umnutzungsstudie Industrieareal, Freienstein
Umbau Wohnhaus Schattengasse, Klingnau
Wohnüberbauung «Guflis», Untervaz GR
Strassenraumgestaltung «Dorf-Weier», Klingnau
Parkierungsanlage Grabenstrasse, Klingnau
Fassadengestaltung Industriebau, Leibstadt
Mehrzweckgebäude, Leibstadt
Zweifamilienhaus, Äussere Breite, Untersiggenthal
Juweliergeschäft J. Frech, Bahnhofstrasse 56, Zürich
Haus Oeschger-Meier, Würenlingen
Wintergarten Haus Tucci, Zumikon

Projekte seit 1996
Umbau Haus Ostasov, Zürich
Juweliergeschäft Philippe Pfeiffer, Limmatquai 46, Zürich
Umbau Haus Tobler, Uerikon
Studie «im Klösterli», Zürich
Nutzungsstudie «Sommer», Klingnau
Neubau Haus Wedeking, Herrliberg

Abbildungen

1. Juweliergeschäft Philippe Pfeiffer, Zürich

2. Haus Tobler, Uerikon

3. Haus Wedeking, Herrliberg

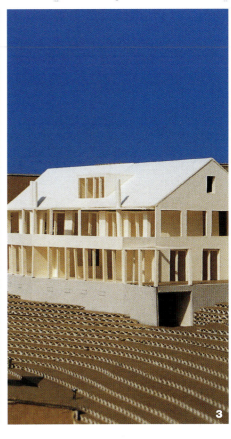

SRT Architekten AG

(vormals: Schaer Rhiner Thalmann AG, Arch. SIA)

Zürichbergstrasse 98
8044 Zürich
Telefon 01-261 41 21
Telefax 01-261 41 51

Gründungsjahr 1956

Partner
Hugo Rhiner
Werner Rinderknecht
Fritz B. Thalmann
Roland Vogel
Stephan Weber
Rudolf Hablützel
Ruedi Trachsel

Mitarbeiterzahl 20

Spezialgebiete
Bauten für:
– Wohnen
– Bildung
– Gesundheit
– Gewerbe
– Verwaltung

Energie- und Ökologieberatung

Philosophie
Primär soll das Ziel jedes Auftrags sein, eine kundenbezogene, architektonisch wertvolle Lösung zu finden und anzubieten.

Im Mittelpunkt stehen dabei der Mensch und sein Umfeld. Grossen Wert legen wir auf energetisch und ökologisch sinnvolle Lösungen.

Bei allen Aufgaben nehmen wir die gesellschaftliche Verantwortung wahr.

Wichtige Projekte
1975/92 Sonderschulheim Buechweid, Russikon

1984/94 Denkmalpflegerische Sanierung Liegenschaft Pastorini, Weinplatz 3–5, Zürich

1986/96 Neu- und Umbauten Kreisspital Pfäffikon ZH

1988 Sanierung Hochhaus Pfändwiesenstrasse 15, Glattbrugg (ausgezeichnet mit SIA-Energiepreis 1990)

1989 Neubau Schulanlage Schmittenacher, Weisslingen

1990 Feuerwehr- und Werkgebäude, Brüttisellen

1990 Mehrzweckanlage Riedhus, Russikon

1992 WEG-konforme Wohnbauten Talgarten, Russikon

1993 Behinderten-Wohnheim Ilgenmoos, Effretikon (Wettbewerbserfolg)

1995 Sanierung Altstadthaus Rennweg 30, Zürich

1995 Wohn- und Gewerbehaus Hegnaustrasse 50, Wangen-Brüttisellen

1995 Neubau Wohn- und Gewerbehaus Wangenerstrasse 10, Effretikon

1995 Neubau und Sanierung Oberstufenschulanlage, Lindau-Grafstal

1996 Neubau genossenschaftliche Alterswohnungen, Zürich-Albisrieden

1996 Erweiterung und Sanierung Primarschulanlage Brüttenerstrasse, Effretikon

Aktuelle Projekte
Renovation Kirche, Lindau ZH

Neubauten und Sanierung Seniorenzentrum, Lindau-Winterberg (Wettbewerbserfolg)

Neubau genossenschaftliche Eigentumswohnungen Chilerai, Wangen-Brüttisellen

Sanierung Schulanlage Buck, Lindau-Tagelswangen

EFH-Überbauung, Alpenstrasse, Wetzikon

Sanierung Krankenheim Bachwiesen, Zürich-Albisrieden

Sanierung MFH der Zürich-Versicherung, Lindenhof, Hegnau

Sanierung Turn- und Schwimmhalle, Weisslingen

EFH-Überbauung «Im Bäumliacher», Wangen-Brüttisellen

Wiederaufbau denkmalgeschützte Liegenschaft Wyder, Wangen-Brüttisellen (Wettbewerbserfolg)

Abbildungen
1. Schulanlage Schmittenacher, Weisslingen, 1989
2. Oberstufenschulanlage, Lindau-Grafstal, 1995
3. SIA-Energiepreis 1990 für Hochhaussanierung, Glattbrugg, 1988
4.+5. Wohn- und Gewerbehaus, Wangen-Brüttisellen, 1995

Ernst Stahel

Architekturbüro SIA
Riedtlistrasse 15
8006 Zürich
Telefon 01-363 85 20
Telefax 01-362 03 70
Ab 1.1.99:
Am Wasser 46
8049 Zürich

Gründungsjahr 1985

Inhaber
Ernst Stahel, Arch. HTL/SIA

Leitender Angestellter
Christoph Ehrsam, Arch. HTL

Mitarbeiterzahl 2

Spezialgebiete
Umbau

Renovation

Sanierung

Restaurierung

Bauberatung für historisch wertvolle und bedeutende Bauten

Publikationen
«Bahnhof Richterswil», Schweizer Baublatt, Fachbeilage 1/93

«Gespräch über Bauerneuerung», Schweizer Baublatt, Fachbeilage 2/93

Div. Berichterstattungen in der Tagespresse

Auszeichnungen
«Brunel Award», Madrid 1991, internationale Auszeichnung für die Renovation der Bahnhofanlage Richterswil*

Philosophie
Der Umgang mit Neubauten und Denkmalpflegeobjekten bedeutet für uns:

– Sich in ein Objekt hineinfühlen und Entscheide sorgfältig abwägen

– Massvolle Nutzungskonzepte erarbeiten

– Werte erhalten, Neues und Eigenständiges hinzufügen

– Sorgfältige Bearbeitung, auch bei Details

– Berücksichtigung ökologischer und baubiologischer Aspekte

Wichtige Projekte
1985–86 Gesamtsanierung Wohnhaus, Zürich-Fluntern

1987–88 Wärmetechnische Sanierung Mehrfamilienhäuser, Zürich-Affoltern

1986–88* Gesamtsanierung städt. Wohnhäuser, Wasserwerkstrasse, Zürich-Wipkingen

1986–89* Umbau/Neubau Restaurant Hirschen, Egg

1986–90* Gesamtsanierung Schulhaus Schanzengraben, Basteiplatz, Zürich

1987–91* Gesamtsanierung Bahnhof Richterswil

* realisiert als verantwortlicher Partner der ARGE Germann, Stulz, Stahel

1989–91 Gesamtsanierung/Aus-bau Wohnhaus/Nebengebäude, Zumikon

1992–94 Gesamtsanierung mit Teilumbau Primarschulhaus Oberdorf, Ottenbach

1993–95 Umnutzung, Innenrenovation und Restaurierung Schloss Greifensee

1994–95 Gesamtsanierung mit Teilumbau Schulhaus Röslistrasse 14, Zürich

1996 Gesamtsanierung Bauernhaus, Ottenbach

1997 Teilsanierung Hallenbad, Schulanlage Ottenbach

1996–97 Gesamtrenovation ref. Kirche, Mönchaltorf

1996–98 Neubau Pavillon mit Freizeiträumen, Wohnung und Sekretariat, Primarschulanlage Büel, Unterengstringen

1997–98 Ersatzbau Wohnhaus Kernzone Unter-Illnau

Aktuelle Projekte
Scheunenausbau, Bauernhaus Kernzone Greifensee

Sanierung Primarschulhaus

Umbau Landhaus

Umbau/Ladenerweiterung Buchhandlung Schulthess

Abbildungen
1.+2. Schloss Greifensee

3.+4. Kirche Mönchaltorf

5.–7. Pavillon Unterengstringen

steigerpartner

Architekten und Planer AG
Klausstrasse 20
8034 Zürich
Telefon 01-383 78 34
Telefax 01-383 11 40
e-mail: steigerpartner@bluewin.ch

Gründungsjahr 1956
Aktiengesellschaft seit 1973

Inhaber/Partner
Jürg P. Branschi, Hans R. Stierli, Thomas A. Keckeis, Martin M. Mossdorf, Peter Högger, Christof Nauck, Franz J. Staub

Mitarbeiterzahl 40

Spezialgebiete
Planen, Bauen, Umnutzen, Erneuern, Sanieren, Wettbewerbe, Baumanagement, Spitalplanung

– Gesundheitswesen: Spitäler, Institute, Kliniken, Infrastrukturanlagen, Gesamtplanungen
– Forschung, Entwicklung: Laboratorien, Kernforschung
– Öffentlicher Verkehr: Eisenbahn-Flugverkehrsanlagen, Masterpläne
– Dienstleistungsbereich: Büro- und Gewerbebauten, Restaurationsbetriebe
– Wohnen: Siedlungen, Einfamilienhäuser, Ateliers
– Stadtentwicklung

Wichtige Bauten & Projekte

Gesundheitswesen
Universitätsspital Zürich:
1989–93 Pathologie
1992–95 Nuklearmedizin
1992–96 Aufnahmetrakt

seit 1991 Gesamtplanung Universitäts-Kinderspital Zürich

1987–94 Gesamtsanierung Uniklinik Balgrist, Zürich

seit 1993 Gesamtsanierung Bettenhäuser Stadtspital Waid, Zürich

1991–2003 Gesamtsanierung/Neubau Kantonsspital Glarus

seit 1997 Neubau Muhimbili Orthopaedic Institute, Dar Es Salaam, Tanzania

seit 1998 Sanierung Regionalspital Langenthal

Forschung, Laboratorien
1971–82 Kernforschungsanlage GSI, Darmstadt (D)

1973–78 Kantonales Laboratorium, Fehrenstrasse, Zürich

1988–92 Eidg. Forschungsanstalt WSL, Birmensdorf

Wohnen
1987–89 Siedlung Loorain, Rüschlikon ZH

1991 Überbauung Weidstrasse, Binz-Maur ZH

seit 1995 Wohnen und Gewerbe Zentrum Zürich-Nord, Zürich

Öffentlicher Verkehr
1972–80 SBB-Flughafenbahnhof Zürich-Kloten

1982–87 SBB-Flughafenbahnhof Genf-Cointrin

1983–97 SBB-HB Zürich: S-Bahnhof Museumstrasse, Hallen und Passagen, Haupt- und Querhalle

1995–96 Testplanung Airport 2000, Flughafen Zürich-Kloten

Dienstleistungsbereich
1988–91 Hauptsitz Arbeitsamt der Stadt Zürich

1990–93 Gewerbezentrum Schwäntenmos, Zumikon

seit 1994 Einkaufszentrum Rosenberg, Winterthur

seit 1996 Catering Canonica, Flughafen Zürich-Kloten

seit 1997 Hauptsitz Bank Paribas, Zürich

Umnutzung, Erneuerung
1975–77 Altstadtsanierung Zentrum Obertor, Winterthur

1985–87 Fabrikareal Minervastrasse, Zürich

seit 1996 Umnutzung eines Industrieareals, Zürich-Affoltern

1997 Studie Umnutzung Areal Brauerei Hürlimann, Zürich

Philosophie
... Die Moden sind an uns ziemlich vorbeigegangen ...
– Wir sehen die Architektur nicht im Entwurf eines einzelnen Gebäudes allein, sondern betrachten sie immer als ein umfassendes Ganzes:
– Beginnend bei der Gestaltung des Umfeldes suchen wir einen organischen Ablauf von Räumen von aussen nach innen und von innen nach aussen. Das heisst auch, dass für uns die Eingliederung ins Gewachsene stets entscheidend war.
– Es ist unser Bestreben, klare Entwürfe zu schaffen, die richtig verstandene Einfachheit zu produzieren. Wir versuchen, mit möglichst wenigen Materialien auszukommen und waren mit voreiligen Experimenten stets zurückhaltend.
– Diese Auffassung setzen wir immer wieder in Wettbewerben um.
– Für uns ist die entwerferische Auseinandersetzung in Konkurrenz mit anderen Architekten sehr wichtig. Sie schleift den Geist und hält uns beweglich.

Abbildungen

1. Halle SBB-HB Zürich

2. S-Bahnhof Museumstrasse, Zürich

3. WSL Birmensdorf

4. Aufnahmetrakt Universitätsspital Zürich

5. Kantonsspital Glarus

Thut & Lerch

Architekt/Innenarchitekt
Eibenstrasse 9
8045 Zürich
Telefon 01-463 09 19/44
Telefax 01-463 09 90

Gründungsjahr 1992

Inhaber/Partner
Benjamin Thut,
Designer HFG/VSI

Samuel Lerch,
Architekt

Mitarbeiterzahl 1 bis 2

Spezialgebiete
Neuentwicklungen

Um- und Neubauten

Innenraumgestaltungen/
-sanierungen

Industriebauten

Publikationen
Domus Nr. 694

Hochparterre Nr. 11

Möbel Raum Design 3/94

Design Report 9/95

Raum & Wohnen 3/93, 2/96

Auszeichnungen
Eidgenössischer Kulturpreis
für angewandte Kunst

Auszeichnung für Gutes
Design, Design Haus Essen

Auszeichnung für Gutes
Design, Design- & Industrie-
Forum Hannover

Wichtige Projekte
Umbau Ferienwohnung,
St. Moritz

Neubau Gewerbezentrum,
Rümlang

Umbau Ärzte-Doppelpraxis,
Zürich

Umbau Einfamilienhaus,
Küsnacht ZH

Neubau Doppeleinfamilien-
haus, Möriken AG

Projektierung Einfamilienhaus, Uhwiesen ZH

Messeauftritt Forum 8
(8 Schweizer Möbelfabrikanten)
Köln (D)

Umbau Showroom Jockey
Schweiz AG

Umbau Kinderarztpraxis,
Zürich

Neubau Einfamilienhaus,
Zürich

Umbau Ferienwohnung,
Flims

Umbau Juwelier, Zürich

Umbau Einfamilienhaus,
Zürich

Messeauftritt Création
Baumann, Frankfurt

Aktuelle Projekte
Anbau an Einfamilienhaus,
Küsnacht

Bally, mobiler Laden

Umbau EFH, Zumikon

POS-Stand Basellandschaftliche Kantonalbank

Umbau Büro Zug

Abbildungen

**1. Neubau Einfamilienhaus,
Zürich, 1997**

**2. Leuchte «Lifto» für Belux,
1988**

**3. Neubau Doppeleinfami-
lienhaus, Möriken, 1994**

**4. Umbau Kinderartzpraxis,
Zürich, 1996**

**5. Umbau Ferienwohnung,
Flims, 1997**

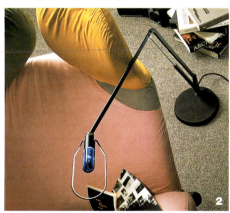

Thyes Architekten AG

Bahnhofstrasse 8
8700 Küsnacht
Telefon 01-910 40 96
Telefax 01-910 02 17

Gründungsjahr 1949 durch Hächler+Pfeiffer

1989–96 Pfeiffer Schwarzenbach Thyes AG

seit 1997 Thyes Architekten AG

Verantwortlicher Partner
Felix Thyes,
dipl. Arch. ETH/SIA

Assoziierte Mitarbeiter
Niklaus Hersche

Andrea Picone

Mitarbeiterzahl 6

Spezialgebiete
Alterswohnheime mit Pflegestationen und Alterssiedlungen

Umbauten, Sanierungen

Wohn- und Geschäftsbauten

Mehrzweckbauten

Planungen, Städtebau

Arch. Mitwirkung bei Brücken, Tunnelportalen u.a.m.

Philosophie
Die Umsetzung der Nutzerbedürfnisse, die Interpretation des Ortes, der bewusste Umgang mit bestehender Bausubstanz fordern uns heraus, mit einfachen, heutigen Mitteln unsere Projekte individuell zu gestalten.

Gerne suchen wir unkonventionelle Lösungen für anspruchsvolle Aufgaben.

Auch technische Aufgaben interessieren uns sehr, besonders im Zusammenhang mit deren Einfluss auf die Landschaft.

Wichtige Projekte
1970 Eidg. Forschungsanstalt Reckenholz, Zürich

1971 Station und Depotanlage Forchbahn, Forch

1978 Alterswohnheim «Am Wildbach», Wetzikon

1978–89 Umbau mehrerer Gebäude des Alterszentrums Hottingen, Zürich

1984–89 Wettbewerb und Ausführung von zwei Sanierungsetappen Oberstufenschulanlage Breite, Oetwil am See

1985–90 Städtebauliche Pla-nung Kirchbergplateau, Luxemburg (mit I.Van Driessche und C.Bauer)

1985–87 Alters- und Pflegeheim Salem, Ennenda

1988–92 Umbau und Erweiterung Pflegeheim am See, Küsnacht

1989–93 2 Mehrfamilienhäuser GBK, Küsnacht

1989–95 Ortsplanung Thermalkurort Bad Mondorf, Luxemburg

1990–91 Umbau Wohnsiedlung «Im Tobel», Meilen

1990–94 Portale Howaldtunnel, Luxemburg

1990–94 Schrägseilbrücke, Konzept, arch. Beratung, Luxemburg (Ing. Schroeder Ass./Greisch)

1991–94 Turnhalle Blattenacker, Oetwil am See

1992–95 Umbau Alterswohnheim «Am Wildbach», Wetzikon

1994 Umbau Wohn- und Geschäftshaus, Küsnacht

1994–97 Umbau Apotheke Küsnacht

1996–97 Anbau Fokolarzentrum, Baar

1996–97 Gestaltungsplan neues Zentrum Bad Mondorf (mit I.Van Driessche+C. Bauer)

1997 Umbau Credit Suisse, Küsnacht

Aktuelle Projekte
Umbau und Sanierung Mehrzweckgebäude Breite, Oetwil am See

Planung kantonale Gewerbezone Remich, Luxemburg (mit Partnern)

Bebauungsplan eines neuen Viertels, Walferdingen

Autobahnraststätte Luxemburg–Saarland (mit Partnern)

Aufstockung Bürotrakt Forchbahn, Forch

Umbau und Anbau Mehrfamilienhaus, Küsnacht

Doppeleinfamilienhäuser, Wagen

Abbildungen
1. Mehrfamilienhaus Gartenstrasse 19, Küsnacht, 1993

2. Umbau Wohnsiedlung «Im Tobel», Meilen, 1991

3. Kantonale Gewerbezone, Remich, 1996–99

4. Schrägseilbrücke Umfahrung Luxemburg, 1994

5. Innenansicht Turnhalle Blattenacker, Oetwil am See, 1994

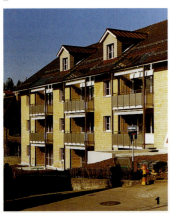

Rolf Trüb AG

Architekturbüro
Reitweg 2
8400 Winterthur
Telefon 052-233 32 23
Telefax 052-233 32 26
e-mail: RTruebAG@compuServe.com

Gründungsjahr 1988
(1990–95 Rüegger & Trüb)

Geschäftsleiter
Rolf Trüb, Architekt HTL/STV

Mitarbeiterzahl 1 bis 3

Spezialgebiete
– Umbauten, Sanierungen
– Umnutzungen
– Öffentliche Bauten
– Wohnungsbauten
– Gewerbebauten

Publikationen
«Werkhof Langfeld in Gossau», Tagespresse und Schweizer Journal 1–2/95

«Restaurant Frohsinn», Jahrbuch der Stadt Winterthur, 1995

Aktuelle Wettbew. Scene 4/5 91

SIA Nr. 8, 17.2.94

Auszeichnungen
Eidgenössisches Kunststipendium 1987

Philosophie
Ausgehend vom Grundsatz, dass wir unsere aktuellen Bedürfnisse befriedigen müssen, ohne die Zukunft nachfolgender Generationen zu gefährden, versuchen wir, eine unserer Zeit angemessene, nachhaltige Architektur zu entwickeln. Dabei bilden die Bedürfnisse der Bauherrschaft zusammen mit städtebaulichen, architektonischen, historischen und kulturellen sowie ökonomischen, ökologischen und sozialen Aspekten die Rahmenbedingungen für den Entwurf.

Um den Zielen einer nachhaltigen Architektur gerecht zu werden, suchen wir bereits in einem frühen Projektstadium die interdisziplinäre Zusammenarbeit mit anderen Fachleuten. Dadurch kann das der gemeinsamen Arbeit innewohnende kreative Potential zum Zeitpunkt der architektonischen und ökonomischen Grundsatzentscheide voll genutzt und zur Erreichung optimaler Planungslösungen und einer reibungslosen Projektabwicklung eingebracht werden.

Wichtige Bauten
1990–92 Erweiterung Gebäude 2 Schweizerische Technische Fachschule, Winterthur (R & T)

1991–93 Saaleinbau Restaurant Frohsinn, Eidberg, Winterthur (R & T)

1992–93 Gewerbebau Feustle, Eschlikon (R & T)

1992–95 Erweiterung Mensa der Schweizerischen Technischen Fachschule, Winterthur (R & T)

1992–95 Neubau Werkhof der Gemeinde Gossau SG (R & T)

Wichtige Projekte
1988 Wettbewerb Pfarreizentrum in Wallisellen (mit Gubelmann & Strohmeier; 1. Preis)

1989 Wettbewerb Erweiterung Altersheim, Seuzach (3. Preis)

1989 Wettbewerb Erweiterung ETH Hönggerberg (5. Preis)

1989/90 Wettbewerb Werkhof Gossau SG (1. Preis)

1990 Wettbewerb Sporthalle, Volketswil (mit Gubelmann & Strohmeier; 4. Preis)

1991 Wettbewerb HWV Zürich, Umnutzung Volkartliegenschaft, Winterthur (4. Preis)

1992 Wettbewerb Wohnüberbauung Au, Wädenswil (R & T; 2. Preis)

1994 Studienauftrag Primarschulhaus Veltheim, Winterthur (R & T)

1995 Wettbewerb Scottish Architecture and Design Centre, Edinburgh

1996 Projekt Reihenhäuser in der Siedlung Reutenen, Frauenfeld

1997 Überbauungsstudie «Im Langen», Wiesendangen (mit Albisser & Bollmann)

Aktuelle Projekte
Kreisbibliothek Wülflingen, Winterthur

Niedrigenergiehäuser in Wiesendangen

Wettbewerbe

Abbildungen

1. + 2. Restaurant Frohsinn, Eidberg

3. Erweiterung Gebäude 2 STF, Winterthur

4. Werkhof Langfeld, Gossau SG

Fotos: S. Suter: 1–3, H. Köppel: 4

Unger & Treina

Architekten HTL/SIA
Aargauerstrasse 250
8048 Zürich-Altstetten
Telefon 01- 432 10 66
Telefax 01- 432 33 63
e-mail: ungertreina@access.ch

Gründungsjahr 1991

Inhaber/Partner
Martin Unger,
dipl. Arch. HTL/SIA

André Treina,
dipl. Arch. HTL/STV

Mitarbeiterzahl 9

Spezialgebiete
Wohnungsbauten

Öffentliche Bauten

Industrie- und Gewerbebauten

Verwaltungsbauten

Innenausbauten

Umbauten, Sanierungen

Wettbewerbe

Machbarkeitsstudien, Beratung

Schatzungen und Expertisen

Publikationen
Eternit Arch 2/95, 1/97

Architektur & Technik 2/95

Architecture + Detail 4/95

Lärmschutzarchitektur VLP-Schrift 69

Philosophie
Architektur ist für uns eine Verpflichtung im kulturellen, sozialen und wirtschaftlichen Sinne.

Als motivierte CAD-Anwender setzen wir den Computer schon in der ersten Phase des Entwurfs ein.

Wichtige Projekte

Wohnungsbauten
Neubau EFH Welbrigring 26, Geroldswil

Neubau MFH Dorfstrasse 32, Oetwil a. d. Limmat

Umbau MFH Gyrhaldenstrasse 46, Dietikon

Sanierung 59 Wohnungen Am Stadtrand 31–41, Dübendorf

Neubau Wohn- und Geschäftshaus Rütistrasse 20–22, Schlieren

Umbau und Sanierung MFH Bläsistrasse 49, Zürich

DFH-Überbauung «Reinhardweg», Geroldswil

Öffentliche Bauten
Neubau Altersheim Herrenbergli, Am Suteracher 65–67, Zürich

Neubau Kindergarten Huebwies, Geroldswil

Sanierung Kindergarten Rötelacher, Geroldswil

Innenausbau Schulpsychologischer Dienst, Geroldswil

Sanierung Fassade Schulanlage Huebwies, Geroldswil

Sanierung Fassade Schulanlage Fahrweid, Fahrweid

Wettbewerb Berufsschule Schütze, Zürich

Wettbewerb Primarschulanlage Letten, Oetwil a. d. Limmat

Wettbewerb Schulanlage Kreuzgut, Schaffhausen

Wettbewerb Sportzentrum «Burkertsmatt», Widen

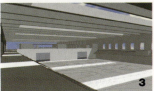

Industrie/Gewerbe

Gewerbehaus Oerlikon GGO, Thurgauerstrasse 74–76, Zürich-Oerlikon

Umbau/Sanierung Industriegebäude HUBA, Würenlos

Neubau Gewerbehäuser Reppischhof, Bernstrasse 388–394, Dietikon

Wettbewerb Parkhaus Messe Zürich, Zürich-Oerlikon

Projektierung Gewerbehaus Altstetten, Aargauerstrasse 250, Zürich

Projektierung Gewerbehaus Hohlstrasse 483–485, Zürich

Innenausbauten

Bachema AG, Analytische Laboratorien, Rütistrasse 22, Schlieren

MVS, Baumarketing AG, Rütistrasse 22, Schlieren

Umbau E. Merck (Schweiz) AG, Rüchligstrasse 20, Dietikon

Krankenkasse Artisana, Leistungszentrum Zürich, Neugutstrasse 52–54, Dübendorf

Einbau Kiosk Kleiner, Aargauerstrasse 250, Zürich

Wettbewerb Kundenhalle Schweizerischer Bankverein, Paradeplatz, Zürich

Aktuelle Projekte

Neubau Geschäftshaus «Bodenächer», Spreitenbach

Neubau Wohn- und Gewerbehaus Zürcherstrasse 2–4, Birmensdorf

Neubau MFH Zwyssigstrasse 11, Zürich

Neubau EFH, Uitikon

REFH-Überbauung «Hagenbuchrain», Zürich

Projektierung Baufach-Markt, Kanton Zürich

Pausenplatzgestaltung Schulhaus Fahrweid, Fahrweid

Abbildungen

1. + 2. Neubau Einfamilienhaus, Welbrigring 26, Geroldswil, 1995

3. Sportzentrum «Burkertsmatt», Widen

4. Wettbewerb Altersheim «Ruggacher», Dietlikon

5. Wettbewerb Parkhaus «Messe Zürich», Zürich

6. DFH Überbauung «Reinhardweg», Geroldswil

7. Umbau/Sanierung MFH Bläsistrasse 49, Zürich

8. Innenausbau Cafeteria E. Merck (Schweiz) AG, Dietikon

9. +10. Neubau Wohn- und Geschäftshaus Rütistrasse 22, Schlieren, 1994

vehovar & jauslin architektur

Dipl. Architekten ETH/SIA
Seestrasse 339
8038 Zürich
Telefon 01-485 40 20
Telefax 01-485 40 25
e-mail: info@vj-arch.com
http://www.vj-arch.com

Gründungsjahr 1997

Inhaber/Partner
Mateja Vehovar,
dipl. Arch. ETH/SIA MSBD

Stefan Jauslin,
dipl. Arch. ETH/SIA

Mitarbeiterzahl 5

Spezialgebiete
Bahnhofsplanungen

Wohn- und Siedlungsbau

Büro- und Gewerbebau

Umbauten und Sanierungen

Umnutzungen

Ausstellungsgestaltung und
Bühnenbild

Philosophie
Bei unserer Arbeit behalten
wir folgende Ziele im Auge:

Das Erreichen qualitätvoller
Entwürfe, die den Kunden
und der Allgemeinheit dienen.

Das Verstehen der spezifischen Wünsche und Vorstellungen jedes Kunden, um
hochwertige Dienstleistungen
anbieten zu können.

Die Arbeit in multidisziplinären Teams, welche höhere
Qualität erreichen, als dies
Individuen alleine können.

Das Vorantreiben unseres
Berufes durch die Entwicklung vorausschauender
und innovativer Ansätze in
Entwurf und Technologie.

Eine wichtige Position nimmt
auch die theoretische und
die experimentelle Arbeit ein.

Wettbewerbe
1997 Schweizer Pavillon
für die Expo 2000 in Hannover
(mit Anna Wimmer, dipl.
Arch. ETH); Zulassung durch
Präqualifikation zum
auf 18 Teilnehmer limitierten
Wettbewerb, 4. Preis

1997 Studienwettbewerb
Wohnüberbauung, Wohlen AG;
Machbarkeitsstudie für
eine Wohnüberbauung mit
16 Wohnungen und Gewerbe,
1. Rang

1996 Städtebaulicher Ideenwettbewerb DB-Güterbahnhofareal; Projektierung von
Infrastrukturbauten, Gewerbe
und Wohnen auf 18 ha

Wichtige Projekte
1994–97 Gemeinnützige Bau-
und Mietergenossenschaft
Zürich: Sanierung von 600
Balkonen inkl. Geländer und
Fassaden, Innenhofgestaltung
mit Gartengestaltung, Spielplätzen und Veloständern

1997 Gemeinnützige Bau- und
Mietergenossenschaft Zürich:
Wetter- und Lärmschutzverglasung von Laubengängen

1997/98 Büroumbau in Wohlen:
Einbau von Büroräumlichkeiten in eine Gewerbeliegenschaft

1997 Büroumbau in Zürich-
Wipkingen: Einbau von Büroräumen in ein ehemaliges Kino

1997 Umbau Annaburg
in Zollikon: Planung einer
Duplexwohnung in einer
denkmalgeschützten Jugendstilliegenschaft

1996 «Dark Matter», Rauminstallation, Galerie F.I.E.L.D.,
Zürich

Aktuelle Projekte
Siedlung in Toffen BE: Überbauung mit 55 Wohneinheiten,
Gewerbe und öffentlichen
Einrichtungen

Reihenhaussiedlung in Thun:
Überbauung mit 14 unterschiedlichen Wohnungen

Treppenhausumbau
in Wohlen AG

Umbau Wohnhaus,
Bruderholzallee, Basel

Wohnüberbauung
in Wohlen AG

Abbildungen
1.–4. Büroumbau
in Zürich-Wipkingen, 1997

5. Fassaden- und Balkonsanierung für die Gemeinnützige Bau- und Mietergenossenschaft Zürich,
1994–97

6. Wettbewerb für den
Schweizer Pavillon an der
Expo 2000 in Hannover,
1997

Fotos: Eduard Hueber

Florian Voemel

Architekturbüro SIA
Uctlibergstrasse 98
8045 Zürich
Telefon 01-451 34 35
Telefax 01-451 15 20

Gründungsjahr 1990

Inhaber
Florian Voemel,
dipl. Arch. HTL/SIA/M.ARCH

Mitarbeiterzahl 4

Spezialgebiete
Siedlungsplanung/Städtebau

Wohnbauten mit Liebe zum Detail

Bauerneuerungen, Umbauten, Sanierungen, Renovationen

Neubauten aller Art

Auszeichnungen
1989 Outstanding Academic Achievement, University of Southern California (USC)

Philosophie
Die Zusatzausbildung und der Aufenthalt in Kalifornien (Master of Architecture und Assistent USC) haben mich geprägt. Ich versuche seither, das Spielerische, die Leichtigkeit und das Unbeschwerte dieses Landes in der Architektur umzusetzen.

Dabei bevorzuge ich einfache Lösungen und klare Strukturen. Auch das preisgünstige und sparsame Bauen interessiert mich sehr. Die Projekte meines Büros haben pragmatischen Charakter.

Meine Hauptanliegen sind:
– sorgfältiges Einfügen der Bauten in das natürliche und bauliche Umfeld
– hohe Raumqualität mit viel Licht und Luft zu schaffen
– ein harmonisches Umfeld zu gestalten durch die Formgebung, die Material- und Farbwahl
– meine Vorstellungen mit den Bedürfnissen der Bauherrschaften in Einklang zu bringen
– ökologisch vertretbare Lösungen zu suchen
– gewissenhafte Ausführung und Einhalten von Kosten und Terminen

Mit Hilfe gebauter Objekte informiere ich Interessierte über meine Ideen und meinen Stil und versuche, meine Begeisterung für gute Architektur weiterzugeben.

Wichtige Projekte
1990 Wettbewerb Gewerbezentrum Niederfeld, Winterthur (ca. 50 Mio.)

1990/91 Projekt Filmstudio-Center, Zürich (ca. 60 Mio.)

1991 Wettbewerb Wohnüberbauung Eichrain (134 Whg.), Zürich

1992/94 Wohnüberbauung Isenbach (43 Whg.), Bonstetten (in Zusammenarbeit mit KFP Architekten, Zürich)

1993/94 Projekt Wohnüberbauung (21 Whg.), Effretikon

1993/94 Doppeleinfamilienhaus Wädi, Schützenmattstrasse, Wädenswil

1994 Umbau Einfamilienhaus, Althoossteig, Zürich

1994/95 Wohnüberbauung (37 Whg.), Hegnau (mit KFP Architekten, Zürich)

1994/95 Neubau Einfamilienhaus, Kreuzstrasse, Kilchberg

1995/96 Doppeleinfamilienhaus Wädi 2, Untere Leihofstrasse, Wädenswil

1995/96 Mehrfamilienhaus Wädi 3, Forstbergstrasse, Wädenswil

1996/97 Doppeleinfamilienhaus Wädi VW, Untere Leihofstrasse, Wädenswil

1997 Offene kooperative Planung für das Hürlimann-Areal, Zürich (mit KFP Architekten, Zürich)

1997 Um/Anbau Einfamilienhaus Golbrigweg, Zollikon

Aktuelle Projekte
Neubau Mehrfamilienhaus (Alterswohngemeinschaft), Untere Dorfstrasse, Zumikon

Neubau Doppeleinfamilienhaus, Speerstrasse, Wädenswil

Neubau Doppeleinfamilienhaus, Sunneberg, Oberengstringen

Neubau Einfamilienhaus, Schöftland AG

Abbildungen

1. Neubau Wädi 3, Mehrfamilienhaus, Forstbergstrasse, Wädenswil, 1995/96

2. Umbau Einfamilienhaus, Althoossteig, Zürich, 1994

3. Neubau Wädi VW, Doppeleinfamilienhaus, Untere Leihofstrasse, Wädenswil, 1996/97

4. Neubau Wädi 2, Doppeleinfamilienhaus, Untere Leihofstrasse, Wädenswil, 1995/96

5.+6. Doppeleinfamilienhaus, Schützenmattstrasse, Wädenswil, 1993/94

David Vogt Architekt

Architekt ETH SIA
Rötelstrasse 15
8006 Zürich
Telefon 01-364 34 06
Telefax 01-364 34 08
e-mail: vogtarchitekt@access.ch

Gründungsjahr 1993

Mitarbeiterzahl 3 bis 4

Infrastruktur
Power-Macintoshs in Windows-NT-Netzwerk an sämtlichen Arbeitsplätzen mit den spezifischen Software-Applikationen für Planerstellung (2D/3D), Devisierung, Erfassung und Kontrolle der Kosten und Termine. Datenaustausch via E-Mail/Internet (ISDN).

Leistungsangebot
– Nutzungsstudien
– Umbauten und Sanierungen
– Neubauten
– Umnutzungen
– Innenausbauten
– Innenarchitektur
– Hindernisfreies Bauen
– Bauleitungen

Unser Leistungsangebot umfasst sämtliche mit der Realisierung eines Bauvorhabens zusammenhängenden Entwurfs-, Projektierungs- und Ausführungsleistungen einschliesslich Bauleitung.

Je nach den Bedürfnissen der Bauherrschaft und der spezifischen Bauaufgabe werden die Leistungen einzeln oder als Gesamtpaket erbracht, wahlweise in Form von klassischen Architekturleistungen oder im Rahmen eines Totalplaner- (LM 95) oder eines Totalunternehmervertrages.

Besondere Dienstleistungen
– Bauherrenvertretungen
– Rechtsberatung

Philosophie
Leitgedanke unserer Entwurfsarbeit ist die Schaffung von Ordnungen und Strukturen, die dem Projekt eine scheinbar selbstverständliche Klarheit und Kohärenz verleihen. Durch sie wird die Raumwirkung kontrollierbar, und die einzelnen Gestaltungsparameter wie Rhythmus, Proportion und Massstäblichkeit können so gezielt, dem individuellen Charakter eines Objektes, seinem städtebaulichen Umfeld sowie den Bedürfnissen der Bauherrschaft entsprechend, eingesetzt werden.

In Übereinstimmung mit der Gesamtkonzeption entsteht dank einer präzisen und funktionsbezogenen Detaillierung eine formale Sprache von zeitlosem Charakter.

Gegenüber unserer Bauherrschaft können wir dank moderner Infrastruktur und der im Rahmen unseres breiten Leistungsangebots erworbenen Kenntnisse Qualität und Effizienz bei der Abwicklung eines Bauvorhabens gewährleisten.

Publikationen
Arch (Eternit) 101, 4/91

Il Premio Internazionale Cosmopack, Milano (Wettbewerbspublikation), 1995

Produkt und Konzept (Wettbewerbspublikation), 1995

Paraplegie 77, März 1996

Auszeichnungen
Eternit-Preis 1991, 3. Rang

Il Premio Internazionale Cosmopack 1995, 3. Rang

Wichtige Projekte
1994 Umbau eines denkmalgeschützten Bauernhauses, Muhen AG

1995 Umnutzung eines Fabrikgebäudes in ein Schulungszentrum, Muhen AG

1996 Neubau Mehrfamilienhaus I, Muhen AG

1997 Neubau Mehrfamilienhaus II, Muhen AG

1998 Neubau Mehrfamilienhaus, Merlischachen/Küssnacht am Rigi SZ

Aktuelle Projekte
Diverse Um- und Neubauten von Ein- und Mehrfamilienhäusern

Erweiterung eines Wohn-, Dienstleistungs- und Gewerbekomplexes

Abbildung

Nordfassade Mehrfamilienhaus II, Muhen AG

Foto: Dominic Büttner und Goswin Schwendinger

Wagner Graser

Dipl. Architekten ETH/SIA
Neugasse 6
8005 Zürich
Telefon 01-272 12 02
Telefax 01-272 13 75

Zürcherstrasse 11
7320 Sargans
Telefon 081-723 79 14
Telefax 081-723 00 17

Gründungsjahr 1995

Inhaber/Partner
Christian Wagner

Jürg Graser

Mitarbeiterzahl 6

Spezialgebiete
Systembau, Vorfabrikation

Wohnbau

Gewerbebau

Industriebau

Umbau und Sanierungen

Planungen und Siedlungsbau

Publikationen
Werk, Bauen | Wohnen 11/95, 10/96

Raum und Wohnen 10/96

«Sperrholzarchitektur», Baufachverlag Lignum, 1997

Ausstellungen
Architektur-Zentrum, Wien: Standardhäuser, 1. Teil

Arc en rêve, Bordeaux: La maison modèle

Museum für Gestaltung, Zürich: Das Eigene im Allgemeinen

Wichtige Projekte
1994–95 Haus Bergamin, Bad Ragaz

1994–95 Haus Lenherr, Gams

1994–96 Haus Loher, Chur

1995 Gonzen Druck AG, Bad Ragaz

1995 Haus Baur, Buchberg

Wettbewerbe
1997 Schweizer Pavillon, Expo 2000, Hannover

Aktuelle Projekte
1995–98 Erweiterung Wohngruppen Behindertenheim Lukashaus, Grabs

1998–99 Autobahnstützpunkt Mels, Kanton St. Gallen

Abbildungen
1. **Haus Loher, Chur, 1996**
2. **Gonzen Druck AG, Bad Ragaz, 1995**
3. **Wettbewerb Expo 2000, Hannover, 1997**
4. **Haus Baur, Buchberg, 1995**

Walser Architekturteam

Bergstrasse 42
8604 Volketswil
Telefon 01-946 21 23
Telefax 01-946 21 25

Gründungsjahr 1993

Inhaber
Peter Walser,
dipl. Architekt HTL/STV

Mitarbeiterzahl 3–4

Spezialgebiete
Wohnungsbau

Umbauten/Sanierungen

Sakralbau

Innenarchitektur

Bauherrenberatung

Vorgefertigte Holzbauten

Gewerbe und Industrie

Philosophie
Auf die Bedürfnisse und Wünsche unserer Kunden einzugehen und sie in eine klare und zeitgemässe Architektur umzusetzen ist unser Anliegen.

Unseren Kunden bei der Lösung komplexer Probleme zur Seite stehen.

Optimales Kosten- und Terminmanagement durch seriöse Ausführung.

Antworten zu finden auf ökonomische und ökologische Fragen.

Teamarbeit ernst zu nehmen und die Bauherrschaft einzubeziehen.

Erreichen von architektonischer Qualität im bestehenden Umfeld.

Die Kraft und die Ästhetik, die geballt in der Architektur enthalten sind, einzusetzen und uns in diesem Sinne weiterzuentwickeln.

Wichtige Projekte
1994 Neubau Einfamilienhaus E.+M. Kloter, Büblikon

1995 Attika-Umbau A. Harzenmoser, Uzwil

1996 An- und Umbau Einfamilienhaus C.+D. Müller, Winterthur

1996–97 Bauherrenberatung bei Büroumbauten Stiftung Chance, Zürich und Weinfelden

1997 Bauernhausumbau mit Wohnungen im Scheunenteil, K.+W. Keller, Pfyn

Aktuelle Projekte
An- und Umbau Mehrfamilienhaus D.+H. Rivoire-Fux, Dietikon

Renovation und Kirchenerweiterung, Lachen SZ

Diverse vorgefertigte Holzbauten

Abbildungen

1.–3. Anbau Einfamilienhaus Müller, Winterthur, 1996

4.–6. Kirchenerweiterung, Lachen SZ, 1997

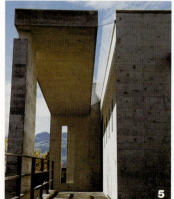

Widmer Architekten AG

**Dipl. Architekten ETH/SIA
SIA, VLP, REG, GVZ,
Prorenova, GSMBA**
Rüdigerstrasse 11
8045 Zürich
Telefon 01-206 30 40
Telefax 01-206 30 50
http://www.itech.ch/wp
e-mail: widmer@x8.net

Gründungsjahr
1945/1980/1997

Inhaber
Reinhard Widmer,
dipl. Architekt ETH/SIA

Mitarbeiterzahl ca. 6

Leistungsangebot
Planung und Realisation von
Neu- und Umbauten

Umnutzungen

Gesamtplanungen

Bauberatung, Schätzungen

Wichtige Projekte
Fifa-Sitz, Hitzigweg 11, Zürich

Verarbeitungszentrum SBG
Flurpark, Flurstrasse 55,
Zürich

Devisenzentrum Manesse
der SBG, Manesseplatz, Zürich

Neubau Haus «Chäshütte»,
Limmatquai 48, Zürich

Aula, Bibliothek und
Musikschule Schwerzgrueb,
Uitikon (Wettbewerb, 1. Preis)

Sitz des Schweiz. Wirte-
verbandes, Wehntalerstrasse,
Zürich

Ausbildungszentrum
des Verbandes Zürcher Wirte-
vereine, Wehntalerstrasse,
Zürich

Wohnbauten im Dorfkern
«Roracher», Uitikon

Bürohaus «Letzi»,
Alte Landstrasse, Zollikon

Wohnsiedlung
Zürcherstrasse 26–30, Uitikon

Landhaus am Zürichsee,
Feldmeilen

Sanierung Hochhaus
Schmiede, Wiedikon-Zürich

Wohn- und Geschäftshaus
mit Coop-Center, Matzingen

Gewerbehaus Wehntaler-
strasse 641, Zürich

Gesamtsanierung SKA
Rigiplatz, Zürich

Dienstleistungszentrum
Unterwerkstrasse, Opfikon-
Glattbrugg

Kernzonenüberbauung mit
Wohnungen und Laden,
Zürcherstrasse 81–83, Uitikon

Wohnsiedlung Berghof,
Gossau ZH

Bürogebäude in Holz-Element-
bau Fuchs-Movesa AG,
Gipf-Oberfrick

Wohn- und Geschäftshaus
Tapeten Spörri, Fuchsia-
strasse 14, Zürich

Gesamtsanierung
Haus «Waltisbühl», Bahnhofstrasse 46, Zürich

Gesamtsanierung Geschäftshaus Talstrasse 80, Zürich

Aktuelle Projekte
Umbau Managementgebäude
Swisscom, Zypressenstrasse 60,
Zürich

Umbau CSPB
Stadelhoferplatz, Zürich

Wohnüberbauung,
Dennlerstrasse, Zürich

Div. Einfamilienhäuser

Abbildungen

**1. Gesamtsanierung CS
Rigiplatz, Zürich**

**2. Holzelement-Bürohaus
Fuchs-Movesa AG,
Gipf-Oberfrick**

**3. Gesamtsanierung Haus
«Waltisbühl», Bahnhof-
strasse 46, Zürich**

**4. Gewerbehaus Wehnta-
lerstrasse 641, Zürich**

**5. Dienstleistungszentrum
Unterwerkstrasse, Opfikon-
Glattbrugg**

**6. Teeküche GGK Basel,
Talstrasse 80, Zürich**

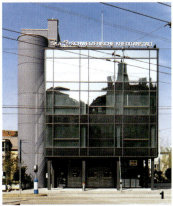

Winzer Partner Industriearchitekten

Industriearchitekten SIA
Quellenstrasse 29
8005 Zürich
Telefon 01-271 66 00
Telefax 01-272 04 28

Gründungsjahr 1930/1989

Inhaber/Partner
Arnold Winzer sen.,
Arch. SIA

Arnold Winzer jun.,
dipl. Arch. ETH

Leitende Angestellte
Urs Baumgartner

Willy Uetz

Mitarbeiterzahl 12

Spezialgebiete
Gebäude für die Industrie, das Gewerbe, Verwaltungen

Bauten für öffentliche Betriebe

Umbauten und Erweiterungen bestehender Gebäude

Philosophie
Die Qualität von Bauten setzt sich zusammen aus der Möglichkeit rationellen Arbeitens, dem Wohlbefinden der Benutzer und der dem Auftrag angepassten Reaktion auf den Bauplatz.

Die planerische Aufgabe besteht aus dem Vermitteln unternehmerischer Leistungen und dem Organisieren des Gefüges aus industriell hergestellten Elementen und Systemen, welche sich zum bestellten Produkt ergänzen.

Wichtige Projekte
1988 Fabrikgebäude IG-Pulvertechnik AG, Kirchberg

1989 Geschäftshaus Robert Aebi AG, Regensdorf

1989 Gewerbezentrum IG-Längg, Illnau

1990 Fabrikgebäude ABNOX/Panaflex, Cham

1991 Mercedes Benz, Betrieb Zürich-Nord

1992 Bürogebäude Robert Zapp AG, Niederhasli

1993 BSS Thermo-Bettwaren AG, Stein am Rhein

1993 Personenwagen-Auslieferung AMAG, Kloten

1993 Bahndienstzentrum Verkehrsbetriebe Zürich

1994 Laborgebäude und -halle PSI, Würenlingen

1994 Technisches Zentrum Swisscom AG, Jona

1995 KVA 1, Verbrennungslinie 1, Abfuhrwesen Zürich

1996 Nutzungsänderung und Aufstockung Zentralwerkstatt/P+R, Verkehrsbetriebe Zürich

1998 BGZ Wohnüberbauung «Cascade», Schwandenholz, Zürich

Aktuelle Projekte
Erweiterungen Fabrikgebäude IG-Pulvertechnik AG, Kirchberg

Ausbau Baslerpark, Colt Telecom AG Switzerland, Zürich

Nutzungsänderung für Europcar, AMAG, Kloten

Neubauten für die Lack- und Farbenfabrikation, Dold AG, Wallisellen

Abbildungen

1. Verkehrsbetriebe Zürich: Nutzungsänderung und Aufstockung Zentralwerkstatt/P+R

2. Swisscom AG, Jona SG: Parkebenen Technisches Zentrum

3.+4. Abfuhrwesen Zürich: KVA 1, Rauchgasreinigung

5. BGZ Wohnüberbauung «Cascade», Schwandenholz, Zürich

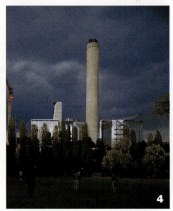

Rolf Wolfensberger

Architekt HTL
Hofackerstrasse 58
8032 Zürich
Telefon 01-384 90 20
Telefax 01-384 90 24

Gründungsjahr
1987 Übernahme des Architekturbüros von Hans Howald, Architekt BSA

Mitarbeiterzahl 4–5
2 CAD-Arbeitsplätze

Spezialgebiete/-themen
Gesamtsanierungen

Nutzungsstudien

Um- und Anbauten

Innenausbauten, Möbel

Sanfte Sanierungen, nachhaltiges Bauen

Ökologisch-biologisches Bauen

Bauleitungen

Beratungen beim Selbstbau

Computer-Präsentationen

Auszeichnung
SIA-Preis 1996 für nachhaltiges Bauen

Philosophie
In der Regel bearbeiten wir Bauvorhaben vom Entwurf bis zur Schlussabrechnung. Bei Bedarf entwickeln wir der jeweiligen Situation angepasstes Mobiliar und Beleuchtungen. Unsere Stärken liegen in der Konkretisierung von Bedürfnissen und Visionen sowie in der örtlichen Bauführung. Wenn möglich realisieren wir die uns anvertrauten Bauvorhaben ökologisch und nachhaltig. Wir führen auch Teil- und Beraterauftträge aus.

Projekte
1988 Aufstockung Einfamilienhaus, Zollikerberg

1988 Einrichtung einer Arztpraxis, Zürich

1989 Aufstockung Einfamilienhaus, Effretikon

1990 Umbau Laborgebäude Tierspital, Zürich

Wettbewerbe
1997 Gestaltung der Perolles-Ebene, Universität Freiburg

Ausgeführte Projekte
1985–90 Umbau und Sanierung Institutsgebäude Universität Zürich

1987 Umbau und Sanierung Reiheneinfamilienhaus, Zürich

1988–89 Umbau und Sanierung Mehrfamilienhaus, Zürich

1988–91 An- und Umbau Einfamilienhaus, Forch

1989–90 Umbau Küchen und Bäder in Mehrfamilienhaus, Zürich

1989–90 Umbau und Sanierung Reiheneinfamilienhaus, Zürich

1991–92 Anbau und Sanierung Einfamilienhaus, Zürich

1995–96 1. Bauetappe Hauptgebäude Universität Zürich

1996–98 2. Bauetappe Hauptgebäude Universität Zürich

1997 Umbau Reiheneinfamilienhaus, Maur

1997 Balkonanbau an Mehrfamilienhaus, Zürich

Spezielle Arbeiten
1987 Kleiderschrank

1989 Kachelofen in Einfamilienhaus, Zürich

1990 Möblierung für Anwaltsbüro, Zürich

1990 Einrichtung Medizinhistorisches Museum, Zürich

1990 Brückengeländer Dolderbahn, Zürich

Selbstbau
ab 1996 Selbstbau am eigenen Haus: Familienwohnung und Architekturbüro, Umbau und Sanierung Wohnhaus mit Atelieranbau

1997 Beratung beim Selbstbau: Um- und Anbau Einfamilienhaus, Niederuster

Abbildungen

1.–3. Sanierung Hauptgebäude Universität Zürich:

1. Vorzone

2. Kombinierbare Seminarräume

3. WC-/Garderoben-Bereich

4.+5. Anbau Einfamilienhaus, Forch

6. Brückengeländer Dolderbahn, Zürich, 1990

Fotos: Gygax: 1–3; Ara & Zebra: 4–6

**Landschaftsarchitektinnen
und -architekten
Architectes-Paysagistes
Architetti Paesaggisti**

AG für Landschaft

**Landschaftsarchitekten
BSLA/HTL**
Birmensdorferstrasse 32
8004 Zürich
Telefon 01-242 86 92
Telefax 01-291 43 26
hofmann@pingnet.ch
http://members.pingnet.ch/hofmann

Gründungsjahr 1983

Inhaber
Balz Hofmann

Mitarbeiterzahl 2–3

Arbeitsgebiete
Gartenarchitektur (MFH/EFH) in urbanem und ländlichem Kontext

Freiraumplanung zu Schulhäusern

Schul- und Vereinssportanlagen

Dachgärten

Repräsentative Freianlagen zu Verwaltungsgebäuden

Stadt- und Dorfplätze

Grünentwicklungskonzepte und Pflegepläne

Landschaftsgestaltung

Landschaftsarchitektur
ist die Umsetzung einer umfassenden Wahrnehmung des Ortes mit den ihm innewohnenden Eigenheiten. Ich verstehe mich als Mittler zwischen der Bauherrschaft, ihren Vorstellungen und Ansprüchen sowie der Identität der Landschaft. Meine Arbeit verbindet die verschiedenen Aspekte eines Ortes. Landschaft ist unteilbares Ganzes. Nicht Objekt der Gestaltung, sondern Gestalt an sich.

Wichtige Projekte

Wohnen
1985 ABZ-Wohnüberbauung Lommisweg, Zürich

1989 Eiwog-Siedlung Rohbänkli, Aathal-Seegräben

1996 GBZ 7, Wohnüberbauung Witikonerstrasse, Zürich

Unterricht/Bildung
1982 Hofgestaltung Berufsschule, Uster (Wettbewerb, 1. Preis)

1995 RHF, Primarschulanlage Rütihof, Zürich

Handel/Verwaltung
1986/90 Parkgestaltung Dr.-L.-Marxer-Stiftung, Vaduz

1995 Platzgestaltung Liechtensteinische Landesbank, Vaduz

1996 Arealgestaltung Betriebshof Wildpark Langenberg, Langnau a. A.

Fürsorge/Gesundheit
1991/95 Grünentwicklungskonzept Psychiatriezentrum Hard, Embrach

1993 Umgestaltung Eingangshof Klinik Rheinau, Rheinau

Kultus/Kultur/Gastgewerbe
1986 Pflanzkonzept Friedhof Üetliberg, Zürich

1990 Hotel Meierhof, Triesen

1994 Freiraumentwicklungskonzept Kloster Elisabeth, Schaan

Sport
1985/86 Tennisanlage Chilewies, Zürich

1986 Projekt Aargauisches Kurszentrum für Sport, Wohlen (Wettbewerb, 1. Preis)

1995 Schul- und Quartiersportanlage Rütihof, Zürich

Verkehrsanlagen/Plätze
1986 P+R Hardturm, Zürich

1995 Neugestaltung Postplatz, Vaduz

1996 Gestaltung Bahnhofplatz, Einsiedeln

Spezielle Grünräume
1984 Planungsstudie Überdeckung Einschnitt Entlisberg, Zürich

seit 1991 Entwicklungskonzept Wildpark Langenberg und Realisierung Teilprojekte, Langnau a. A.

Abbildungen
1.+ 2. Bürohaus Kastanienhof, 1988

3.+ 4. Dr.-L.-Marxer-Stiftung, Vaduz, 1986/90

Appert + Zwahlen

Landschaftsarch. HTL/BSLA
Ober-Altstadt 18
6300 Zug
Telefon 041-710 58 30
Telefax 041-710 81 80

Gründungsjahr 1990

Inhaber
Karl-Andreas Appert, Landschaftsarchitekt HTL/BSLA

Erich Zwahlen, Landschaftsarchitekt HTL/BSLA

Mitarbeiterzahl 1

Spezialgebiete
Ein-/Mehrfamilienhausgärten
Umgebung Firmengebäude
Dorf- und Stadtplätze
Friedhöfe
Schul- und Sportanlagen
Parkanlagen und Spielplätze
Dach- u. Fassadenbegrünung
Reitanlagen

Publikationen
«Von Möblierung und neuer Enthaltsamkeit», Der Gartenbau 25/87

«Italienische Gärten – Schönheit nach Mass», Der Gartenbau 1/89

«Neue Plätze in Barcelona», Der Gartenbau 33/89

«Zuger Gartengeschichte», Zuger Neujahrsblatt 1995

Philosophie
«Das Einfache ist nicht immer das Beste, aber das Beste ist immer einfach.» (H. Tessenow)

Wichtige Projekte
1990 Reitanlage Bann, Steinhausen

1992 Dachterrassen Wohn- u. Geschäftshaus Seerose, Zug

1992 Privatgarten R. Straub, Zug

1994 Wohnüberbauung Herti-Forum, Zug (mit Architekten Kuhn Fischer Partner, Zürich)

1994 Innenhof Zuger Kantonalbank, Zug

1995 Wohnüberbauung Chemleten, Hünenberg (mit Architekten Ammann + Baumann, Zug)

1995 Wohnüberbauung Untere Rainstrasse, Inwil (mit Architekten Müller + Staub, Baar)

1995 Privatgarten Familie Zehnder, Buchrain (mit Architekten Marques . Zurkirchen, Luzern)

1995 Wohnüberbauung Sagenbrugg, Baar (mit Architekten Müller + Staub, Baar)

1995 Wohnüberbauung Dorfzentrum, Kölliken (mit Architekten Naef Partner, Zürich)

1995 Dorfschulhaus, Ruswil (mit Architekten Marques . Zurkirchen, Luzern)

Wettbewerbe
1992 Bundesplatz Bern (3. Rundgang)

1994 Innenstadt Brig (4. Preis)

1994 Steinfabrikareal in Pfäffikon, mit Architekten Marques . Zurkirchen, Luzern (2. Preis)

1994 Wohnüberbauung Roost in Zug, mit Architekten Bosshard + Sutter, Zug (3. Preis)

1994 Liegenschaft Rössli in Ibach (1. Preis)

1994 Areal Kreuzstrasse in Willisau, mit Architekten Cometti Galliker Geissbühler, Luzern

1995 Signet-Wettbewerb «SIA-Tage 1996» (4. Preis)

1995 Seminarzentrum Rückversicherung in Rüschlikon, mit Architekten Marques . Zurkirchen, Luzern

1995 Wohnüberbauung Buag-Areal in Uster, mit Architekten Kuhn Fischer Partner, Zürich

1995 Oberstufenschule Sennweid in Baar, mit Architekten Hegi Koch Kolb, Zug

1996 Gottesacker in Riehen (1. Preis)

1997 Areal Kistenfabrik in Zug (1. Preis)

Aktuelle Projekte
Kant. Verwaltungszentrum, Zug (mit Architekten S. Kistler und R. Vogt, Biel/Zug)

Privatgarten Fam. Estermann, Malters (mit Architekten Marques . Zurkirchen, Luzern)

Fuss- und Veloweg SBB-Schleife, Zug

Schulhaus Oberwil, Zug (mit Architekten Bosshard + Sutter, Zug)

Stadtvillen, Zug (mit Architekt Alois Fischer, Cham)

Wohnüberbauung Seidenhof-Park, Rüti (mit Architekten Kyncel & Arnold, Zürich)

Wohnüberbauung AGB, Risch (mit Architekten Müller+Staub, Baar)

Abbildungen

1. + 2. Ideenwettbewerb Steinfabrikareal, Pfäffikon (mit Architekten Marques . Zurkirchen, Luzern; 2. Preis)

3. Sitzmauer mit Keramikscherben, Wohnsiedlung Herti-Forum, Zug (mit Architekten Kuhn Fischer Partner, Zürich)

4. Projektwettbewerb Neugestaltung der Innenstadt von Brig (4. Preis)

ASP Atelier Stern & Partner

Landschaftsarchitekten
und Umweltplaner AG
BSLA, SIA, VGL, VSS,
Verein für Ingenieurbiologie
Tobeleggweg 19
8049 Zürich
Telefon 01-341 61 61
Telefax 01-341 01 49
e-mail: asp@pop.agri.ch

Gründungsjahr 1974

Inhaber/Partner
Edmund Badeja,
dipl. Ing. Landschaftsarchitekt

Gerwin Engel, dipl. Ing.
Landschaftsarchitekt BSLA

Hans-Ulrich Weber, dipl. Ing.
Landschaftsarchitekt BSLA

Christian Stern, dipl. Ing.
Landschaftsarchitekt BSLA,
SIA, SWB

Leitende Angestellte
Sabine Kaufmann,
Landschaftsarchitektin HTL

Thomas Schweizer,
dipl. phil. II, Geograf, SVU

Michael Stocker, dipl. Zoologe,
Raumplaner ETH/NDS

Mitarbeiterzahl 15

Spezialgebiete
– Gartenarchitektur,
  Freiraumgestaltung
– Pflege- und
  Entwicklungskonzepte
– Gartendenkmalpflege
– Landschaftsplanung
  und Landschaftsgestaltung
– Quartiergestaltungspläne
– Umweltverträglichkeits-
  berichte
– Natur- und Landschafts-
  schutz
– Koordination
  und Projektmanagement

Publikationen
Fachbeiträge in anthos,
SIA Schweizer Ingenieur und
Architekt, Der Gartenbau,
VGL-Mitteilungen u. a.

Auszeichnungen
1994 Grünpreis der Stadt
Zürich für Verwaltungszentrum
Üetlihof, Schweiz. Kreditanstalt, Zürich

1994 Brunel Awards
für Landschaftsgestaltung der
Zürcher S-Bahn im Glattal

1993 Naturschutzpreis Kt. Uri
für Waffenplatz Andermatt

Philosophie
Die Eigenart des jeweiligen
Ortes, seine Geschichte und
die ökologische Situation
verlangen nach einer eindeuti-
gen Antwort, wenn Qualitäten
erhalten, gefördert oder
neue Akzente gesetzt werden
müssen.

Wichtige Projekte
1969–95 Reusstalsanierung
Kt. Aargau (Landschafts-
planung und Gestaltung)

1977–94 Friedhof Köniz BE
(Wettbewerb, 1. Preis)

1978–82 Seeuferanlage
Färberei, Thalwil

1978–86 und 1994–98 Parkanlage Universität Zürich-Irchel
(Wettbewerb, 1. Preis)

1984 Internationale Gartenbau-
ausstellung, Farntal, München

1985–90 Grünanlage Bergli, Zug

1986–91 Dorfplatzgestaltung,
Egg ZH

1988–90 Park der Villa
Patumbah, Zürich (Garten-
denkmalpflege)

1988–90 Grün- und Freiraumkonzept Basel Nord

1988–95 SBV Swiss Bank
Center, Opfikon

1989–95 Deponiestandort-
evaluation Kt. Zürich (Bereich
Landschaft)

1991–94 Wohnüberbauung
im Högler, Dübendorf

1992–95 Krankenheim oberes
Glattal, Bassersdorf

1992–95 Naturschutzinventar
Thalwil

1994–96 Ausbau- und
Gestaltungsprojekt, UVB ZZ-
Ziegeleigrube, Tuggen

1994–97 Friedhof Oberwangen,
Gemeinde Köniz, BE

1995–97 Altersheim Gibeleich,
Opfikon, ZH

Aktuelle Projekte
Seeufergestaltung, Rüschlikon

Malchower Auenpark, Berlin

Umgebungsgestaltung ITR,
Rapperswil

Landschaftsgestaltung, Teil-
berichte UVB Nationalstrasse
N4.1.4, Verkehrsdreieck Brunau

Bachöffnung Zwirnerstrasse,
Zürich-Leimbach

Friedhof Wohlen, BE

Landschaftsgestaltung und
Koordination Thurunterhalt,
Alten-Andelfingen, ZH

Interreg II, EU/EG Entwicklungskonzept Klettgaurinne
CH/D, Koordination

Abbildungen

**1. Krankenheim Bethesda,
Küsnacht ZH, 1993–96**

**2. Stadthaus Effretikon ZH,
1994–96**

**3. Pergola Wohnüber-
bauung im Högler,
Dübendorf, 1991–94**

**4. Parkanlage Universität
Zürich Irchel, 1978–86**

**5. Revitalisierte Flussland-
schaft der Thur, Kt. Zürich**

Roman Berchtold

**Landschaftsarchitekt
HTL BSLA
Steinstrasse 65
8003 Zürich
Telefon 01-451 24 17
Telefax 01-451 32 23**

Gründungsjahr 1994
1998 Übernahme des Büros Felix Guhl, Landschaftsarchitekt BSLA, Zürich

Inhaber
Roman Berchtold, Landschaftsarchitekt HTL BSLA

Mitarbeiterzahl 1–2

Arbeitsgebiete
– Freiraumplanung/ Gartenarchitektur im öffentlichen und im privaten Bereich
– Ausführungsplanung und Bauleitung
– Gartendenkmalpflege
– Grünplanung
– Landschaftsgestaltung
– Begleitplanungen

Spezialgebiete
– Dorf- und Stadtplätze
– Schulanlagen
– Freizeit-, Spiel- und Sportanlagen
– Aussenanlagen zu Wohnsiedlungen
– Friedhöfe
– Parkanlagen

Projekte und Wettbewerbe
1994 BSLA-Wettbewerb Aktualisierung der Grünanlage Carl-Spitteler-Quai, Sanierungsvorschläge für den National- und den Schweizerhofquai der Stadt Luzern (mit F. Heinzer, Einsiedeln; 2. Preis)

1994 Studienauftrag Freiraumgestaltung Mehrzweckhalle und Oberstufenschulhaus Muotathal (mit F. Heinzer, Einsiedeln; 1. Rang und Ausführung 1995)

1994 Sanierung Umgebungsgestaltung Schulhaus Chrüzächer, Regensdorf (für Büro F. Guhl, Zürich)

1995 Studienauftrag Freiraumgestaltung Dorfplatz Ibach (mit F. Heinzer, Einsiedeln; 1. Rang und Ausführung 1996)

1996 Wettbewerb «Aussenräume 5», Zürich (mit I. Blaser, Zürich)

1996 Studienauftrag Umgebungsgestaltung Schulhäuser Runggelmatt und Dorfmatt, Wollerau (mit F. Heinzer, Einsiedeln)

1996 Wettbewerb «Aussenräume Stein am Rhein» (mit A. Steiner, Rapperswil)

1996 Wettbewerb Oberstufenschulhaus Rösslimatt, Seewen-Schwyz (mit Stocker & Stocker, Lachen, R. Birchler, Einsiedeln, A. Steiner, Rapperswil, F. Heinzer, Einsiedeln; Ankauf)

1997 Internationaler landschaftsplanerischer Realisierungswettbewerb Spreebogen, Berlin (mit A. Steiner, Rapperswil, F. Heinzer, Einsiedeln; Berater: D. Marques und L. Deon, Luzern; 2. Phase)

1997 Umgebungsgestaltung Erweiterung Schulhaus Eggeli, Sattel (mit F. Heinzer, Einsiedeln, A. Steiner, Rapperswil)

1997 Studienauftrag Freiraumgestaltung Sternenplatz, Einsiedeln (mit F. Heinzer, Einsiedeln, A. Steiner, Rapperswil)

1997 Projektstudie Neugestaltung Vorbereich Kantonalbank Schwyz und Busbahnhof, Schwyz (mit F. Heinzer, Einsiedeln, A. Steiner, Rapperswil)

1997 Studienauftrag Umgestaltung Wysshusplatz, Richterswil (mit A. Steiner, Rapperswil; 1. Rang und Auftrag zur Weiterbearbeitung)

1998 Umgebungsgestaltung Sanierung Kunsteisbahn Dolder, Zürich (Projekt: F. Guhl, Zürich. Weiterbearbeitung mit A. Steiner, Rapperswil)

1998 Wohnumfeldverbesserung Wohnsiedlung Unteraffoltern II, Zürich (Projekt: F. Guhl, Zürich. Weiterbearbeitung mit A. Steiner, Rapperswil)

Abbildungen

1. Spielbereich der alten Schulhäuser Muotathal

2. Pausen- und Festplatz Oberstufenschulhaus und Mehrzweckhalle Muotathal

3. Dorfplatz Ibach, Sicht von aussen

4. Dorfplatz Ibach, Sicht von innen

5. Dorfplatz Ibach

Rolf Bütikofer

Grünplanung + Landschaftsarchitektur HTL/BSLA
Kilchbergstrasse 25
8134 Adliswil
Telefon 01-709 06 50
Telefax 01-709 06 70
e-mail: bueti1@bluewin.ch

Gründungsjahr 1994

Inhaber/Partner
Rolf Bütikofer

(vormals Gerhard C. Richter, Zumikon)

Spezialgebiete
Friedhöfe

Spiel-, Sport und Erholungsanlagen

Schulanlagen

Ein- und Mehrfamilienhausgärten

Dach- und Fassadenbegrünungen

Bachöffnungen, -revitalisierungen

Strassenraumgestaltung

Philosophie
Ziel meiner Arbeit ist die Umsetzung von individuellen Bedürfnissen des Menschen in seiner nächsten Lebensumgebung unter optimaler Berücksichtigung von ökologischen und ökonomischen Rahmenbedingungen.

Bei der Beurteilung von Räumen, Gärten und Landschaften sollen adäquate, benutzerfreundliche Lösungen für die nachhaltige Planung und Gestaltung gefunden werden.

Ich sehe meine Aufgabe darin, der Bauherrschaft auf allen Gebieten der Aussenraumgestaltung ein unabhängiger, kompetenter Partner zu sein.

Wichtige Projekte
1993/94 Altersheim Wangensbach, Küsnacht

1994 MFH Nicolussi, Zumikon

1994 Erweiterung Friedhof Embrach

1995 Bachöffnung Gössikerbach, Zumikon

1995 Bachöffnung Dorfbach Schwamendingen, Zürich

1995 Begleitplanung für Radweg Sihltal, Abschnitt Adliswil

1996 Neugestaltung Atrium und Umgebung Schulhaus Werd, Adliswil

1996 EFH Stünzi, Horgen

1996 Neubau Friedhof Rorbas/Freienstein-Teufen

1996 Grünzug Kühriedweg, Abschnitt Hallenbad–Kirchenackerweg, Zürich

1997 Landhaus Kündig, Küsnacht

1997 EFH Lanz, Erlenbach

1997 Geschäftshaus Lanz, Zollikon

1997 EFH Koch Hänggi, Schönenberg

1997 Mehrzweckwiese Schwimmbad Heerensteg, Rorbas

1997 Urnennischenanlage Friedhof Embrach

Aktuelle Projekte
Bachausdolung Graben am Hungerberg, Zürich

Neugestaltung Nebensammelstellen in Adliswil

Mehrfamilienhaus Pensionskasse Stadt Adliswil, Adliswil

Abbildungen
1.+2. Friedhof Rorbas/Freienstein-Teufen, 1996

3. «Sitzungszimmer im Freien», Geschäftshaus Lanz, Zollikon, 1997

4. Bachöffnung Dorfbach Schwamendingen, Abschnitt Bad Auhof, Zürich, 1995

5. Neugestaltung Atrium Schulhaus Werd, Adliswil, 1996

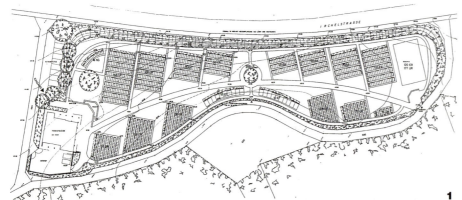
1

2

3

4

5

Dardelet GmbH

Büro für Landschafts-
architektur
Gewerbestrasse 12 A
8132 Egg b. Zürich
Telefon 01-984 33 03
Telefax 01-984 09 50

Gründungsjahr 1989

Inhaber
Jean Dardelet, Landschaftsarchitekt HTL/BSLA

Mitarbeiterzahl 2–3

Arbeitsgebiete
Freiraumgestaltung:
Privatgärten, Grünanlagen zu
Wohnbauten, Industrie- und
Verwaltungsbauten, Schulen,
Spitäler, Altersheime

Sport- und Freizeitanlagen,
Parkanlagen, Friedhöfe, Plätze

Landschaftsplanung:
Landschaftspflegerische
Begleitprojekte, Umweltver-
träglichkeitsberichte

Landschaftsentwicklungs-
konzepte, Pflegepläne

Golfplatzplanung:
Golfdesign, landschafts-
pflegerische Begleitplanungen,
Gestaltungspläne

Philosophie
Jede Aufgabe als neue Herausforderung angehen und bis
ins Detail lösen. Durch quali-
tative Gestaltung einen
wesentlichen Beitrag zur Stei-
gerung der Lebensqualität
leisten.

Wichtige Projekte

Freiraumgestaltung
1989 EFH, Hinterbuchenegg

1990 Wohn- und Geschäfts-
häuser Höngger Markt, Zürich

1990 Wohn- und Geschäfts-
häuser Im Rank, Zürich

1992 Wohnüberbauung
Im Rehbüel, Uster

1992 EFH, Esslingen

1992 Werkheim/Heusser-Gut,
Uster

1993 EFH, Zelgmatt, Egg

1994 EFH, Opfikon

1995 Familiengartenareal
Aemet, Egg

1996 Parkplatz und
Umgebung Clubhaus Golf
Schloss Goldenberg, Dorf ZH

1996 EFH, Weiningen

1996 Reitzentrum Hofgut
Albführen, Dettighofen (D)

1996 Sanierung Sportanlagen
Schulhaus Bützi, Egg

1997 Wohnüberbauung Längi-
Hanselmaa, Egg (mit M. Fürer)

1997 Wohnbebauung
Büelhalde, Egg

**Landschaftspflegerische
Begleitplanungen**
1994–95 Golfanlage Unter-
engstringen (Auenlandschaft)

1995–96 Golfanlage Schloss
Goldenberg, Dorf

1996 Erweiterung Golf
Bubikon

1996 Umweltverträglichkeitsbericht Golf Unterengstringen

Golfplatzplanung
1992 Public Golf Bubikon:
Konzept Kompaktplatz

1994–95 Golfplatz Flühli-
Sörenberg: Gesamtplanung

1994–96 Golfplatz Unter-
engstringen: Gesamtplanung

Gestaltungspläne
1994 Gestaltungsplan
Golfanlage Unterengstringen

1994 Gestaltungsplan Golfanlage Schloss Goldenberg, Dorf

1996 Gestaltungsplan Erweiterung Public Golf Bubikon

1997 Gestaltungsplan Studen-
wis, Betriebserweiterung, Uster

1997 Gestaltungsplan Driving
Range/Kulturpark Uster

Aktuelle Projekte
Golfanlage Unterengstringen:
Ausführungsphase

Driving Range/Kulturpark
Uster

MFH-Überbauung
Im Haufland, Uster

MFH-Überbauung Ruebstein,
Meilen

Abbildungen

**1. Parkplatz Golfanlage
Schloss Goldenberg, Dorf,
1997**

**2. Ökologische Ausgleichs-
flächen Golfanlage Schloss
Goldenberg, Dorf, 1996**

**3. Wasserbecken EFH,
Zibertstrasse, Opfikon,
1994**

**4. Sichtmauerwerk EFH,
Zelgmatt, Egg, 1993**

**5. Der andere Garten, EFH,
Esslingen, 1997**

Marcel Fürer

Landschaftsarchitekt BSLA
Fabrik Schönau
Schönaustrasse 15
8620 Wetzikon
Telefon 01-932 16 20
Telefax 01-932 61 68

Gründungsjahr 1983/1995

Inhaber
Marcel Fürer,
Landschaftsarchitekt HTL

Mitarbeiterzahl 1

Spezialgebiete
Objektplanung

Gartendenkmalpflege

Wichtige Projekte

Objektplanung

1985–87 Kantonsschule Zürcher Oberland, Wetzikon

1986–88 Bachlauf Wettinger Tobel, Zürich-Höngg

1986–89 Erweiterung Friedhof Fischenthal

1991–94 Ausgleichskasse Kt. Schwyz (mit BSS-Architekten, Schwyz, und Wèlé Bertschinger, Künstler, Uster)

1992–95 Wohn- und Geschäftshaus Dettlingsmatt, Brunnen (BSS-Architekten)

1994–95 Wohnüberbauung Mettmenried, Nänikon (mit S+M Architekten, Zürich)

1994–95 Garten Strub, Oberdürnten

1995 Kath. Pfarreizentrum, Egg (Architekt M. Sik, Zürich)

1995–96 Wohnsiedlung Längi-Hanselmaa, Egg (asa-Architekten, Rapperswil; ArGe mit LA J. Dardelet, Egg)

1995–97 Wohnprojekt Mythenstein, Brunnen (BSS-Architekten, Schwyz)

1995–96 Musikerwohnhaus Bienenstrasse, Zürich (Architekt M. Sik, Zürich)

1995–97 Seeuferanlage Bellevue-Quai, Brunnen

1996–97 Wohnüberbauung Rietli, Herrliberg (Architekt D. Hanhart, Uster)

1997 Röhricht-Renaturierung, Erlenbach, Erfolgskontrolle und Pflegeanleitung (mit Geobotanischem Institut, Zürich)

seit 1995 Postplatz und Wohnüberbauung Steinburg, Richterswil (Architekt Baumann und Frey, Zürich)

seit 1995 Wohnsiedlung Spiegelacker, Rikon (asa-Architekten, Rapperswil, und Dahinden und Heim, Winterthur)

Gartendenkmalpflege

1990 Gartendenkmalpflegerisches Gutachten zur ehemaligen Spinnerei Guyer-Zeller in Neuthal, Bäretswil

1992–97 Sanierung historischer Garten Guyer-Zeller-Gut in Neuthal, Bäretswil

1996 Gartendenkmalpflegerisches Gutachten zur ev.-ref. Kirche, Zürich-Enge

Wettbewerbe

1987 Erweiterung Friedhof Zelgli, Effretikon, Studienauftrag, 1. Rang, Ausführung 1988–91 und 1994

1991 Seepromenade Weggis, 1. Preis (mit Ing.-Büro Steffen, Luzern, und BSS-Architekten, Schwyz)

1997 Schul- und Quartieranlage Gutenswil, Studienauftrag, 2. Preis (mit S+M Architekten, Zürich)

1998 Ideenwettbewerb Neugestaltung Messeplatz und Service Center Messe Basel (mit Architekt M. Sik, Zürich und Verkehrsingenieur O. Merlo, Zug)

Abbildungen

Wasserspiele:

1. Ausgleichskasse des Kantons Schwyz, Ibach, 1994

2. Atrium Wohn- und Geschäftshaus Dettlingsmatt, Brunnen, 1995

3. Historischer Garten Guyer-Zeller-Gut, Neuthal, 1996

Fotos: M. Fürer

Guido Hager

Landschaftsarchitekt
BSLA/HTL/SWB/ICOMOS
Hauserstrasse 19
8032 Zürich
Telefon 01-251 22 55
Telefax 01-251 22 88
E-mail: guido.hager@bluewin.ch
www.guidohager.ch

Gründungsjahr 1984

Inhaber Guido Hager

Mitarbeiterzahl 4

Spezialgebiete
Objektplanung
Gartendenkmalpflege

Publikationen
Der Gartenbau 45/87, 3/89, 29/90, 37/95, 4/96, 7/97; SIA 6/96; anthos 2/90, 4/90, 1/92, 2+3/95; Heimatschutz 1/91; Unsere Kunstdenkmäler 2/91, 1/93; Topos 12/95, 19/97; Planbox 1996

Französische Schule Bern, in: D. Kienast, «Zwischen Arkadien und Restfläche», Luzern 1992

«Gartenarchitektur/Freiraumgestaltung – Gartendenkmalpflege», Nachdiplomstudium ITR 1991/92 (Hrsg.)

«Gute Gärten – Gestaltete Freiräume in der Region Zürich», 1995 (Hrsg.)

Vorträge, Lehr- und Jurytätigkeit im In- und Ausland

Wichtige Projekte

Objektplanung
1988 Swisscom, Zürich-Binz (mit Fischer Architekten)
1988 Hirschengraben 54, Zürich
1989 Schärrerwiese, Zürich-Höngg
1993 Garten Trösch, Feldmeilen
1996 Überbauung Limmatwest / Schöllerareal, Zürich (mit Kuhn Fischer Partner)
1996 Garten Fridlin, Zug

Sanierte Gartendenkmäler
1984 Arboretum, Zürich
1986 Rechberg-Garten, Zürich
1996 Villa Bleuler, Zürich (mit Arcoop, Zürich)
1987 Schulhaus Liguster, Zürich
1989 Stadthausanlage, Zürich
1991 Schindlergut, Zürich
1993 Zollikerstrasse 117, Zürich
1993 Kleiner Türligarten, Chur
1994 St. Katharinenthal, Diessenhofen
1995 Garten Herrenhaus, Grafenort OW
1996 Blumengarten und Feigengarten im Grossen Garten, Hannover-Herrenhausen (D)
1996 Villa Stünzi, Horgen

Gartendenkmalpflege
1988 Schulhaus Milchbuck, Zürich
1991 Friedhof Sihlfeld, Zürich
1991 Park-Hotel Waldhaus, Flims
1991 Rütli, Seelisberg UR
1993 Schloss Haldenstein GR
1995 Museo Vela, Ligornetto TI
1995 St.-Leonhard-Anlage, St. Gallen
1995 Kloster Einsiedeln (mit A. Buschow Oechslin und F. Heinzer)
1995 Stockalperpalast, Brig (EKD-Konsulent)
1996 Schweizerhofquai, Luzern (mit D. Geissbühler)
1996 Bonstettenpark, Thun
1997 Von Wattenwyl-Haus, Bern
1997 Altes Gebäu und Fontanaplatz, Chur

Wettbewerbe, Studienaufträge
1987 Kasernenareal, Zürich (mit S. Rotzler, J. Altherr u.a.; 1. Preis)
1987 Sihlraum, Zürich (mit S. Rotzler, A. Borer u.a.; 2. Preis)
1992 Volg-Areal, Winterthur (mit Fischer Architekten; 2. Preis)
1992 Expo 2000, Hannover (D) (mit Arnaboldi + Cavadini; 1. Preis)
1992 Alterssiedlung, Adliswil (mit Arcoop, Zürich; 2. Preis)
1993 Monbijoupark, Berlin (D) (Ankauf)
1995 Rück-Versicherung, Rüschlikon (mit Dachtler Architekten; 1. Preis)
1995 Pankow, Berlin (D) (mit d-companie, Bern; 3. Preis)
1997 Platz der Einheit, Potsdam (D) (2. Preis)

Abbildungen
1. Garten Herrenhaus, Grafenort OW, 1995
2. Telecom PTT, Zürich-Binz, 1994

Fotos:
Terence du Fresne, Bern: 1
Wolfgang Glutz, Zürich: 2

Margrit Lutz

Landschaftsarchitekturbüro BSLA
Dornacherstrasse 8
4600 Olten
Telefon 062-212 77 50
Telefax 062-212 77 52

Mattenstrasse 1
4654 Lostorf
Telefon 062-298 28 18
Telefax 062-298 26 34

Gründungsjahr 1990

Inhaberin
Margrit Lutz,
Landschaftsarchitektin HTL

Mitarbeiterzahl 2

Spezialgebiete
Gärten, Parkanlagen, Friedhöfe, Verkehrsanlagen, Strassen, Plätze

Schulen, Heime, Spitäler

Gartendenkmalpflege, Gutachten, Beratungen, Pflegewerke

Industrie, Gewerbe, Landwirtschaft

Dorf- und Zentrumsgestaltung

Dach- und Fassadenbegrünung

Landschaftsplanungen, Inventare, Naturkonzepte

Philosophie
Die Gestaltung soll dem jeweiligen Ort seinen speziellen, unverwechselbaren Charakter geben, wobei das Wohlbefinden des Menschen ein zentrales Anliegen ist.

Wettbewerbe
1986 Gestaltung Grünzone Ziegelrain, Aarau
(1. Preis; nicht realisiert)

1995 Bezirksspital Dornach
(1. Preis)

1996 Schulanlage Brühl, Dornach (1. Preis)

1996 Platzgestaltung «Hinterstieg», Endingen (4. Preis)

Wichtige Projekte
1990 Garten H. R.+ M. Lutz, Lostorf

1991 ATEL-Parkplätze, Aarburgerstrasse, Olten

1991 Wasserstoff-Pilotanlage, Niedergösgen

1992 Behindertenheim Schärenmatte, Olten

1993 Naturinventar Gemeinde Dulliken

1993 Studentenwohnheim «Binzenhof», Aarau

1993 Garten M. Gautschi, Windisch

1994 Erweiterung Primarschule, Lostorf

1994 Garten P.+V. Enzler, Lostorf

1995 MFH, Häberlinstrasse, Frauenfeld

1995 Informationspavillon KKG Gösgen

1995–97 Einrichtungszentrum Möbel Pfister, Pratteln

1995 Naturinventar Gemeinde Stüsslingen

1995–96 Bezirksspital Dornach

1996–97 Schulhaus Brühl, Dornach

1997 Platzgestaltung, Oberdornach

1997 Garten Fam. Gassler, Schönenwerd

Aktuelle Projekte
Schulhaus Späri, Hägendorf

Garten R.+ E. Vonrüti, Starrkirch

Garten M. Bolliger, Schlossrued

Schulhausplatzsanierung, Oberwil

Abbildungen

1. Regionale Entsorgungsanlage RENI AG, Niedergösgen, 1994–96

2. Stützmauer mit integriertem Bassin und Gartentreppe, Haus Lutz, Lostorf, 1990

3. Buchsornamente im Eingangsbereich, Haus Lutz, Lostorf, 1990

4. Duftgarten des Bezirksspital Dornach, 1995–96

Moeri & Partner AG

**Landschaftsarchitekten
HTL/BSLA
Wasserwerkgasse 6
3000 Bern 13
Telefon 031-312 86 86
Telefax 031-312 86 84**

Gründungsjahr 1984

Inhaber
Daniel Moeri,
Landschaftsarchitekt HTL
und Doris Moeri, Administration

Mitarbeiterzahl 5

Philosophie
Landschaftsarchitektur ist dem Wohlbefinden des Menschen in seiner jeweiligen Umgebung verpflichtet.

Wir planen und gestalten ganzheitliche Lösungen in den Lebensbereichen Siedlung, Aussenraum und Landschaft.

Vernetztes Denken, unter spezieller Beachtung ökologischer Zusammenhänge, ist unsere methodische Arbeitsgrundlage, um den Bedürfnissen der Zukunft gerecht zu werden.

Als Landschaftsarchitekten koordinieren wir die Vernetzung von verschiedenen Planungs- und Gestaltungsprozessen der Architektur und des Ingenieurwesens mit all ihren Spezialgebieten.

Spezialgebiete
Beratung:
Wir begleiten Behörden und Kommissionen in der Koordination und der Umsetzung von kommunalen Teilplanungen: Umwelt, Siedlung, Verkehr, Landschaft und Umweltschutz.

Planung:
Wir übernehmen vielfältige Planungsaufträge:

Aussenraumgestaltung von öffentlichen Bauten und Anlagen

Siedlungsaussenräume

Strassenraumgestaltungen

Renaturierungsprojekte

Landschaftsplanungen

Ausführung:
Wir realisieren in treuhänderischer Funktion Bauvorhaben in Garten- und Landschaftsbau.

Wettbewerbe
1993 Ideenwettbewerb Zentrum Bahnhof Gümligen (mit Arch. Hebeisen und Vatter, Bern; 1. Preis)

1995 Ideenwettbewerb Häberlimatte, Zollikofen (mit Arch. Hebeisen und Vatter, Bern; 2. Preis)

1995 Studienauftrag Dorfzentrum Kirchberg, Rehlipark (eingeladener Wettbewerb, 1. Preis)

1995 Projektwettbewerb Kantonsstrasse in Köniz (mit AAP Architekten, Bern, und Ing. Roduner; 5. Preis)

1995 Ideenwettbewerb Jurastrasse, Ittigen (mit Vincenzo Somazzi+Partner; 3. Preis)

1995 Parallelprojektierung Verkehrssanierung Worb, Teilprojekt Nord, 2. Etappe (mit Ing. Zeltner+Maurer AG, Belp; 1. Preis)

1997 Planungs- und Projektwettbewerb Schlossgut/Inseli in Konolfingen-Stalden (Arch. Kurt+Partner, Burgdorf; 2. Preis)

Wichtige Projekte
1991 Ascom Hasler, Schwarzenburgstrasse, Bern (mit Arch. Nöthiger+Schlosser, Worb)

1995 Entwicklungsschwerpunkt Bern-Ausserholligen, Studien öffentliche Aussenräume Weyermannshaus

1996 Rekonstruktion und Neugestaltung Garten Bickgut, Würenlos (mit Arch. Matti, Bürgi, Ragaz, Hitz, Bern)

1997 Sportanlage Arniacker, Grosshöchstetten

Aktuelle Projekte
Überbauung Etzmatte, Urtenen (mit Arch. Reinhard +Partner, Bern)

Zentrallaboratorium Rotkreuzstiftung, Blutspendedienst SRK, Bern (mit Arch. Nöthiger +Schlosser, Worb)

Firmengelände mit Skulpturenpark Grässlin, St. Georgen (D) (mit Arch. Humbert, Bern, und J. Szeemann, Genf)

ESS, Projekt Entflechtung Schiene und Strasse, Urtenen

Planungsstudie Weissenstein/ Neumatt, Bern und Köniz (mit Arch. S. Schenk, H. Mollet und M. Werren, GWJ)

Gestaltung Schallschutzwände Kantonsstrasse, Aarwangen

Studie Gesamtrenaturierung Urtenenbach

Abbildungen

1. Studienauftrag Dorfzentrum Kirchberg, Rehlipark, 1995

2. Studienauftrag Bernstrasse, Zollikofen (mit Arch. Hebeisen und Vatter, Bern), 1996

3. Überbauung Burgergasse, Burgdorf (mit Arch. Kurt+Partner, Burgdorf), 1996

4.+5. Gartengestaltung Fam. Kunz, Burgdorf (hist. Franz-Schnyder-Haus), 1997

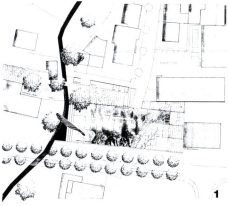
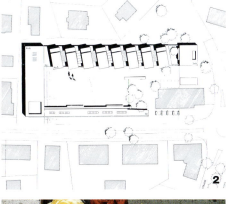

Atelier Neuenschwander – Umwelt

Architekten
SIA/BSA/SWB/GSMBA
Rütistrasse 38
8044 Gockhausen
Telefon 01-821 27 85
Telefax 01-821 27 49

Gründungsjahr 1953

Inhaber/Partner
Eduard und Matti Neuenschwander, dipl. Arch. ETH

Leitende Angestellte
Anja Bandorf,
dipl. Gartenarchitektin BSLA

Mitarbeiterzahl 7

Publikationen und Preise
«Niemandsland – Umwelt zwischen Zerstörung und Gestalt», Birkhäuser Verlag, 1988

«Schöne Schwimmteiche», Ulmer-Verlag, 1994

Zahlreiche Artikel in Fachzeitschriften

Diverse Gastvorlesungen in Deutschland, Österreich und der Schweiz

Bruno H. Schubert-Preis, Frankfurt, 1998

Philosophie/Spezialgebiete
Wir planen Garten- und Parkanlagen für verschiedenste Ansprüche. Kennzeichen unserer Arbeit ist die Verzahnung von Architektur und Natur. Sie basiert auf unserer langjährigen Erfahrung als Architekten und Landschaftsarchitekten. Wir schaffen natürliche Lebensräume für Pflanzen, Tiere und Menschen im urbanen Kontext. Die Einheit von hoher gestalterischer und ökologischer Qualität und kostengünstiger Realisierung ist dabei Voraussetzung.

Spezialgebiete:
– Natürliche Gewässeranlagen
– Schwimmteiche
– Dachlandschaften mit extensiver Begrünung und Spezialbiotopen
– Umbau und Ergänzung konventioneller Garten- und Parkanlagen mit natürlichen Biotopen
– Zoologische und botanische Wiederansiedlungsprogramme
– Regenwasserbewirtschaftung und Retentionsprogramme

Wichtige Projekte
1969 Einfamilienhaus, Gockhausen (Bild 1: Durchdringung von Innen- und Aussenraum. Die Gebäudestruktur geht in das Bodenrelief über, die Klarheit der Architektur setzt sich in der Durchgestaltung des Bodenbelages fort, der sich auflöst und in die freie Landschaft übergeht. Spalten, Vor- und Rücksprünge bilden Nischen für Pflanzen und Tiere.)

1979 Einfamilienhaus, Zumikon (Bild 2: Dachbegrünung, Wasseranlage über Garagendecke, Sandsteinblöcke sind Bindeglieder zwischen Haus und Wasser, die Zwischenräume Spezialstandorte für Trockenstauden.)

1979 Garten und Dachterrassen, Freudenbergstrasse, Zürich

1980 Schweizerische Ausstellung für Garten und Landschaftsbau «Grün 80», Sektor Land und Wasser, Basel (mit Atelier Stern und Partner; 2. Preis und Ausführung)

1980 Parkteil West, Universität Zürich-Irchel; 1. Preis und Ausführung (Bild 3: nachhaltige Naturlandschaft – öffentlicher Park vom Verkehr umbrandet. Wasser, Steinanlagen, Allmenden, Waldflecken – Raum für Bewegung, Sport und Spiel, Ruhe und Erholung. Mensch, Pflanzen und Tiere nebeneinander und miteinander.)

1982 Anlage von 10 000 m² Dachlandschaft, Universität Zürich-Irchel

1987 Umgebung und Badeteichanlage Gehrenholzpark, Zürich

1987 Umgebung Taubblindenheim, Langnau a.A.

1987 Parkgestaltung über Betondeckel Einschnitt Wipkingen, Zürich

1992 Wettbewerb «Grüne Mitte»: Gymnasien, Sportanlagen und Umgebung, Hamburg (Ankauf)

1995 Umgebungsgestaltung Wohnüberbauung Hasenbüel, Affoltern a.A.

1995 Dorfplatzgestaltung Überbauung Fröschbach, Fällanden

1997 Weiheranlage mit Brücke, Bern

1998 Masterplan für das Stadtgrün, Comune di Pisa, Italien

seit 1986 Entwicklung und Anlage von Schwimmteichen mit natürlicher Wasserreinigung in Österreich und der Schweiz

Abbildungen
1. Einfamilienhaus, Gockhausen, 1969
2. Einfamilienhaus, Zumikon, 1979
3. Parkteil West, Universität Zürich-Irchel, 1983

Heiner Rodel

Studio Heiner Rodel
BSLA/OTIA
Via S. Gottardo, 61
6900 Massagno
Telefon 091-966 11 26
Telefax 091-966 72 61
e-mail: studiorodel@swissonline.ch

Gründungsjahr 1977

Inhaber
Heiner Rodel

Mitarbeiterzahl 4

Spezialgebiete
Grünplanung
Objektplanung
Landschaftsplanung
Landschaftsgestaltung

Specializzazioni
Pianificazione di zone verdi
Pianificazione e riassetto del paesaggio

Publikationen
«Landscape Design»,
Laurence King Publishing, UK

«The New European Landscape», Butterworth Architecture Oxford (UK)

«World of Environmental Design Urban Space I», Francisco Asensio Cerver, Barcelona (E)

Philosophie
Fachliche und planerische Entwicklung der natürlichen und gestalteten Umwelt. Mitwirken an planerischen Entscheidungen unter Berücksichtigung der Anforderungen an die räumliche und die gestalterische Qualität.

Filosofia
Sviluppo professionalmente specializzato e progettuale del paesaggio naturale e costruito. Coinvolgimento nell' elaborazione di soluzioni a livello pianificatorio, tenendo in considerazione le esigenze di qualità a livello ambientale di riassetto del paesaggio.

Wichtige Projekte
1979 Projekt Unwetterschäden Nuova Sede Ginnasiale, Locarno

1980/81 Garten zum Palast Obhor, Crown Prince Fahd, Jeddah (Saudiarabien)

1980/81 Projekt Koordination der Verschönerungsprojekte für die Städte Medina, Mecca und Taif (Saudiarabien)

1982 Garten zur neuen Botschaft der Schweiz in Riyadh (Saudiarabien)

1984/86 Platzgestaltung UBS Flur-Süd, Flurstrasse, Zürich

1984–86 Garten zum Hotel Giardino, Ascona

1987/89 Garten zur Seniorenresidenz Villa Sassa, Lugano

1987/88 Garten zur Villa J. Marquard, Herrliberg

1992–93 Landschaftspflegerische Begleitplanung für Abbauvorhaben Quarzitlagerstätte Oberschöna-Freiberg (D)

1993/95 Umgebungsgestaltung zu den Alpamare-Wasserparks in Pfäffikon SZ und Bad Tölz (D)

Aktuelle Projekte
Umgebung zum Bürogebäude UBS-Suglio, Manno

Umgebung zum neuen Radisson-SAS-Hotel Esplanade, Bad Saarow/Berlin (D)

Privatgarten für Udo Jürgens, Zumikon

Abbildungen
1. Residenz Villa Sassa, Lugano, 1990

2. Platzgestaltung UBS Flur-Süd, Zürich, 1990

3. Ausschnitt Flur-Süd, Zürich

4.–6. Hotel Giardino, Ascona, 1990:
4. Ausschnitt
5. Kinderplanschbecken
6. Schwimmbad Garten

Fotos: Karl Bühler, Genua (I)

Werner Rüeger

Landschaftsarchitekt BSLA
Unterer Graben 19
8400 Winterthur
Telefon 052-213 81 69
Telefax 052-212 47 63

Gründungsjahr 1980

Inhaber
Werner Rüeger

Leitender Angestellter
Markus Fierz

Mitarbeiterzahl 5

Spezialgebiete
Planungen für öffentlichen Freiraum

Friedhöfe

Schulhausumgebungen

Gartendenkmalpflegerische Gutachten, Pflegewerke

Landschaftsgestaltung/ Naturschutz

Publikationen
«Bahnhof Stadelhofen, Zürich», Anthos 3/85

«Schlosspark Andelfingen», Unsere Kunstdenkmäler 1/93

«Kurhaus Gyrenbad», Schweizer Hoteljournal 1/93, Anthos 2/95

Auszeichnungen
Brunel Award, Madrid 1991, internat. Auszeichnung für Bahnhof Stadelhofen, Zürich*

Auszeichnung für gute Bauten der Stadt Zürich*

Philosophie
Geschichte, Vegetation und Geologie sind Eigenheiten von jedem Ort. Neben der Architektur prägen sie wesentlich die Stimmung im Freiraum.

In der Gestaltung ein zentrales Anliegen ist der Umgang mit der Pflanze im Spannungsfeld der gebauten Welt.

Gewünschte Entwicklungen der Vegetation und die Aufgabe der Regenwasserentsorgung ermöglichen unmittelbare Naturerlebnisse in einer technisierten Welt.

Aber erst fein abgestimmte Pflege- und Unterhaltsarbeiten erhalten und realisieren den zeitgemässen Aussenraum.

Wichtige Projekte
1989 Friedhoferweiterung, Schlatt ZH

1989 Wettbewerb Steinberggasse/Neumarkt, Altstadt Winterthur (Ankauf)

1989 Wettbewerb Schwimmbad Wolfensberg, Winterthur (1. Preis)

1989 Büroneubau Gebr. Sulzer AG, Winterthur

1990 Bahnhof Stadelhofen, Zürich*

1990 Sportanlage Grafstal

1990 Parkpflegewerk Villa Hohenbühl, Zürich

1990 Inventarisierung historischer Freiräume in Winterthur

1991 Parkpflegewerk Schlosspark Andelfingen

1991 Naturschutzmassnahmen Alte Lehmgrube Dättnau, Winterthur

1991 Neubau Primarschulhaus Kleinandelfingen, Andelfingen

1992 Sanierung Gellertpark, Basel (in ArGe mit Fahrni und Breitenfeld, Basel)

1993 Friedhoferweiterung, Seuzach

1993 Ausbau Kläranlage Hard, Winterthur

1993 Neubau Bahnhof Birmensdorf

1993 Renovation Gasthof und Kurhaus Gyrenbad, Turbenthal

1994 Neubau Wohn- und Geschäftshaus Theaterstr. 26, Winterthur

1994 Neubau Gemeindehaus Stäfa

1995 Neubau Wohnhaus Rössligasse 12, Winterthur

1995 Neubau Schulhaus Hohberg, Schaffhausen

1995 Gartendenkmalpflegerisches Gutachten Villa Schlosshalde, Pfungen

1996 Parkpflegewerk Schloss Teufen ZH

1996 Parkpflegewerk Friedhof Üetliberg, Zürich

1997 Erweiterung Friedhof Seen, Winterthur

Aktuelle Projekte
Neubau Strafanstalt Pöschwies, Regensdorf

Israelitischer Friedhof, Winterthur

Hotel Laudinella, St. Moritz

Amphibienschutzmassnahmen Häsental, Winterthur

Lärmschutzmassnahmen Frauenfelderstrasse, Winterthur

* realisiert in ArGe ACR Amsler, Calatrava, Rüeger

Abbildungen

1. Kirchhügel Seuzach

2. Pausenplatz Schulhaus Hohberg, Schaffhausen

3. Platanenplatz über dem Bahnhof Stadelhofen, Zürich*

4. Friedhoferweiterung mit Urnenwänden in Seen, Winterthur

ryffel + ryffel

Büro für Garten- und Landschaftsarchitektur SIA/BSLA
Brunnenstrasse 14
8610 Uster
Telefon 01-942 10 40
Telefax 01-942 10 62

Gründungsjahr 1994

Inhaber
Sandra Ryffel-Künzler, Landschaftsarchitektin BSLA

Thomas Ryffel, dipl. Ing. Landschaftsarchitekt BSLA/SIA

Mitarbeiterzahl 3

Spezialgebiete
Gestaltung von Freiräumen zu privaten und öffentlichen Bauten und Anlagen

Staudenpflanzungen, Dachbegrünung, Fassadenbegrünung, Innenraumbegrünung

Publikationen
anthos 1/87, 1/92, 1/93, 1/98

Garten + Landschaft 4/90

Topos 7/94

Mitglied Redaktion anthos (S. Ryffel)

Philosophie
Uns interessieren:

Gartenbilder, Gartenliebhaber und Gartengeister

Stein, Kies, Sand und Erden

Pflanzen im allgemeinen, Gräser im besonderen

Algenschichten, Moosschichten, Krautschichten, Strauchschichten, Baumschichten

gelb-rot gestreifte Tomaten, nach Ananas duftender Salbei, Zitronengras und andere nützliche Pflanzen

Wettbewerbe/Studienaufträge
1994 Studienauftrag «Stotzweid», Horgen (mit F. Kuhn/G. Pfiffner, Architekten, Aarau)

1995 Ideenwettbewerb «Hellersdorfer Graben», Berlin

1995 Ideenwettbewerb «Hörnli-Friedhof», Basel (mit Zulauf Landschaftsarchitekten, Baden), 3. Preis

1996 Ideenwettbewerb «Liebefeld», Köniz (mit Graber + Pulver, Architekten, Zürich/Bern)

1996 Wettbewerb «Jardins faisant», Lausanne, Jetée d'Osches, 1. Preis

1997 Studienauftrag «Oerliker Park», Zürich, (zusammen mit C. C. Gross und C. Matter)

Planungen
1994 Wohlfahrtsgarten, Maschinenfabrik Oerlikon Bührle, Zürich: gartendenkmalpflegerisches Gutachten und Pflegekonzept

1995/96 Überbauung SZU-Areal Giesshübel, Zürich: Fachplanung «Landschaft»

1996 Testplanung Glattbrugg-West: grünplanerische Fachbeiträge (zusammen mit asa, Rapperswil)

Ausgeführte Arbeiten
1994–95 Wohnsiedlung Muracker, Lenzburg

1994–96 Aussenraumgestaltung Wohnsiedlung Widmenhalde, Dietikon

1995–97 Kindergarten Stöcklerstrasse, Uster

1995–97 Werkareal Heizkraftwerk Nord, Salzburg

1997 Installation «Le paradis du Flon», Lausanne (zusammen mit C. C. Gross und C. Matter)

1997 Aussenraumgestaltung Wohnsiedlung Wagerenstrasse, Uster

1997 Instandstellung und Umgestaltung eines alten Gartens für kulturelle Nutzungen, Haus zur Sommerlust, Schaffhausen

Aktuelle Projekte
Umgebungsgestaltung Neubau und Aufwertung Parkbereich Inselspital Bern, Frauenklinik, Bern

Aussenraumgestaltung Wohnsiedlung Heiligenberg, Winterthur

Konzept Umgebungsgestaltung Inter-Community School, Zumikon

Aussenraumgestaltung Wohnsiedlung Im Werk und Jazz-Container, Uster

Beratungsmandat Aussenraumgestaltung Wohnbauprojekt Züri 50, Zentrum Zürich-Nord

Abbildungen

1. + 2. Installation «Le paradis du Flon», Lausanne, 1997

2. Struktur aus Schnittholz

3. Gartenterrasse zu Bürocontainer, Uster, 1996

Fotos: Thomas Ryffel

Salathé

Landschaftsarchitektur BSLA
Bahnhofstrasse 4
4104 Oberwil BL
Telefon 061-406 94 11
Telefax 061-406 94 15
info@salathe.ch

Gründungsjahr 1894

Inhaber
K. Salathé,
Landschaftsarchitekt BSLA,
eidg. dipl. Gärtnermeister

Leitende Angestellte
E. Zwahlen,
Landschaftsarchitekt HTL/BSLA

Ch. Rentzel,
Landschaftsarchitekt HTL

Spezialgebiete
Individuelle Privatgärten
Siedlungen, Wohnüberbauungen
Parkanlagen
Friedhöfe
Schulhäuser
Umgebungen für Gewerbebauten
Altersheime
Dachgärten
Aussenraumkonzepte für Ausstellungen
Grünplanungskonzepte

Publikationen
«Rosen im eigenen Garten» in: Rund um das Haus, Ausgabe 1993, Verlag Drucker und Partner, Basel

«Ein Vorgarten statt eines Platzes», «Ein kleiner Garten ohne Fassung» und «Ein Garten am Hang» in: Alte Hausgärten neu gestalten, Callway 1989

Diverse Beiträge in:

Terrassen, Callway 1986

Brunnen im Garten, Callway 1987

Der Vorgarten, Callway 1990

Auszeichnungen
1980 G80, Basel: Parkteil Ost, 2. Preis (zusammen mit Wilfrid und Katharina Steib, Arch. BSA/SIA, Basel)

1980 G80, Basel: Hallensonderschau, 1. Preis

1983 Kasernenareal, Basel, 1. Preis

1997 Schlosspark Binningen, 3. Rang

Philosophie
Gestalterisch auf die Besonderheiten des Ortes eingehen und individuell abgestimmte, stimmungsvolle Lösungen finden.

Einbezug der Bedürfnisse von Mensch und Umwelt, um den Aussenraum als Lebensraum aufzuwerten und auch seinen kulturellen Wert weiterzuentwickeln.

Wichtige Projekte

1970 Arbeitserziehungsanstalt Arxhof BL

1980 G80, Botanischer Garten, Brüglingen BS

1982 Kantonsspital Liestal BL

1982 Altersheim «Obesunne», Arlesheim BL

1983 Siedlung Zollweiden, Münchenstein BL

1984 Tagesschule für Seh- und motorisch Behinderte, Münchenstein

1984 Dorf- und Pausenplatz Margarethenschulhaus, Binningen BL

1984 Restaurant Schloss Binningen, Parkteil Ost, Binningen

1984 Mittlerer Kreis, Therwil BL

1985 Urnenwand Friedhof, Füllinsdorf BL

1985 Restaurant Lindenhof, Mariastein SO

1986 Altersheim «Drei Linden», Oberwil BL

1986 Friedhof, Bottmingen BL

1986 Gundelipark, Basel

1987 Hauptstrasse, Ettingen BL

1988 Bezirksspital Dornach SO

1988 Kantonalbank Liestal

1988 Restaurant Nussbaumer, Aesch BL

1988 Oberwilerstrasse, Binningen

1988 Postplatz, Oberwil

1989 Überbauung Im Kugelfang, Binningen

1990 Hauptstrasse, Binningen

1990 Behindertenheim Im Rebgarten, Oberwil

1993 Baumkonzept Überbauung Bertschenacker, Oberwil

1994 Kurhaus Kreuz, Mariastein

1996 Grünplanungskonzept Gemeinde Oberwil

1996 Siedlung Ostenberg, Liestal

Ferner eine grosse Anzahl Privatgärten

Aktuelle Projekte

Zentrumsgestaltung Gemeinde Oberwil

Neuer Eingang Süd, Botanischer Garten, Brüglingen

Abbildungen

1. Badegarten der Familie M., Biel-Benken BL, 1995/96

2. Wasserbecken im Privatgarten der Familie G., Bottmingen, 1996

3.–6. Privatgarten von Frau C. im Wechsel der Jahreszeiten, Hofstetten SO, 1985

Fotos: Lukas Gysin, Basel: 1+2
Frau Cessini, Hofstetten: 3–6

Beni Stähli

Garten- und Landschaftsarchitekt
Bahnhofstrasse 3
6330 Cham
Telefon 041-780 4 780
Telefax 041-780 4 780

Gründungsjahr 1995

Inhaber
Beni Stähli

Spezialgebiete
Gestaltung von Gärten und Grünanlagen

Planung von Spiel-, Sport- und Freizeitanlagen

Gartendenkmalpflege

Pflege- und Entwicklungsplanung

Landschaftspflegerische Begleitplanung

Landschaftsplanung, Natur- und Landschaftsschutz

Lehr-, Jury- und Expertentätigkeit

Philosophie
Menschen- und umweltgerechte Lebensräume im Beziehungsfeld von Architektur und Grünfläche schaffen.

Dem Erhalt und der kreativen Weiterentwicklung unserer Landschaft fühle ich mich verpflichtet.

Wettbewerbe
1995 Schulhaus Riedmatt, Zug (mit Konrad Hürlimann, Arch. ETH, Zug); Ankauf

1996 Ideenwettbewerb «Kunst am Bau», Gewerblich-Industrielle Berufsschule, Zug (mit D. Bütler/Ch. Lutz); Anerkennungspreis

1996 Gestaltung Rigi-, Gemeindehaus- und Kreuzplatz, Cham; 1. Preis

1997 Aussenraumgestaltung/ Kunst am Bau, Elektrizitätskraftwerke Bündner Oberland, Ilanz (mit Charlie Lutz), 2. Preis

Wichtige Projekte
1995 Privatgarten Fam. S.+F. Michel, Luzern

1995 Privatgarten Fam. B.+C. Bazzani, Buchrain

1995 Privatgarten H.-U.+E. Müller, Hünenberg ZG

1996 Privatgarten Fam. Vollrath, Maur ZH

1996 Privatgarten Fam. Aeberli, Effretikon

1996 Gestaltungsplan Sagenweid, Hochdorf LU

Aktuelle Projekte
Gestaltung Rigi-, Gemeindehaus- und Kreuzplatz, Cham

Dorfplatz und Umgebung Saal Heinrich von Hünenberg, Hünenberg

Teilerweiterung Friedhof, Cham

Privatgarten Dahinden, Luzern

Privatgarten Weber, Zug

Privatgarten Vogt, Zug (Arch. R. Zai, Zug)

Arealbebauung Lorzendamm, Baar (Arch. G. Lustenberger, Baar), ArGe mit K. Marty, Hünenberg

Abbildungen

1.–3. Schulhaus Riedmatt, Zug (mit Arch. K. Hürlimann, Zug)

4. Gestaltung Rigi-, Gemeindehaus- und Kreuzplatz, Cham

5. + 6. Privatgarten Michel, Luzern (mit Arch. Stalder – Haessig – Bochsler, Luzern)

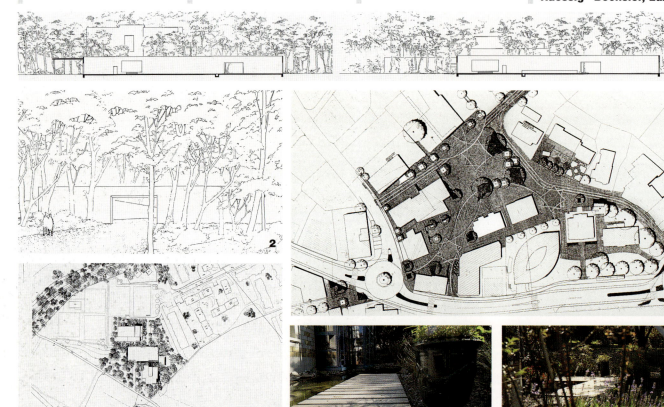

Stöckli, Kienast & Koeppel

Landschaftsarchitekten AG
Lindenplatz 5
5430 Wettingen
Telefon 056-437 30 20
Telefax 056-426 02 17
e-mail: skk@dial-eunet.ch

Gründungsjahr 1970

Inhaber

Peter Paul Stöckli

Prof. Dr. Dieter Kienast

Dipl. Ing. Hans-Dietmar Koeppel

Fachliche Leitung

Peter Paul Stöckli, Landschaftsarchitekt BSLA/SWB

Hans-Dietmar Koeppel, Dipl.-Ing. Landschaftsplaner BSLA/SIA

Peter Steinauer, Landschaftsarchitekt HTL BSLA

Mitarbeiterzahl 22

Qualifikation des Personals

Landschaftsarchitektinnen und Landschaftsarchitekten mit Hochschul- oder HTL-Abschluss

Naturwissenschafter

Techniker/Zeichner

Praktikanten und Landschaftsbauzeichner-Lehrlinge

Kaufmännisches Personal

Arbeitsgebiete

Landschaftsarchitektur und Grünplanung

Gestaltung von Siedlungsfreiräumen: Gärten, Parkanlagen, Sportanlagen, Friedhöfen, Strassen, Umgebungen von Gewerbe-, Industrie- und öffentlichen Bauten

Gartendenkmalpflegerische Gutachten, Konzepte, Projekte und Parkpflegewerke für historische Gärten und Anlagen

Gutachten, Konzepte und Pläne zur Ortsbildpflege, Grün- und Freiraumplanung

Untersuchungen und Konzepte zu Betrieb, Unterhalt, Entwicklung und Ökonomie von Grün- und Freiflächen

Gestaltung von Erholungsräumen, -anlagen und -einrichtungen im Siedlungsgebiet und in der freien Landschaft

Landschaftsplanung, Naturschutz, Ökologie

Renaturierungsprojekte und -konzepte für Fliessgewässer, Bachöffnungen, Sanierungsprojekte von stehenden Gewässern

Abbau- und Rekultivierungsprojekte für Steinbrüche der Zementindustrie und für Kies-, Sand- und Tongruben

Landschaftspflegerische Begleitprojekte im National- und Kantonsstrassenbau und im Ausbau des öffentlichen Verkehrsnetzes

Schutz- und Nutzungskonzepte, Gestaltungs- und Pflegepläne für Naturschutz- oder Landschaftsschutzgebiete

Landschaftsanalysen und -bewertungen, Landschaftsinventare, Vegetationskartierungen und gutachtliche Stellungnahmen

Bearbeitung von wissenschaftlichen Grundlagen und von inhaltlichen und methodischen Richtlinien für Bundes- und kantonale Ämter, z. B. zur Veränderung der Landschaftsqualität und zur UVP

Bearbeitung von Grundlagen, Konzepten, Leitbildern und Richtplänen zur Erhaltung und Entwicklung von Natur und Landschaft

Koordination der UVP-Berichterstattung und Erstellung der Berichte Raumnutzung, Landschaft, Flora, Fauna

Abbildungen

1. Historische Gartenanlagen Villa Boveri, Baden; Parkpflegewerk und Leitung der Restaurierung

2. Stadtpark Brühlwiese, Wettingen; Projektierung und Leitung der Realisierung

3. Furtbachkorrektion und Rückhaltebecken «Gheid», Kanton Zürich; naturnaher Umbau eines Entwässerungskanals und naturnahe Gestaltung eines Hochwasserrückhaltebeckens, Projektierung und Bauleitung

4. Kiesabbaugebiet Eichrüteli, Mülligen AG; Abbau- und Rekultivierungsplanung, Umweltverträglichkeitsbericht, Gestaltung naturnahe Bereiche, Pflegeplan

team landschaftsarchitekten

Walter & Künzi GmbH
Obere Kirchgasse 2
8400 Winterthur
Telefon 052-213 23 01
Telefax 052-213 23 61
hjwalter@swissonline.ch

Walter & Künzi GmbH
Geisskopfstrasse 7
8500 Frauenfeld
Telefon 052-720 44 84
Telefax 052-720 44 84

Gründungsjahr GmbH 1997
Zusammenlegung der Einzelfirmen von Hj. Walter und M. Künzi (seit 1989)

Inhaber
Hansjörg Walter, dipl. Landschaftsarch. HTL/BSLA, dipl. Raumplaner NDS/HTL

Mariann Künzi, dipl. Landschaftsarch. HTL/BSLA

Mitarbeiterzahl 4

Fachübergreifende Projekterarbeitung
Der Firmenname «team landschaftsarchitekten» ist für uns Programm. Wir arbeiten regelmässig mit weiteren Fachplanern zusammen, beispielsweise aus den Bereichen Verkehr, Ökologie, Bautechnik und Architektur. Dies führt zu überzeugenden Gesamtlösungen.

Einbeziehen des Umfeldes
Unser Produkt sind akzeptierte Projekte und Planungen. Die Einbeziehung des Projektumfeldes, z.B. der Anwohnerschaft, der Nutzer oder der Bewirtschafter, ist für uns ebenso Teil der Arbeit wie die breite Öffentlichkeitsarbeit.

Freiraum- und Gartengestaltung
1994 Sanierung und Neugestaltung der zerstörten, historischen Quaianlage Brienz BE (Planungsteam Huggler/Walter/Anderegg)

1995 Museumsgarten und Pflanzensammlung Natur- und Archäologiemuseum, Frauenfeld TG

1995 Freiraumgestaltung Schulhaus Hettlingen ZH

1996 Freiraumanlage Wohnüberbauung Weinbergstrasse, Winterthur ZH

1996 Dorfplatz Wiezikon TG

1997 Entwicklungskonzept und Neugestaltung Schulquartier Trittenbach, Tägerwilen TG

aktuell:
Altstadt Bülach ZH, Neugestaltung von Gassen und Plätze. Umsetzung des Verkehrskonzeptes mit gestalterischen Massnahmen

Stadtplatz Wachterareal, Winterthur ZH, Neugestaltung des zentralen Gewerbeareals zur öffentlichen Grünanlage

Dorfplatz Rorbas ZH; Neugestaltung und Verkehrsberuhigung

Wohn-/Gewerbeüberbauung Kalchbühl, Zürich, extensive und intensive Dachbegrünung

Orts- und Quartierplanung
1992 Freiraumkonzept, Leutschenbach ZH

1993 Nutzungskonzept Freizeitgebiet Schützenweiher, Winterthur ZH

1994 Begleitplanung Tempo-30-Zonen, Luzern und Zürich-Hirslanden

1996 Ortsplanungsrevision Dättlikon ZH

Landschaftsplanung und -gestaltung/Naturschutz
1995 Rückhalteraum Oberseen, Winterthur ZH

1995 Wiederbelebungskonzept Steinbach, Winterthur ZH

1997 Ökologische Ausgleichsflächen A7, Schreckenmoos TG

Diverse kommunale Naturschutzinventare in den Kantonen ZH, TG und SH

aktuell:
LEK Thurgau: Landschaftsentwicklungskonzept, Pilotregion Weinfelden

Öffentlichkeitsarbeit
1993 Ausstellung und Mitwirkung zur Neugestaltung Quaianlage Brienz BE

1993 Ausstellung «Früchte und Samen», Naturmuseum, Frauenfeld TG

1995 Umfragen, Ausstellung und Mitwirkung zur Ortsplanungsrevision Dättlikon ZH

1997 Umfragen, Ausstellung und Mitwirkung zur Gestaltung Altstadt Bülach ZH

Abbildungen

1. Wohnüberbauung Weinbergstrasse, Winterthur

2. Garten H. Werthmüller, Meilen

3. Brunnenanlage mit Keramiksplittermosaik, Schulhaus Hettlingen

La Touche Verte

Architecture Paysagère
6, avenue de rosemont
1208 Genève
Téléphone 022-735 63 30
Téléfax   022-735 63 34

Année de fondation 1991

Propriétaire
Marc Junod

Nombre de collaborateurs 3

Spécialisations
– Planification des espaces verts
– Architecture des jardins et aménagement du paysage
– Protection de la nature et du paysage
– Végétalisation des toitures
– Terrains de sport et places de jeux
– Aménagements routiers

Concours
1994 Patek 2000, concours d'idées pour l'aménagement du parc (sur invitation)

1995 Concours d'idées «Espace Rue», en collaboration avec M. Dupuis, arch. EPFZ, C. Guerraz, arch. ETS, et A. Dubois, géographe

Relais autoroutier de Bavois; en collaboration avec N. Meystre et S. Collet, arch. EPFL

1996 Concours pour le Parc de l'Ancien Palais, Ville de Genève; Parc Uni-Mail, en association avec M. P. Mayor et C. Beusch

Distinctions/Prix
Consultation pour l'aménagement du site de Rond-Poirier et de Briey-Haut, concours international d'idées, 1er prix; invitation de la sous-préfecture de Briey (Lorraine), en association avec M. P. Mayor et C. Beusch; assistance au suivi d'extention

1996 Concours international en vue d'une intervention artistique sur le bâtiment Uni-Dufour et son environnement, 1er prix ex-aequo; en association avec M. C. Perlingeiro, C. Beusch, et A. Cooper

1997 Concours pour la création d'une œuvre plastique intégrant l'élément aquatique, Place des aviateurs, Commune de Plan-les-Ouate (sur invitation); en association avec C. A. Presset et Cl. Presset

Philosophie
Après avoir obtenu mon diplôme d'architecte E.T.S. j'entreprends un apprentissage de paysagiste pour compléter ma formation théorique et par souci de maîtriser tous les aspects du projet, de sa conception à sa réalisation.

Mes principales motivations sont de participer à la définition des espaces ouverts conjointement à la réflexion des architectes dans le processus de création du projet, et en y apportant un point de vue différent.

Constructions importantes
Val-Thônex, pour Zschokke SA

Résidence de l'Uche à Veyrier, pour Charbonney-Schaefer

Immeuble résidentiel «La Rochette», pour Gérofinance SA

Marche-pieds riverain à Nyon, commune de Nyon, pour Ecotec Environnement SA

Aménagement de jardins sur toiture terrasse, 10–16, ch. Rieu, pour Zschokke SA

Projet Végétal – Uni-Dufour DTPE, en association avec M. C. Perlingeiro et C. Beusch

Blandonnet II – T.C.S, aménagements extérieurs, pour Induni SA

Etudes en cours
Création d'un parcours de santé, Commune de Thônex

Remise en valeur d'un jardin classé, Hoirie Bonnard

Création d'une rampe pour handicapés et modifications du parvis, Mairie de Chêne-Bougeries

Proposition paysagère liée à l'étude de circulation et d'aménagement routier, Ville de Lancy, pour le bureau Trafitec SA

Etude des détails pour les aménagements extérieurs d'un lotissement de 9 villas à Vernier, groupe de constructeurs privés

Participation à des études paysagères et environnementales en Afrique et Haiti

Illustrations

1. Vue sur plantation de graminées

2. Plan d'ensemble du «Projet Végétal», mai 1997

3. Marche-pieds riverain à Nyon

4. Plan d'ensemble, marche-pieds riverain à Nyon

5. Plate-bandes de vivaces

6. Vue sur le bassin et entrée du bâtiment D, T.C.S.

Photos: C. A. Presset: 1+5
M. Junod: 3

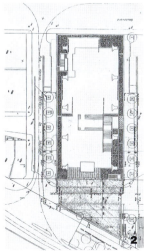
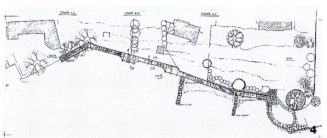

Vetsch Nipkow Partner

**Landschaftsarchitekten
BSLA HTL SIA
Neumarkt 28
8001 Zürich
Telefon 01-262 20 66
Telefax 01-262 20 77**

Gründungsjahr 1984

Inhaber/Partner
Walter Vetsch

Beat Nipkow

Ursula Wälchli

Mitarbeiterzahl 10

Spezialgebiete
Planen und Bauen im urbanen Kontext

Objektplanung
– Wohnen, Industrie, Büro, Gewerbe und Verwaltung
– Hof- und Platzgestaltungen
– Parkanlagen
– Fluss- und Seeufergestaltungen
– Schwimmbäder
– Freizeit-, Spiel- und Sportanlagen
– Friedhöfe
– Schulhäuser
– Altersheime, Spitäler
– Tierparks

Gartendenkmalpflege

Publikationen
anthos 4/89, 4/92, 1/93, 4/97

Architektur+Planen 11/89

Der Gartenbau 11/90, 41/94, 49/94, 49/95, 49/97

Garten+Landschaft 12/92

Jrbis 2/95, 1/96

Topos 21/97

«Gute Gärten – Gestaltete Freiräume in der Region Zürich», 1995 (Idee, Konzept)

TV-Sendung MTW (Mensch, Technik, Wissenschaft) SF DRS, New York 1995, «Zoos – die letzte Zuflucht»

Experten-, Kommissions-, Lehr- und Jurytätigkeit

Auszeichnungen
1996 Beste Badanstalt/ Schwimmbad der Schweiz, Seeuferanlage Pfäffikon SZ, Schweizerische Gesellschaft für Gartenkultur SGGK

Wichtige neuere Projekte

Objektplanung
1992 Seeuferanlage mit öffentlichem Schwimmbad, Pfäffikon SZ

1992 Erweiterung Bachwiesenpark, Zürich

1993 Ausbildungszentrum Unterhof, Diessenhofen TG

1993 Zoo Zürich, Gesamtplanung 2020 (Masterplan)

1994 Überbauung Husmatt, Baden-Dättwil AG

1995 Geschäftshaus Sonnenbühl ZKB, Dübendorf

1995 Neugestaltung Bärenanlage im Zoo Zürich

1996 Umgestaltung Hallenbad Oerlikon, Zürich

1997 Gewerblich-Industrielle Berufsschule, Zug

1997 Erweiterung Strandbad «Bürger», Thalwil

1997 Arealplanung Sulzer-Escher Wyss, Zürich

1998 Swisscom-Ausbildungszentrum und Hotel, Pfäffikon SZ

1998 Öffentliches Areal Steinfabrik, Pfäffikon SZ

1998 Schulanlage Steg, Pfäffikon SZ

1998 Hotel Novis-Etap, Zürich

1998 Geschäftshaus UBS Flur-Nord, Zürich

Gartendenkmalpflege
1993 Artergut, Zürich

1994 Sonnenberg, Zürich

1995 Neumünsterallee 16, Zürich

1995 Friedhof Manegg, Zürich

Neuere Wettbewerbe, Studienaufträge
1993 ETH Lausanne, Quartier Nord (mit Schnebli Ammann Ruchat Architekten, Zürich; 1. Preis)

1994 Theaterplatz Baden (mit Eppler Maraini Schoop Architekten, Baden; 1. Preis)

1995 Bebauung Gebiet Stotzweid, Horgen (mit Fosco Fosco Vogt Architekten, Zürich; 1. Preis)

1995 Friedhof Hörnli, Abt. 12, Basel (1. Preis)

1997 Bahnhofplatz Nord, Baar ZG (1. Preis)

1997 Überbauung Bahnhofpark, Baar ZG (1. Preis)

Über 30 weitere Wettbewerbserfolge

Abbildung

Seeuferanlage mit öffentlichem Schwimmbad, Pfäffikon SZ, 1992

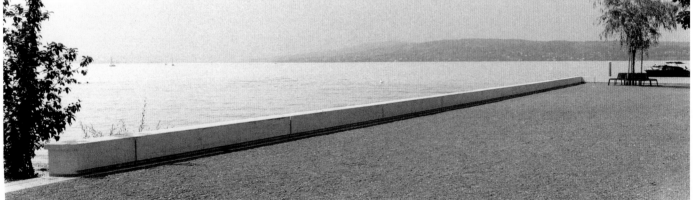

Wegmüller Egger

Ingenieur- und Planungsbüro BSLA, IAKS
Landstrasse 143
7250 Klosters
Telefon 081-420 24 00
Telefax 081-420 24 01
e-mail: dwaegi@bluewin.ch

Sennhofstrasse 11
Postfach 679
7002 Chur
Telefon 081-250 08 44
Telefax 081-250 08 45
e-mail: andi_e@bluewin.ch

Gründungsjahr 1991

Inhaber/Partner
D. Wegmüller, Klosters

A. Egger, Chur

beide Landschaftsarchitekten HTL/BSLA

Mitarbeiterzahl 6

Philosophie
Repräsentative und benutzergerechte Freiraumgestaltung im Interesse von Umwelt, Öffentlichkeit und Auftraggeber

Spezialgebiete
Projekte für Erholungs-, Sport-, Spiel- und Freizeitanlagen

Anlagekonzepte für multifunktional nutzbare Kunsteisbahnen

Naturnahe Badeseen

Digitale Geländemodellierungen

Orts-, Quartier- und Gestaltungsplanungen

Abbau-/Rekultivierungsplanungen

Berichte zu Raum-, Landschafts- und Umweltverträglichkeit (UVB)

Ingenieurarbeiten

Publikationen
VHF-/GSK-Bulletin:

Möglichkeiten der Multifunktionalität und Polysportivität bei Eisanlagen, Nr. 3/97

Naturnahe Badeseen, Nr. 2/98

Auszeichnungen
Städtebaulicher Ideenwettbewerb Zentrum Ilanz, 2. Preis

Wettbewerb Wohnüberbauung Curtin, Tarasp, 2. Preis

Studienauftrag Parkplatz in Guarda, 1. Preis

Ideenwettbewerb Schlossbergareal, Romanshorn, 2. Preis

Projektwettbewerb Regierungsplatz, Chur, 2. Preis

Wichtige Projekte

Erholungsanlagen mit Badeseen
«Plaun Rueun», Brigels

«Davos-Munts», Degen

«Badebucht Lido», Lenzerheide

Liegenschaft Wijer, Klosters

Schul- und Vereinssportanlagen
Andiast, Duvin, Tavanasa, Tamins, Ramosch, Klosters-Dorf, Serneus, Selzach SO, Chur

Multifunktionale Kunsteisbahnen
KEB Schiers

Sportzentrum Klosters

KEB Lido, Rapperswil SG

Landschaftsplanungen
UVB Steinbruch «Ochsenboden», Studen SZ, «Baumeli», Unteriberg SZ

Landwirtschaftliches Nutzungs- und Naturschutzkonzept «Alp Flix», Sur

Raumverträglichkeitsstudie Skigebietszusammenschluss Arosa/Lenzerheide/Tschiertschen, Teilbereiche: Flora, Fauna, Landschaftsbild

Gestaltungsplanung Kieswerk Reichenau

Aktuelle Projekte
Neugestaltung Silvrettapark, Klosters

«Center da Sport» mit KEB, Zernez

Machbarkeitsstudie 400-m-KEB (Schnellaufbahn), Davos

UVB Steinbruch A. Conrad AG, Andeer

Abbildungen
1. «Plaun Rueun», Brigels, 1996

2. Badesee, Degen, 1997

3. Badebucht, Lenzerheide, 1997

4.–6. Sportzentrum Klosters, 1997

Planungsbüro Wengmann AG

**Landschaftsarchitekt
BSLA/BDLA**
Niederwiesstrasse 17c
5417 Untersiggenthal
Telefon 056-288 20 27
Telefax 056-288 31 41

D-01465 Langebrück/Dresden
Telefon 0049-35201 70 290
Telefax 0049-35201 70 690

Gründungsjahr 1974

Inhaber
Bernd Wengmann

Leitender Angestellter
Stephan Schubert

Mitarbeiterzahl 8 bis 10

Philosophie
Planung und Gestaltung des Lebensraumes unter Einbezug der Bedürfnisse von Mensch und Umwelt.

Berufserfahrung
1955–1964 nach dem Studium als Büroleiter in Bonn, Aufbau als Bundeshauptstadt

1964–1974 als Büroleiter/Teilhaber in Baden tätig; spezielle Objektplanung wie Friedhöfe, Schulen, Sportanlagen, Altersheime

1974 Firmengründung mit vermehrter Arbeit auch im Hochrheingebiet, Schwarzwald

1990 Gründung der Filiale in Dresden; Schwerpunkte Bauleit-, Landschafts-, Regional- und Dorfentwicklungsplanung

Publikationen
Sport- und Erholungsanlage Höchenschwand, Deutschland, Anthos 4/83

Aussenanlagen zum Nihon Aerobics Center, Chiba (J), Anthos 4/86

Freiraumgestaltung beim Parkhaus Obertor, Bremgarten AG, Anthos 4/88

«Landschaftsplanung endet nicht am Dorfrand», Anthos 4/93

Auszeichnungen
Gold- und Silbermedaille am bundesweiten Wettbewerb in Deutschland «Unser Dorf soll schöner werden», Gemeinde Dogern, 1995

1. Preise: Friedhöfe Höchenschwand (D), Neuenhof, Unterentfelden (ausgeführt)

1. Preis: Parkhaus Obertor, Bremgarten (ausgeführt)

3. Preis: «Grün 80» in Basel

Wichtige Projekte
Friedhöfe: Höchenschwand, Dogern, Neuenhof, Sulz, Unterentfelden, Gebenstorf

Sportanlagen: Freizeitanlagen Chiba und Sapporo (Japan), Höchenschwand, Dogern, Weilheim, Frauenfeld

Kindergärten: Leibstadt, Untersiggenthal

Schulen: Untersiggenthal, Auw, Siglistorf, Waldshut, Leibstadt

Siedlungen: Hirschengasse in Kirchdorf; Niederwies, Dörfli, Müsel, Kirchweg in Untersiggenthal; Neufeld-Süd und Klosterbrühl in Wettingen

Privatgärten: C. Jost, Wildegg; M. Hess, Döttingen

Verkehrsanlagen: Bremgarten, Dogern, Killwangen, Sulz-Laufenburg

Parkhäuser: Bremgarten, Brugg, Mellingen, Bad Säckingen

Bachöffnungen/Renaturierungen: Kirchweg/Müsel in Untersiggenthal, Heudorf, Weilheim, Killwangen

Landschaftsentwicklungskonzepte: Heudorf, Weilheim, Sulz-Laufenburg

Sonstiges: Flugpisten Flugplatz Buttwil

Patentinhaber für Ricoten-Rinden-Sportbeläge (speziell für Fitnessbahnen und Fussballplätze) in Europa, Amerika, Japan

Abbildungen

1. Friedhof in Höchenschwand

2. Ricoten-Laufbahn in Chiba (J)

3. Schule in Untersiggenthal

4. Parkhaus Obertor, Bremgarten

5. Dorfstrasse, Killwangen, mit Ausbau Weiher, Regenrückhaltung, Bach, Strassen- und Gehwegbereich

6. Landschaftsplan Wachau

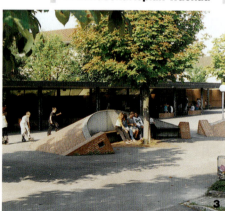

Zürcher + Andermatt

Landschaftsarchitekten
Schulweg 5
6317 Oberwil/Zug
Telefon 041-711 83 19
Telefax 041-710 57 34

Gründungsjahr 1962
Kollektivgesellschaft seit 1993

Inhaber
Dölf Zürcher,
Landschaftsarchitekt BSLA

Erich Andermatt,
Landschaftsarchitekt

Mitarbeiterzahl 1–2

Spezialgebiete
Wohngärten

Aussenanlagen zu Spitälern, Altersheimen, Siedlungen und öffentlichen Anlagen

Friedhöfe

Erneuerung von Schlossanlagen, Residenzen und Parks

Renaturalisierung von Bachläufen und Flüssen

Ingenieurbiologie

Seeufergestaltung

Philosophie
Die Komplexität unseres Berufes ist begründet durch ein vielfältiges Arbeitsfeld. Wir sind Spezialisten auf breiter Basis.

Grünflächen gestalten in ihren verschiedenen Funktionen, Beziehungen schaffen zu Haus und Garten hat etwas mit Kunst zu tun, mit hohem technischem Einfühlungsvermögen und starker Beziehung zur Natur.

In einer sich rasch verändernden Struktur des beschränkten Lebensraumes befassen wir uns als beratende Landschaftsarchitekten mit Aufgaben der Landespflege und der Landschaftsgestaltung, mit all den ingenieurbiologischen Massnahmen.

Langjährige praktische Berufserfahrug verpflichtet uns als Treuhänder gegenüber den Auftraggebern, was uns sehr am Herzen liegt.

Profil
Massgebend beteiligt an der Aussenraumgestaltung zahlreicher Objekte im privaten und im öffentlichen Bereich in der Schweiz und im Ausland, in Zusammenarbeit mit entsprechenden Planungsteams:

über 150 private Wohngärten, 70 grössere und kleinere Wohnüberbauungen, 30 Schulen und Bildungszentren, 50 Anlagen in den Bereichen Industrie, Gewerbe, Handel, Verwaltung, 40 Spitäler und Altersheime, 30 Friedhöfe (Neubauten und Änderungen), 15 Sport- und Freizeitanlagen, 10 Residenzen und Schlossanlagen (zum Teil Rekonstruktionen)

zahlreiche Objekte im Bereich Natur- und Landschaftsplanung

Beteiligung an über 40 Wettbewerben, dabei 20mal im 1. Rang mit Empfehlung zur Weiterbearbeitung

1995 Internationaler landschaftsplanerischer Realisierungs- und Ideenwettbewerb «Zwei Parks am Potsdamer Platz», Berlin

1996 Realisierungswettbewerb «Expo 2000», Hannover

Beteiligung an verschiedenen Ausstellungen

beratende Tätigkeit für diverse Gemeindeverwaltungen und berufsverwandte Organisationen

Wichtige Projekte
1973–74 Landschaftsplanung Lorzenebene: Gestaltung alter und neuer Lorzelauf, Eingliederung Nationalstrassen N4/N49/N14, Zug (im Auftrag der Baudirektion des Kantons Zug, Amt für Raumplanung)

1975–76 Alterswohnheim «Mütschi», Walchwil (mit Architekt Erich Weber, Cham)

1975–78 Alpenquaianlage, Luzern (Schüttung; in Zusammenarbeit mit Ing.-Büro Schubiger AG, Luzern)

1978–80 Überbauung Dürrbach, Engelberg (mit Architekt Alberto Caviezel, Vitznau)

1984–86 Seeufersanierung «Choller», Zug (mit Ing.-Büro E. Moos, Zug)

1989–90 Erneuerung Schlossanlage, Knonau (mit Architekt Carl Frei, Zug)

1991–92 Betagtenheim «Dösselen», Eschenbach (mit Architekt Roland Mozatti, Luzern)

Abbildungen

1. Alpenquaianlage, Luzern

2. Perspektivzeichnung Neubauten Psychiatrische Klinik Oberwil (mit Architektengemeinschaft Notari + Notter + Schaepe + Mächler, Zug/Küssnacht)

3. + 4. Dachgarten in zwei verschiedenen Vegetationsperioden, Alterswohnheim «Mütschi», Walchwil

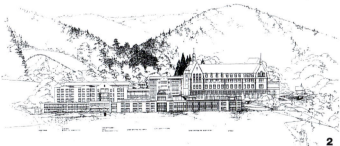

Index

A   **A1 AG** Architekten ETH/HTL/SIA, Baarerstrasse 112, 6300 Zug   192

ABR & Partner AG Grubenstrasse 1, 8201 Schaffhausen   122

AERA Architectes Philippe Vasey & Dominique Zanghi, Rue Ernest-Bloch 56, 1207 Genève   80

AG für Landschaft Balz Hofmann, Birmensdorferstrasse 32, 8004 Zürich   288

Akt Design Heinrichstrasse 67, 8005 Zürich   206

Alberati Robert AG Architekt ETH/SIA, Kirchplatz 4, 4800 Zofingen   12

Albertin und Zoanni Architekten, Engadinstrasse 49, 7000 Chur   92

Althaus Jürg Architekt ETH/SIA/BSP, Mottastrasse 1, 3005 Bern   54

Amman Lukas Architekt ETH/SIA/REG A, Kapellplatz 10, 6004 Luzern   102

Andres & Andres Architekten ETH/SIA, Brühlmattweg 1, 4107 Ettingen   42

Appert + Zwahlen Landschaftsarchitekten HTL/BSLA, Ober-Altstadt 18, 6300 Zug   289

Arcad Architectes SA 1580 Avenches   176

Architekten Kollektiv Kisdaroczi Jedele Schmid Wehrli, Obergasse 15, 8400 Winterthur   207

Arn + Partner AG Architekten ETH/HTL/SIA, Oberdorfstrasse 33, 3053 Münchenbuchsee   55

Architektick ArchitektInnen ETH SIA HTL, Zypressenstrasse 85, 8004 Zürich   208

Arndt + Herrmann Architektur + Design, Mythenquai 355, 8038 Zürich   209

Artevetro Architekten AG Grammetstrasse 14, 4410 Liestal   43

ASA Arbeitsgruppe für Siedlungsplanung + Architektur AG, Spinnereistrasse 29, 8640 Rapperswil   144

ASM Architekten AG Dorfstrasse 480, 1714 Heitenried   74

ASP Atelier Stern & Partner Landschaftsarch. + Umweltplaner AG, Tobeleggweg 19, 8049 Zürich   290

ASS Architectes SA 40, Avenue du Lignon, 1219 Le Lignon Genève   81

Atelier WW Architekten, Römeralp, Asylstrasse 108, Postfach, 8030 Zürich   210

B   **Baud & Früh** Atelier d'architecture EPFL/SIA, 15, rue des Voisins, 1205 Genève   82

Bandel Lothar Architekt HTL/STV, Im Steinbruch 5, 9462 Montlingen   145

Baumann und Waibel Architekten ETH, Rotwandstrasse 39, 8004 Zürich   212

Geberit GIS.
Die neue Freiheit.

Die Technik folgt Ihrer Phantasie. Dank Geberit GIS. Denn mit diesem selbsttragenden Vorwand-Installationssystem entstehen Wände dort, wo Sie sie gern hätten. Zum Beispiel als Raumteiler oder als freistehende Wand. Typisch Geberit: Wir lassen eben nichts unversucht, Gutes noch besser zu machen.

Dazu braucht es Ideen und Spezialisten mit Nähe zum Markt. Und eine Fertigungsqualität, die über allen Zweifeln steht. Innovative Ideen, überzeugende Detaillösungen und erstklassige Qualität zeichnen jedes unserer Produkte aus. Dafür bürgen wir mit unserem guten Namen. Und mit unserem Ruf als

Europas führender Hersteller von Sanitärtechnik.
Geberit AG, 8640 Rapperswil
Telefon 055 221 61 11

Baumann & Waser Architekten ETH/HTL/SIA/STV, Augustin-Keller-Strasse 22, 5600 Lenzburg	13
Bearth + Deplazes Architekten BSA/SIA/ETH, Wiesentalstrasse 7, 7000 Chur	93
Berchtold Roman Landschaftsarchitekt HTL/BSLA, Steinstrasse 65, 8003 Zürich	291
Bereuter F. Bereuter AG, Dipl. Architekten, Hauptstrasse 65, 9400 Rorschach	146
Bernet Edwin A. Architekturbüro SIA, Bellevueweg 8, 6300 Zug	194
Berrel Architekten Architekten SIA/SWB, Missionsstrasse 35 A, 4055 Basel	46
BGS Architekten Architekten HTL, St. Gallerstrasse 167, 8645 Jona	147
Binder Hans Architekt ETH/SIA, Oberfeldstrasse 50, 8408 Winterthur	213
Binz Christoph & Stephan Architekten ETHZ/SIA/HTL, Lampertshalten, 1713 St. Antoni	75
Bischof Cyrill Architektur Architekt ETH/SIA, Bahnhofstrasse 40, 8590 Romanshorn	164
BKG Architekten AG Architekturbüro SIA, Münchsteig 10, 8008 Zürich	214
Blättler Architekten AG Architekten ETH/HTL, Hinterbergstrasse 56, 8044 Zürich	215
Blum + Grossenbacher Architekten, Aarwangenstrasse 26, 4900 Langenthal	56
BMV Buri, Morand, Vaucher, architectes EPFL associés, 43 av. de Châtelaine, 1203 Genève	83
Bosshard + Sutter Architekten ETH/SIA/BSP, Kirchenstrasse 13, 6300 Zug	195
Bovet Jean-Marc Architecte dipl. EPFL/SIA, Rue des Epouses 3, 1700 Fribourg	76
Boyer Markus Architekt ETH/SIA, Steinhofstrasse 44, 6005 Luzern	104
Broggi & Santschi Architekten AG Mühlezelgstrasse 53, 8047 Zürich	216
Brosi Richard und Partner Architekten BSA/GSMBA/SIA/STV, Rabengasse 10, 7002 Chur	94
Bründler Hans Architekt ETH/SIA, Grabenweg 3, 6037 Root	103
BSS Architekten Architekten SIA, Hirschistrasse 15, 6430 Schwyz	128
Bugna Jacques Atelier d'architecture EPF/SIA/AGA, route de Malagnou 28, 1211 Genève 17	84
Burckhardt + Partner AG Architekten Generalplaner, Dornacherstrasse 210, 4002 Basel	44
Burgdorf und Burren Architektinnen ETH, Pfingstweidstrasse 31a, 8005 Zürich	217
Bürgi & Raaflaub Architekten ETH/SIA, Optingenstrasse 54, 3013 Bern	57

STAHL UND EDELSTAHL MIT SYSTEM

HAMTEC
Technologie- und
Gründungszentrum,
D-Hamm

Bauherrschaft
HAMTEC GmbH, Hamm

LEG Landesentwicklungs-
gesellschaft NRW GmbH,
Dortmund

Sparkasse Hamm

Generalunternehmer
Hochtief AG, Dortmund

Stahlprofilsystem
Forster thermfix vario

forster

Stahlrohrtechnik
zertifiziert ISO 9001

Hermann Forster AG
Romanshornerstrasse 4
CH-9320 Arbon

Telefon 071 447 41 41
Telefax 071 447 44 78

www.forster.ch

Ein Unternehmen der
AFG Arbonia-Forster-Gruppe

	Buser + Partner AG Architekten ETH/SIA, Jurastrasse 2, 5000 Aarau	14
	Bütikofer Rolf Grünplanung + Landschaftsarchitektur BSLA, Kilchbergstrasse 25, 8134 Adliswil	292
C	**Calori Sergio** Studio d'architettura SIA/OTIA, Via Fusoni 4, 6900 Lugano	170
	Chapuis Gilbert Louis Atelier für Architektur und Energieplanung, Weinbergstrasse 34, 6300 Zug	196
	Christen + Mahnig Architekten HTL, Nägeligasse 6, 6370 Stans	116
	C + K Architekten Seestrasse 96, 8700 Küsnacht	218
D	**Dachtler Architekten AG** Architekten ETH/SIA/HTL, Seestrasse 227, 8810 Horgen	220
	Dahinden und Heim Architekten St.-Galler-Strasse 45, 8400 Winterthur	219
	Dardelet GmbH Büro für Landschaftsarchitektur, Gewerbestrasse 12A, 8132 Egg bei Zürich	293
	De Benoit & Wagner Architectes SA, ch. d'Entre-Bois 2bis, 1018 Lausanne	177
	Deggeller Christian Architekt SWB, Vordergasse 30, 8200 Schaffhausen	123
	De Giovannini Hervé Bureau d'architecture SIA, bd. de Grancy 8, 1006 Lausanne	178
	Denzler Ernst Architekt ETH/SIA, Nordstrasse 17, 8180 Bülach	222
	De Planta + Portier Architectes 2, av. Gare des Eaux-Vives, 1207 Genève	86
	Derungs und Partner Architekten AG SIA/SWB/CSEA/GSMBA, Lauriedstrasse 7, 6300 Zug	197
	Dessimoz Hervé Architecte EPFL-SIA, ch. du Grand-Puits 42, 1217 Meyrin	85
	Diethelm-Grauer Peter und Hanni Architekten ETH/SIA, Davidstrasse 24, 9001 St. Gallen	148
	Dietiker + Klaus Architektengemeinschaft «Architheke», Zurzacherstrasse 232, 5203 Brugg	15
	Durisch + Nolli Architekten ETH/SIA/OTIA, Via dell'Inglese 3, 6826 Riva San Vitale	171
E	**Eggenberger & Partner AG** Architekten HTL, Bahnhofstrasse 54, 9470 Buchs	149
	Eidenbenz & Loewensberg Architekten ETH/SIA, Dolderstrasse 2, 8032 Zürich	223
	Elser & Brunschwiler Architektengemeinschaft, Bergtalweg 3, 9500 Wil 2	150
	Eppler – Maraini – Schoop Architekten ETH/BSA/SIA, Mühlbergweg 27, 5400 Baden	16
	Esposito Urs Architekt ETH/SIA, Niederdorfstrasse 50, 8001 Zürich	224
	Etter + Partner AG Architekturbüro SIA, Weissensteinstrasse 2, 4500 Solothurn	134

Das sanfte Ätzverfahren –
mit dem sicht- und fühlbaren Unterschied.

Kunsthaus Bregenz, Copyright Fotos, Gaston Wicky

Original-FällanderGlas-Ätzung
Die Ätzung mit den idealen Lichttransmissionswerten.

Von oben: CoopCenter Muttenz, Kirchner Museum Davos, Försterschule Lyss, Corum Uhren, La Chaux-de-Fonds, Glasböden und -treppen VITREX 120.

Unten, von links: TELECAB 2000, Kunsthaus Bregenz, Bibliothek St. Moritz, Bundeshaus Bern.

FällanderGlas
The aesthetic difference

Schwerzenbachstrasse 43
CH 8117 Fällanden-Zürich
Telefon +41 1 806 40 40
Telefax +41 1 806 40 45
www.faellanderglas.ch

F	**Feigel Charles** Architecte FSAI/SIA, route des Clos 112, 2012 Auvernier	179
	Ferrari J.-B. Architecte EPFL/SIA, Galerie St-François B, 1003 Lausanne	180
	Fischer Architekten AG Schaffhauserstrasse 316, 8050 Zürich	225
	Flammer Arnold Architekt ETH SIA/SWB/CSEA, Neugasse 43, 9000 St. Gallen	151
	Forrer Krebs Ley Architekturbüro AG, Vadianstrasse 46, 9001 St. Gallen	152
	Fosco Fosco-Oppenheim Vogt Architekten BSA/SIA, Hardeggstrasse 17, 8049 Zürich	226
	Frei + Moser AG Architekten SIA/Planer BSP, Igelweid 22, 5000 Aarau	17
	Frei Peter und Christian Architekten ETH/SIA AG, Bleichemattstrasse 43, 5000 Aarau	22
	Fugazza Steinmann & Partner Architekten ETH/SIA AG, Schönaustrasse 59, 5430 Wettingen	18
	Fugazza Steinmann & Partner Architekten ETH/SIA AG, Gallusstrasse 23, 4612 Wangen bei Olten	135
	Fürer + Gastrau Architektur Architekten SCI/ARC AIA, Bahnhofstrasse 12A, 9200 Gossau	153
	Fürer Marcel Landschaftsarchitekt BSLA, Fabrik Schönau, 8620 Wetzikon	294
	Furger Werner Architekt HTL, Gitschenstrasse 4, 6460 Altdorf	117
	Furter Eppler Stirnemann Architekten BSA/SIA/SWB, Rigacker 9, 5610 Wohlen	20
G	**Gachnang + Gut** Architekten ETH/SIA, Oberdorfstrasse 15, 8800 Thalwil	227
	Geiger Architekten Architekten ETH/SIA, Blickensdorferstrasse 13a, 6312 Steinhausen	198
	Germann Stulz Partner Architekten BSA/SIA, Riedtlistrasse 15, 8006 Zürich	228
	Giubbini + Partner Architekten ETH/SIA/REG A, Bahnhofstrasse 12, 7402 Bonaduz	95
	Glaser, Saxer + Partner Ingenieure + Architekten, Birsigstrasse 10, 4103 Bottmingen	47
	GMT Architekten Architekten SWB/SIA, Alpenquai 4, 6004 Luzern	106
	Gremli + Partner Seefeldstrasse 219, 8008 Zürich	229
	Grunder + Egloff Architekten ETH/SIA, Russenweg 26, 8008 Zürich	230
	Grünwald – Ricci Architektur-Office AG, Alte Simplonstrasse 10, 3900 Brig	187
	Gubler Walter Architekturbüro/Planungsbüro, Haldenstrasse 85, 8045 Zürich	231
	Gueller Ted Atelier 344, Bachstrasse 9, 8038 Zürich	232

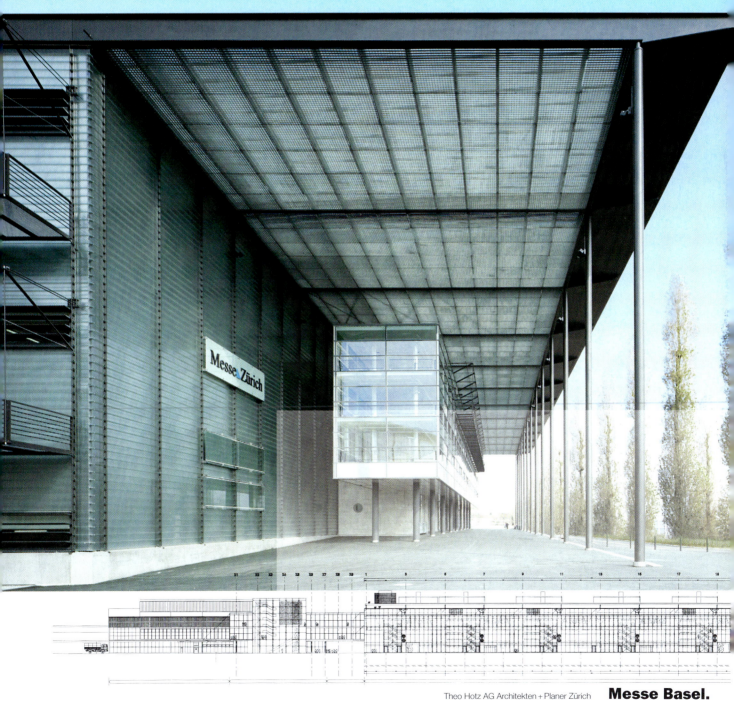

Überzeugende Lösungen in Stahl und Metall

Messe Zürich Architekt: Atelier WW W. Wäschle, U. Wüst und R. Wüst Zürich

Theo Hotz AG Architekten + Planer Zürich **Messe Basel.**

JOSEF MEYER STAHL & METALL AG · CH-6032 EMMEN · TELEFON 041 269 44 44 · TELEFAX 041 269 44 88 · mail@josefmeyer.ch

	GZP Architekten Zentralstrasse 10, 6003 Luzern	107
H	**Hager Guido** Landschaftsarchitekt , Hauserstrasse 19, 8032 Zürich	295
	Harksen – Trachsel – Städeli Architekten ETH/HTL, Bahnhofstrasse 6, 6460 Altdorf	118
	Harksen – Trachsel – Städeli Architekten ETH/HTL, Zugerstrasse 17, 6330 Cham	199
	Hebeisen + Vatter Architektur + Planung, Weststrasse 4, 3005 Bern	58
	Hegi Koch Kolb Architekturbüro SIA, Zentralstrasse 30A, 5610 Wohlen	23
	Hegi Koch Kolb Architekturbüro SIA, Ober Altstadt 4, 6300 Zug	200
	Herren + Damschen Architekten + Planer AG, Thunstrasse 95, 3006 Bern	59
	Hertig + Partner Atelier für Architektur, Entfelderstrasse 1, 5000 Aarau	24
	Hess Heinz Architekt BSA/SWB/GSMBA, Winterthurerstrasse 489, 8051 Zürich	233
	Hornberger Architekten AG Englischviertelstrasse 22, 8032 Zürich	234
	Horváth Pablo Architekt ETH/SIA/SWB, Herrengasse 7, 7000 Chur	96
	Hürner Urs & Partner Architekturbüro AG, Heinrichstrasse 267, 8005 Zürich	235
	Hüsler Urs Architekturbüro HTL/SWB/STV, Via Nuova 1, 7503 Samedan	97
I	**IGGZ** Institut für Ganzheitliche Gestaltung Zürich, Spinnereistrasse 12, 8135 Langnau am Albis	236
J	**Jäger, Jäger, Egli AG** Architekten ETH/SIA, Gerliswilstrasse 43, 6020 Emmenbrücke	108
	Jordi Beat A. H. Architekturbüro SIA/GAB, Mülinenstrasse 23, 3006 Bern	60
K	**Kälin Hanspeter & Co.** Architektur, Innenarchitektur und Design, Ochsnerstrasse 5, 8840 Einsiedeln	129
	Kaufmann, van der Meer + Partner AG Architekten ETH/SIA/STV, Heinrichstr. 255, 8005 Zürich	237
	Keller Werner Architekturbüro AG, Feldhofstrasse 14, 8570 Weinfelden	165
	Klein + Müller Architekten Ebenalpstrasse 12, 8280 Kreuzlingen	166
	Kobler Tristan Architekt ETH, Heinrichstrasse 267–66, 8005 Zürich	238
	Kuhn Felix Architekt ETH/SIA, Kappelistrasse 7, 9470 Buchs	154
L	**Kündig.Bickel** Architekten ETH SIA BSA, Sophienstrasse 9, 8032 Zürich	239
	Kunz Hans Architekt HTL, Bahnhofstrasse 18, 6210 Sursee	109

immergrün

Ideen reifen mit der Zeit: eine Tatsache,
mit der jeder Gestalter zu leben weiß.
Sind sie aber endlich realisierbar – wer will dann
noch lange auf die gewünschte Wirkung warten?

Das echte Patinagrün von Kupfer verleiht
Bauwerken Leichtigkeit, Lebendigkeit
und einen ganz eigenen ästhetischen Reiz –
normalerweise leider erst nach vielen Jahren.
Da aber nicht jeder so geduldig ist, hat KME
die Wartezeiten abgeschafft. Mit TECU®-Patina –
natürlich patinierten Kupferprodukten mit allen
positiven Eigenschaften von klassischem Kupfer.
Für Dächer, Fassaden und Innenbereiche.

TECU®-Patina ist sofort und für immer grün –
damit nur Ihre Ideen reifen müssen.

newMetropolis, Amsterdam
Architekt: Renzo Piano

Informationen zu
TECU®-Produkten
erhalten Sie über:
KME (Suisse) SA
Thurgauer Straße 76
Postfach
CH-8050 Zürich
Tel. (01) 3 02 17 77
Fax (01) 3 02 81 96

TECU®-Classic
TECU®-Oxid
■ TECU®-Patina
TECU®-Zinn
TECU®-System-Schindeln

KM Europa Metal
Aktiengesellschaft
Postfach 33 20
D-49023 Osnabrück

Für Dachdenker.

Internet
http://www.kme.de

	Künzler & Partner Architekten AG Planungsbüro SIA, Rosenbergstrasse 51, 9000 St. Gallen	155
	Kuster Kuster & Partner Architekten BSA/SIA/GSMBA, Spisergasse 12, 9004 St. Gallen	156
L	**Laffranchi Luigi** Architektur AG, Poststrasse 24, 6304 Zug	201
	Landolt + Haller Architekten AG Neptunstrasse 87, 8032 Zürich	240
	Lanzrein + Partner Architekten SIA, Aarestrasse 40, 3600 Thun	61
	La Touche Verte Architecture Paysagère, Marc Junod, 6, avenue de rosemont, 1208 Genève	307
	Lattmann Ruedi Architektur + Design AG, Tösstalstrasse 14, 8400 Winterthur	241
	Leuppi & Schafroth Architekten Utoquai 41, 8008 Zürich	242
	Luedi Urs Architekt ETH/SIA, Ring 12, 2502 Biel	62
	Lutz Margrit Landschaftsarchitekturbüro BSLA, Dornacherstrasse 8, 4600 Olten	296
M	**MAP Architektur + Planung** Architekten HTL/STV, Neugutstrasse 12, 8304 Wallisellen	243
	M + B Mäder + Brüggemann Architekten BSA/SIA, Lorrainestrasse 32, 3013 Bern	63
	Meier Willi Architekturbüro, Marktgasse 11, 8180 Bülach	244
	Merkli Architekten General-Wille-Strasse 11, Postfach 371, 8027 Zürich	245
	Messmer + Graf Architekturbüro SIA/SWB, Schartenstrasse 41, 5400 Baden	26
	Metron Architekturbüro AG Stahlrain 2, am Perron, 5200 Brugg	27
	Meury Reifler von Gunten Dipl. Architekten ETH/SIA, Haabweg 2, 8806 Bäch	130
	Meyer Ludwig Architekt, Innenarchitekt VSI, Freistrasse 80, 8032 Zürich	246
	Meyer Moser Lanz Architekten AG Architekturbüro SIA, Oberdorfstrasse 15, 8001 Zürich	248
	Moeri & Partner AG Landschaftsarchitekten HTL/BSLA, Wasserwerkgasse 6, 3000 Bern 13	297
	Moser Mägerle Schumacher Partner Architekten AG, Zeltweg 23, 8032 Zürich	247
	Mueller Max Architekt BSA/SWB, Bruggerstrasse 176, 5400 Baden	28
	Müller und Messerli Architekten ETH/SIA/HTL, Schwalmernstrasse 16, 3600 Thun	64
	Müller + Osman Architekten ETH/SIA, Schlyffistrasse 11, 8806 Bäch	131
	Müller + Staub Partner AG Architekten ETH/SIA/HTL, Marktgasse 13, 6340 Baar	202

Sarnafil hält die Augen offen.
Und treibt die Entwicklung voran.

Sarnafil ist seit Jahrzehnten das führende Unternehmen in der Erforschung und Entwicklung neuer Produkte und Systemlösungen im Abdichtungsbereich.

Unsere Materialien und Produkte sind nicht nur erstklassig, sondern auch ökologisch sinnvoll.

Verarbeitet werden unsere Produkte nur von durch uns ausgebildeten Fachleuten.

Das alles garantiert für grösstmögliche Sicherheit.

Sarnafil AG
Abdichtungssysteme
Industriestrasse
6060 Sarnen
Tel. 041 666 99 66
Fax 041 666 98 17

Kompetenz in Abdichtung

	Müller Theo Architekten AG Obergasse 42, 8730 Uznach	157
N	**Neuenschwander – Umwelt** Architekten SIA/BSA/SWB/GSMBA, Rütistrasse 38, 8044 Gockhausen	298
	Nil-Hürzeler Architektur Seestrasse 78, 8703 Erlenbach	250
	Nüesch Architekten AG Architekten ETH/SIA/RIBA, Erlachstrasse 3, 9014 St. Gallen	158
O	**Oechsli + Partner** Architekturbüro AG, Rheinstrasse 17, 8200 Schaffhausen	124
	Oeschger Architekten Voltastrasse 31, 8044 Zürich	251
	Oeschger Hans Architekt SWB, Hauptstrasse 2, 5212 Hausen bei Brugg	29
	Oestreich + Schmid Architekten HTL/STV, Krügerstrasse 24, 9000 St. Gallen	159
	Olbrecht und Lanter AG Architekten FH SIA, Industriestrasse 21, 8500 Frauenfeld	167
	Ostertag Andreas Architekt ETH/SIA, Sonnengartenstrasse 9, 8125 Zollikerberg	252
P	**Pedrocchi Vittorio** Studio d'architettura, Piazza Stazione 6, 6600 Locarno-Muralto	172
	Pezzoli & Associés Architectes S. A., Rte de Cossonay 194, 1020 Renens	182
	Pfister G. + A. Dipl. Architekten ETH/SIA, Klusweg 42, 8032 Zürich	254
	Pfister + Schiess Architekten BSA/SIA. Helenastrasse 3. 8008 Zürich	253
	Piotrowski & Bovet Architekten ETH/HTL/SIA, Turnerstrasse 1, 8400 Winterthur	255
	Ponzo Guido Architecte EPFL-SIA, Passage du Cardinal 2d, 1709 Fribourg	77
R	**Rafflenbeul Werner** Architekturbüro SIA, Gletscherstrasse 8a, 8008 Zürich	256
	Ramseier + Associates Ltd. Architekten und Innenarchitekten, Utoquai 43, 8008 Zürich	258
	Rast Architekten AG Architekten + Raumplaner, Beatusstrasse 19, 3006 Bern	66
	Rast Thomas Architekturbüro SIA/CRB/Lignum, Seebahnstrasse 109, 8003 Zürich	257
	Reichle Werner Architekt HTL/STV, Neuwiesenstrasse 10a, 8610 Uster	266
	Reinhard + Partner Planer + Architekten AG, Elfenauweg 73, 3006 Bern	65
	Riner & Müller Architekten Weltistrasse 27, 5000 Aarau	30
	Rodel Heiner Studio Heiner Rodel BSLA/OTIA, Via S. Gottardo, 61, 6900 Massagno	299
	Rothenfluh & Spengeler Architekten SWB/HTL, Murbacherstrasse 25, 6003 Luzern	110

NEMETSCHEK
FIDES & PARTNER AG

Informationstechnologie
& Consulting für
Planen Bauen Nutzen

Mittler zwischen den Welten

Wir sind in der Welt der Informationstechnologie, die immer komplexer wird, und in der Welt des Planens, Bauens und Nutzens zu Hause. Es bedarf hochqualifizierter Experten, um sich zurechtzufinden. Unser Ziel ist es, die Informationstechnologie für unsere Kunden und deren Welt zu erschließen.

Nemetschek
Fides & Partner AG
Hertistrasse 2c
8304 Wallisellen
Tel. 01-839 76 76
Fax 01-839 76 99
http://www.nfp.ch

Roulin & Vianu SA Atelier d'architecture, ch. de Vuillonnex 20, 1232 Confignon		88
Rüedi-Marugg Andrea Arch. HTL, Wiesentalstrasse 7, 7000 Chur		98
Rüeger Werner Landschaftsarchitekt BSLA, Unterer Graben 19, 8400 Winterthur		300
Ryf Marc Architekt SIA/SWB, Ottenweg 16, 8008 Zürich		261
Ryffel + Ryffel Büro für Garten- und Landschaftsarchitektur SIA/BSLA, Brunnenstrasse 14, 8610 Uster		301
Rykart Architekten und Planer, Giacomettistrasse 33a, 3000 Bern 31		68
S	**Salathé** Landschaftsarchitektur AG, Bahnhofstrasse 4, 4104 Oberwil	302
	Schärli Architekten AG Fluhmattweg 6, 6000 Luzern 6	111
	Scheffel Hadorn Schönthal Architekten SIA, Tivolifabrik, Kasernenstrasse 5, 3601 Thun	69
	Scheibler Giovanni Architektur-Werkstatt SIA, Rütschistrasse 21, 8037 Zürich	263
	Schibli Holenstein Tehlar Architektengemeinschaft, Verena-Conzett-Strasse 7, 8004 Zürich	264
	Schibli Peter Architekt ETH, Ringstrasse 20, 4600 Olten	136
	Schilling Jakob Architekt BSA/SIA/BSP, Steinstrasse 65, 8003 Zürich	265
	Schmid + Bossi Partner AG für Architektur + Bauberatung, Villenstrasse 23, 8200 Schaffhausen	125
	Schmid Christoph Architekt HTL/SIA, Neuwiesenstrasse 10 A, 8610 Uster	266
	Schmid David Architekt ETH/SIA, Martastrasse 100, 8004 Zürich	267
	Schmidt Werner Atelier Mag. arch./Architekt HTL/SIA/GSMBA/REG A, areal fabrica, 7166 Trun	99
	Schregenberger Thomas Architekt AA/RIBA, Köchlistrasse 28, 8004 Zürich	268
	Schumacher Kuno + Tobler Ursula Architekten ETH/SIA AG, Räffelstrasse 29, 8045 Zürich	269
	Schweizer Pierre Bureau d'architecture A31, 1, av. Château de la Cour, 3960 Sierre	188
	Schwob und Sutter Architekten Murenbergstrasse 2, 4416 Bubendorf	48
	Sieboth Stefan AG für Architektur und Industrial Design, Holunderweg 6, 4552 Derendingen	137
	Singer + Porret Fbg. du Lac 9, 2001 Neuchâtel	180
	S + M Architekten AG Markusstrasse 12, 8042 Zürich	262
	S + M Architectes SA Avenue du Lignon 38, 1219 Le Lignon-Genève	89